Anselm von Feuerbach

MERKWÜRDIGE VERBRECHEN

DIE ANDERE BIBLIOTHEK
Herausgegeben
von Hans Magnus Enzensberger

Anselm von Feuerbach

Merkwürdige Verbrechen

Eichborn Verlag
Frankfurt am Main 1993

INHALT

Dossier

*ANNA MARGARETHA ZWANZIGER, DIE DEUTSCHE BRINVILLIER**

Eine geborne Nürnbergerin, welche sich Nannette Schönleben, geborne Steinacker nannte, eine bereits gegen das fünfzigste Jahr vorgerückte Wittwe, hielt sich im Jahre 1807 zu Pegnitz (im Baireuther Oberlande) auf, wo sie vom Stricken sich ernährte und sich durch ihr Betragen allgemeine Zuneigung erwarb. Ihrem guten Rufe verdankte sie es, daß sie von dem Justizamtmann Wolfgang Glaser, welcher damals zu Kasendorf und von seiner Gattin getrennt lebte, am 25. März 1808 als Haushälterin in Dienst genommen wurde. Wenige Monate nachher (22. Juli) vereinigte sich Glaser von Neuem mit seiner Gattin, die seit ihrer Trennung zu Grieshaber (bei Augsburg) bei ihren Verwandten gelebt hatte. Allein diese gesunde, kräftige Frau wurde nicht lange nach ihrer Rückkehr plötzlich von heftigem Brechen, Diarrhöe u. dgl. befallen und starb am 26. August, vier Wochen nach jener Wiedervereinigung mit ihrem Ehemanne.

Hierauf verließ die Schönleben Glasers Dienste und wurde bereits am 25. September von dem noch unverheiratheten Justizamtmann Grohmann zu Sanspareil als Haushälterin aufgenommen. Dieser, obgleich erst 38 Jahre alt und von starkem, vollsaftigem Körperbau, war ein kränkelnder Mann, litt schon seit mehreren Jahren vorzüglich an Gicht und mußte öfters das Bett hüten, wobei sich die Schönleben immer als äußerst sorgsame Krankenpflegerin erwies. Im Frühlinge des Jahres 1809 erkrankte er jedoch

* Maria Margaretha Marquisin von Brinvillier, geborne von Aubray, welche am 17. Juli 1676 zu Paris enthauptet und verbrannt wurde. Die Geschichte ihrer Giftmischereien hat viele Gelehrte damaliger und späterer Zeit beschäftigt; unter Anderen auch von Pitaval in seinen Rechtsfällen Th. I.

heftiger als je und zwar unter mehreren Erscheinungen, welche sich bei früheren Krankheitsfällen nicht gezeigt hatten. Außer heftigem Erbrechen, Schmerzen in den Gedärmen, wiederholten Stuhlgängen und äußerst trockener Haut zeigte sich eine Entzündung des Schlundes, die sich bis zum Ausgange des Afters zu erstrecken schien; dabei außerordentliche Schwäche, unauslöschlicher Durst, pelzichte Gefühle in den Gliedern. Er starb am 8. Mai nach eilftägiger Krankheit, und seine Haushälterin, welche auch in dieser letzten Krankheit ihn auf das Sorgfältigste verpflegt, ihm jedesmal selbst das Bett gemacht, ihm die Arzeneien selbst gereicht hatte, zeigte sich über diesen Verlust untröstlich. Daß der schon so lange kränkelnde Grohmann nur eines natürlichen Todes gestorben sei, galt für eine ausgemachte Sache und Niemand, selbst nicht die Ärzte, ahneten auch nur die Möglichkeit des Gegentheils.

Die Schönleben war nun wieder außer Dienst. Allein der Ruf ausgezeichneter Geschicklichkeit, sowie ihre Menschenfreundlichkeit, Dienstgefälligkeit und Aufmerksamkeit als Krankenpflegerin verschafften ihr sogleich ein neues Unterkommen. Die Gattin des Kammeramtmanns Gebhard sah, als Grohmann starb, ihrer baldigen Niederkunft entgegen und ersuchte die jetzt dienstlose Schönleben, ihr als Haushälterin und Wärterin in dem Wochenbette beizustehen. Diese, gegen Jedermann gefällig und dienstfertig, ließ sich dazu willig finden und hielt sich seit dem Tage der Niederkunft, theils das Hauswesen besorgend, theils der Wöchnerin und ihres Kindes wartend, in dem Gebhard'schen Hause auf. Die Niederkunft war am 13. Mai 1809 erfolgt; Mutter und Kind befanden sich wohl. Allein am dritten Tage erkrankte die Wöchnerin. Die Zufälle wurden von Tag zu Tag heftiger. Nach gewaltigem Erbrechen, großer Unruhe, qualvoller innerer Hitze, außerordentlicher Entzündung des Schlundes u.s.w. und, nachdem die Kranke Nachts zuvor in der Angst ihrer Schmerzen ausgerufen hatte: »Um Gottes willen! ihr habt mir Gift gegeben!« starb sie am 20. Mai, sieben Tage nach ihrer Niederkunft. Da die Gebhard von jeher schwächlicher Leibesbeschaffenheit, mit dem Bandwurm behaftet, überdies im Wochenbette gestorben war, so schöpfte auch bei ihrem Tode Niemand einen Argwohn, und ihre Leiche wurde, wie die der Glaser und des Grohmann, ohne weiteres begraben.

Der nun verwittwete Kammeramtmann Gebhard, in Verlegenheit um sein Hauswesen und um das Wochenkind, welches ihm die Verstorbene hinterlassen hatte, glaubte nichts Besseres thun zu können, als die Schönleben nunmehr als seine Haushälterin förmlich anzunehmen. Mehrere Personen suchten ihn zwar hierüber bedenklich zu machen: — »diese Schönleben, wohin sie auch komme, bringe sie den Tod mit sich in das Haus, nun seien schon in ganz kurzer Zeit drei junge Personen, bei welchen die Schönleben in Diensten gewesen, hinter einander gestorben.« Niemand sprach dieses jedoch als eine Beschuldigung aus; diese Warnungen gaben sich für mehr nicht als für dunkele Ahnungen, oder für die abergläubische Besorgniß eines unheilbringenden sympathetischen Einflusses jener Person auf diejenigen Menschen, denen sie beständig nahe sei. Das überaus gefällige Betragen, der Anschein von Gottesfurcht, Rechtschaffenheit, Demuth und Menschenfreundlichkeit dieser Schönleben schützte sie überdies schon von ferne gegen jeden möglichen Verdacht. Und so blieb sie mehrere Monate bei Gebhard als Haushälterin, unangefochten und unverdächtigt.

Einige Monate nachher ereigneten sich während ihres Aufenthaltes im Gebhard'schen Hause noch verschiedene andere Vorfälle, welche jedoch ebenfalls lange unbeachtet blieben. Am 25. August (1809) speisten der Handlungsdiener Beck und die Wittwe des Sekretärs Alberti bei Gebhard zu Mittag. Nach Tisch wurden beide von heftigem Erbrechen, Leibschmerzen, Zuckungen u.s.w. befallen, welche bis in die Nacht andauerten. — Um dieselbe Zeit (gegen Ende August) gab die Schönleben dem Kammeramtsboten Rosenhauer ein Glas weißen Weines zu trinken; bald darauf mußte er sich erbrechen, wurde von innerlicher Hitze und Reißen im Magen gequält und war genöthigt sich in das Bett zu legen. — An demselben Tage ließ die Schönleben den neunzehnjährigen Laufburschen des Rosenhauer, Johann Kraus, mit sich in den Keller gehen, wo sie ihm ein Glas Branntwein reichte. Als er davon ein wenig getrunken hatte, bemerkte er in demselben einen fremden weißen Körper; trank daher nicht weiter, wurde aber dennoch von Übelkeit befallen. — Eine der Mägde des Gebhard, Barbara Waldmann, mit welcher die Schönleben verschiedentlich unbedeutende Zänkereien gehabt hatte, war ebenfalls in der letzten Woche des August nach dem Genusse einer Tasse Kaffee krank geworden und hatte sich vom Morgen bis zum Abend fast jede halbe Stunde erbrechen müssen. — Die auffallendste Begebenheit ereignete sich bald nachher, am 1. September. Gebhard vergnügte sich mit einer Gesellschaft auf dem Kegelplatze. Er ließ sich daher einige Krüge Bier aus seinem Keller bringen und sowohl er selbst, als alle übrigen Personen, welche von diesem Biere getrunken hatten, fünf an der Zahl, wurden kurz nach dem Genusse desselben mehr oder weniger von Übelkeit, Erbrechen und empfindlichen Leibschmerzen ergriffen; einige, unter diesen Gebhard, bedurften selbst der ärztlichen Hülfe.

Erst dieses Ereigniß — denn die früheren waren insgesammt bisher unbekannt oder unbeachtet geblieben — erregte Verdacht und Unwillen gegen die Schönleben. Sogleich am folgenden Tage kündigte ihr Gebhard, nicht sowohl aus eigenem Antriebe, als aus Nachgiebigkeit gegen das ernstliche Zureden eines auf dem Kegelplatze mit erkrankten Freundes, seine Dienste auf und entsetzte sie sogleich durch Abnahme sämmtlicher Schlüssel der Aufsicht über sein Hauswesen. Sie eines Verbrechens zu beschuldigen, wagte Gebhard so wenig, daß er sie desselben Tages mit einem schriftlichen Zeugnisse versah, welches unter anderem die »Treue und Bravheit ihres Betragens« rühmte. Es war ihm genug, wenn nur dieses räthselhafte, unheilbringende Wesen — für mehr galt sie ihm noch nicht — sein Haus verlasse.

Auf den nächstfolgenden Tag (den 3. September) war ihre Abreise aus Sanspareil nach Baireuth festgesetzt. Sie bezeigte sich zwar über ihre plötzliche Entlassung befremdet, übrigens wie immer artig und besonders am Vorabend ihrer Abreise ungemein geschäftig. So trug sie unter anderem, was sonst nie ihre Verrichtung war, das Salzfaß aus der Küche und füllte es aus der in Gebhard's Schlafkammer stehenden Salztonne von Neuem auf. Als die oberwähnte Waldmann sie deshalb beredete, antwortete sie scherzend: »dieses müsse so sein; die Leute, welche weggingen, müßten das Salzfaß füllen, damit das zurückbleibende Gesinde desto länger den Dienst behalte.« — Am Morgen ihrer Abreise bezeigte sie noch beiden Dienstmägden, Haz und Waldmann, ihr besonderes Wohlwollen, indem sie jeder eine Tasse Kaffee reichte, zu welchem sie den Zucker aus einem Papierchen nahm. — Schon stand der Wagen vor der Thür, als sie das 20 Wochen alte Kind des Gebhard noch einmal auf ihre Arme nahm, ihren lieben Fritzchen, wie sie das Kind nannte, ein in Milch getauchtes Bisquit zu essen, auch von derselben Milch zu trinken gab und sich dann unter Liebkosungen von ihm trennte, um in den Wagen zu steigen, der sie nach Baireuth fahren sollte. Gebhard war noch so gefällig gewesen, ihr diesen Miethwagen zu bezahlen, sie vor ihrer Abreise mit Chocolade zu bewirthen und mit einem Kronenthaler zu beschenken.

Kaum mochte aber eine halbe Stunde nach ihrer Abreise verflossen sein, so wurde das Kind von gewaltigem Erbrechen befallen und schwer krank. Auch die beiden Mägde, welche von dem Kaffee getrunken hatten, mußten einige Stunden nachher sich heftig übergeben. Und nun erst ging in dem Gebhard'schen Hause ein Licht über schwarze Thaten auf. Gebhard, durch seine Mägde von der Geschäftigkeit der Schönleben mit dem Salze unterrichtet, ließ vorläufig das Salzfaß in der Küche von einem Apotheker untersuchen. Und dieser fand dasselbe stark mit Arsenik vermischt. — Auch in der großen Salztonne fanden sich später, bei der gerichtlichen Untersuchung, auf 3 Pfund Salz 30 Gran Arsenik.

Mit diesen Thatsachen vereinigte sich zu allem Überflusse noch die bisher unbeachtet gebliebene Kunde von dem Erkranken mehrerer Personen, welche auch bei Glaser und Grohmann, zur Zeit als die Schönleben in ihrem Dienste stand, nach dort genossenen Speisen oder Getränken plötzlich erkrankt waren. Endlich entdeckte sich sogar, daß es selbst mit dem Namen, Nannette Schönleben, geborne Steinacker, nicht seine Richtigkeit habe; daß diese Person zwar eine geborne Schönleben, aber die Wittwe des Notarius Zwanziger zu Nürnberg, und der Name Steinacker der ihres verstorbenen Stiefvaters sei.

Ungeachtet aller dieser Thatsachen, erhob, unbegreiflicher Weise, der Kammeramtmann Gebhard erst am 29. September gerichtliche Anzeige bei dem Criminal-Senate der damaligen Regierung zu Baireuth, welche sogleich am 3. October die Untersuchung dem damaligen Stadtgerichts-Director Brater zu Culmbach*, einem durch Talente, vielseitige Kenntnisse und unermüdliche Thätigkeit ausgezeichneten Geschäftsmanne übertrug. Dieser verfügte sich sogleich an Ort und Stelle und in kurzer Zeit wurden die Anzeigen zahlreicher Giftmischereien nicht nur bestätigt, sondern auch noch bedeutund vermehrt.

Der wichtigste Gegenstand der Generaluntersuchung war indessen die Erforschung der Todesart der in so kurzer Zeit, unerwartet nach einander verstorbenen drei Personen, bei welchen die Schönleben seit 1808 gedient hatte. Zu diesem Ende wurde am 23. October auf dem Kirchhofe zu Kasendorf zuerst der Leichnam der Justizamtmann Glaser ausgegraben. Auffallend zeigten sich an demselben alle jene merkwürdigen äußeren Erscheinungen, welche in neueren Zeiten, besonders seit dem Prozesse gegen die Geheimeräthin Ursinus, als eigenthümliche Kennzeichen der Arsenikvergiftung betrachtet werden dürfen**. Wiewohl der Leichnam bereits seit vierzehn Monaten im Grabe gelegen hatte, waren an demselben nur verhältnißmäßig geringe Spuren der Verwesung wahrzunehmen. Die ganze Oberfläche des Körpers schien gleichsam zu einer Mumie verhärtet zu sein und die Haut hatte, nach weggenommenem Schimmel, eine dem Mahagoniholz ähnliche braune

* Nunmehrigen Rath bei dem Appellationsgerichte des Rezatkreises.

** Vergl. Metzger über Arsenikvergiftung und deren Folgen (in dessen gerichtl. medic. Abhandl. II. Nr. 1). A. Welper in *Hufeland's Journ. der prakt. Heilk.* Bd. XVI. St. I. S. 180. Kelch, ebendas. Bd. XIX. St. X. S. 110.

Farbe. Diese mumienartige, dabei elastische Härte zeichnete sich besonders bei den vollen Brüsten aus. Der Unterleib war etwas ausgedehnt und gab, wenn man mit einem Stocke darauf schlug, einen hohlen dumpfen Laut von sich. Die Bauchbedeckungen, sowie die Bauchmuskeln waren in eine gleichförmige speck- oder käseartige Masse verwandelt; auch verbreitete der Körper einen eigenthümlichen Käsegeruch. — Als am folgenden Tage auf dem Kirchhofe zu Wonsees auch die Leichname der seit beinahe sechs Monaten begrabenen Gebhard und des Grohmann erhoben waren, zeigte jener dieselben auffallenden Erscheinungen wie der Körper der Glaser. An dem Leichnam des Grohmann war die Fäulniß bereits weiter vorgeschritten; allein die lederartige Verhärtung und Elasticität der Bauchbedeckungen, die Mahagonifarbe der Haut, die Verwandlung der Muskeln in einen speckartigen Stoff fand sich wie bei den vorigen. — Nach sorgfältiger chemischer Untersuchung der Eingeweide der Gebhard und der Glaser entdeckte man noch überdies den Arsenik selbst. Hierdurch, so wie durch den Verlauf der Krankheit und viele andere Umstände, wurde das ärztliche Gutachten begründet, dessen Ergebniß dahin lautete: daß mit Gewißheit anzunehmen, beide Personen seien an einer Vergiftung durch Arsenik verstorben. Da jedoch bei Grohmann die chemische Untersuchung der Eingeweide zu keiner Entdeckung des Giftes selbst führte, so bestand das Ergebniß dieses Gutachtens bloß darin: »daß sich mit Gewißheit eine geschehene Arsenikvergiftung nicht erweisen lasse, sondern höchstens nur die Wahrscheinlichkeit und Möglichkeit derselben angenommen werden könne«*.

Die Schönleben, oder vielmehr Zwanziger, wie dieselbe von nun an heißen soll, fühlte sich indessen, nichts Schlimmes ahnend, in der vollkommsten Sicherheit. Bei ihrer

* Die meisterhaften, in dieser Sache erstatteten Gutachten des Herrn Dr. Bachmann zu Culmbach wurden von Harles in die Denkschriften der phisical. med. Societät zu Erlangen aufgenommen, dann aus diesen wieder besonders abgedruckt in der Schrift: *Einige auserlesene medicinisch-gerichtl. Abhandlungen* von Dr. W. T. Schmitt, Dr. C. L. Bachmann und Dr. J. F. Kuttlinger. Nürnberg 1813. 4.

Abreise hatte sie einen Brief an Gebhard zurückgelassen, worin sie ihm, mit affectirter Empfindsamkeit, Vorwürfe wegen des Undanks macht, womit er ihre Sorgfalt gegen ihn, ihre Liebe und Zärtlichkeit gegen das von ihr geliebte Kind belohnt habe. »Wenn,« heißt es darin, unter anderem, »Ihr Kind nicht ruhig sein will, dann wird Ihnen mein Schutzgeist zurufen: warum nahmst du ihr ihr Liebstes (das Kind) hinweg? Fragen Sie in Zeit von 6 Wochen nach mir, dann werden sie hören: sie ist nicht mehr! und dann wehe ihrem Herzen, dann wird es brechen. — Wehe dem, der mich bei Ihnen verläumdet hat!« Hierauf wünscht sie ihm Gottes Lohn für alles, was er ihr Gutes gethan, bittet um seine fortdauernde Freundschaft und gibt ihm die Versicherung, ihm alle 14 Tage zu schreiben. — Sie hielt auch treulich Wort. Sowohl aus Baireuth, wo sie mit dreister Unverschämtheit sogar bei der Mutter(!) der verstorbenen Gebhard, wie eine Freundin der Familie einlogirt, — als aus Nürnberg, wohin sie sich, nach vierwöchentlichem Aufenthalte zu Baireuth, begeben hatte, erließ sie mehre Sendschreiben an Gebhard, in welchen sie ihn von ihrem Befinden, von der guten Aufnahme, die ihr überall zu Theil werde, von ihren Aussichten auf neue Dienste Nachricht ertheilt, sich der »forddauernden Gnade ihres verehrungswürdigen Herrn« empfiehlt, oder sich um »ihre liebe kleine Fritzchen« bekümmert, sich nach ihrem Wohlbefinden erkundigt und ihr zärtliche Küsse zusendet. Sie hoffte auf nichts Geringeres, als von Gebhard wieder zurückberufen zu werden, und hatte bei ihren Briefen keine andere Absicht, als ihm diesen Gedanken, so oft als möglich, auf verschiedene Weise, nahe zu legen. Nicht minder freigebig war sie mit ihren Briefen gegen andere Personen. So schrieb sie, unter anderen, auch an den Justizamtmann Glaser und trug ihm von neuem als Haushälterin ihre willigen Dienste an. Als sie aber zu Baireuth, wie zu Nürnberg vergebens auf Zurückberufungsschreiben gewartet hatte, reiste sie nach Mainbernheim (in Franken), um hier bei ihrem Schwiegersohne, einem Buchbinder, Namens Sauer, Aufnahme zu finden. Allein dieser war unterdessen von ihrer, wegen Diebstahls und Betrügereien zum Zuchthause verurtheilten, Tochter* durch förmliche Scheidung getrennt worden; und an demselben Tage, wo seine ehemalige Schwiegermutter bei ihm einkehrte, feierte er seine zweite Hochzeit. Dieses unangenehme Zusammentreffen veranlaßte ihre baldige Rückkehr von Mainbernheim nach Nürnberg. Hier aber waren bereits die Ersuchungsschreiben zu ihrer Verhaftung eingetroffen und kaum hatte sie am 18. October (1809) ihre Vaterstadt wieder betreten, als sie von der Gerechtigkeit ergriffen wurde. Bei ihrer Durchsuchung fand man in ihrer Tasche drei Päckchen, welche über das Wesen und Gewerbe dieser Person keinen Zweifel ließen: — zwei Päckchen mit Mükkenstein und eines mit Arsenik.

Wir übergehen hier noch einstweilen die Erzählung der früheren Lebensverhältnisse dieser Verbrecherin, über welche sich dieselbe in ihren ersten Verhören, zu Nürnberg, dann zu Culmbach, nur bruchstückweise oder in sehr allgemeinen Umrissen erklärt hat. Eben so wenig wäre es dem Zwecke dieser Darstellung gemäß, den langen Gang der Untersuchung zu verfolgen; da es doch unmöglich sein würde, einerseits die Verschmitztheit, Hinterlist und Gewandtheit, womit die Verbrecherin lange Zeit durch alle noch so eindringende Fragen und Vorhaltungen sich hindurchzuwinden verstand, anderseits die Geduld, Besonnenheit und Kunst, womit der Untersuchungsrichter diese Schlange, erst gleichsam in weiten, dann immer engeren

* Diese Tochter veranlaßte späterhin ein merkwürdiges *incident* in diesem Untersuchungsprocesse, welches nicht wenig zur Entschleierung der Verbrecherin beitrug. Am 13. März 1810, als sich die Zwanziger bereits zu Culmbach im Untersuchungsgefängnisse befand, meldete sich bei Gericht diese Tochter, Margaretha Elise Sauer, welche so eben nach überstandener Strafe das Zuchthaus verlassen hatte und äußerte den Wunsch, ihre Mutter sprechen zu dürfen, von welcher die Rede gehe, daß sie wegen Giftmordes werde hingerichtet werden. Diese Tochter, deren Dasein die Zwanziger bisher verheimlicht hatte, erzählte mehrere noch ganz unbekannte Umstände aus der früheren Lebensgeschichte ihrer Mutter, unter andern auch einen zu Weimar verübten Diebstahl eines Brillantringes u. dergl. Die unerwartete Gegenstellung der Zwanziger mit dieser von ihr für todt ausgegebenen Tochter machte großen Eindruck auf sie, veranlaßte sie zum Geständnisse dieses Diebstahls und diente, von ferne wenigstens, zur Vorbereitung ihrer weit wichtigeren Aussagen.

und engeren Kreisen umgehend, endlich unter die Wahrheit gefangen nahm, — in einer blos allgemeinen Beschreibung zur Anschauung zu bringen. Es ist genug zu bemerken, daß dieselbe vom 19. October 1809 bis zum 16. April 1810 hinsichtlich aller die Giftmischung betreffenden Anschuldigungen, im Läugnen verharrte. Erst an dem zuletzt erwähnten Verhörstage, als sie in der Meinung, alles gegen sie vorhandene sei schon erschöpft, ganz unbesorgt vor ihrem Untersuchungsrichter erschien, dieser aber, ernster als je sie ermahnend, das Verhör mit der ihr höchst unerwarteten Vorhaltung eröffnete: »man habe den bereits 14 Monate im Grabe gelegenen Leichnam der Justizamtmann Glaser wieder ausgegraben, man habe durch genaue Untersuchung die Gewißheit erlangt, daß diese Person an einer Arsenikvergiftung gestorben sei, und alle Umstände ergäben den dringendsten Verdacht, daß sie der Glaser das Gift beigebracht habe,« — erst jetzt und nachdem der Untersuchungsrichter zwei Stunden lang diese Vorstellungen in verschiedenen Gestalten wiederholt und eindringlich gemacht hatte, — nun erst brach, zwar nicht ihr Herz, aber ihr Muth. Nachdem sie anfangs noch, unter Weinen und Händeringen, ihre Unschuld von neuem betheuert, dann in mancherlei verwirrten, abgebrochenen, unzusammenhängenden Sätzen, welche in sichtbarer Angst blitzschnell hinter einander ausgestoßen wurden, dem eindringenden Richter auszuweichen oder denselben zu verwirren versucht hatte, — legte sie endlich das, wiewohl noch sehr umschleierte und mit einer schweren Verläumdung durchwebte, Bekenntniß ab: der Justizamtmann Glaser zweimal Gift gegeben zu haben. Kaum war dies Bekenntniß von ihren Lippen, so stürzte sie, wie vom Blitze getroffen, zu Boden, auf dem sie in heftigen Zuckungen sich umherwälzte, so daß sie aus dem Gerichtszimmer getragen werden mußte.

Die Vergiftungen und Giftmorde, deren die Zwanziger theils geständig, theils im hohen, der Überweisung nahen Grade verdächtig geworden, bilden drei verschiedene Serien.

I. Verbrechen im Glaser'schen Dienste.

1) Justizamtmann Glaser, ein Mann in den Fünfzigen, lebte bereits mehrere Jahre, nicht durch seine Schuld, von seiner Ehegattin getrennt, als er die Zwanziger, auf Empfehlung seines eigenen Sohnes, am 25. März 1808, in seine Dienste nahm. Diese wußte sich, mit anschmiegender Zudringlichkeit nur allzubald in das Vertrauen ihres Herrn einzuschleichen und sich mit ihm auf einen gewissen Fuß der Gleichheit zu stellen. Nicht lange war sie in seinem Dienste, als sie, mit einer besondern Geschäftigkeit, die Aussöhnung beider Ehegatten, zum Theil sogar ohne Glasers Vorwissen, zu betreiben anfing. Nicht genug, daß sie ihren Herrn durch alle Künste ihrer Überredungsgabe zur Wiederaufnahme seiner Gattin zu bewegen suchte; sie knüpfte überdies einen, anfangs geheimen, Briefwechsel mit der zu Grieshaber bei ihrem Bruder lebenden Gattin an, schrieb an Freunde der Glaser'schen Familie, um diese zur Theilnahme an dem Versöhnungsgeschäfte zu gewinnen, erließ sogar deshalb ein Schreiben an den benachbarten katholischen Pfarrer zu Holfeld und legte — sie die Protestantin — ihrem Briefe einen Vierundzwanziger bei, damit für den glücklichen Erfolg des Unternehmens — eine Messe gelesen werde. Ihr Unternehmen hatte wirklich seinen Erfolg.

Die Glaser ließ sich überreden, zu ihrem Manne zurückzukehren und dieser, durch die Zwanziger vollkommen versöhnt, war bereit, die lang von ihm Getrennte wieder als Gattin aufzunehmen. Jene reiste, wiewohl unter schweren, finstern Ahnungen von Grieshaber ab; und wenige Tage, bevor sie in Kasendorf ankam, schrieb sie an ihre Verwandte: »ich melde Euch, daß nächsten Mittwoch eine förmliche Aussöhnung zwischen mir und meinem Manne statt hat. Wie mir ist, kann ich Euch nicht sagen; fürchterlich tobt es in mir; ob mir vielleicht etwas ahnet? Ich bin wie verwirrt.«

Am 22. Juli (1808), als Glaser, welcher seine Frau zu Holfeld abgeholt hatte, mit derselben nach Kasendorf zurückkehrte, war auf Veranstaltung der Versöhnerin, den versöhnten Gatten ein glänzender Empfang bereitet. Ganz

Kasendorf war in Bewegung; der Fußboden des Hauses überall mit Blumen bestreut; die Wände und Thüren mit Gewinden von Blumen geziert; an das mit Kränzen geschmückte Ehebett war ein zierliches Papier geheftet, mit dem Vers:

Der Wittwe Hand
Knüpft dieses Band.

Die Versöhnerin hatte ihn gedichtet, und mit eigener Hand geschrieben.

Es kann die geheime Absicht, welche ihrem eben so unberufenen, als eifrig betriebenen Aussöhnungsgeschäfte zum Grunde lag, keinen Augenblick zweifelhaft sein. Die fünfzigjährige, häßliche, mit einem ekelhaften Leibschaden behaftete Zwanziger, hatte ihre Augen auf Glaser geworfen und erwartete nichts Geringeres als seine Hand, falls er Wittwer werden sollte. »So hoffte sie, was sie selbst als Beweggrund ihres Mordes eingesteht, sich endlich noch in ihrem Alter ein ruhiges Leben zu bereiten und diese Versorgung sollte ihr der Tod der Glaser verschaffen.« Ohne Zweifel wurde daher auch schon die fromme Rolle einer Friedensstifterin blos in der tückischen Absicht übernommen, die Entfernte in ihre Gewalt zu locken. Und als diese endlich gekommen war, wurde das in der Freude des Gelingens mit Kränzen geschmückte Opfer gestreichelt und geliebkost, um es bald desto sicherer zu schlachten.

Die Glaser war kaum einige Wochen im Hause ihres Mannes, der sie mit aller Aufmerksamkeit und mit wahrer Liebe behandelte, als die Zwanziger mit der Ausführung ihres Planes begann. Am 13. oder 14. August schüttete sie Mückenstein (wie sie behauptet, nur ein halbes Theelöffelchen voll) in den am Feuer stehenden Thee und stellte sie der Justizamtmann vor. Diese trank; sie wurde nicht wohl und mußte sich einigemal erbrechen. Allein jene Gabe that doch noch nicht die rechte Wirkung. »Als ich,« bekennt die Verbrecherin, »der Glaser den Mückenstein in den Thee gab, dachte ich: du willst dir doch ein ruhiges Alter machen und wenn ihr das Gift diesmal nicht hilft, so giebst du es ihr öfter.« Um sich daher eines besseren Erfolges zu versichern, goß sie einige Tage nachher (wahrscheinlich am 15. August) Nachmittags zwischen 4 bis 5 Uhr, einen guten Eßlöffel voll aufgelösten Mückenstein in eine Tasse Kaffee und rief die Glaser in das Zimmer, um sie zum Trinken einzuladen. Diese trank und trank ihren schnellen Tod. Nachts erkrankte sie unter heftigem Erbrechen und Schmerzen in den Eingeweiden; die Krankheit nahm unter immer bedenklicheren Symptomen zu; am zehnten Tage nachher war sie eine Leiche. »Als ich,« sagte die Zwanziger, »das Gift in die Tasse goß und das dicke Zeug sah, dachte ich gleich: Herr Jesus, die muß gewiß sterben!«

Es darf der für die Characteristik dieser Person bedeutende Zug nicht unbemerkt bleiben, daß sie durch ihr Bekenntniß nicht blos sich selbst beschuldigt, sondern auch den Justizamtmann Glaser in gleiche Schuld zu verwickeln sucht. Er selbst sollte sie zur Ermordung seiner Gattin angestiftet, sollte um die Theevergiftung gewußt, sollte ihr bei der Kaffeevergiftung den Mückenstein mit den Worten gereicht haben: »da, geben Sie es ihr hin; für das Luder ist es nicht schade!« — Wirklich hatte auch diese Aussage zur Folge, daß Glaser gefangen genommen und in die Untersuchung mit verwickelt wurde, welche jedoch die Entdeckung seiner vollkommenen Unschuld zum Ergebnisse hatte.

2) Ohngefähr eine Woche vor der ersten Vergiftung der Justizamtmann, hatte sich im Glaser'schen Hause ein anderer Vorfall ereignet, welcher ebenfalls mit schwerem Verdachte die Zwanziger belastet. Der Amtmann Wagenholz, dessen Frau und Sohn besuchten die Glaser'schen Eheleute und nahmen bei denselben das Abendessen ein. Bald nach genossenem Mahle wurden Glaser, dessen Gattin, Wagenholz und dessen Sohn von Übelkeit und Erbrechen befallen. Am folgenden Tage wurden von der Zwanziger die übrigen Speisen dem Jungen des Nachtwächters Harbach überlassen und auch dieser mußte sich vielmal heftig erbrechen, so daß er das Bett zu suchen genöthigt war. — War dieses nur ein Probestück, womit diese Verbrecherin sich vorläufig zu üben, die Kraft und Wirkung ihres Mük-

kensteines zu erproben, und sich hierdurch auf das Größere vorzubereiten suchte?* oder waren ihr die Gäste lästig, und suchte sie diese wegen ihres ungebetenen Besuchs, ihre Herrschaft wegen allzugefälliger Aufnahme derselben ein wenig zu züchtigen? Gleichwohl läugnet sie jede Schuld, benutzt aber von neuem diese Gelegenheit, auf den Glaser selbst Verdacht zu werfen. »Er sei, wie der Satan, auf die Wagenholz'schen Eheleute erbost. Gleich damals habe sie sich gedacht, daß er wohl etwas in die Speisen gethan haben möge. Sie selbst sei ebenfalls an Erbrechen sehr krank geworden.«

II. Im Grohmann'schen Hause,

in welches sie, nach dem Tode der Glaser, am 25. September desselben Jahres (1808) aufgenommen wurde, standen ihr

1) vor allen andern, die beiden Gerichtsdienerburschen, Lorenz und Johann Dorsch, welche zugleich dem Justizamtmann Grohmann häusliche Dienste leisteten, als Gegenstände des Neides und Eifersucht, im Wege. Überdieß wurde sie, wie wenigstens von ihr selbst behauptet wird, beständig von ihnen geärgert und gefoppt; auch war es ihr zum Verdruß, daß beide allzuoft in Bier sich viel zu gut thaten. »Ich beschloß daher,« bekennt die Inquisitin, »ihnen den Appetit zu verderben, nahm vier Krüge Bier und vermischte zwei derselben mit Mückenstein, die beiden andern mit einer etwas größeren Portion Mäusegift. Von diesen Krügen wollte ich ihnen nach und nach vorsetzen, damit sie sich erbrechen müßten. Meine Absicht war jedoch nicht, sie zu tödten, sondern nur krank zu machen. Einst stellte ich ihnen einen dieser vergifteten Krüge vor. Sie tranken daraus, aber nur wenig, weil ihnen das Bier nicht schmeckte, und bedienten sich eines dabei stehenden unvermischten Kruges.« — Die beiden Dorsch empfanden

* So wie die Brinvillier — nach Pitaval's Erzählung, welcher jedoch von Andern widersprochen wird — mit ihrer Kunst, ehe sie diese gegen ihren Vater, ihren Bruder und ihre Schwester gebrauchte, zuvor an den Armen und Kranken im Hospitale, denen sie vergifteten Zwieback reichen ließ, sowie an ihrer Kammerfrau mittelst eines vergifteten Stückes Schinken, die geeigneten Versuche anstellte.

daher nach dem Genuß jenes Trankes nicht die mindeste nachtheilige Folge. Auch blieb es bei diesem ersten Versuche: was jedoch jene Menschen wahrscheinlich dem Umstande zu verdanken haben, daß die Aufmerksamkeit und Thätigkeit dieser Verbrecherin sich bald einem bei weitem wichtigeren Gegenstande zuwendete, und der kurz darauf erfolgte Tod des Grohmann das ganze Verhältniß löste.

2) Im Frühjahre 1809 besuchte der Amtmann Christoph Hofmann aus Wiesenfels den damals krank zu Bette liegenden Grohmann. Jenem wurden, er weiß aber selbst nicht mehr von wem, einige Gläser Bier, welche ihm matt und widerlich vorkamen, zu trinken gegeben; worauf er ohne langes Verweilen sich zum Kammeramtmann Gebhard verfügte. Kaum war er bei diesem angekommen, als ihn große Übelkeit überfiel, so daß er die freie Luft suchen und sich sehr stark übergeben mußte. — Die Inquisitin läugnet die absichtliche Vergiftung desselben. Allein die Krüge, welche sie für die beiden Dorsch vergiftet, seien von ihr, ohne bezeichnet zu werden, in das Gewölbe zu dem übrigen Biere gestellt worden, wo sie dann die vergifteten Krüge von den unvergifteten nicht mehr habe unterscheiden können. »Daher kann es denn,« fährt Inquisitin fort, »sehr wohl sein, daß er zufällig von dem vergifteten Biere getrunken hat. Meine Absicht war es jedoch nie, ihn auch nur zum Erbrechen zu reizen. Denn er war mir als ein sehr solider und rechtschaffener Mann, der nebst seiner Frau mir immer Achtung erwies, viel zu lieb.«

3) Eines Tags machte die Amtmann Schell aus Kainach mit ihrem Ehegatten bei Grohmann einen Besuch und trank Kaffee. Sie wurde von Ohnmacht, Übelkeit und Erbrechen befallen. Inquisitin läugnet jedoch jede Schuld. Auch blieb der Thatbestand im Zweifel, da die Schell sich nicht mehr bestimmt erinnerte, ob sie vor oder nach dem Kaffeetrinken erkrankt sei.

4) Daß Grohmann an Gift gestorben, ist zwar nicht zur juristischen Gewißheit erhoben, aber, nach den ungewöhnlichen Erscheinungen seiner letzten Krankheit, nach den an seiner wieder ausgegrabenen Leiche wahrgenommenen Kennzeichen einer Arsenikvergiftung, selbst nach dem

Ergebnisse des gerichtärztlichen Gutachtens, nicht blos als möglich, sondern auch als wahrscheinlich anzunehmen. Daß die Zwanziger Urheberin dieser Vergiftung gewesen, dafür spricht ebenfalls eine der Gewißheit nahe kommende Wahrscheinlichkeit. Von einer Person, wie diese, welche schon an der Glaser den Giftmord vollzogen hatte, welche fast täglich mit Gift verderblichen Umgang pflegte, welche einen bedeutenden Vorrath vergifteten Getränks in dem Grohmann'schen Hause in Bereitschaft und davon, nach ihrem eigenen Geständnisse, bereits gegen zwei Menschen, aus geringfügiger Ursache, Gebrauch gemacht hatte, von einer solchen Person läßt sich auch diese That, als eine ihr ganz gewöhnliche Handlung, erwarten. Sie war überdies beständig um ihren gichtkranken Herrn, machte sich stets mit ihm zu thun, suchte andere Personen, welche ihn bedienen wollten, zu entfernen, war ungehalten, wenn Andere ihm Arzeneien reichten. Diese Vermuthungen werden noch unterstützt durch ihr unbärdiges Benehmen nach Grohmanns Tode, durch ihr bis zur Übertreibung affectirtes Heulen und Schreien, womit sie am ersten Tage das Haus erfüllte und das sie besonders alsdann ertönen ließ, sobald eine fremde Person in das Zimmer trat. Auch liegen die Beweggründe, welche sie zur Ermordung desselben bestimmen konnten, sehr nahe. Grohmann, so kränklich er war, ging damit um, sich zu verheirathen und bald war es nicht mehr zweifelhaft, daß die Braut in der Tochter des benachbarten Justizamtmannes Herrgott zu Dachsbach gefunden sei. Um diese Heirathsangelegenheiten und Brautbewerbungen Grohmanns bekümmerte sich die Zwanziger mit der lästigen, ängstlichsten Zudringlichkeit und gab auf verschiedene Weise zu erkennen, wie sehr dessen Verheirathung ihren Absichten und Wünschen entgegen sei. Alle Briefe, die von Dachsbach kamen oder nach Dachsbach gingen, wurden bewacht, belauert, neugierig ausgespäht. Grohmann äußerte einst der Amtmann Schell, daß er durchaus nicht mehr mit seiner Haushälterin zufrieden sei; »bei einem jeden Briefe, den er erhalte, vermuthe sie einen Heirathsantrag; sie, so alt sie sei, bilde sich wohl gar ein, er werde sie selbst noch heirathen.« Desgleichen bezeugte Johann Dorsch: »so oft ich in das Haus kam, und mich nach dem Befinden des Amtmanns erkundigte, hieß es jedesmal: der Mann ist krank und will doch heirathen.« Auf ähnliche Weise äußerte sie sich gegen Grohmanns eigne Schwester: »die Braut ihres Bruders sei an ein lustiges Leben gewöhnt; sie werde sich in das einsame stille Sanspareil nimmermehr finden, auch wenig Lust haben, immer mit der Klystierspritze umher zu gehen.« — Endlich verbreitete sich in dem Grohmann'schen Hause die Sage, der Amtmann sei bereits mit der Herrgott öffentlich aufgeboten und in acht Tagen werde die Ankunft der Braut erwartet, wodurch nun das Gemüth und die Zunge der Zwanziger in ganz besondere Bewegung versetzt wurde. Gerade um diese Zeit erkrankte aber Grohmann unter ungewöhnlichen Erscheinungen und starb wenige Tage nachher. — Alle diese Thatsachen, und der Charakter dieser Person, begründen daher folgende höchstwahrscheinliche Erklärung. Sie, die in keines Mannes Dienste trat, ohne auf ihn als ihren künftigen Bräutigam ihre Rechnung zu machen, schmeichelte sich auch bei Grohmann bei ähnlichen Gedanken. Als sie nun endlich, trotz aller ihrer Heucheleien und Dienstfertigkeiten, womit sie in dessen Liebesgunst sich einzuschmeicheln suchte, sich in ihrer Einbildung betrogen fand; so war Haß gegen ihren Herrn, der ihre Hoffnung vereitelt hatte, Neid gegen die junge Braut, welcher sie das Glück mißgönnte, das sie für sich begehrt hatte, Grimm gegen beide, deren Verbindung, wie sie voraussah, den Verlust ihres Dienstes zur Folge haben mußte, — alles dieses war bei einem solchen Geschöpfe mehr als hinreichender Beweggrund zu dem Entschlusse, den Grohmann durch dessen Ermordung zu bestrafen, der hoffenden Braut ihren Bräutigam zu entreißen und auf solche Weise ihren Verdruß an beiden zu rächen. Die mildeste Vermuthung ist, daß sie ihm das Gift in der Absicht beigebracht, um denselben fortwährend krank zu erhalten, ihn dadurch an Vollziehung einer Heirath zu verhindern und indem sie ihm als Krankenwärterin sich nothwendig machte, sich der Fortdauer ihres Dienstes bei ihm zu versichern. Sie selbst läugnet übrigens jede absichtliche Vergiftung Grohmanns, wenn sie gleich einräumt, daß er, ohne ihre Absicht, von dem vergifteten Biere getrunken haben könne, welches sie für die Beiden Dorsch im Vorrath gehabt habe. Als sie nämlich diesen den vergifteten Krug hingestellt, dieser aber von ihnen verschmäht worden, sei er von den Dorsch zu denjenigen Krügen auf den Tisch hingestellt worden, welche zum Trinken für Grohmann und dessen allenfallsigem Besuche bestimmt gewesen seien. »Die drei übrigen vergifteten Krüge,« fährt sie fort, »stellte ich in das Gewölbe zu den anderen mit reinem Biere. Da ich mir jene nicht gehörig bezeichnet hatte, so sind sie alle unter einander gekommen, so daß ich die vergifteten selbst nicht mehr unterscheiden konnte. — Also kann es sein, daß auch Grohmann, auf die nämliche Art wie Hofmann, von dem vergifteten Biere getrunken hat. Denn ich kann nicht läugnen, daß er sich öfter erbrechen mußte. Aber Grohmann war mir viel zu schätzbar, als daß ich ihm absichtlich hätte schaden mögen; denn er war mein Alles und den Bissen, den er aß, den aß ich auch. Er war mein bester Freund und hat mich niemals gekränkt, so daß ich an ihm nichts zu rächen Ursache gehabt hätte.«

Mag der an eine gesetzliche Beweislehre gebundene Richter, hier das Dasein einer absichtlichen Vergiftung rechtlich bezweifeln; der freie Verstand wird sich schwerlich der Überzeugung zu erwehren im Stande sein. Wie ungereimt ist nicht auch die Erklärung, womit sie die Schuld vorsätzlicher Vergiftung von sich hinwegzudeuten versucht! Grohmann ist »ihr Alles, ihr bester Freund,« und dennoch läßt sie einen Krug vergifteten Biers vor seinen Augen stehen; dennoch weiß sie, daß im Gewölbe vergiftete Krüge mit unvergifteten vermischt sind, und setzt, unbekümmert um jede Folge, ihren kranken, dabei so sehr geschätzten »besten Freund, ihr Alles,« in die nahe Gefahr, aus vergifteten Krügen seinen Tod zu trinken!

Als ihr am 24. Mai 1810 der von neuem wieder ausgegrabene Leichnam der Gebhard auf dem Kirchhofe zu Wonsees zur Anerkennung vorgezeigt worden war, berührte sie dessen rechte Hand mit den Worten: »Friede sei mit deiner Asche! ich wollte ich läge auch bei dir; dann wäre ich meiner Leiden los!« Hierauf wurde sie auch zum Grabhügel Grohmanns geführt. »Ja,« sprach sie, »hier ist die Grabstätte des Justizamtmanns Grohmann! An diesem und der Gebhard ihrem Tode habe ich keinen Theil.« — Die Gebhard war aber gleichwohl, wie sie selbst späterhin nicht läugnen konnte, von ihr wirklich getödtet worden. War sie daher an Grohmanns Tode eben so unschuldig, wie an dem der Gebhard, so läßt sich jene Betheuerung an seinem Grabe sogar als ein jesuitisch verschleiertes, halb spöttisches Geständniß der Ermordung desselben annehmen.

III. Im Gebhard'schen Hause,

wo sie am 13. Mai (1809) als Wärterin und Aushelferin einstand, eilte sie, wo möglich noch rascheren Schrittes, auf dem Wege der Verbrechen voran.

1) Kaum war sie vier Tage im Hause, als sie die Wöchnerin sich zum Gegenstand ihrer Kunst ersah. »Weil die Gebhard,« behauptet Inquisitin, »sich sehr ärgerlich bezeigte, sie sehr schnöde behandelte, ihr, wegen angeblich verwahrlosten Hauswesens, Vorwürfe machte,« faßte sie den Entschluß, ihr Gift beizubringen. Am Mittwoch vor ihrem Tode (17. Mai) ging daher die Zwanziger in das Gewölbe, wo sie zwei Krüge Bier vergiftete, indem sie den einen mit Mückenstein, so viel sie zwischen den Fingern ihrer rechten Hand fassen konnte, den zweiten mit einer stärkeren Dosis Mäusegift vermischte. Aus dem ersten wurde desselben Tags ein gläserner Krug gefüllt und der Wöchnerin vorgesetzt. Diese labte sich daran, und Gebhard selbst, unwissend, was er thue, reichte mehr als einmal seiner Gattin von dem vergifteten Tranke. Am zweiten Tage nachher, Freitags am 19. Mai (am Tage vor ihrem Tode), wurde der zweite, stärker vergiftete Krug zu Hülfe genommen, von welchem die bereits schwer Kranke ebenfalls, jedoch, wie Inquisitin behauptet, nur wenig, getrunken hat. »Nicht zum Sterben,« sagt die Zwanziger, »sondern um sie durch das dadurch verursachte Erbrechen zu plagen, weil sie mich auch so geplagt hat, gab ich ihr das Gift. Ich wußte ja, daß ihr das Bier nicht schaden werde.

(!) — Könnte ich überzeugt sein, daß die Gebhard durch meine Schuld gestorben, so hätte ich mich zu ihr ins Grab gelegt. — Früherhin war sie mir jederzeit gut; sie war meine beste Freundin, und stand mir bei mit Rath und That. Stets betrug sie sich freundlich gegen mich, und lobte mich, wo sie hinkam. Wir waren wie ein Paar Schwestern, kamen oft zusammen und besprachen uns über ökonomische Dinge.« — Die alle Grenzen menschlicher Verdorbenheit überschreitende Tücke und Falschheit, welche sich in diesem Bekenntnisse ausspricht, wird dem Psychologen eben so wenig entgehen, als dem Rechtsgelehrten die auffallende Parallele zwischen den eben angeführten Äußerungen und denjenigen, deren sich diese Person bei Grohmann bediente. Ihre »beste Freundin, ihre Schwester,« ihre Helferin mit Rath und That, die Gebhard — vergiftet sie absichtlich; ihren »besten Freund, ihr Alles,« den Grohmann, — wie könnte sie diesen absichtlich haben vergiften wollen, da er doch ihr bester Freund, ihr Alles war?

Daß die Behauptung dieser Verbrecherin: der Gebhard das Gift nicht in tödtlicher Absicht gegeben zu haben, — mehr nicht sei, als eine beschönigende Lüge, wird Niemand bezweifeln. Denn wollte sie nicht den Tod, warum steigerte sie den Grad der Vergiftung? warum reichte sie, nachdem der erste Krug genossen war, der bereits gefährlich Kranken das noch stärker vergiftete Bier? Auch die vorgebliche Absicht: sich blos wegen der Ärgerlichkeit, Empfindlichkeit und schnöden Behandlung der Wöchnerin rächen zu wollen, stimmt mit allen aktenmäßig erwiesenen Thatsachen nicht überein. Aus vielen Zeugenaussagen, sogar aus mehreren Stellen der in ihrer Kommode gefundenen Briefe, geht zur Gewißheit hervor, daß sie, wie auf Glaser und Grohmann, auch auf Gebhard ihre Gedanken und Wünsche gerichtet hatte. Fehlt es ihr gleich an jedem Grunde, der sie zu irgend einer Hoffnung auf eine Heirath mit Gebhard berechtigte, so durfte sie sich doch wenigstens mit der Möglichkeit schmeicheln, daß sie, falls er Wittwer geworden, durch seine Hand vielleicht ihre Versorgung erhalten könne. Ehe sie aber nur zu hoffen anfangen durfte, mußte Gebhards Ehe getrennt sein, und dies war genug für sie, um die Wöchnerin durch Gift aus dem Wege zu räumen.

2) Gegen Ende des Monats August speisten der Handlungsdiener Beck und die Sekretärswittwe Alberti bei Gebhard zu Mittag und wurden vergiftet. — Die Zwanziger bekennt sich dieses Verbrechens schuldig. Beck habe sie zuweilen geneckt und gefoppt. Sie habe ihm daher mit Mäusegift vermischtes Bier zu trinken gegeben und zwar aus demselben Kruge, welcher seit der Vergiftung der Gebhard noch zur Hälfte übrig geblieben sei, und welchen sie nur frisch aufgefüllt habe. Ihn zu tödten sei nicht in ihren Sinn gekommen, sondern nur ihn krank zu machen, um ihn für seine Neckereien zu bestrafen. »Ich habe (ich muß es nur sagen) meinen Spaß dabei gehabt, wenn die Leute, die mich so quälten, sich erbrechen mußten.« — Daß auch die Alberti von demselben vergifteten Biere einige Gläser getrunken habe, räumt sie ein; jedoch ohne ihre Absicht sei es geschehen. Sie selbst habe ihr vom Biertrinken abgerathen und als sie demungeachtet davon getrunken und hierauf von heftigem Erbrechen befallen worden sei, habe sie ihr Hoffmann'sche Tropfen gereicht und ihr Kaffee machen lassen.

3) Den Amtsboten Rosenhauer mit Wein vergiftet zu haben, läugnet sie; dagegen bekennt sie eine Vergiftung desselben durch Bier. Dieser Rosenhauer war ihr, wie sie sagt, zuwider; er machte ihr zuweilen Verdruß und Klatschereien. Einige Tage vor oder nach dem Vorfalle mit Beck habe sie ihm daher von dem vergifteten Biere eingeschenkt, um ihn zu züchtigen. Sie habe blos den Bodensatz in demselben alten Kruge, der noch seit der Gebhard'schen Vergiftung übrig gewesen, von Neuem aufgefüllt.

4) Was die angeschuldigte Vergiftung des Rosenhauer'schen Laufburschen, Johann Kraus, durch Branntwein betrifft, so läugnet sie ebenfalls zwar nicht die That, aber das angegebene Mittel. »Es gebe ja der gesunde Menschenverstand, daß man in einem so hellen Getränke wie Branntwein, worin jedes Fäserchen zu sehen sei, Niemand vergiften könne. Aber da Kraus immer so grob gewesen, habe sie ihm einmal ein kleines Glas vergiftetes Bier gegeben, auf

daß er sich erbrechen müsse.« Damit steht jedoch der Umstand in klarem Widerspruche, daß Kraus nach dem Genusse des ihm von der Zwanziger gereichten Branntweins, worin er auch einen fremden Körper wahrgenommen, erkrankt ist und daß er, nach seiner Versicherung, öfter Bier von der Zwanziger erhalten habe, ohne sich jemals nachher übergeben zu müssen.

5) Es ist erwiesen, daß am 1. September der Kammeramtmann Gebhard, der Justizamtsverweser Beck, ferner dessen Bruder, der Handlungsdiener Beck (derselbe, welcher schon einige Tage zuvor von der Zwanziger war vergiftet worden), dann der Bürgermeister Petz und der Scribent Scherber, welche auf dem Kegelplatze versammelt waren, plötzlich an einer Arsenikvergiftung erkrankten und zwar nach dem Genusse von Bier, welches die Zwanziger auf Verlangen ihres Herrn aus dessen Keller geschickt hatte. Die Zwanziger läugnete beharrlich jede verbrecherische Absicht. »Sie wisse gar nicht, wie es zugegangen. Vielleicht, daß in den beiden, zuerst für Gebhard vergifteten Krügen noch ein Bodensatz zurückgeblieben sei und sie nun zufällig gerade diese, von Neuem aufgefüllten Krüge, in die Hände bekommen habe.« Nichts ist unglaublicher als dieses Vorgeben und Nichts, wenn auch nicht juridisch, doch nach allen Regeln des Verstandes und der gemeinsten Erfahrung, gewisser, als daß eben die Zwanziger, welche das Vergiften zu Ernst und Scherz betrieb, auch diese That und zwar mit Absicht, begangen habe. Sie, welcher es, nach ihrem eigenen Geständnisse, »Spaß machte,« wenn die von ihr vergifteten Leute sich mit Erbrechen abquälten, konnte es wohl auch einmal recht spaßhaft finden, einer ganzen Kegelgesellschaft ihre Lust zu verderben und sich, wäre es auch nur in der Phantasie, an ihren Schmerzen, an ihrem Würgen, Krümmen und Gesichterschneiden, zu erlustigen. Befand sich doch auch in dieser Gesellschaft eben der Beck, an dem sie aus Haß schon einige Tage zuvor sich denselben Spaß gemacht hatte.

Eben so wenig Glauben verdient die Inquisitin, wenn sie vorgibt, daß immer nur die beiden, bereits am 17. Mai vergifteten Krüge, mit ihrem alten Bodensatze, alles in allem gewirkt haben. Wenn dem so wäre, so müßten diese zwei Krüge mit dem bekannten Ölkrüglein der Wittwe etwas gemein haben. Aus diesen Krügen vergiftete sich erst die Gebhard zu tod; hierauf trank davon, nach ihrem Geständnisse, der Beck, dann die Alberti mehrere Gläser, worauf beide heftig erkrankten; ferner Rosenhauer, hierauf Kraus, endlich fünf Personen einer Kegelgesellschaft, die insgesammt krank wurden und von denen Einige, noch Tage und Wochen lang, die Folgen des Giftes in ihrem Körper spürten. Zu einer wahrscheinlichen Erklärung leitet folgender Umstand: Am Abend vor ihrem Weggehen aus dem Gebhardschen Hause (2. September), als ihr bereits die Schlüssel abgenommen waren, ging sie mit dem Scribenten Scherber in das Gewölbe, um diesem zu zeigen, wozu es des Zeigens eben nicht sehr bedurfte, nämlich wo die Lichter aufbewahrt würden. Als Scherber mit den Lichtern wieder herausging, nahm sie ein daselbst befindliches Töpfchen zu sich, mit den Worten: »sie wolle dieses Töpfchen mitnehmen, es stehe schon lange da.« Dieses brachte sie sodann, mit dem Auftrage, dasselbe auszuwaschen, der Hausmagd, welche bei dessen Reinigung einen weißen zähen Schaum, ohngefähr in der Dicke eines Messerrückens auf dem Boden desselben wahrnahm. Dieses Töpfchen war denn wohl, aller Wahrscheinlichkeit nach, nichts anderes, als ein Giftbehälter, aus welchem sie, so oft sie dessen bedurfte, sich ihre Vorräthe vergifteten Biers bereitete.

So wenig sie sich zur absichtlichen Vergiftung der Kegelgesellschaft bekennt, eben so wenig

6) räumt sie irgend eine Schuld an den Übelkeiten ein, welche die beiden Dienstmägde, Haz und Waldmann, nach dem Genusse von Kaffee befallen haben.

Dagegen

7) bekennt sie die Vergiftung des Salzfasses in der Küche, am Vorabend ihres Abzuges aus dem Gebhard'schen Hause. — »Ich muß gestehen,« sind ihre eignen Worte, »daß ich am Abend vor meinem Weggange das Salzfaß, welches in der Küche gebraucht wird, allerdings mit Arsenik vermischt habe, damit bei meinem Abgange alle, die im Hause blieben, etwas kriegten und ich der Magd einen

Verdruß zuziehe. Ich nahm aus meiner Tasche, worin ich das Gift hatte, eine Prise Mäusegift, ging damit von meiner Schlafstube in die Küche, nahm das Salzfaß aus derselben mit in die Gesindestube, rührte, indem ich einen Scherz machte, das Salz dreimal um, und ließ in dasselbe den Arsenik fallen.«

Nun hatte sich aber

8) auch die Salztonne, welche noch einen bedeutenden Vorrath Salz enthielt, stark mit Arsenik vermischt befunden; und aus eben dieser Salztonne war von der Zwanziger selbst das Salzfaß in der Küche aufgefüllt worden. Es ist daher durchaus kein Grund vorhanden, zu zweifeln, daß sie es war, welche auch den Salzvorrath in der Tonne mit Arsenik vermischt hat. Dennoch behauptet sie, gleichsam der Wahrheit selbst in das Angesicht lügend, ihre Unschuld. »Ich kann,« sagt sie, »mir nicht anders denken, als daß mehre Menschen auf mein Unglück losgearbeitet und mir dieses gethan haben.«

Was endlich

9) das sechs Monat alte Gebhard'sche Wochenkind, die »liebe Fritzchen« betrifft, welchem sie zum Abschiede, unter Liebkosungen, in Biskuit und Milch Arsenik gegeben zu haben, beschuldigt ist: so bekennt sie sich dieser That wenigstens in ihren Hauptumständen schuldig. In Biskuit habe sie dem Kinde nichts beigebracht; aber in eine Kaffeetasse voll Milch habe sie »ein klein wenig Mückenstein« gethan, und habe von dieser Milch dem Kinde einige Kaffeelöffelchen zu trinken gegeben, das übrige aber, weil sie wahrgenommen, daß der Mückenstein noch nicht ganz aufgelöst gewesen, hinweggegossen. Ihre Absicht sei dabei nicht gewesen, »dem Leben des Kindes zu schaden, sondern nur ihm Übelkeit zu erregen, und es unruhig zu machen, damit Gebhard bewogen werde, sie, zur Beruhigung seines Kindes, von Baireuth wieder zurückzurufen, wo sie deshalb vier Wochen sich aufgehalten habe.« — Bezüglich ihrer Absicht bei dieser That, spricht sie wahr; dieses bestätigen verschiedene Äußerungen in ihren Briefen an Gebhard, sowohl in demjenigen, welchen sie bei ihrer Abreise in ihrer Kommode zurückließ, als auch in einem

spätern, den sie aus dem Hause der Großmutter des Kindes geschrieben hat, als diese ihr die Nachricht mitgetheilt hatte, daß das kleine Kind, wie sie von ihrem Schwiegersohne erfahren, sehr krank und unruhig geworden sei. Übrigens aber ist das Bestreben der Zwanziger, auch diese That zu verkleinern, nicht zu verkennen. Denn nach Aussage der Dienstmagd Haz, gab die Zwanziger dem Kinde nicht blos Milch zu trinken, sondern auch Biskuit zu essen, welches zuvor in die (vergiftete) Milch getaucht war, die denn auch nicht eine ganze, sondern weniger als eine halbe Tasse füllte, und welche dem Kinde nicht Theelöffelweise und nicht blos zum Theil, sondern ganz zu trinken gegeben wurde.

Es mag räthselhaft scheinen, warum doch diese Verbrecherin, welche, wie sie selbst wissen mußte, durch ihre abgelegten Geständnisse mehr als hinreichenden Grund zu einem Todesurtheile gegeben hatte, gleichwohl alle ihre großen Missethaten immer wenigstens bis auf einen gewissen Punkt zu verkleinern und zu beschönigen, andere von weit minderer Bedeutung, ohne allen Schein und Glaubwürdigkeit, ganz von sich abzulehnen bemüht gewesen ist. Entweder suchte sie dadurch wenigstens einer geschärften Todesstrafe zu entgehen, oder es war dieser durchaus verdrehten falschen Menschennatur ganz unmöglich, irgend einmal aufrichtig zu sein, ohne zugleich zu betrügen, eine Wahrheit zu sagen, ohne dieser wenigstens eine Lüge zur Gesellschaft mitzugeben.

Anna Margaretha Zwanziger* hatte, als sie in die Gewalt der Gerechtigkeit fiel, bereits das fünfzigste Jahr erreicht. Sie war klein von Wuchs, hager, schief und verwachsen. Ihr bleiches, mageres Gesicht, in das Alter und Leidenschaften bereits tiefe Furchen gegraben hatten, verrieth

* Dem nun folgenden Roman ihres Lebens liegen theils ihre gerichtlichen Bekenntnisse, theils Zeugenaussagen, theils eine über 18 engbeschriebene Bogen starke Autobiographie zum Grunde, welche sie, in der Zwischenzeit von dem Schlusse der Untersuchung bis zum gefällten Endurtheile, verfaßt hat. Alle Stellen der nachfolgenden Lebensgeschichte, welche zwischen Anführungszeichen stehen, sind die eigenen Worte der Verbrecherin.

auch nicht einen Zug ehemaliger Schönheit, aus ihren widrigen Augen blickte Gehässigkeit und Neid, und der Ernst lag beständig auf ihrer Stirn, während ihr Mund zu freundlichem Lächeln sich verzog. Ihr Betragen war über und über Höflichkeit, kriechende Unterthänigkeit, schmeichelndes Schönthun. Wollüstig und gefallsüchtig von Jugend auf, vermochten selbst Alter und Häßlichkeit nichts über ihre Ansprüche auf das männliche Geschlecht. Noch im Gefängnisse, und als sie bereits ihrem Todesurtheile entgegensah, spielte ihre Einbildungskraft mit der Erinnerung an die Blüthenzeit ihrer Jahre. Ihrem Untersuchungsrichter, welcher durch Ernst und Milde ihr besonderes Zutrauen erworben hatte, machte sie einst, als er sie im Gefängnisse besuchte, die Erinnerung: er möge doch ja nicht das Bild der Zwanziger, wie sie gewesen, sich vorstellen nach dem Aussehen der Zwanziger, wie sie ihm jetzt erscheine; denn sonst sei sie schön gewesen, sehr schön.

Sie war am 7. August 1760* zu Nürnberg geboren, und zwar zu böser Vorbedeutung (wie sie selbst bemerkt) im Gasthause zum schwarzen Kreuz, welches ihrem Vater, Namens Schönleben, eigenthümlich gehörte. Dieser, welcher auf seine Tochter einen Namen vererbte, der bei ihr im entgegengesetzten Sinne bezeichnend wurde, starb schon anderthalb Jahre nach ihrer Geburt; und in ihrem fünften Lebensjahre verlor sie, nebst ihrem einzigen Bruder, auch ihre Mutter.

Die fünfjährige doppelte Waise wurde zuerst bei einer alten Jungfer in Nürnberg in die Kost verdungen; von da kam sie, nach zwei oder drei Jahren nach Feucht zu einer Tante, welche ihr, wie sie sagt, eine zweite Mutter gewesen; hierauf, nach ohngefähr zwei Jahren, wieder zurück nach Nürnberg zu einer verwittweten Pfarrerin; zuletzt, beiläufig in ihrem zehnten Jahre, wurde sie von ihrem Vormunde, einem wohlhabenden Kaufmanne, in sein Haus genommen. Nebst gehörigem Religionsunterrichte, erhielt sie eine nicht gemeine Erziehung, und lernte, außer weib-

* Nach dem Taufzeugnisse. In ihrer Autobiographie macht sie sich um vier Jahre jünger.

lichen Arbeiten, worin sie eine große Geschicklichkeit erlangte, Lesen, Schreiben, Rechnen, so wie die Anfangsgründe der französischen Sprache. Ihr Vormund, dessen Augapfel sie gewesen sein will, sparte nichts an ihr, und hielt sie zum Fleiße, zur Ordnung und zu gefälligen Sitten an. Allein von zarter Kindheit an von Ort zu Ort, aus einer Hand in die andere geworfen, zersplitterte gleichsam ihr Jugendleben und ihre Erziehung ermangelte der Stätigkeit und Übereinstimmung.

Kaum hatte sie das fünfzehnte Jahr zurückgelegt, als ihr Vormund ihr den damaligen Furier, nachher Notarius Zwanziger, zum Bräutigam bestimmte. Sie liebte diesen Mann nicht, welcher bereits das dreißigste Jahr überschritten hatte und wich eine Weile ihm selbst, so wie seinen Anträgen und Bewerbungen aus. Doch siegten endlich die Beredungen ihres Vormundes, und im neunzehnten* Jahre wurde sie Zwanzigers Gattin.

An einen Mann gebunden, welchen sie »fürchtete, wie das Kind die Ruthe,« ungewohnt des beschränkten Stilllebens, das gegen das heitere, geräuschvolle Treiben im Hause des Vormundes einen unangenehmen Abstand bildete; von ihrem Manne, welcher entweder seinem Berufe oder dem Trunke nachging, großentheils der Einsamkeit überlassen: suchte sie anfangs den Verdruß der Langeweile in Lesereien zu tödten. »Mein erstes Buch, welches ich las, waren *Werthers Leiden*. Dies Buch machte gleich so großen Eindruck auf mich, daß ich immer weinen mußte. Hätte ich dann eine Pistole gehabt, so hätte ich mich auch erschossen. Hierauf las ich *Pamela* und *Emilia Galotti*.« Mit der romanhaften Schwärmerei ist, zumal in halbgebildeten oder von Natur zur Kälte hinneigenden Gemüthern, sehr nahe die Empfindelei verwandt, welche durch das nicht Empfundene, blos als empfunden Vorgestellte, den

* Sie selbst behauptet immer, schon im fünfzehnten Jahre mit Zwanziger getraut worden zu sein, was ihr sogar die richterlichen Erkenntnisse auf ihr Wort nachsagen. Allein jene Angabe ist blos eine jener Ausschmückungen und Übertreibungen, deren sich diese romanhafte Inquisitin bedient, nur um sich interessanter zu machen. Nach dem pfarramtlichen Zeugnisse heirathete sie erst am 5. October 1778.

inneren Sinn gleichsam zwangsweise kitzelt, in welcher der Mensch bloße Grimassen von Empfindungen als wirkliche sich selbst und anderen aufzulügen sucht und wodurch er, sobald ihm dieses habituell geworden, sich den Quell der gewissesten Wahrheit, nämlich das Gefühl, bis in dessen innersten Tiefen, für immer vergiftet. Verstellung, Lügenhaftigkeit, Falschheit, Tücke und was allen diesen anhängt: das sind die Saaten, die, wo nicht nothwendig, doch sehr leicht, alsdann aber üppich wuchernd, in einer Seele aufgehen, welcher es zur Gewohnheit geworden ist, mit ihren eigenen Gefühlen gleichsam Fälscherei zu treiben. Überdies ersticken die wahren Gefühle sehr leicht unter den erlogenen; und so ist es erklärbar, warum sich die Empfindelei mit der entschiedensten Gefühllosigkeit und Starrheit des Gemüths, sogar mit Grausamkeit sehr wohl verträgt.

Die stillen Genüsse der Empfindsamkeit wurden übrigens bald durch die, ihrer Natur mehr zusagenden, Vergnügungen rauschender Zerstreuung ersetzt, nachdem das Vormundschaftsamt ihrem Manne das Vermögen der indessen volljährig gewordenen Gattin ausgeliefert hatte. Dieser wußte es zu nichts Besseren zu verwenden, als sich damit lustige Tage und Abende zu verschaffen, an welchen er, wie billig, seine Ehehälfte Theil nehmen ließ; es wurden Gäste geladen, musikalische Gesellschaften veranstaltet, Spazierfahrten unternommen, Bälle und Redouten besucht.

Allein in wenigen Jahren war unter Essen, Trinken, Lachen und Lieben, das Vermögen zerronnen und, statt der schwärmenden Freuden, zogen Noth und Hunger in das Haus. Sie hatte ihrem Manne zwei Kinder geboren, diese sollte sie ernähren; ihr Mann, ein Trunkenbold, welcher Tags oft seine zehn Flaschen Wein vertrug, verlangte in das Wirthshaus, und war eben so überlästig, wenn es hierzu an Geld gebrach, als gefällig und nachsichtig, sobald es nur hieran nicht fehlte. Die Verehrerin der Pamela, welche bei Werthers Leiden geweint hatte, machte daher nun ihre Person zur Waare. »Doch besaß ich,« sagte sie, »immer noch so viel Delikatesse, mich nur zu Standespersonen zu halten, die still schwiegen. Denn das Prinzip ist mir von Jugend auf eingeprägt, mich nur zu Personen zu halten, die mein Glück machen könnten. So hatte ich denn auch der Liebe das Glück zu danken, daß ich von edlen Männern viel unterstützt wurde.«

Nach Verlauf von ungefähr zwei Jahren ging durch eine Uhren-Lotterie, zu welcher Zwanziger den Plan ausgedacht hatte, ein neuer Glücksstern über beiden Ehegatten auf. Mit dem Wohlstande kehrte auch das Wohlleben zurück. Und was man bisher, für Geld, aus Noth getrieben hatte, wurde jetzt aus Liebe und Gewohnheit fortgethan. Ein sehr ernsthaftes, ärgerliches und kostpieliges Verhältniß der Gattin mit einem gewissen Lieutenant von B. veranlaßte einen heftigen Ehestreit. Sie verließ ihren Mann, begab sich zur Schwester ihres Liebhabers nach Wien, kehrte von da, auf Vorstellung ihres Mannes, wieder nach Nürnberg zurück, klagte jedoch nunmehr, hierzu von ihrem Liebhaber angereizt, auf Ehescheidung und wurde, nach kurzem Prozesse, von ihrem Manne wirklich geschieden. Doch kaum war das Scheidungsurtheil erfolgt, als sie sich sogleich nachher, am Tage nach dessen Verkündung, mit ihrem Manne in der Laurenzi-Kirche zum zweiten Male trauen ließ, seit welcher Zeit sie, bis an dessen Tod, wenigstens nach ihrer eigenen Versicherung, in ganz zufriedener, beinahe glücklicher Ehe gelebt hat. Sie habe zuletzt, fügt sie hinzu, sogar Zuneigung zu ihm gewonnen; denn sie habe bei mehreren Gelegenheiten wahrgenommen, daß er »sehr edel gedacht und ein sehr empfindsames Herz gehabt habe.«

Am 21. Januar 1796, im achtzehnten Jahre seiner Ehe, machte Zwanziger, durch seinen, nach sehr kurzem Krankenlager erfolgten Tod, seine Gattin zur Wittwe. Der Verdacht, den schnellen Tod ihres Gatten ebenfalls durch Gift bewirkt zu haben, wurde durch die Untersuchung nicht bestätigt.

Seit diesem Todesfalle wird das Leben der Zwanziger ein Gewirre von Unglücksfällen, Thorheiten, Lastern und zum Theil (schon vor den späteren, größeren Ereignissen im Baireuther Lande) von Verbrechen.

Das älterliche Vermögen war verzehrt, die Quelle des Einkommens versiegt; nur 400 fl. in Allem vermochte sie noch zusammen zu bringen. Mit diesen begab sie sich nach

Wien, angeblich um sich daselbst von der Zuckerbäckerei zu ernähren. Als dieses mißlang, diente sie als Haushälterin in verschiedenen angesehenen Häusern; gerieth dann mit einem Schreiber von der ungarischen Kanzlei, welcher »von sehr gutem Gemüth war,« in zu enge Vertraulichkeit, gebar ihm ein uneheliches Kind, that dieses in das Findelhaus, wo es bald nachher starb und kehrte nach anderthalbjähriger Abwesenheit wieder nach Nürnberg zurück.

Wohl war sie anfangs nicht Willens, sich in ihrer Vaterstadt längere Zeit aufzuhalten. Eines Tags aber machte ihr der Freiherr von W. einen Besuch, versprach ihr seinen Schutz, und trug ihr seine »Freundschaft und Liebe« an. »Sie merkte, nach ihrer Versicherung, an allem, daß sie in diesem Freiherrn einen sehr edlen Mann vor sich habe« und miethete sich daher in einem besondern Zimmer ein. Hier wurde sie von ihrem Beschützer, wie »eine Freundin von einem Freunde« besucht, erhielt von ihm Unterstützung an Geld; ward aber — was wohl nur die gutmüthigste Leichtgläubigkeit ihr zu glauben geneigt sein dürfte — mit allen ihrer Tugend gefährlichen Zumuthungen von ihm verschont und »zu allem Guten geleitet.« Nebenbei schaffte sie sich noch einen Verdienst mit Puppenmachen.

Drei Monate mochte dieses Verhältniß gedauert haben, als ihr der Antrag wurde, bei dem Minister-Präsidenten von K. zu Frankfurt, als Haushälterin in Dienste zu treten. Ihr edler Beschützer zu Nürnberg war großmüthig genug, sie an ihrem Glücke nicht zu hindern und, mit 100 fl. von ihm beschenkt, reiste sie nach dem Orte ihrer Bestimmung ab. Allein hier wurde sie, nach zwei bis drei Monaten, theils wegen Unreinlichkeit, theils weil sie der Küche nicht gehörig vorzustehen wußte, des Dienstes wieder entlassen. Sie selbst behauptet freilich, anderthalb Jahre in diesem Dienste gewesen zu sein und weiß eine Menge anderer Ursachen ihrer Dienstentlassung zusammen zu finden.

Aus dem Hause dieser Herrschaft entfernt, bezog sie zu Frankfurt anfangs ein Monatszimmer bei einem Friseur, — verdingte sich sodann als Kindeswärterin bei einer Gesellschaft englischer Reuter, — entlief ihnen 8 Tage nachher, als diese sich eben auf der Reise nach Bamberg befanden, —

kehrte wieder nach Frankfurt zu jenem Friseur zurück und wurde endlich — aus Mitleid und nur auf kurze Zeit von einem Kaufmanne als Kindesmagd aufgenommen: — alles dieses in dem Zeitraume weniger Monate. So viele Unglücksfälle gleichsam mit Einem Schlage, verbunden mit dem unausstehlichen Gedanken, von einer gebietenden Hausfrau bis zur gemeinen Kindesmagd herabgekommen zu sein, wirkten so heftig auf ihr Gemüth, daß sie sich wie eine Irrsinnige betrug. Vom Weinen ging sie zum Lachen, von dem Lachen zum Beten über. Lachend vernahm sie die Befehle ihrer Herrschaft und ging gehorchend ab an das befohlene Geschäft, um es gleichwohl — nicht zu verrichten.

In ihrer äußersten Noth hatte sie sich indessen brieflich wieder an ihren edlen Freund, den Freiherrn von W. nach Nürnberg gewendet, der sich ihr wirklich von neuem als Beschützer anbot. Bei ihrer Ankunft zu Nürnberg wurde sie von ihm auf das herzlichste empfangen. »Aber zu ihrem Erstaunen« — so erzählt sie mit einem handgreiflichen Anachronismus — »zu ihrem Erstaunen, habe sie von jetzt an eine große Veränderung in seinen Sitten wahrgenommen. Er, ein verheiratheter Mann, sei auf einmal freier, und immer zudringlicher geworden, habe sehr leichtsinnige Grundsätze geäußert, und endlich seine Würde so ganz und gar vergessen,« — daß sie zuletzt von ihm in die Hoffnung versetzt worden sei, von neuem Mutter zu werden.* Sobald aber der Freund von dieser Hoffnung in Kenntniß gesetzt worden war, bezeugte er sich auffallend kälter als bisher, seine Besuche wurden seltener und kürzer und nur zu bald erhielt sie die entsetzliche Gewißheit, daß er unterdeß eine (in Deutschland nicht unrühmlich bekannte) Schauspielerin, welche sich damals zu Nürnberg aufhielt, weit lieber besuche als sie selbst. Nicht genug, daß der Schreck über diese Neuigkeit sogleich eine angebliche Fehlgeburt zur Folge hatte: am folgenden Tage ließ sie sich von ihren Hausleuten ein Aderlaß-Eisen bringen, zerritzte sich damit die Adern beider Arme, wurde jedoch, wie sie angiebt, an Vollbrin-

* Diese Schwangerschaft war höchstwahrscheinlich blos ein Vorgeben, um den Beschützer desto mehr zu fesseln.

gung ihres Vorhabens gehindert und »konnte nicht mehr als eine Kaffeeschale voll Blut herausbringen.« Der Hausherr eilte sogleich zum Freiherrn von W., machte ihn mit dem Vorfalle bekannt, zeigte ihm das mörderische Aderlaß-Eisen und bewog ihn, am folgenden Tage seinen weiblichen Werther zu besuchen. Freiherr von W. erschien, — aber nicht als ein Reuiger; er lachte, obgleich ihm die Kaffeeschale mit Blut vorsichtig unter die Augen gestellt war, die Närrin aus und kehrte ihr bald, nach heftigen Vorwürfen von ihrer Seite, den Rücken, um sie niemals wieder zu sehen. In Rache glühend packte sie sogleich die Briefe ihres Liebhabers zusammen und sendete sie dessen Gemahlin zu. Sodann aber ging sie, *Siegwart* in der Tasche, ihr Dienstmädchen an der Seite, an die Pegnitz, um in dieser, wie sie versichert, ihr Leben zu enden. Am hohen Ufer setzte sie sich nieder, las im *Siegwart* und war eben bis zu dem Liede gekommen: *Mein Leben ist so traurig* u.s.w., als sie in den Fluß hinabsprang. Allein zwei in der Nähe beschäftigte Fischer brachten sie alsbald, ohne allen Schaden, blos mit durchnäßten Kleidern, wieder an das Ufer. In der Geschwindigkeit wurden trockene Kleider herbeigeholt, die nassen aber, als stumme Zeugen des zweiten Mordversuchs, zu dem Freiherrn von W. getragen, der jedoch das diese Sachen überbringende Dienstmädchen mit 25 fl. — und mit dem guten Rathe entließ: ihre Gebieterin möge sich unverzüglich und so weit als möglich von Nürnberg entfernen. Diese reiste denn auch, ohne in ihre Wohnung zurück zu kehren, noch in derselben Nacht nach Regensburg ab.

Was es mit diesem zweifachen Mordversuche für eine Bewandtniß hatte, daß das Blut nur gelassen wurde, um nicht zu verbluten und der Sprung in das Wasser gethan wurde, um wieder herausgezogen zu werden, ist, nach allen Umständen, mehr als wahrscheinlich. Indessen schreibt sie, was an sich sehr glaublich ist, dem treulosen und hartherzigen Benehmen ihres Beschützers einen großen Theil ihrer Erbitterung gegen das Menschengeschlecht zur Last. »Was mein Herz so böse gemacht hat?« sagt sie in einem ihrer Verhöre: »Herr von W. ist daran schuld. Als ich mir damals in Nürnberg die Adern aufgeschnitten hatte, und er mein Blut sah, da lachte er nur. Und als ich ihm vorhielt, daß er schon einmal ein Mädchen unglücklich gemacht habe, die mit ihrem von ihm erzeugten Kinde in das Wasser gesprungen sei, da lachte er wieder. Schrecklich war mir dabei zu Muthe und so oft ich nachher etwas Böses that, dachte ich bei mir selbst: mit dir hat kein Mensch Mitleid gehabt, so habe denn auch kein Mitleid, wenn Andere unglücklich sind.«

Von Regensburg, wo sie ein Wundfieber bekam und drei Wochen sich aufzuhalten genöthigt war, führte sie ihr Geschick, unter mancherlei Bedrängnissen, über Wien wieder nach Nürnberg, von da nach Thüringen und hier in das Haus des Kammerherrn von S. zu Weimar als Dienstmagd. Nach ihrer Erzählung war aber in diesem Hause der Dienst für jedes Gesinde sehr beschwerlich und wenig lohnend; daher sie desselben bald überdrüssig wurde und, nach ohngefähr 6 Wochen, bei sich beschloß, denselben ohne Aufkündigung im Stillen zu verlassen, sich jedoch zugleich »eine Entschädigung« mitzunehmen. »Mein Vorsatz,« erzählt sie, »gelang herrlich! Die Herrschaft saß bei Tafel und nun hieß es, ich solle mit dem Kinde spielen, damit es kein Geschrei gebe. Ich ging also mit diesem in das schöne Zimmer, wo ein rundes Tischchen stand, mit einer Schublade. Hierin war nicht bloß ein Ring, sondern auch Perlen und Steine, Ohrringe und dergleichen Kostbarkeiten. Wo man solche Sachen, dachte ich, den Kindern zum Spiele läßt, achtet man nicht darauf, sonst würde man sie verwahren. Eben spielte das Kind mit dem Ringe, welcher in einer Kapsel lag und warf ihn hin und her. Das Kind selbst gab ihn mir dann in die Hand; ich öffnete die Kapsel und der Ring fiel mir in die Augen; da war mir, als stehe Jemand neben mir und spräche: behalte ihn! Ich folgte dieser Eingebung, schläferte das Kind ein und ging, während noch die Herrschaften bei der Tafel saßen, von Haus hinweg aus der Stadt.« — Mit diesem zierlich zusammen gefügten Diebstahlsromane, welcher die That (worauf sie gleichwohl, wie ihr anfangs selbst entschlüpft, mit vorbedachtem Entschlusse ausgegangen war) dem Verhängnisse der augenblicklichen Verblendung, der unbewachten

Eingebung eines bösen Geistes zuschrieb, und welcher nebenbei darauf mit berechnet ist, den häuslichen Sinn und die Wirthschaftlichkeit der Dame des Hauses in ein übles Licht zu stellen, — stimmt nun freilich die ganz prosaische Aussage der bestohlenen Herrschaft durchaus nicht zusammen. Nach Aussage befand sich der gestohlene, mit edlen Steinen besetzte Ring in einem verschlossenen Schreibschranke, zu welchem der Schlüssel in dem Arbeitskörbchen der Dame des Hauses zu liegen pflegte.

Aus Weimar glücklich mit ihrer Beute entkommen, suchte die Zwanziger ihre Zuflucht zu Mainbernheim bei ihrem Schwiegersohne, dem Buchbinder Sauer, der ihre Tochter Anna Margaretha geheirathet hatte. Kaum war sie drei Tage in dem Hause ihres Schwiegersohnes, als diesem ein Zeitungsblatt in die Hand fiel, in welchem seine Schwiegermutter, wegen des entwendeten Brillantringes, von Weimar aus mit Steckbriefen verfolgt wurde. Der Schwiegersohn wieß seine Schwiegermutter sogleich aus seiner Wohnung und noch desselben Tags reiste sie nach Würzburg ab. Hier hatte sie die Unverschämtheit, an den von ihr bestohlenen Herrn nach Weimar zu schreiben und ihm darüber Vorwürfe zu machen, daß er durch jene öffentliche Ausschreibung sie in's Unglück gebracht habe. Freilich fuhr jener Steckbrief, wie ein Blitzstrahl, zerstörend durch ihr Leben: ihr Name war ehrlos, sie selbst geächtet, ihre Person bürgerlich vernichtet. Um noch unter den Menschen geduldet zu werden, mußte sie gleichsam aufhören, sie selbst zu sein; von nun an vertauschte sie den Namen Zwanziger mit ihrem Geburtsnamen: Schönleben.

Nachdem sie, unter diesen Namen sich eine Zeitlang durch verschiedene Orte des Frankenlandes umhergetrieben, bald hier bald da, meistens bei den höheren und gebildeten Ständen, ein kurzes Unterkommen gefunden hatte, gelang es ihr (1805), in dem oberpfälzschen Städtchen Neumarkt sich eine Art Versorgung zu verschaffen. Sie trat als Lehrerin junger Mädchen in weiblichen Arbeiten auf, erhielt viele Lehrstunden, erwarb sich noch manches mit eignen Arbeiten und verdiente sich, was ihr die dortige Obrigkeit bezeugte, durch ihren Fleiß, wie durch ihre gute anständige Aufführung, die allgemeine Zufriedenheit. Allein ihr Schicksal, vielmehr ihr unruhiges, mit sich selbst zerfallenes Gemüth ließ ihr nirgends eine bleibende Stätte. Zu ihrem Unglücke hielt sich einst der General N.N. aus München zu Neumarkt auf. Die bejahrte Wittwe wußte noch des bejahrten Herrn Gelüste auf sich zu lenken; er ließ sich bis zur engsten Vertraulichkeit mit ihr herab und machte ihr gelegentlich das Versprechen, für sie sorgen zu wollen. Da erwachte in ihr die Erinnerung an die schöne Vergangenheit, wo die »vornehmen, edlen Männer« ihre Beschützer waren; das Vergangene, meinte sie, wolle sich nun in ihrem Alter erneuern; und schon zog sie in ihren Gedanken und Träumen, als unterhaltene Freundin einer Excellenz, in München ein. Diesen Hoffnungen glaubte sie, wie sie versichert, sich um so zutraulicher überlassen zu dürfen, »als sie immer gehört habe, daß die Katholiken sehr Wort zu halten pflegten.« — Der General verließ Neumarkt. Sie schrieb ihm; erhielt aber keine Antwort. Sie meldete ihm (fälschlich) einige Zeit nachher ihre Schwangerschaft; allein es wurde ihr, statt anderer Antwort, blos eine geringe Summe Geldes, zur Beruhigung für immer, durch einen Pfarrer überantwortet. Hierdurch noch nicht entmuthigt, verließ sie Neumarkt, wo sie ein ganzes Jahr lang Ruhe und Unterkommen gefunden hatte und zog nach München, um sich Sr. Excellenz persönlich vorzustellen; aber sie wurde nicht vorgelassen. Aus ihrem Gasthause erließ sie ein Schreiben an ihren hohen Gönner, erhielt aber von einem Secretär oder Bedienten desselben, nebst einem kleinen Reisegelde, die mündliche Weisung, seinen gnädigen Herrn ein für allemal nicht mehr mit ihren tollen Zudringlichkeiten zu belästigen.

Genöthigt München zu verlassen, zog sie noch an manchen Orten hin und her, bis sie endlich von ihrem Verhängnisse im Jahre 1807 nach Pegnitz und von da nach Kasendorf und Sanspareil, auf den Schauplatz ihrer großen Missethaten geführt wurde.

In ihrer Jugend zeigte sich uns diese Verbrecherin nur als ein charakterloses, gefallsüchtiges und, bei oberflächlicher

Bildung, durch empfindelnde Romanleserei verschrobenes Wesen, welches, ohne innere Kraft, von den Umständen des Augenblicks hin und her getrieben, erst in sinnliche Zerstreuungen sich verliert, dann in Laster versinkt, um Geld ihren Körper Preis giebt und so mit der Ehre die Achtung vor sich selbst, mit dieser die Stütze ihrer sittlichen Kraft verliert.

Durch ihre Eitelkeit, von ihr Delikatesse genannt, zu den vornehmeren Klassen hingezogen; gezwungen auch diejenigen erobern und festzuhalten, für welche nicht immer ihre Neigung sprechen konnte; späterhin genöthigt, sich in fremder Welt durch mancherlei Menschen mit freundlichem Gesichte hindurch zu schmeicheln, oft zurückgestoßen und gedemüthigt und selten in dem Falle, dem innerlich tobenden Sturme nach Außen freien Lauf zu lassen; zu unruhig, um von ihrer geschickten Hände Arbeit in stiller Zurückgezogenheit selbstständig zu leben und doch zu stolz, um als bloßer Dienstbote Andern nur zu gehorchen; daher immer bemüht, den Befehlen der Herrschaft augendienerisch zuvorzukommen, oder ihr durch erschlichene Vertraulichkeit das Befehlen unmöglich zu machen; stets Rollen spielend und immer die Rollen wechselnd, fortwährend genöthigt anders zu scheinen als sie war, mußte sie wohl endlich die Kunst sich in die Menschen zu finden und zu fügen, mit dem ihr allenfalls noch übrigen letzten Restchen von Wahrhaftigkeit und Redlichkeit des Gemüths bezahlen. Sie wurde eine falsche, tückische, lügenhafte, glattzüngige, schmeichelnde Heuchlerin. Nirgend mehr der kleinste Zug von Treue und Geradheit, überall Verstellung, in Allem Zweideutigkeit oder Lüge. Ihr Mund lächelte, während der Grimm an ihrem Innern zehrte; ihre Lippen sprachen von Gott, während ihr Herz mit dem Satan zu Rath ging; indem sie Haß säete, sprach sie Worte der Versöhnung; wenn sie lobte, lästerte sie, wenn sie lästerte, waren diese Lästerungen mit Lobsprüchen umhüllt und wenn sie Wahrheit geben mußte, gab sie derselben wenigstens die Lüge noch als Zugabe darein.

Mit diesen Eigenschaften allein war sie jedoch bei weitem noch nicht reif, eine Giftmörderin, und zwar eine Giftmischerin zu werden, wie sie zu Kasendorf und Sanspareil sich erwiesen hat. Mit jenen Eigenschaften allein konnte sie noch immer der Welt angehören; mit solchen Lastern kann man sogar in den besten Gesellschaften bestehen und auf das Beste gelitten sein; sie machen gewissermaßen die Grundlage dessen, was man die feinen Weltsitten und den guten Ton der großen Welt zu nennen beliebt.

Aber die Zwanziger fühlte sich zugleich als eine Unglückliche, und das Unglück zerriß ihr alle Fäden, welche das Gemüth mit der Menschheit zusammenhalten und ihm die Menschlichkeit bewahren. Vom Schicksal, nur zu oft durch eigne Schuld, verfolgt, dabei aber von ihrer stets geschäftigen Selbstliebe verleitet, jede zerstörte Hoffnung, jedes ihr begegnende Übel blos der Bosheit und Härte anderer Menschen beizumessen, gewöhnte sie sich, das Menschengeschlecht eben so sehr zu verachten, als zu hassen. Von Menschenhaß und Menschenverachtung genährt, wuchsen zugleich in ihrer finstern Seele zwei Ungeheuer, giftiger Neid und grimmige Schadenfreude, zu Riesenschlangen auf.

Fast zwanzig Jahre lang von Ort zu Ort umhergejagt, beinahe schon fünfzig Jahre alt und noch immer ein Fremdling auf dieser Erde, ohne Vaterland und Heimath, vor der Welt entehrt, blos durch den Namenstrug unter den Menschen geduldet, suchte sie endlich anstvoll nach Ruhe, nach einer bleibenden Stätte, nach einer sicheren Versorgung. Und als Herrin, wie ehemals; nicht mehr als verachtete Magd, wie jetzt! — Immer nur Andern, nie sich selbst angehören; nie befehlen, immer nur von Andern Befehle empfangen oder befürchten; immer kriechen und schmeicheln, blos um als Magd zu gefallen; fortwährend dazu verdammt, mit freundlich erzwungener Miene, den Menschen schön zu thun, welche sie gleichwohl nur hassen konnte; abhängig, unterthänig, bei dem erzürnten Gefühle lebhafter Erinnerung an die vergangenen Zeiten eigener Herrschaft; voll alter Ansprüche auf das gefällige Zuvorkommen und die äußere Achtung Anderer und doch so oft geneckt, verspottet, verachtet, über die Achsel angesehen, — dieses war mehr, als eine solche Seele länger zu ertragen vermochte. Rettung mußte ihr werden aus einer solchen Lage; oder, wenn nicht Rettung, wenigstens Ersatz dafür!

Aber aus dem Labyrinth ihres verworrenen Lebens führte kein gewöhnlicher Weg zur Freiheit. Überall Abgründe, welche den Ausgang verwehrten! Innerhalb der Schranken bürgerlicher Ordnung nirgendwo ein ausweichendes sicheres Mittel der Hülfe! Doch sieh! da entdeckt sich ihr endlich das Geheimniß einer still verborgenen Macht, welche sie nur sich dienstbar zu machen braucht, um über alle Berge und Abgründe leichten Fußes hinüber zu schreiten und, jenseits der lästigen Schranken beengender Verhältnisse, den Gesetzen des bürgerlichen Lebens entrückt, sogar über die Menschheit selbst hinausgehoben, mit unsichtbarer Gewalt nach eigener Willkür frei zu herrschen. Diese geheimnißvolle Macht war — Gift.

Wann zuerst ihr jene Entdeckung geworden? aus welcher Veranlassung? ob mit einemmale, oder nach und nach? ob sie sich jemals eines Planes im Ganzen deutlich bewußt gewesen? oder ob sich dieser nur allmälig fortschreitend, nach und nach theilweise ausbildend, aus den Tiefen ihres finstern Gemüthes entwickelt hat? Hierauf ist keine entscheidende Antwort möglich, weil diese ein ganz unumwundenes, offenherziges Bekenntniß voraussetzen würde, wie es die Verbrecherin niemals abgelegt hat. Überhaupt verläßt uns ihr Bekenntniß fast überall, wo es den geheimen Triebfedern ihres Handelns gilt. Doch liegt dieses Handeln selbst so klar und in so mannigfaltigen Erscheinungen vor unsern Augen, daß uns dasselbe das Geheimniß seiner verborgenen Quellen fast mit eben so großer Sicherheit enthüllt, als das offenste Bekenntniß zu thun vermöchte.

So viel geht ganz einleuchtend aus der Handlungsweise dieser Verbrecherin hervor, daß es die höchste Einseitigkeit sein würde, bei ihr, wie sonst bei gewöhnlichen Verbrechern, irgend eine einzelne Leidenschaft, diese oder jene bestimmte besondere Absicht, der Erklärung ihres verbrecherischen Treibens im Allgemeinen zum Grunde legen zu wollen. Was sie mit dem Gifte befreundete, war überhaupt nur das frohe Gefühl unwiderstehlicher Macht, die ihren tückischen Stolz kitzelnde Freude, eine Kraft zu besitzen, womit sie jede Beschränkung nach Gefallen umwerfen, jeden Zweck erreichen, jede Neigung befriedigen und, indem sie damit über das Wohl und Dasein anderer Menschen gebot, gleichsam in die Plane des Schicksals zerstörend eingreifen und dieses nach ihrem Gefallen lenken konnte. Gift war ihr der magische Scepter, womit sie unsichtbar diejenigen beherrschte, welchen sie sichtbar dienen mußte; Gift vertrat ihr die Stelle eines Zauberstabs, womit sie das goldene Thor ihrer letzten Hoffnungen sich öffnete. Ihr, welche die Schmach ihrer Dienstbarkeit an den verhaßten Menschen zu rächen hatte, gewährte es das Bewußtsein furchtbarer Erhabenheit, gleichsam als eine feindliche Gottheit, wie ein Engel des Todes und der Qualen, unter dem widerlichen Geschlechte umher zu wandeln und mit geheimer Kraft hier Tod, dort Schmerz und Krankheit auszutheilen. Dieses Gift, wozu diente es nicht? Gift strafte jede wirkliche oder vermeintliche Kränkung; Gift zügtigte für jede kleine Neckerei; Gift wehrte unangenehmen Gästen das Wiederkommen; mit Gift störte man die beneidenden Freuden geselliger Vereine; Gift gewährte mitunter in den lächerlichen Gebährden der Vergifteten eine lustige Unterhaltung; Gift gab Gelegenheit, sich den davon Erkrankten nachher in Wort und That, durch geheuchelte Theilnahme zu empfehlen; Gift war das Mittel, Unschuldige in Verdacht zu bringen und verhaßtem Mitgesinde bei seiner Herrschaft Verdruß zu bereiten; Gift machte Kinder schreien und ließ die Väter glauben, jene schrieen aus Sehnsucht nach der geliebten Wärterin. Schmeichelte ihr die Hoffnung mit der Aussicht auf die Heirath eines noch verheiratheten Mannes, so durfte sie nur wollen und die Weiber stiegen in das Grab, um ihre Männer ihr als Wittwer zu hinterlassen; — mißgönnte ihr Geschlechtsneid der Braut ihren Bräutigam, so wurden umsonst Ringe gewechselt und Aufgebote veranstaltet, ihr liebes Gift kam bei Zeiten dem Hochzeitsfeste zuvor. Giftmischen und Giftgeben wurde sonach für sie ein gewöhnliches Geschäft, ausgeübt zum Scherz wie zum Ernste, zuletzt mit Leidenschaft betrieben, nicht blos um seiner Folgen willen, sondern um seiner selbst willen, aus

Liebe zum Gifte, aus bloßer Freude an dem reinen Thun an und für sich.* Wie man alles liebgewinnt, womit man lange umgeht und am liebsten hat, was man am treusten dient; so hatte zuletzt zwischen ihr und dem Gifte gleichsam die Liebe ein unzertrennliches Band geknüpft. Gift erschien ihr als ihr letzter treuester Freund, zu dem sie sich überall unwiderstehlich hingezogen fühlte und von welchem sie nicht mehr lassen konnte. Gift war ihr beständiger Gefährte; mit Gift in der Tasche wurde sie von der Gerechtigkeit ergriffen; und, nach mehrmonatlicher Gefangenschaft, erschien ihr der lang entbehrte Anblick des Arseniks, wie das frohe tröstende Wiedersehen eines lang entfernten Geliebten. Als ihr zu Culmbach der bei ihr gefundene Arsenik zur Anerkennung vorgelegt wurde, war es, nach der Bemerkung des Untersuchungsrichters, als wenn sie vor Freude zitterte; mit Augen, welche von Entzücken überstrahlten, starrte sie auf das weiße Pulver hin und schien es wie ein Wesen zu betrachten, das sie mit ihren Armen umfangen und an ihre Brust sich drücken möchte. Diese leidenschaftliche Liebe ist denn auch mit ein Erklärungsgrund, warum sie, welche das Entsetzlichste bekannt und den Tod auf dem Schaffot bereits vor Augen

* Aus ähnlichem, doch nicht gleichem Gesichtspunkte betrachtet Dr. Harles diese Verbrecherin, wenn er in dem Vorworte zu den oben angeführten ärztlichen Gutachten (*Einige auserlesene medicinisch-gerichtliche Abhandlungen* Seite 17.) sagt: »Die Geschichte dieser Verbrecherin (der Zwanziger) stellt ein in diesem Grade wohl seltenes Beispiel einer leidenschaftlichen Sucht zu Vergiftungen auf, bei welcher der Zweck wohl keineswegs und immer (wenn auch in ein Paar Fällen, wo sich Neid und Ränkesucht oder auch wohl der Wunsch nach einem bequemern und anständigern Leben einmischte) der zu tödten, sondern vielmehr der war, dem unwiderstehlichen Kitzel zu vergiften, sich zu überlassen, und durch dieses Unternehmen Unheil, Schrecken, Jammer und Verwirrung zu stiften, auch wohl andere Leute in unschuldigen Verdacht zu bringen: immerhin der Ausdruck einer teuflischen Bosheit und Gefühlsverhärtung, für welche aber die inneren Motive von den Psychologen doch noch tiefer aufgesucht werden müssen.« Diese innere Motive aufzusuchen, in der Geschichte ihres Lebens nachzuweisen; und, nach dem natürlichen Gange menschlicher Gefühle, Neigungen und Leidenschaften, zu entwickeln, war Aufgabe bei gegenwärtiger Darstellung. Ist diese nur einigermaßen gelungen, so muß die leise Hinweisung unseres Harles auf einen krankhaften Vergiftungsinstinkt dieser Verbrecherin, welcher in den folgenden Sätzen des Vorwortes noch bestimmter gegeben wird, sich als völlig ungegründet darstellen.

hatte, dennoch in ihren schriftlichen Selbstbekenntnissen von ihren Thaten immer nur wie von »geringen Vergehungen« sprechen, die Menschen, welche sie, so »geringer Vergehungen« wegen, in das Verderben gebracht hätten, der Ungerechtigkeit beschuldigen, ja sogar noch ihre »allzugroße Religiosität« rühmen konnte, als welche von jeher die letzte Quelle ihres Mißgeschickes gewesen sei! Das Gewohnte verliert für uns alles Auffallende — auch die auffallende Schändlichkeit und was unser treuester Freund gethan, sind wir geneigt, um des Thäters willen, immer zu entschuldigen oder für löblich zu halten.

Am 7. Juli 1811 erkannte das Königliche Appellationsgericht des Mainkreises zu Bamberg:

> »daß die Anna Margarethe Zwanziger — — mit dem Schwerte vom Leben zum Tode gerichtet und sodann ihr Körper auf das Rad gelegt werden solle;«

welches Urtheil vom Königlichen Ober-Appellationsgerichte am 16. August bestätigt wurde. Auch gestatteten Seine Königliche Majestät den Vollzug dieser Erkenntnisse, jedoch mit der Weisung, daß die Auflegung des Körpers auf das Rad zu unterlassen sei.

Ohne sichtbare Gemüthsbewegung vernahm sie den Inhalt des eingegangenen Todesurtheils und unterzeichnete das über die Urtheilsverkündung aufgenommene Protokoll mit fester Hand. Mit der vollkommensten Ruhe durchlebte sie auch die drei Tage, die ihr noch zu leben vergönnt waren. Ihrem Untersuchungsrichter gestand sie: ihr Tod sei für die Menschen ein Glück, denn es würde ihr nicht möglich gewesen sein, ihre Giftmischereien zu unterlassen. Am Tage vor ihrer Hinrichtung schrieb sie noch, in Gegenwart des Inquirenten, einen sehr ruhig gehaltenen Abschiedsbrief an eine ihrer Gevatterinnen zu Nürnberg, worin sie ihr für erwiesene Freundschaft dankt, um ihre Verzeihung und Theilnahme bittet, ihr noch Grüße an andere Personen aufträgt und mit den Worten schließt: »Ich muß enden; die Stunde schlägt bald, wo meine Leiden aufhören werden. Beten sie alle für mich. Der 17. September ist der Tag meines Todes, wo ich von Gott erhalte, was meine Thaten mit sich bringen. Nun höre ich auf zu sein für diese Welt!« Um ihren Inquirenten suchte sie sich durch einen seltsamen Antrag für seine ihr bewiesene Menschlichkeit erkenntlich zu erweisen, indem sie ihn bat, ihr zu erlauben, daß sie ihm, wenn dieses anders möglich sei, — nach ihrem Tode als Geist erscheine und ihm in ihrer Person einen handgreiflichen Beweis von der Seelen Unsterblichkeit vor die Augen stelle. Auch am Tage ihrer Hinrichtung blieb sie sich gleich. Vor dem hochnothpeinlichen Gerichte hörte sie mit größter Gelassenheit, ohne Thräne, der öffentlichen Verkündigung des Urtheils zu; nur aus Scham vor der unermeßlichen Volksmasse hielt sie, während des Vorlesens, das Schnupftuch vor ihr Gesicht. Und als der Stab über sie gebrochen war, nahm sie von Richter und Schöppen, wie von einer gewöhnlichen Gesellschaft, mit zierlicher Verneigung, einen höflichen Abschied.

Zur Vervollständigung der Charakteristik dieser Person dient noch der Umstand, daß ihr von dem Untersuchungsrichter, kurz vor ihrer Hinrichtung, auf ihr Gewissen zugeredet wurde, die Unschuld des Justizamtmannes Glaser zu bekennen. Allein sie beharrte standhaft bei der verläumderischen Beschuldigung seiner Theilnahme an ihrem ersten Morde und mit dieser letzten Lüge auf der Seele trug sie ihr schuldbeschwertes Haupt unter des Scharfrichters Schwert.

ANDREAS BICHEL, DER MÄDCHENSCHLÄCHTER

In dem Sommer des Jahres 1806 verließ die Barbara Reisinger, Tochter des Taglöhner Peter Reisinger zu Loisenrieth, ihre Eltern, um eine Dienstherrschaft zu suchen und — verschwand. Keine Nachricht über den Aufenthalt und das Schicksal dieses Mädchens kam in das elterliche Haus.

Im Anfange des Jahres 1808 ereignete sich derselbe Fall mit einem andern jungen Mädchen, der Katharina Seidel zu Regendorf. Sie ging eines Morgens von ihrem Hause hinweg, um sich bei einem gewissen Andreas Bichel aus einem sogenannten Erdspiegel wahrsagen zu lassen, kehrte aber nicht wieder zu ihren Schwestern heim, die sich vergebens bei diesem Bichel nach der Verlornen erkundigten.

Lange blieb das Verschwinden dieser Mädchen und jeder Verdacht einer Missethat der Obrigkeit verborgen. Die Eltern der Reisinger trösteten sich mit eiteln Hoffnungen; die Schwestern der Seidel beklagten im Stillen den Verlust ihrer Schwester. Zwar hörten die zurückgelassenen Schwestern da und dort, Bichels Eheweib verkaufe Kleidungsstücke ihrer Katharina. Aber sie beachteten dieses zu wenig; sie begnügten sich zu Bichel selbst zu gehen und bei ihm wegen ihrer vermißten Schwester nachzufragen; ihre arglose Unbefangenheit, ihre gutmüthige Einfalt nahm seine leeren Ausflüchte lange für Wahrheit. Endlich gab ein Zufall den ersten Anlaß zu gerichtlicher Untersuchung. Die jüngere Schwester der vermißten Seidel, mit dem Vornamen Walburga, kam zufällig in die Werkstätte eines Schneiders zu Regendorf und fand bei ihm einige Stücke Barchent von dem Rocke ihrer Katharina, woraus jener dem Andreas Bichel eine Weste (Leibstück) verfertigen sollte. Diese Entdeckung war zu auffallend und Walburga Seidel machte hiervon am 19. Mai 1808 dem Landgerichte Burglengenfeld die Anzeige.

Hier erzählte sie: vor ungefähr dreizehn Wochen, während ihrer Abwesenheit, habe Andreas Bichel Morgens um halb acht Uhr eine Weibsperson in das Haus ihrer Schwestern geschickt und die Katharina unter dem Vorwande zu sich rufen lassen: es sei Jemand bei ihm, welcher sie zu sprechen verlange. Katharina sei zu ihm gegangen, aber sogleich wieder zurückgekommen und habe ihrer älteren Schwester Therese erzählt: »Bichel wolle sie in einen Erdspiegel sehen lassen, in welchem sie ihr künftiges Schicksal lesen werde: hierzu müsse sie aber so viele Kleider mitbringen als nöthig, um sich dreimal umzukleiden; diese Kleider müßten auch hübsch fein und gut sein, die besten, welche sie besitze.« Katharina habe nun ihre Kleider zusammengepackt und sei zu Bichel geeilt, aber seit diesem Augenblicke nicht wieder erschienen. — Gleich am zweiten oder dritten Tage nach ihrem Verschwinden habe die ältere Schwester, Therese, den Bichel, welchen sie zu Hause bei verschlossenen Thüren angetroffen, wegen der Katharina zur Rede gesetzt. Dieser habe ihr (ganz im Widerspruch mit dem, was er andern Leuten geäußert) nur dies zur Antwort gegeben: »er wisse nichts von der abwesenden Katharina; sie sei mit eben der Mannsperson davon gegangen, auf deren Verlangen sie in sein Haus bestellt worden.« Dasselbe habe Bichel ihr selbst und ihrer Schwester vor acht Tagen auf wiederholte Anfrage geäußert. Übrigens sei gleich nach der Entfernung ihrer Schwester im ganzen Dorfe die Rede gegangen: Bichel habe schon vor längerer Zeit auch eine Base von ihm in den Erdspiegel sehen lassen, die dann ebenfalls verschwunden sei und deren Kleider Bichel mit der Bemerkung verkauft habe, sie bedürfe dieser Kleider nicht mehr, weil sie gnädige Frau geworden und nun lange (französische) Kleider trage.

Das Gericht begab sich sogleich am folgenden Tage (den 20. Mai) nach Regendorf, um die nöthige Haussuchung bei Andreas Bichel zu veranstalten, dessen Gefangennehmung zu bewirken und einige Erkundigungen an Ort und Stelle einzuziehen. Bei der Ankunft des Gerichts war Bichel im Walde; man sendete zwei Gerichtsdiener zu seiner Verhaftung ab. Unterdessen wurde seine Frau in ihrem Hause bewacht, während das Gericht in dem Amthause die ältere Schwester der Seidel, Therese, vernahm. Diese bestätigte mit noch größerer Ausführlichkeit die Anzeige ihrer Schwester und gab zu Protokoll ein umständliches Verzeichniß aller Kleidungsstücke, welche die verschwundene Katharina in Bichels Haus mitgenommen habe. Auch bestimmte sie den 15. Februar desselben Jahres (1808) als den Tag, wo ihre Schwester verschwunden sei.

Noch war die Vernehmung der Therese Seidel nicht beendigt, als der Gerichtsdiener ein baumwollenes Tüchelchen vor Gericht brachte, welches man dem Bichel, der es erst ängstlich zu verbergen, dann wegzuwerfen bemüht gewesen war, bei seiner Verhaftung abgenommen hatte. Kaum erblickte Therese Seidel dieses Tuch, so rief sie: »Jesus Maria! das ist das Tüchelchen meiner Schwester Katharina!« besichtigte es genauer und erkannte es wiederholt dafür.

Sogleich wurde nun auch Bichel in Verhör genommen, der aber über die Ursache seines Verhafts nicht das mindeste zu wissen vorgab. Das Tüchelchen wollte er auf dem Trödelmarkte in Regensburg, den Barchent, welchen er dem Schneider gegeben, von einer ihm ganz unbekannten Krämerin gekauft haben. Er läugnete jede nähere Bekanntschaft mit den Seidel'schen Schwestern und von der Katharina wollte er weiter nichts wissen als, daß ein ihm ganz unbekannter junger Mann dieselbe zu sich bestellt habe, daß sie wahrscheinlich mit diesem davon gegangen sei, und daß er gehört habe, die Seidel sei zu Landshut in langen Kleidern gesehen worden. Allein sein ganzes Benehmen, seine ausweichenden unwahrscheinlichen oder zu voreiligen Antworten, sein Stottern, seine Betroffenheit, sein bald erblassendes, bald in helle Röthe aufflammendes Gesicht verriethen nur zu deutlich die noch verborgene Schuld. Insbesondere ward er bei der Frage: ob er keinen Erdspiegel habe? feuerroth; läugnete aber gleichwohl irgend etwas zu wissen und wollte das Gericht glauben machen: es sei einmal, etwa vor einem Jahre, ein Mann mit einem Kropfe und mit aufgeschwollenem Kinn in sein Haus gekommen, welcher den jungen Mädchen in einem Guckkasten Männer gezeigt habe.

Das Landrichteramt durchsuchte Bichels Wohnung und fand in der Stube eine Kiste mit verschiedenen weiblichen Kleidungsstücken; mehrere andere, welche der Gerichtsdiener, Ziegler, beim ersten Blicke als Eigenthum der Katharina Seidel erkannte, wurden auf dem Boden entdeckt. Bichels Eheweib wollte von den letzten durchaus nichts wissen; die in der Kiste behauptete sie zum Theil von ihrem Ehemanne erhalten zu haben, der sie von dem Vater der (ebenfalls vermißten) Barbara Wankler (Reisinger) empfangen. Walburga und Therese erkannten, unabhängig von einander, viele der gefundenen Kleider für das Eigenthum ihrer Schwester Katharina, andere für das Eigenthum der Barbara Reisinger. Durch mehrere Zeugen wurde noch überdies dargethan, daß Bichels Eheweib verschiedene Kleidungsstücke der beiden zuletzt genannten Mädchen theils feil geboten, theils selbst getragen; daß Bichel, sowohl vor als nach dem Verschwinden der Katharina Seidel, auch noch mehrere andere Mädchen unter dem Vorwande, ihnen die Zukunft zu weissagen, zu sich zu locken versucht; daß Bichel die vermißte Seidel am Tage ihres Verschwindens zu sich bestellt habe und daß sie an demselben Tage Nachmittags um 2 Uhr mit einem Päckchen in der Gegend des Bichel'schen Hauses gesehen worden sei.

Alles dieses deutete auf ein großes schreckliches Geheimniß. Aber noch immer fehlte es an dem Wesentlichsten, an dem Thatbestande des Verbrechens. Daß Katharina Seidel verschwunden, war gewiß; daß Barbara Reisinger verschwunden, nicht minder; daß ein Verbrechen zum Grunde liegen müsse, ebenfalls kein Zweifel. Aber welches Verbrechen? Entführung? Todtschlag? Mord? Nirgends war hier sichere Spur zu finden; überall nur schwankende Muthmaßung. Leichname waren nicht zu entdecken; in Bichels Wohnung nirgends Blutflecken oder andere Überreste einer gewaltsamen That. Eine in seiner Stubenkammer wahrgenommene Grube schien anfangs zu einer Entdeckung zu führen, doch ebenfalls vergeblich.

Die Entdeckung war einem Hunde vorbehalten. So oft nämlich der Gerichtsdiener mit seinem Hunde an dem Bichel'schen Hause vorüberging, sprang dieser auf den Holzschoppen zu und blieb spürend stehen, so daß er mehrmals abgerufen werden mußte. Dies machte aufmerksam; sein Herr schöpfte Muthmaßungen und nahm einige Männer des Orts mit sich, um in und neben dem Schoppen nachgraben zu lassen (22. Mai). Kaum war in der hintern Ecke, wo viele Streu dicht zusammengedrückt in einem Haufen lag, die Erde aufgegraben, so fand man verschiedene Knochen und hierauf anderthalb Schuh tief den Unterleib eines menschlichen Körpers mit verfaulten Fetzen braunen Kattuns. Oberhalb des Schoppens neben einer Kalkgrube lag ein großer Haufe Scheiter und als auch diese weggeräumt waren, wurde in geringer Tiefe ein halbverfaulter Kopf mit dem obern Theile eines menschlichen Körpers gefunden, wobei der Gerichtsdiener sogleich auf die Barbara Reisinger vermuthete. — In einiger Entfernung von da fand sich bei weiterem Nachgraben ein zweiter menschlicher Körper, dessen Unterleib von dem Oberleibe getrennt, jener an den Füßen verstümmelt, dieser bei der Brust aufgeschnitten war. Der Gerichtsdiener und die anwesenden Zeugen erkannten sogleich an den Gesichtszügen, wie an den tombackenen Ohrringen die Katharina Seidel. Diese Überreste (mit Ausnahme des obern Körpers der Reisinger, welchen Fäulniß und heftiger Übelgeruch aus der Grube zu nehmen nicht gestattete) wurden von dem Gerichtsdiener sorgsam in die Stube geschafft und hier von vier Personen bewacht.*

Eben sollte Andreas Bichel zum zweitenmale vernommen werden, als die Nachricht von dieser wichtigen Entdeckung dem Gerichte gemeldet wurde. Dieses begab sich daher sogleich mit dem Landgerichtsarzte und zweien Wundärzten nach Regendorf in das Bichel'sche Haus.

* So vorsichtig der Gerichtsdiener verfahren ist, so wird gleichwohl kein Rechtsgelehrter die Voreiligkeit desselben übersehen. Sogleich nach Entdeckung der ersten Spuren hätte er davon dem Landgerichte die Anzeige machen und diesem das Übrige anheimstellen sollen. Allein mit diesen und andern ähnlichen Dingen nahm man es im Jahre 1808 in Alt-Baiern noch nicht so genau.

Man besah hier zuvörderst die Grube, in welcher der erste Unterkörper entdeckt worden war und sodann den noch unausgegrabenen Körpertheil, neben welchem der halbverfaulte Kopf gelegen. Man erkannte denselben für einen weiblichen Oberleib. Noch deutlich sah man in der offenen Brust den verfaulten Herzklumpen. Die obern Gliedmaßen lagen lose und zerstreut in der Grube umher. — Bei Untersuchung der übrigen vorgefundenen Körperstücke ergab sich Folgendes: Der zuerst gefundene Unterleib wurde an der Schweifung der Beine und an dem Beckenknochen für einen weiblichen erkannt; die Füße waren oberhalb der Kniegelenke abgehackt. Der Kopf, welcher diesem Körper angehörte, war in seinen Zügen unkenntlich, alles durch Fäulniß entstellt. Zeichen der Gewaltthätigkeit fanden sich an dem Schädel nicht. Übrigens hatte er noch alle Zähne, und man sah, daß er mit sehr langen schwarzbraunen Haaren bekleidet gewesen sei. Der Landgerichtsarzt erklärte in seinem später übergebenen umständlichen Gutachten, daß, nach allen Umständen zu schließen, die vorhin bemerkten Theile wahrscheinlich einem und demselben Körper angehören müßten.

Den Kopf des zweiten Körpers bedeckten noch schöne kastanienbraune Haare; in den Ohren waren gelbmetallene Ringe. Bei dem rechten Schlafbeine gegen die Stirne zu und am Hinterhaupte fanden sich große mit Blut unterlaufene Stellen, doch ohne Verletzung der Knochen. Im Halse, links neben dem Kehlkopfe, zeigte sich ein Stich von 1 Zoll Tiefe und 3/4 Zoll Breite, welcher jedoch weder die Blut- und Drosselschlagader, noch die Luftröhre verletzt hatte. Die Brust war der ganzen Länge nach mitten durch das Brustbein geöffnet; Lunge und Herz lagen darin noch unverletzt. Den Sachverständigen kam sogleich die Vermuthung, die Öffnung der Brust müsse mit einem Messer durch Aufschlagung eines Hammers geschehen sein. An den Bruststücken hingen noch die Arme herab, blau und mit Blut unterlaufen, doch ebenfalls ohne Knochenverletzung. Unter den Rippen waren die Rückenwirbel durchhauen und so der untere Leib von dem oberen getrennt; der erste war in einen braunrothen Rock gewickelt. Als dieser hinweggezogen war, fand man beide Füße über dem Kniegelenke abgehauen, zwischen den Schenkeln den einen und aufwärts neben dem linken Schenkel den andern. Alle Bauchmuskeln, die Geburtstheile, so wie die Schambeine waren durchschnitten. Von den Baucheingeweiden war nichts zu finden; erst später entdeckte man sie, besonders Magen und Netz, in der Dungstätte. — Über diesen zweiten Körper bemerkt der Landgerichtsarzt in seinem Gutachten: »es lasse sich nicht bestimmt behaupten, daß die Person vor dem Aufschneiden todt oder nur tödtlich verletzt gewesen sei. Habe sie einen Schlag auf den Kopf bekommen, so sei zwar eine Hirnerschütterung möglich, vielleicht eine augenblickliche Betäubung die Folge gewesen; aber auf der Stelle habe sie davon nicht sterben können. Daß sie erdrosselt worden, dazu sei kein Grund vorhanden. Daß sie an dem Stiche in den Hals gestorben, sei ebenfalls nicht glaublich, weil kein Gefäß verletzt worden sei. Es müsse daher die eigentliche Todesursache in der gewaltsamen Öffnung und Zerstückelung des Körpers gesucht werden.«

Der zum Protokoll vernommene Gerichtsdiener und die fünf Männer, welche bei dem Ausgraben der Leichname zugegen gewesen waren, erkannten in dem zweiten Körper die Katharina Seidel. Ihre beiden Schwestern erkannten die Ohrringe und noch vier silberne Knöpfe, welche in dem Bichel'schen Hause gefunden wurden. Aus Menschlichkeit verschonte man jedoch die Schwestern mit der Anerkennung des Leichnams selbst, welche denn auch hier, bei den vorhandenen übrigen Beweisen, zwecklose Grausamkeit würde gewesen sein.

Jetzt wurde Bichel zum zweitenmale verhört. Er begann mit der Erklärung, nunmehr die Wahrheit sagen zu wollen; aber seine erste Antwort war ein neues langes Märchen, nach welchem die Katharina Seidel von fremden Leuten in seinem Hause sollte getödtet worden sein. Doch schon bei der folgenden Frage nahm er diese Behauptung wieder zurück und näherte sich in etwas der Wahrheit. Unter der Versicherung, er wolle nicht mehr verstockt sein und gerne alles erzählen, wenn man ihn nur mit Strafe verschonen wolle, bekannte er, — die Katharina mit einem Scheite

Holz, doch nur in einem Wortwechsel, aus Zorn, todtgeschlagen zu haben. So kam er fast bei einer jeden Frage zu einer neuen Lüge und nach jeder neuen Lüge zum Bekenntnisse einer neuen Wahrheit, welche jedoch gemeiniglich wieder mit Unwahrheiten vermischt oder durch Ausflüchte beschönigt war, bis sich endlich, bei fortgesetztem Bemühen, nicht das mindeste, selbst nicht das Gleichgültigste gutwillig zu bekennen, das Ergebniß zusammenfügte: daß er die Seidel, um ihre Kleider zu besitzen, absichtlich ermordet, dann zerhackt und vergraben habe. — Die umständliche Thatgeschichte findet erst weiter unten ihre rechte Stelle.

Als sich nun auch die Untersuchung auf den in seinem Hause gefundenen zweiten Körper lenkte, erblaßte er, zitterte, erröthete wieder, leugnete aber dreist, von diesem Körper etwas zu wissen. Er wollte sich blos erinnern, daß einmal eine weitläufige Base von ihm, welche in Loisenrieth geboren, deren Vater daselbst Taglöhner sei und sich Barbara nenne (ihren Zunamen wisse er nicht) bei dem Wirthe Schwarzfischer zu Regendorf als Kellnerin gedient habe. Unlängst habe er sie wieder in Regensburg gesehen. Einige Kleidungsstücke derselben sein ihm verwichenen Jahrs von ihr theils als Geschenk, theils zum Verkauf gegeben worden.

Während dieses ganzen Verhörs, welches 91 Fragstücke enthielt, bewährte sich Inquisit standhaft als entschlossener Bösewicht. Seinen Blick auf den Boden geheftet, zeigte er bei jeder treffenden Frage nur den innern Kampf zwischen Bosheit und Verlegenheit, bei jeder Antwort, womit er irgend einen neuen Umstand einräumte, seinen innerlichen Grimm über die Wahrheit, welche die Gewalt der wider ihn zeugenden Thatsachen seinem Munde widerwillig entrissen hatte. Keine Thräne kam aus seinem Auge, nicht die mindeste Reue aus seinem Herzen.

Das Gericht erinnerte sich glücklicher Weise einer Stelle der Königlichen Verordnung vom 7. Juli 1806, »die Abschaffung der Tortur und das gegen läugnende Inquisiten zu beobachtende Verfahren betreffend, — welche unter andern in § 21 verordnet, daß der Inquisit an Ort und Stelle geführt, ihm bei Mordthaten der Leichnam zur Anerkennung vorgelegt, auch, so ferne dieses thunlich sei, sogleich in Gegenwart des Leichnams ein Verhör mit ihm vorgenommen werden solle*. Man begab sich daher mit dem Bichel nach Regendorf selbst. Zuerst wurde er in der Amtsstube vorgeführt. Und hier schon wurde er, sogleich bei seinem Eintreten, von dem Gedanken überwältigt, daß er sich jetzt an dem Orte seiner Verbrechen befinde; er kam der Ohnmacht nahe; man mußte ihm Wasser zur Erquikkung reichen. Der Landrichter redete ihm verständig und mit Herzlichkeit zu: »du bist jetzt in deinem Wohnorte, in der Nähe deines Hauses und deiner Verbrechen; bekenne die volle reine Wahrheit sogleich hier; man wird dich in dein Haus führen, du wirst die Leichname selbst sehen.« Aber noch war sein Wille stärker, als selbst das mächtige Gefühl, welches seinen Körper beinahe in Ohnmacht niederzuwerfen drohte. Er stand fest auf der Behauptung, nichts zu wissen von dem zweiten, angeblich in seinem Hause gefundenen Leichname.

Nun wurde er in seine Wohnung geführt. In der Stube lagen auf Brettern die beiden Leichname, jeder so gut als möglich zusammengefügt. Man führte ihn zum ersten (der Barbara Reisinger). Bei diesem grausenhaften Anblicke bebte er an allen Gliedern; seine Gesichtsmuskeln zuckten, sein Blick wurde fürchterlich; er forderte Wasser zur Labung. Auf die Frage, ob er den Leichnam kenne? antwortete er mit holer Stimme: »nein! ich habe noch keine Leiche gesehen, die im Grabe gelegen hat.« Man führte ihn zum zweiten Körper. Jetzt vermag er sich nicht mehr aufrecht zu halten, er sinkt auf einen Stuhl; alle seine Muskeln zittern, sein Gesicht verzerrt sich in gräßlichen Zukkungen und nun erklärt er, in diesem zweiten Körper die Katharina Seidel zu erkennen: »ich erkenne sie an den Händen und an der Öffnung des Leibes.« Man hielt ihm

* Diese Stelle, die bei der Berathung des Entwurfs zu jener Verordnung sehr bestritten wurde, hat sich in Baiern in unzähligen Fällen durch die Erfahrung erprobt. Ein Mörder, welcher drei Jahre lang mit seinen Bekenntnissen zurückgehalten, ward blos dadurch, daß man ihn zum Mordplatze führte, zum Geständnisse gebracht. Bei Kindesmörderinnen hat dieses Mittel fast nie versagt.

seine Bestürzung bei dem ersten Leichname vor. »Ich zitterte nur vor den Leuten,« war seine Antwort; »wer wird auch bei solchen Auftritten nicht zittern?« und beharrte auf seine vorgebliche Unwissenheit.

Indessen war der Eindruck jener Scene nicht verloren. In der Einsamkeit des Gefängnisses, unter den Schreckbildern der erregten Einbildungskraft, war demselben nicht mehr zu widerstehen. Zwei Tage nachher verlangte Bichel selbst ein Verhör und bekannte sich auch des Mordes der Barbara Reisinger schuldig. Er läugnete, wie bei dem Morde der Seidel, alle Theilnahme, ja sogar alles Mitwissen seines Weibes vor oder nach der That auf das standhafteste.

Nach mehrmaligen Verhören des Inquisiten und nachdem alle Umstände dieser Mordthaten, sowohl durch dessen Bekenntniß als durch Zeugenaussagen, so genau als möglich waren zur Gewißheit erhoben worden, geschah die Einsendung der Akten an das Königliche Appellationsgericht Neuburg, welches in der Hauptsache am 4. Februar 1809 das Urtheil gesprochen hat:

> »daß Andreas Bichel von Regendorf auf die Richtstatt zu schleifen, ohne vorgängigen Gnadenstoß von unten auf lebendig zu rädern und dessen Leichnam auf das Rad zu legen sei.«

Dieses Urtheil wurde hierauf sammt den Akten zum Königlichen Ober-Appellationsgerichte als zweiter Revisionsinstanz eingesendet, von welcher dasselbe in der Hauptsache bestätigt, und alsdann zur allerhöchsten Stelle eingesendet wurde.

Andreas Bichel, katholischer Religion, 48 Jahr alt, ist aus Wetterfeld gebürtig, wo sein Vater Taglöhner war, der, wie seine Mutter, nicht mehr am Leben sich befindet. Er heirathete zu Regendorf, wo er als Häusler ansäßig ist und ein Wohnhaus von 200 fl. im Werthe besitzt. Mit seiner Frau hatte er keine Kinder erzeugt. Doch lebte er stets mit ihr in Frieden; beide waren für einander geschaffen, sie schienen Geschwister zu sein: so sagen die Zeugen. Auch war im übrigen sein Ruf eben nicht der schlimmste. Was man ihm als Fehler erkannte, schien sogar durch verschiedene, wenigstens negative Tugenden gewissermaßen aufgewogen. Er war weder der Völlerei, noch dem Spiele, noch der Zänkerei ergeben. Auch zeichnete er sich sogar durch seine Religiosität vortheilhaft aus, versteht sich, durch jene äußerliche, welche auch mit den schlechtesten Sitten und mit dem bösartigsten Willen, mit Lastern wie mit Verbrechen verträglich ist: — er besuchte regelmäßig den Gottesdienst. Dagegen ergab er sich der Dieberei, zwar nicht im Großen, doch im Kleinen. Besonders gefährdete er die Feldfrüchte seiner Nachbarn, wie wenigstens im Orte die allgemeine Rede ging. An dem Wirthe Schwarzfischer, bei welchem er drei Jahre als Taglöhner arbeitete, beging er eine Menge kleiner Mausereien von Erdäpfeln, Rüben und dergleichen, welche ihm jener eine kleine Weile nachsah, bis er ihn endlich, nachdem ihn jene Nachsicht so dreist gemacht hatte, seinem Herrn das Heu vom Boden herab zu stehlen, aus seinem Hause zu jagen genöthigt war.

Schon diese wenigen Züge sind bedeutend genug, um an ihnen einen habsüchtigen, niederträchtigen Charakter zu erkennen, welcher blos so feige ist, um sich an Größeres zu wagen, welcher zwar nicht das Verbrechen, aber die Gefahren des Verbrechens gescheut. Selbst die Friedfertigkeit gegen sein Weib, die Verträglichkeit mit seinen Nachbarn läßt sich, wenn man seine spätern Handlungen damit vergleicht, nicht aus seiner Gutmüthigkeit, sondern nur aus einer feigen weibischen Gemüthsart erklären, welche das Schlimme gern hingehen läßt, um nur nicht handeln zu müssen, welche nicht beleidigt, blos um nicht beleidigt zu werden, welche Beleidigungen erträgt, weil sie zu furchtsam ist, sie zu rächen, alsdann aber um so furchtbarer losbricht, sobald sie einmal in sicherer Heimlichkeit Macht und Gelegenheit gefunden hat. Feigheit ist stets mit Tücke verbunden und der Grausamkeit auf das innigste verwandt. In eines Feigen Gemüth sammelt sich, um mich so auszudrücken, ein Vorrath von Haß, Ingrimm und Tücke, welcher eben durch seine Verschlossenheit genährt und von niederträchtiger Furcht bewacht, in zerstörendem Übermuthe hervorbricht, wenn eine Gelegenheit sich zu entschädigen gekommen ist. Selbst der Unschuldige, sobald dieser nur zugleich der Schwache, Ohnmächtige ist, erscheint ihm, nach Umständen, als ein erwünschter Gegenstand, an welchem er sich seines niedergehaltenen gedemüthigten Selbstgefühls einmal wieder freuen und die lang verhaltene Begierde erlaben kann. Wie alt und wahr ist nicht die Bemerkung: daß der niederträchtige Sclave, sobald er zum Herrn geworden, der fürchterlichste der Tyrannen ist! — Ein anderer, wie es scheint, unverkennbarer Zug in dem Charakter dieses Verbrechers ist kleinliche Habsucht, die, weil ihr zum Größern der Muth gebricht, nach geringem Gewinn gierig umherschleicht, aber auch das Größte für gering achtet, sobald es ihr zu einem Gewebe dient, womit eine erzielte Beute in Sicherheit erhascht werden kann. Seine Zurückgezogenheit, seine Nüchternheit, seine Entfernung von Spiel und Trunk erscheinen nur als Folgen dieses Charakterzugs, mithin nicht als Tugenden, sondern nur als Äußerungen eines weit größeren Lasters. Geiz und kleinliche Habsucht, sind an sich schon, wo nicht mit eigentlicher Grausamkeit, doch mit Härte verbunden. Solche Begierden wurzeln meistens in starren Gemüthern ohne Affekt und Gefühl, in jenen kalten Naturen, welche, von menschlicher Lebenswärme verlassen, in den kleinen Mittelpunkt ihrer Selbstheit zurückgezogen, wie die Spinne, verständig ihre Netze weben, in welchen sie arglistig auf ihren Vortheil lauern. Gesellt sich zu solcher Gefühllosigkeit, zu solcher Härte, Habgier und Feigheit, auch noch Rohheit des Geistes, Mangel an Erziehung und Bildung, wohl gar ein beschränkter immer nur auf den einmal gefaßten Punkt stumpf hinstirender Verstand: dann hat das Gemüth die Vollendung erreicht, in welcher es der Verbrechen eines Bichel fähig wird. Ein Mensch solcher Gemüthsart wird keine That vollbringen, welche Kraft, Muth oder Kühnheit fordert; er wird keinen Raub sich erlauben, nicht einmal durch Einbruch oder Einsteigen einen Diebstahl wagen; aber er wird, so wie nun eben die Veranlassung ist, einen heimlichen Brand anlegen, einen Menschen durch Gift hinrichten, einen Schlafenden ermorden, oder — Mädchen betrüglich zu sich locken, ihre schwachen Kräfte noch zu allem Überfluß durch List wehrlos machen und dann, wäre es auch nur um ihre Kleider oder um einige Groschen zu erhaschen, mit kaltem Blute schlachten. Das letzte that Bichel.

Der erste Mord dieser Art, von welchem die Akten erzählen (denn ob er überhaupt der erste war? diese Frage ist bei einem solchen Menschen wohl erlaubt) wurde bald nach Michaelis im Jahre 1806 an der Barbara Reisinger von Loisenrieth begangen. Diese hielt sich, nachdem sie dienstlos geworden war, bei ihren Eltern auf, ging aber gegen Michaelis von da hinweg, um einen neuen Dienst zu suchen. Sie begab sich deswegen nach Regendorf zu Andreas Bichel, der ihr einen Dienst verschaffen sollte. Sie traf ihn zu Hause mit seinem Weibe und äußerte ihm ihren Wunsch. Gerade jetzt, sagte er, wisse er keinen schicklichen Platz, worauf sie ihm erwiderte: daß sie sich also nach Regensburg an eine Zubringerin wenden wolle. Während dieser und ähnlicher Reden entfernte sich, wie Bichel selbst erzählt, seine Frau und ging zur Arbeit in ein anderes Dorf, von wo sie den ganzen Tag nicht mehr nach Hause kam. So nun mit der Barbara Reisinger allein, kam ihm der Gedanke (oder war dieser ihm nicht vielleicht schon weit früher gekommen?) sie zu ermorden, um sich ihre Kleider zuzueignen. Zwar hatte sie nichts bei sich, als was sie eben am Leibe trug. Aber ihre übrigen guten Kleider hatte ihr Vater in Verwahrung und, da dieser die Bekanntschaft seiner Kinder mit Bichel wußte, da ihm überdies bekannt war, daß seine Tochter zu Bichel gegangen sei, um sich durch ihn einen Dienst zu verschaffen: so war nichts leichter, als sich nach ihrem Tode dieser Kleider zu bemächtigen. Bichel lenkte daher das Gespräch mit der Reisinger auf die Wahrsagerei, besonders auf einen Erdspiegel, welchen er zu besitzen vorgab und worin jedes Mädchen seine Zukunft erblicken könne, den Geliebten, den künftigen Mann, die Treue oder Untreue des Geliebten und Anderes, was das weibliche Herz so gern zu wissen verlangt. Die Neugier kam seinem Plane willig und schnell entgegen; das Mädchen wollte gar zu gern in den wahrsagenden Spiegel sehen. Bichel entfernte sich daher auf einige Minuten von ihr, wickelte ein Bret in ein weißes

Tuch und kam nun mit diesem angeblich verdeckten Erdspiegel nebst einem kleinen schlechten Krämersperspective oder Mikroscope (Gucke), in die Stube zurück. Beides legte er auf den Tisch, mit der Bemerkung; sie dürfe ja nichts von diesen Heiligthümern berühren und müsse sich die Augen verbinden und die Hände auf den Rücken schnüren lassen, um aller Versuchung darnach zu greifen, enthoben zu sein. Die Bethörte war zu allem bereit. Bichel band ihr ein Tuch um die Augen, schnürte ihre Hände zusammen und kaum war sie also wie ein Schlachtopfer bereitet, als er ihr mit einem starken Messer den Hals durchstach, worauf sie, wie wenigstens er sagt, nur noch einen Seufzer that und niedersank. Hierauf öffnete er ihr sogleich den Leib, zerhackte denselben, um ihn leichter verbergen zu können und verscharrte die Theile in die Gruben in und neben seinem Schoppen, da wo man die Leichname gefunden hat. Die mit Blut überschwemmte Stube reinigte er mit Wasser und streute Sand und Staub darauf, um die Flecken zu verbergen. Seine Frau, welche Abends nach ihrer Rückkehr die große Nässe wahrnahm, wurde, wie er behauptet, mit der Bemerkung abgefertigt, daß er Wasser verschüttet habe.

Weder seine innere Ruhe, noch sein äußeres Betragen ward durch diese That in mindesten gestört oder verändert. Er verrichtete sein Geschäft vor wie nach und machte kaltblütig besonnen seine Anstalten, um endlich auch den Gewinn seiner Mühe zu erlangen. In den Weihnachtsfeiertagen machte er sich auf nach Loisenrieth, um die Kleider der Ermordeten abzuholen. Gerade auf dem Wege dahin begegnete ihm ihr Vater, welcher nach Regendorf gehen wollte, sich nach seiner Tochter zu erkundigen. »Nun! wie ist's? auch wieder keine Kleider?« rief sogleich Bichel dem Vater der Ermordeten zu. »Ich habe Dir schon so viele Boten gesandt, mir die Kleider Deiner Tochter zu schicken. Sie ist mit einem Gesandten fort, ist verheirathet und hat mit ihrem Manne etwas zu verwalten. Sie gab mir den Auftrag, ihre Kleider in Empfang zu nehmen und sie ihr nachzuschicken.« Vater Reisinger behauptete keine Botschaft erhalten zu haben. »Nun denn! da ich einmal auf dem Wege bin, so gehe ich gleich selbst mit Dir und hole sie ab.« Dies geschieht. Die Mutter packt alle zurückgelassenen Kleider ihrer Tochter sorgfältig zusammen und übergiebt sie dem Bichel. Der Vater selbst begleitet noch den Mörder seines Kindes eine lange Strecke bis zu einem gewissen Wirthshause und trägt ihm bis dahin gutmüthig arglos die Beute nach. Späterhin erfährt der Vater, daß Bichel Kleidungsstücke seiner Tochter verkaufe. Er geht dreimal nach Regensburg, um sich nach seiner Tochter zu erkundigen, ohne jedoch das mindeste über sie zu erfragen. Endlich begiebt er sich selbst zum Bichel nach Regendorf, setzt ihn ernstlich darüber zur Rede und schilt ihn einen schlechten Mann. Aber dieser weißt ihn mit Drohungen von sich hinweg, indem er ihm unter anderem erklärt: er habe sich um seine Tochter, welche ein gutes Brod gefunden, weiter nicht mehr zu bekümmern.

Nur aus der Unwissenheit und der grenzenlosen Einfalt der Eltern, so wie der übrigen mit so vielen verdächtigen Umständen bekannten Personen, läßt es sich erklären, warum der ganze Vorfall so lange Zeit dem Gerichte ein Geheimniß geblieben ist.

Bichel suchte sich indessen neue Quellen für ähnlichen Gewinn. Die erste That war so leicht vollbracht, so sicher belohnt worden, daß der Gedanke, sich ein Gewerbe daraus zu schaffen, ganz natürlich in seinem Gemüthe entstehen mußte. Wer einmal mit überdachter Absicht das Unmenschliche begangen hat, bleibt, wenn der Entzweck fortdauert oder die Veranlassung wiederkehrt, gewiß bei dem erstenmale nicht stehen. Er hat die gräßliche Gestalt der ungeheuren That in der Nähe schon betrachtet, er ist damit bekannt, vertraut geworden; — hat diese Gorgone ihn beim erstenmale nicht versteinert, so wird sie gewiß beim zweitenmale kaum einen leichten Schauder ihm erregen.

Einer Schlange ähnlich schlich jetzt Bichel umher, um noch andere Mädchen durch Aberglauben zu bethören und unter sein Messer zu locken. An wie vielen er seine List versucht, ist nicht ganz ausgemittelt; von mehreren ist es aktenmäßig. So wendete er sich um Weihnachten 1807 an ein 21jähriges Mädchen, Namens Graber, indem er sogleich das Gespräch auf ihren abwesenden Geliebten hinwendete und sie befragte: ob sie lange nichts von diesem gehört, keinen Brief von ihm erhalten habe? Als sie, nein, sagte, antwortete er: »Nun wenn du Niemand etwas sagst, so komme zu mir. Ich will dich sodann in einen Spiegel sehen lassen und darin wirst du sehen, ob dein Liebhaber noch lebt oder gestorben ist. Um dieses aber zu sehen, muß man ein Schnürchen anziehen, das so heilig ist, das man es nur mit einem Tuch berühren darf.« Er fügte hinzu, sie müsse ihr schönstes Kleid mitbringen und ein besonders gutes Hemd. Sie versprach ihm zu kommen, hielt aber nicht Wort und Bichel schickte noch wenige Tage vor seiner Gefangennehmung eine Weibsperson zu ihr, um ihr Kommen zu beschleunigen. — Unter gleichem Vorwande suchte er eine gewisse Juliana Daweck mit Kleidern in sein Haus zu locken; und wiederholte an ihr mehrmals seine Versuche durch eindringliches Zureden. — Auch Margaretha Heimberger hatte er sich zu gleichem Zwecke auserlesen. — Aber alle diese Personen wurden theils durch ihren geringen Glauben an die Gabe des Wunderspiegels, theils durch eine heimliche Furcht vor Bichel, theils durch glückliches Ohngefähr gerettet. Doch nichts von diesem allen rettete die unglückliche Katharina Seidel, deren Mord zwar nicht seinem Willen und seinen Versuchen, doch seinen Thaten ein Ziel gesetzt hat.

Schon Dreiviertel-Jahr vorher, als er einst mit der Seidel aus Regensburg ging, fielen ihm ihre schönen Kleider in die Augen; sogleich faßte er den Entschluß zu ihrem Morde und leitete die Ausführung ein. Er fing deshalb ein Gespräch mit ihr an, rühmte die Tugenden seines Erdspiegels und bestellte sie zu sich. Warum sie nicht sogleich zu ihm gekommen? ob er sie späterhin mehrmals gelockt? warum erst Dreiviertel-Jahr nachher der Plan ausgeführt worden? darüber schweigen die Akten. Jetzt aber sei es mir erlaubt, den Inquisiten selbst redend einzuführen. Seine eigenen Worte und Wendungen sind zu bedeutend und bezeichnend, als daß sie verloren gehen dürften.

»Am Tage der Ermordung,« so spricht er, »habe ich die Katharina zu mir rufen lassen und ihr, als sie zu mir gekommen, gesagt: ›weil ich allein bin, so will ich dich in den Erdspiegel sehen lassen. Gehe also nach Hause und bringe deine Kleider mit, damit du dich mehrmals anziehen kannst.‹ Und wie sie späterhin zu mir kam in ihren Alltagsfetzen und in dem Fürtuch ihre Kleider brachte, so habe ich ein Stückchen Brett in ein weißes Tüchelchen gethan und ein Gurkel (Perspectiv) auf den Tisch hingelegt und ihr verboten, den Spiegel anzurühren. Ich habe ihr nachher mit einem Bindfaden, womit man das Papier zusammen zu binden pflegt (es war dasselbe, den ich früher bei der Reisinger gebraucht) die Hände zusammengeschnürt, ihr auch die Augen mit einem Tuche verbunden. Dann habe ich ihr mit dem Messer, das ich schon in Bereitschaft hatte, in den Hals gestochen, daß das Blut herausgeflossen. Da habe ich nun auch sehen wollen, wie sie inwendig aussieht und habe daher ein Spanschnitzer genommen, ihn auf das Brustblatt gesetzt und mit einem Schuhflickerhammer darauf geklopft. Und so habe ich ihr die Brust geöffnet und mit einem Messer die fleischigen Theile des Leibes durchschnitten. Gleich nach dem Stich in den Hals schritt ich zu der Öffnung und wenn gleich einer noch so geschwind beten kann, so kann er doch nicht in so kurzer Zeit ein Rosenkranzgesetzel oder zehn *ave Maria* beten, als ich die Brust und den übrigen Körper geöffnet habe. Dann habe ich mir diese Person, wie der Metzger das Vieh zugerichtet und habe den Körper mit einem Beile von einandergehackt, so wie ich ihn für das Loch brauchen konnte, das ich auf dem Berge gemacht. Ich kann sagen, daß ich während des Öffnens so begierig war, daß ich zitterte und mir wollte ein Stück herausgeschnitten und gegessen haben. Nachdem die Seidel den ersten Stich empfangen, hat sie noch einen Schrei und sechs bis sieben Seufzer gethan und wollte sich wehren und schlug mit den Händen. Und da ich gleich nach dem Stiche sie so schnell geöffnet, so wäre es möglich, daß sie noch gelebt, als ich sie aufschnitt. Den zerhackten Leib räumte ich bei gut versperrten Thüren auf die Seite und vergrub ihn. Die Gedärme that ich in einen großen Topf, worin man den Schweinen das Futter einsiedet, und verdeckte sie in der Dünggrube. Das blutige Hemd und Gewand der

Seidel habe ich zweimal ausgewaschen und vor meiner Frau zu verbergen gesucht und diese Sachen, wie eine Katze ihre Jungen, von einem Platze auf den andern versteckt. Die übrigen blutigen Sachen habe ich in einen Ofen gethan und verbrannt.«

»Die einzige Ursache der Ermordung der Reisinger und der Seidel waren ihre Kleider. Ich muß selbst sagen, daß ich es nicht nothwendig gehabt. Es war aber gerade, als wenn Jemand neben mir stünde, und mir sagte: thue es und kaufe dafür Getreide! und mir den Gedanken eingäbe: du kriegst was, kannst dir was machen lassen und kommt auch nicht auf (wird auch nicht entdeckt).«

Daß Bichel auch wollüstige Absichten auf die unglücklichen Mädchen gehabt oder an ihnen befriedigt habe, wurde zwar auf wiederholtes Befragen stets von ihm geläugnet. Aber seine Neugier nach der innern Beschaffenheit eines weiblichen Körpers, seine bis zum Zittern gesteigerte Lust nach dem Genusse des noch rauchenden Fleisches der Ermordeten, endlich die allgemeine Erfahrung, wie genau Wollust und Blutdurst mit einander verbunden sind:* alles dieses macht es im höchsten Grade wahrscheinlich, daß die Geschlechtslust, wenigstens verborgen, wo nicht auf den Entschluß zum Morde, doch auf die Art der Ausführung desselben mitgewirkt habe.

Die bloße Erzählung dieser Verbrechen reichte hin zur Begründung des Antrags auf Vollziehung des über ihren Urheber ausgesprochenen Todesurtheils. Denn wenn dieser Bösewicht den Tod der Gerechtigkeit nicht starb, wer hätte dann noch den Tod verdienen können? Es wurde jedoch die, in Gemäßheit damals noch geltender Gesetze, richterlich erkannte Strafe des Rades von unten, in die einfache Strafe der Enthauptung verwandelt, nicht aus Schonung des Verbrechers, dessen schweres Verschul-

* Sivah und Durga sind zwei verwandte indische Gottheiten, jene Sinnbild des Todes, diese der Wollust, jene gefeiert durch blutige Menschenopfer, diese durch bacchantische Zügellosigkeit. So ist selbst in orientalischen Mythen diese seltsam schreckliche, noch nie erklärte, Verwandtschaft zwischen Blutdurst und Wollust ausgesprochen.

den das äußerste Maß aller Strafbarkeit erreichte, aber aus Rücksicht auf die sittliche Würde des Staats, welcher es nicht gemäß ist, durch Grausamkeit der Strafen mit der Grausamkeit und Abscheulichkeit eines Missethäters gleichsam wetteifern zu wollen.

MICHAEL KIENER, DER RAUBMÖRDER AUS LIEDERLICHKEIT

Am 7. Februar 1810 gegen Mittag gingen zwei Männer aus Ödmiesbach von Zeinrieth nach Pilchau, einer Getreidelieferung wegen. Auf dem Rückwege, in der Nähe des sog. Steingerümpels, eines tiefliegenden, mit Steinen bedeckten, von Gebüsch überwachsenen Platzes, bemerkten sie die Fährte eines Marders. Aus Neugier verfolgten sie diese Spur; kaum aber waren sie ihr einige Schritte weit nachgegangen, so entdeckten sie unter einem Schneehügel einen auf dem Angesichte liegenden weiblichen Leichnam. Es war dieses die sogenannte Spitzenkrämerin Lindner aus Eppenrieth, ein Weib von beiläufig 50 Jahren.

In der Nacht vom 5. zum 6. Februar hatte sie in dem Dorfe Lampenrieth im Hause des alten Simon Kiener übernachtet, war sodann Dienstags am 6. Morgens gegen 8 Uhr von da hinweg nach Tenesberg gegangen, um bei dem Lederer Wellenhöfer etwas Leder einzukaufen und hatte auf ihrer Rückkehr nach Hause, zwischen Zeinrieth und Pilchau, in dem oben bemerkten Steingerümpel ihren Tod von Mörderhand gefunden. Denn dieses zeigten augenscheinlich ihre mit Blut bedeckten Kleider und mehrere Wunden am Halse.

Da es wegen außerordentlicher Kälte nicht möglich war, den gefundenen Körper an Ort und Stelle zu bewachen, so wurde derselbe, auf Anordnung des Dorfhauptmanns zu Zeinrieth vorsichtig in das Gemeindehaus dieses Dorfes geschafft und sodann das Landgericht Vohenstraus von diesem Vorfalle in Kenntniß gesetzt.

Bei der gerichtlichen Besichtigung des Leichnams entdeckten sich am Halse drei abwärts laufende Stichwunden: die eine vorn über dem Kehlkopfe nach der rechten Seite zu, die andere an der rechten, die dritte an der linken Seite. Die zweite dieser Wunden hatte die äußere und innere Kopfarterie gerade bei ihrem Ausgange aus der gemeinschaftlichen Halsarterie ganz, die innere Vene hingegen bis auf einen Viertheil ihres Durchmessers zerschnitten; von der dritten war die *arteria carotis mater* vor ihrer Theilung, so wie die innere Halsvene ganz durchstochen. Diese für unbedingt tödtlich erklärten Wunden konnten, nach Meinung der Sachverständigen, nur mit einem spitzen schneidenden Werkzeuge, einem Messer, zugefügt worden sein.

Das Landgericht war sogleich eifrigst bemüht, dem Thäter selbst auf die Spur zu kommen. Anfangs zeigten sich nur äußerst entfernte schwankende Verdachtsgründe. — Die Ermordete hatte in der Nacht vom 5. zum 6. Februar in dem Hause des alten Simon Kiener zu Lampenrieth übernachtet und in dem tiefen Schnee in der Gegend des Mordplatzes entdeckten sich Fußstapfen, welche von da bis nach Lampenrieth führten. Diese Fußstapfen befanden sich zum Theil an einem sehr ungewöhnlichen, beschwerlichen, besonders im Winter ungangbaren Orte und ließen vermuthen, daß der Thäter der Ermordeten aufgepaßt und derselbe, um sie zu umgehen oder ihr zuvorzukommen, solchen ungewöhnlichen Weg genommen habe. — Das Landgericht begab sich in die Wohnung des Simon Kiener, um ihn und dessen Familie über die Spitzenkrämerin zu vernehmen und zugleich die Stiefel und Schuhe, die man in seinem Hause vorfinde, mit jenen Fußstapfen zu vergleichen. Allein keine der vorgefundenen Fußbekleidungen paßten zu dem Maß der Fußstapfen; auch entdeckte sich sonst kein naher Verdacht. Nur das Benehmen des jungen Michael Kiener war etwas seltsam. Während seiner Vernehmung affektirte er eine besondere Lustigkeit, er lächelte und pfiff mitunter in sich hinein. — Dieser Umstand veranlaßte den Untersuchungsrichter, der Aufführung und dem Lebenswandel dieses jungen Menschen, durch Vernehmung mehrerer Zeugen, nachzuforschen. Da entdeckte sich bald, daß derselbe im schlimmsten Rufe stehe und sich bereits verschiedener, zum Theil beträchtlicher Diebstähle schuldig gemacht habe. Man beschloß daher gegen ihn den Criminalprozeß; zugleich mit ihm wurde sein Vater verhaftet, welcher jedoch nur im Civilarreste gehalten wurde.

Diese Maßregeln führten sehr bald die dringendsten Verdachtsgründe des begangenen Mordes wider den jungen Michael Kiener herbei. Nach Aussage seines Vaters war er Dienstags den 6. Februar Morgens bei sehr früher Tageszeit von Hause hinweggegangen und erst um 8 Uhr Abends zurückgekommen. Er selbst aber behauptete, an diesem Tage den ganzen Morgen bis nach 12 Uhr zu Hause gewesen zu sein. — Am Dienstag Abends war Michael Kiener bei einem gewissen Sebastian Zeil, der an diesem sonst so leichtfertigen lustigen Burschen ganz die gewöhnliche Heiterkeit vermißte. Dieselbe Bemerkung machte ein gewisser Veit Koch, bei welchem Inquisit am Mittwoch gewesen war; sein Aussehen, sein Betragen kamen diesem Zeugen, wie er sich ausdrückt, »so ganz närrisch« (wunderlich, seltsam), vor.

Inquisit läugnete zwar standhaft in seinem ersten Verhöre alle Theilnahme an dem Morde der Spitzenkrämerin; allein seine Mienen und Gebärden verriethen weit mehr als sein Mund bekannte. Sein Athem war beklommen, innere Unruhe drückte sich in seinem ganzen Wesen aus; Röthe und Blässe wechselten fortwährend auf seinem Gesichte; bald murmelte er in sich hinein, bald biß er sich in die Lippen; bald zupfte er, auf dem Stuhle hin und her wankend, an seinem Hemdärmel; bald rieb er sich die Hände und blickte, so oft ihn der Untersuchungsrichter ins Gesicht faßte, seitwärts neben aus; er saß dicht am Ofen und klagte doch über Frost.

Allein mehr als alles dieses zeugte folgender Umstand wider ihn. In einem seiner Behälter waren verschiedene Stücke Leder gefunden worden, welche zum Theil besondere Zeichen an sich trugen. Da die Ermordete am Dienstag früh bei Ulrich Wellenhöfer verschiedenes Lederwerk gekauft hatte, so wurden diesem die bei Michael Kiener gefundenen Stücke zur Anerkennung vorgelegt. Wellenhöfer erkannte diese unbedenklich für dieselben, welche er am Dienstag an die Spitzenkrämerin verkauft habe und gab die Gründe dieses Wiedererkennens umständlich mit der befriedigendsten Genauigkeit an. Noch blieb Inquisit in seinem zweiten Verhöre beim Läugnen; allein die Vorhaltung des zuletzt bemerkten, ihn so schwer verdächtigenden Umstandes machte den gewaltigsten Eindruck auf sein Gemüth, welcher sich schon im Verhör selbst durch plötzliches Verstummen und noch auffallender in seinem Gefängnisse offenbarte. Hier bemächtigte sich seiner eine ungewöhnliche Traurigkeit und alle Lust zum Essen war verschwunden. Man verhörte ihn jetzt zum drittenmale; auch da noch versuchte er Anfangs sein Heil im Läugnen und Lügen, aber bald waren seine Hülfsmittel und sein Muth erschöpft; er bekannte sich der Mordthat schuldig.

Michael Kiener, katholischer Religon, ist von Lampenrieth, Landgerichts Vohenstraus im Raabkreise gebürtig, ein lediger Bursche von zwanzig Jahren. Seine Mutter ist seit fünf Jahren todt; sein Vater lebt als Maurergeselle zu Lampenrieth und hat außer jenem Sohne drei Töchter am Leben, welche noch unversorgt im elterlichen Hause sich befinden. Der Sohn Michael wurde zu Hause erzogen, erhielt sehr dürftigen Unterricht, lernte aber einige Zeit das Schuhmacherhandwerk und wurde ungefähr drei Jahre vor der That freigesprochen. Er arbeitete als Geselle bei verschiedenen Meistern, die ihn jedoch nie lange behalten konnten; so ungeschickt zeigte er sich in seinem Handwerke, so unfleißig, leichtsinnig und liederlich in seiner Ausführung. Sein Vater drang öfter in ihn, er möge seine Wanderschaft antreten. Allein er blieb lieber im väterlichen Hause, half seinem Vater bei seinem Handwerke, oder arbeitete auf dem Taglohn. In seiner Gemüthsart liegt ein heiterer, lustiger Sinn, der aber bei vernachlässigter Erziehung in Leichtsinn und Liederlichkeit ausartete. Seinem Vater bezeugte er keinen Gehorsam; immer folgte er nur seinem Eigenwillen. »Möchte doch,« rief einst sein Vater vor Gericht aus, »dieser ungerathene Sohn im ersten Bade ertrunken sein!« Wegen Verbrechen war er noch nicht in Untersuchung. Nur, weil ihn eine Weibsperson als Vater ihres unehelichen Kindes angegeben hatte, saß er vor einigen Jahren zu Guteneck drei Tage lang im Gefängnisse.

Aber sein Lebenswandel zeichnete sich nichts desto weniger durch zahlreiche Verbrechen aus, welche, der Obrigkeit lange verborgen, erst in diesem Prozesse entdeckt und von ihm eingestanden worden sind. Er bekannte, auf einen Zeitraum von ungefähr drei Jahren, zwölf, zum Theil beträchtliche, zum Theil ausgezeichnete Diebstähle: welches Bekenntniß sich bei acht Diebstählen durch die eingeholten Erfahrungen vollkommen bestätiget hat.

Montags den 5. Februar gegen Abend kam die Spitzenkrämerin Lindner in das Haus des alten Simon Kiener und bat ihn um ein Nachtlager. Dieser, welcher sie noch nie gesehen hatte, verweigerte ihr anfangs die Nachtherberge, ergab sich aber endlich den Bitten seiner Töchter und anderer Mädchen, welche mit diesen in Gesellschaft spannen. Sie hatte einen Leibgurt mit Geld nebst einem weißen Päckchen bei sich, und zählte in der Stube ungefähr acht Gulden, die sie, wie der alte Simon angibt, wieder in den Beutel that.

Am folgenden Morgen gegen 8 Uhr begab sie sich wieder fort auf die Reise. Und nun beginnt die Geschichte der That, welche wir aus dem Munde des Verbrechers selbst vernehmen wollen.

»Schon lange,« sagte er, »hatte ich Lust, einmal einen Menschen umzubringen. Wie ich nun jüngst vergangenen Dienstag den 6. Februar in der Frühe aufstand und mich angekleidet hatte, kam mir der Gedanke, diese Spitzenkrämerin zu ermorden. Sie hat mir nie etwas zu Leide gethan; aber, ich weiß selbst nicht wie? — es kam gerade der Ingrimm über mich. Ich dachte mir, sie werde gewiß von Pilchau auf Zeinrieth zugehen, begab mich daher nach 8 Uhr von Haus hinweg auf den Gangsteig, der von Pilchau nach Zeinrieth geht und wartete unter einem Birnbaume. Die Kälte war schrecklich hart; ich ging zuweilen hin und her und suchte Schutz wider die grimmige Kälte. Wie ich da lauerte, kamen zwei unbekannte Männer an mir vorüber, die mich fragten: wohin ich gehe? Ich antwortete, daß ich böse Füße habe und nach Zeinrieth wolle. Die Spitzenkrämerin ließ mich mehrere Stunden warten. Endlich, gegen Mittag, sah ich sie kommen, sie ging abwärts gegen

Zeinrieth zu, ich verfolgte sie über die Felder durch den Schnee, erreichte sie im Steingerümpel und packte sie sogleich beim Rocke. Sie fragte mich: was ich wolle? ›Ich will nichts!‹ war meine Antwort und besann mich noch lange Zeit, ob ich sie wirklich umbringen solle, oder nicht. Sie versprach mir anfangs einen Gulden, dann eine Spitze, endlich gegen fünf Gulden. Aber ich wiederholte immer: ›ich will nichts von Dir!‹ und warf sie endlich, weil der Ingrimm einmal in mir war, in den Schnee zu Boden. Sie raffte sich wieder auf. Aber die Begierde, sie zu erdrosseln, war zu stark in mir; ich warf sie nochmals zu Boden. Sie schalt mich einen Loitel (nichtswürdigen Kerl) und sagte: ›willst du mich etwa umbringen? Ich habe dir ja in meinem Leben nichts zu Leide gethan.‹ Aber ich antwortete ihr nicht mehr, riß ihr die Halstücher herab, faßte sie mit der Linken beim Halse und drosselte sie. Dieses wiederholte ich, weil sie nicht gleich ganz schwarz geworden, und fuhr so lange damit fort, bis ich kein Leben mehr in ihr spürte. Sonst bin ich nicht stark in der Hand, aber gerade damals habe ich meine Kräfte gefühlt. — Als ich sie todt glaubte, packte ich sie beim Rock und trug sie weiter abwärts in das Thal. Da fühlte ich, daß sie einen Gurt um ihren Leib trage; ich nahm das Geld zu mir und legte sie in den Schnee. Als ich aber jetzt weggehen wollte, bewegte sie sich sehr stark; da merkte ich denn, daß sie nicht todt sei und ich dachte bei mir: ›was wirst du nicht leiden müssen, wenn du noch nicht todt bist!‹ Nun beschloß ich, sie todt zu stechen. Ein Messer hatte ich nicht bei mir; denn als ich von Haus wegging, war mein Vorsatz, sie zu erdrosseln. Ich nahm daher den Knittel, welchen die Spitzenkrämerin bei sich hatte, brach ihn auf meinem Kniee entzwei und riß mit meinen Zähnen ein spitzes Stück davon ab, so daß mein Mund zu bluten anfing. Mit diesem spitzen Stücke gab ich ihr zwei Stiche rechts in den Hals, und zwar so stark und tief, daß der Stich leicht an der andern Seite wieder hätte herausgehen können. Nun bedeckte ich sie mit Schnee, ging auf das Holz Marchetpiehl zu, versteckte daselbst das Päckchen, welches die Spitzenhändlerin bei sich trug und ging sodann schnurgerade nach Haus.«

Inquisit nahm der Ermordeten das Geld in ihrem Gurte, einen Beutel mit etwas Geld in ihrer Tasche, verschiedene Stücke Leder, zwei Schnupftücher, eine Dose und ein Messer. Das Geld mochte ungefähr 30 Gulden betragen. Fast alle diese Sachen fanden sich noch bei dem Mörder, der sie als Eigenthum der Ermordeten anerkannt hat.

Verschiedene Umstände in dem Bekenntnisse des Inquisiten scheinen beim ersten Anblick nicht genau mit dem Thatbestande übereinzustimmen. Denn erstlich scheint es, als sei die nächste Ursache des Todes mehr in dem Erdrosseln, als in den Stichwunden zu suchen, obgleich von jener Gewaltthat durchaus keine Spuren an dem Körper zu entdecken gewesen. Da jedoch Inquisit selbst gesteht, die Spitzenkrämerin habe sich, als er sie verlassen wollen, heftig zu bewegen angefangen und in dem zweiten Gutachten des Landgerichtsarztes umständlich gezeigt ist, daß nach den an dem Leichnam gefundenen Merkmalen der Tod nur durch die Stichwunden verursacht worden sei: so steht gegen die Gründlichkeit des Bekenntnisses durchaus kein erheblicher Zweifel. Aus diesem Bekenntnisse ergiebt sich in Übereinstimmung mit dem Befunde, daß die Mißhandelte durch das Drosseln anfangs nur die Besinnung, später hingegen erst durch die Stichwunden ihr Leben verloren habe.

Eine zweite Bedenklichkeit betrifft das Werkzeug der Tödtung. Nach der Behauptung des Arztes und der Wundärzte konnten sämmtliche Wunden am Halse nur mit einem spitzen schneidenden Werkzeuge — einem Messer — zugefügt worden sein; Inquisit will sie mit einem Holzspane zugefügt haben. Auch hier ist die Verschiedenheit mehr scheinbar als wirklich. Denn das Bekenntniß trifft mit dem Thatbestande und der Aussage der Sachvertändigen darin überein, daß das Werkzeug spitz und schneidend gewesen, was denn eben so gut auf einen spitzen schneidenden Span harten Holzes, wie auf ein Messer paßt, zumal wenn man erwägt, daß Inquisit, wie er selbst behauptet, sein Werkzeug mit besonderer Kraft und Anstrengung der Ermordeten in den Hals gestoßen hat. Hätte schon zur Zeit der Leichenschau auch nur die leiseste

Vermuthung auf den Gebrauch eines so ungewöhnlichen Werkzeuges fallen können und wären dann die Wunden aus diesem Gesichtspunkte genauer untersucht worden, oder hätte der untersuchende Richter den Inquisiten nach der Größe und Gestalt des Spanes genau befragt: so würde (sollte gleich das Werkzeug selbst nicht mehr zu finden gewesen sein) wahrscheinlich auch jede Scheinbedenklichkeit verschwunden sein, welche aber auch jetzt, bei so vielen andern überzeugenden Gründen, für sich allein die Glaubwürdigkeit des Bekenntnisses nicht zu erschüttern vermag.

Eben so wenig Gewicht hat der Umstand, daß sich am Leichnam drei Halswunden und unter diesen auch eine an der linken Seite befunden hat, während Inquisit nur zweimal und zwar von der rechten Seite gestochen zu haben behauptet. In dem verwirrenden Taumel der Wuth bei Vollbringung einer unmenschlichen That, werden nicht alle Schritte gemessen, nicht alle Bewegungen der Hand gezählt. Inquisit läugnet auch nicht bestimmt die dritte Wunde; er kann sie nur nicht begreifen, vermag sich ihrer nicht mehr bestimmt zu erinnern. Zudem ist die Wunde auf der rechten Seite, wozu sich Inquitit ausdrücklich bekannt hat, für sich selbst schon tödtlicher Art.

Bedenklicher scheint beim ersten Blick die Frage: welches war die eigentliche Absicht des Verbrechers bei dieser Ermordung? War sein Beweggrund Gewinnsucht oder Mordgier? Erwägt man, daß unerlaubte Gewinnsucht den Charakter des Inquisiten hauptsächlich bezeichnet; daß er sich in dem dieser Mordthat vorhergehenden Zeitraume mehrerer sehr beträchtlichen Diebstähle schuldig gemacht hat und als ein Gewohnheitsdieb erscheint; daß die Spitzenkrämerin am Abende vor ihrer Ermordung Geld und geldeswerthe Sachen sehen ließ; daß Inquisit diese Person nicht bloß ermordet, sondern auch wirklich beraubt hat; daß endlich reine Mordlust zu den ungewöhnlichsten Erscheinungen des menschlichen Geistes gehört und diese Leidenschaft gemeiniglich in finstern, in Menschenhaß versunkenen, wild melancholischen Gemüthern, höchst selten aber in Personen leichten, heitern, lustigen Sinnes, wie Inquisit, entstehen und solche Höhe erreichen kann:

so ist kein Augenblick zu zweifeln, daß diese Mordthat, was auch dagegen behauptet werden möge, bloß um Raubes willen beschlossen und ausgeführt worden sei. Eine gewinnsüchtige Absicht ist freilich von dem Inquisiten nirgends eingestanden. Erst nachdem er die schon todt geglaubte Spitzenkrämerin weggeschleppt, will er den Leibgurt mit Geld zufällig entdeckt haben: eine Einrede, welche man fast von allen Raubmördern zu hören bekommt. Außerdem aber erklärt er sich über die Beweggründe zu seiner That in solchen Ausdrücken, welche allerdings, wie es scheint, nur auf eine unerklärbare Mordlust, ohne anderen bestimmten Zweck der That, gedeutet werden können.

»Schon längst,« sagte er, »habe er die Begierde, jemanden umzubringen, in sich gespürt, und dieses sogar gegen andere Personen geäußert, die ihn jedoch, weil sie ihm keinen Ernst zugetraut, nur ausgelacht hätten. Als er am 6. Februar früh Morgens aufgestanden, habe ihn nun eben der Ingrimm befallen und die Spitzenkrämerin sei so zufälligerweise das unglückliche Opfer davon geworden.«

Setzt man wirklich voraus, Inquisit läugne die gewinnsüchtige Absicht durch das Geständniß einer reinen Mordsucht: so ist hier (man glaube an die Wahrheit dieser Behauptung, oder betrachte sie als erlogen) ein unauflösliches psychologisches Räthsel. Welchen Gewinn konnte Inquisit durch solche Lüge erwarten? Keinen, man müßte denn annehmen, Inquisit, vertraut mit der Theorie mancher Criminalrechtslehrer über Zurechnung zu Schuld und Strafe, habe auf Richter gezählt, welche ein aus Gewohnheit oder instinktartiger Neigung des Gemüths begangenes Verbrechen, wegen der angeblich beschränkten oder aufgehobenen Willensfreiheit wenn auch nicht für straflos, doch für minder strafbar erkennen. Diese Voraussetzung zerfällt aber in sich selbst, da der gemeine und gesunde Menschenverstand, welcher allein aus diesem ungelehrten Missethäter spricht, hierüber ein von der Theorie jener gelehrten Männer ganz abweichendes Urtheil hat. — Allein das ganze Räthsel, genau betrachtet, scheint blos durch einen Fehler in der Befragung des Inquisiten, durch eine vorgefaßte Meinung des untersuchenden Richters und durch irrige Auslegung der Worte des Untersuchten veranlaßt. Als Inquisit in dem 278ten Artikel zum erstenmale über seine Absicht befragt wurde, antwortete er: »Wir (die Spitzenkrämerin und ich) haben uns in unserem Leben nichts zu Leide gethan. Es ist halt gerade der Ingrimm über mich gekommen; ich weiß selbst nicht, wie mir geschehen ist«, und als er bei dem 292ten Fragstücke nochmals zum offenen Geständnisse seiner Absicht ermahnt wurde: »Ich habe schon lange immer die Begierde in mir gefühlt, jemanden umzubringen.« Diese Äußerungen sagen an und für sich mehr nicht, als: er habe die Spitzenkrämerin nicht aus Haß oder Rachsucht ermordet, vielmehr sei es schon längst seine Absicht gewesen, jemanden umzubringen und dieser boshaft leidenschaftliche Entschluß (Ingrimm) habe endlich einen bestimmten Gegenstand, die Spitzenkrämerin, gefunden. Aus welchem Beweggrunde diese Absicht hervorgegangen? was der Endzweck seines mörderischen Entschlusses gewesen? ob Befriedigung der Habsucht oder was sonst? darüber äußert er sich hier noch gar nicht; sein Bekenntniß erscheint in diesem Punkte als durchaus unbestimmt und mangelhaft und zwar, wie höchst wahrscheinlich ist, bloß deßwegen, weil er den Sinn und Umfang der Frage nicht vollständig gefaßt hatte. Allein da Inquisit, nach seiner früheren Äußerung, den Leibgurt der Ermordeten nur zufällig beim Wegschleppen an ihr entdeckt haben wollte (was übrigens selbst mit eingestandener gewinnsüchtiger Absicht gar wohl vereinbarlich ist), da er sich nachher auch nicht bestimmt zu der räuberischen Absicht bekannte: so nahm der untersuchende Richter die Worte: »es hat mich der Ingrimm überfallen; ich hatte schon früher die Absicht jemanden umzubringen«, für das Bekenntniß einer aus reiner Mordlust begangenen Tödtung. Und so geschah denn natürlich nichts weiter, um dem Inquisiten den eigentlichen Sinn der Frage, über die Absicht seiner Handlung, aufzuklären und alle folgenden denselben Punkt berührenden Artikel mußten nun dieselben an und für sich unbestimmten, jedoch nach jener vorgefaßten Meinung, scheinbar bestimmten Antworten zur Folge haben. So sagt er bei dem 484sten Artikel, nachdem er vorher befragt worden, ob er nicht auch früher eine gewisse Bötin, die sogenannte schwarze Kathel, habe ermorden wollen: »Auf eine fremde Person habe ich wohl Begierde gehabt; aber dieser Person hätte ich nichts thun können, weil sie zu sehr bekannt gewesen wäre« und dann bei dem nächstfolgenden 485sten: »Eine bekannte Person hätte mich doch eher gereut (gedauert). Aber es hat schon so sein wollen, daß gerade diese Person (die Spitzenkrämerin) mir in die Hände gekommen ist.« Auch wer um Gewinnes willen auf Mord ausgeht, kann von sich sagen, daß er eine Begierde gehabt, jemand zu ermorden; wer sich aber durch Mordlust zu einer solchen That getrieben fühlt, wird schwerlich zwischen den Personen wählen und sich die unbekannten aussuchen, um dem Mitleide mit den ihm bekannten zu entgehen. Dieselben Antworten kommen mit etwas veränderten Ausdrücken noch an anderen Stellen vor, z. B. bei dem Artikel 593 und folgenden: »Es war halt schon immer der Ingrimm in mir. Ich habe halt schon immer geglaubt, wenn ich jemand umbringen kann, so thue ich es. Ich habe auch nicht gewußt, wie mir geschehen ist.« Nirgends wird daher die gewinnsüchtige Absicht ausdrücklich geläugnet, nirgends die reine Mordlust mit bestimmt entscheidenden Ausdrücken behauptet. Das einzige, was bei diesen Äußerungen angenommen werden mag, ist, daß Inquisit mit dem Bekenntnisse des Endzwecks und eigentlichen Beweggrundes seiner That zurückhaltend gewesen sei.

Was übrigens den Inquisiten zu dieser That bestimmt haben möge: so war die ihm zuerkannte Strafe den Gesetzen gemäß. Michael Kiener wurde nämlich von dem Appellationsgerichte zu Amberg in erster, dann von dem königlichen Oberappellationsgerichte in zweiter Instanz zur Strafe des Schwertes verurtheilt. Dieses Urtheil war begründet duch den *Cod. jur. crim. Bav.* Theil I. C. III. §. 1, welcher jeden »mit bösem gefährlichem Vorsatz« begangenen Todtschlag mit der Strafe des Schwertes bedroht. Wäre der Begriff des Raubmordes auf die That des Inquisiten in Anwendung gebracht worden, so hätte er, nach Thl. I. Cap. III. §. 15 zur Strafe des Rades von unten auf verurtheilt werden müssen.

Wie sehr diese That mit Überlegung beschlossen, mit Bedacht vorbereitet, mit Hartnäckigkeit ausgeführt worden, zeigt die obige Geschichtserzählung. Schon seit längerer Zeit war er darauf ausgegangen, einem Menschen (wahrscheinlich des Raubes wegen) das Leben zu nehmen. Mit der Absicht, die Spitzenkrämerin zu ermorden, ging er Morgens früh auf das Feld hinaus, um sie zu erwarten. Hier lauert er fast einen vollen halben Tag. Sein Ziel fest im Auge, erträgt er die härteste Winterkälte. Kein Hinderniß ist ihm zu groß, keine Zeit bringt ihn zu besserer Gesinnung. Als er die Unglückliche schon gepackt hat, steht er erst noch kalt überlegend vor ihr; und sein Entschluß entscheidet von neuem ihren Tod. Ihn rühren weder ihre Bitten, noch ihre Anerbietungen. Er wählte eine Todesart, die wegen der Schwierigkeit und Langsamkeit ihrer Vollziehung, einen besonders festen Entschluß, einen hartnäckig ausdauernden Willen voraussetzt; er sucht sie blos mit seiner Hand zu erdrosseln. Erst zuletzt erkennt er die Nothwendigkeit eines kräftigeren Mittels. Doch auch dieses erfordert neue Zurichtung. Neben der Halbentseelten bereitet er sich erst, mit nicht geringer Anstrengung, ein Werkzeug des Mordes aus ihrem Wanderstabe und durchsticht ihr den Hals mit einem zugespitzten Spane.

Michael Kiener war freilich erst zwanzig Jahre alt. Aber dieses Alter mochte ihm zu keiner Milderung gereichen. Hätte er sogar noch in den Jahren der Unmündigkeit gestanden, so würde seine Bosheit das Alter erfüllt haben. Beides, sein Verstand und sein Charakter, waren schon zur vollen Reife gekommen und bei noch jungen Jahren zeigte er sich bereits als ein vollendeter Bösewicht. Die Gerechtigkeit forderte seinen Tod, welchen er, nach erfolgter allerhöchster Bestätigung, wie verdient, erlitten hat.

KASPAR FRISCH, DER RAUBMÖRDER AUS EITELKEIT

Am 17. Juli 1809 machte der Jude Parnas Samuel bei dem königlich baierischen fürstlich Wallersteinischen Untergerichte Harburg die Anzeige, der Schulklopfer Joseph Samuel Landauer sei Tags vorher nach Brünnsee gegangen und gegen seine Gewohnheit nicht zur Schule gekommen. Sein Knecht David Levi und Andreas Bonländer hätten ihn gesucht und endlich unweit des Wöllwarther Schlößchens erstarrt gefunden. Der Unglückliche sei mit Hülfe des Amtsknechts sogleich nach Harburg gebracht worden, wo ihn der Arzt besichtigt und erklärt habe, er sei todt und jeder Versuch, ihn zum Leben zurückzubringen, werde vergeblich sein.

Dieses bestätigte sich bei der noch am nämlichen Tage vorgenommenen gerichtlichen Besichtigung des Leichnams. Die ganze Hirnschale, das Nasenbein, die obere Kinnlade waren zerschmettert; alle Gefäße sowohl in den Hirnhäuten als in der Substanz des Gehirn strotzten von Blut; ein beträchtliches Stück des Stirnbeins war tief in das Gehirn gedrungen. An andern Theilen des Körpers zeigten sich keine Verletzungen, außer an dem vorletzten Finger der linken Hand, dessen mittleres Gelenke zerbrochen und an welchem die Haut größtentheils zerrissen war. Die Sachverständigen erklärten in ihrem Gutachten, daß bei der Größe der vorgefundenen Hirnverletzungen an deren absoluter Tödtlichkeit nicht gezweifelt werden könne. Sie äußerten zugleich die Vermuthung, diese Verletzungen dürften wahrscheinlich mit dem auf dem Mordplatze gefundenen, mit Blut und Haaren überzogenen, sechspfündigen Steine zugefügt worden sein.

Durch Vernehmung mehrerer Personen entdeckten sich, noch an dem nämlichen Tage, nicht unzweideutige Spuren des Thäters. Es zeigte sich, daß der Getödtete an demselben Nachmittage, wo er ermordet worden, in dem Hause des Kaspar Frisch gewesen war. — Ein gewisser Georg Keck hatte um die Zeit der Ermordung einen Menschen bei dem Wöllwarther Schlößchen umhergehen gesehen und denselben an dem lahmen Gange für den Kaspar Frisch erkannt, welcher krumm und immer einen Stock zu führen genöthigt ist. Eben dieser Zeuge sah um dieselbe Zeit eine andere ihm unbekannte Person auf denselben Ort zugehen und bemerkte bald nachher in der Ferne bei demselben Platz eine Schlägerei, wobei er zwei Personen gesehen zu haben behauptet, welche auf einen Dritten zugeschlagen hätten. — Auch ein dreizehnjähriges Hirtenmädchen, welches der Schlägerei in einiger Entfernung zugesehen, sprach von diesen zwei Personen mit dem Bemerken, die eine habe einen schwarzen Kittel mit einem Bauernhut, die andere einen weißen Kittel mit einer schwarzen Kappe aufgehabt; den Geschlagenen habe sie lange Zeit ächzen gehört.

Bei dem Getödteten hatte man zwei von Kaspar Frisch dem Ermordeten ausgestellte Schuldscheine gefunden, welche sich hauptsächlich auf einen Uhrenhandel bezogen. Überdies erzählte die Frau des Erschlagenen von diesem Frisch: »er sei vor neun Tagen zu ihrem Manne gekommen und habe ihm erzählt, daß er schon vor einigen Jahren sein erspartes Geld vergraben und lange nachher nicht mehr gefunden habe. Neulich aber, als er wieder etwas vergraben wollen, habe er zufällig sein erstes Geld wieder entdeckt. Dieses bestehe aus lauter baierischen Kreuzern, welche er, wenn er seine Schulden bezahlt, zu verwechseln gedenke. Frisch habe nun ihren Mann auf den Sonntag (den 16. Juli) zu sich bestellt und ihn ersucht, sich mit Geld zu versehen, auch zwei Uhren mitzubringen, welche er ihm abkaufen wolle. Doch solle er seinen Vettern nichts sagen, weil diese sonst das Geld zur Bezahlung ihrer Schulden verlangen würden. Ihrem Manne sei die ganze Sache anfangs verdächtig vorgekommen. Allein, weil Frisch immer darauf bestanden, das Geld durch seine Arbeit redlich erworben zu haben, so sei ihr Mann endlich verleitet worden, am bestimmten Tage zu ihm hinzugehen und nebst vielem

Gelde zwei silberne Uhren, unter diesen eine Repetiruhr, mitzunehmen.«

Hierdurch sah sich das Untersuchungsgericht veranlaßt, den Kaspar Frisch, nebst dessen Vettern, bei welchen er im Hause gewohnt hat, vorzuladen, jedoch auch den ersten zuvörderst nur als Zeugen zu vernehmen. Er erzählte: »der erschlagene Schulklopfer sei den Tag vorher Nachmittags 1 Uhr zu ihm gekommen, theils um einen Pfannendeckel abzuholen, theils um ihm zwei Uhren zu überbringen, welche er acht Tage zuvor an ihn verkauft habe. Vor zwei Jahren nämlich habe er schon einmal von dem Juden zwei silberne Uhren um 96 fl., zahlbar in sechs Terminen, gekauft. Daran sei nun zwar einiges, aber nicht alles bezahlt, weil er vor ungefähr fünf Jahren beim Einfalle der Franzosen gegen 200 fl. vergraben, welche er lange Zeit nicht mehr habe finden können. Erst vor ungefähr 14 Tagen, als er die Schwelle des alten Stadels von neuem untermauern wollen, habe er unverhofft dieses Geld wieder gefunden, sei daher zu dem Juden gegangen und habe ihm die Zahlung des Rückstandes versprochen. Bei dieser Gelegenheit habe ihm der Jude zwei Uhren, eben diejenigen, welche er jetzt bei sich trage, zum Verkaufe angeboten. Sie seien Handels einig geworden. Der Jude habe die früher verkauften Uhren wieder zurücknehmen und ihm dagegen die beiden andern gegen ein Draufgeld von 36 fl. überlassen sollen. Um dieses alles zu berichtigen sei der Jude gestern zu ihm gekommen. Alles sei wie verabredet vollzogen worden und überdieß habe ihm der Jude das noch übrige wenige Geld gegen Zwölfkreuzerstücke ausgewechselt. Dieses sei alles ungefähr in einer starken Viertelstunde geschehen, worauf der Jude weggegangen sei. Er selbst sei noch eine Zeit lang zu Hause geblieben, sei dann an mehrere Orte gegangen, habe verschiedene Personen gesprochen und bei dieser Gelegenheit erfahren, daß sich bei dem Wöllwarther Schlößchen drei Personen tüchtig geschlagen hätten.«

Am Schlusse der Vernehmung befragte ihn der Richter: woher die blutigen Risse, die er in seinem Gesichte trage und welche wie Nägelmale aussehen? Er antwortete: »die

Ritze am Auge habe er Samstags bekommen, als er seiner Vettern Hausdach gedeckt, die andern an der Ober- und Unterlippe rühren vom Barbieren her.«

Auf alle diese Anzeigen wurde Kaspar Frisch provisorisch in das Thurmgefängniß abgeführt.

Unterdessen zog das untersuchende Gericht zweckmäßige Erkundigungen ein, welche den geschöpften Verdacht noch mehr bestärkten. Verschiedene Zeugen wurden darüber vernommen, ob sie schon am Samstag oder am Sonntag früh in dem Gesichte des Kaspar Frisch Ritze bemerkt hätten? Allein, während einige derselben blos mit Nichtwissen antworteten, bemerkten die meisten zuversichtlich, hievon in der bemerkten Zeit nichts an ihm wahrgenommen zu haben. Die Ehefrau eines gewissen Schwerdberger erzählte: »Frisch sei in Abwesenheit ihres Mannes am Sonntage (als am Tage des Mordes) Abends um 6 Uhr zu ihr gekommen und habe sie gleich beim Eintreten mit den Worten angeredet: seine Füße zitterten ihm so, er sei ganz müde, und bitte um einen Trunk Wasser. Sie habe hiebei noch ganz frisch blutende Wunden in seinem Gesichte bemerkt. Als sie ihn um die Ursache dessen befragt, habe er geantwortet: er sei in dem Laubholze gewesen, Eichhörnchen zu fangen, wo er von einem Busche heruntergefallen sei und sich in den Tannennadeln verwundet habe.« Von einem andern Zeugen wurde erzählt: »Frisch sei an demselben Sonntage um 1 Uhr bei ihm gewesen, wo er keine Wunden in seinem Gesichte wahrgenommen; Abends um 6 Uhr hingegen, wo Frisch ihn besucht, seien ihm sogleich die blutigen Male aufgefallen. Er habe ihm also gesagt: ›du bist gewiß auch auf dem alten Schlößchen gewesen, weil du so gekratzt bist!‹ Allein er habe hiervon nichts gestanden, sondern einen Fall auf der Eichhornjagd als Ursache angeführt.« — Endlich der Gerichtsarzt, von welchem die Wunden besichtigt worden, erklärte, daß sie nicht anders, als durch den Eingriff von Nägeln verursacht sein könnten und fügte hinzu, an des Gefangenen linker Hand, besonders an dem Mittelfinger, befänden sich gleiche Verletzungen, von denen nicht zu bezweifeln sei, daß sie durch Kratzen verursacht worden.

Dieses Zusammentreffen starker Verdachtsgründe veranlaßte sogleich die spezielle Vernehmung des Inquisiten. Am 19. Juli, also vier Tage nach geschehenem Morde, ward er zum erstenmal über Artikel verhört. Hier häufte er mit jeder Antwort Lügen und Ungereimtheiten, welche insbesondere anzuführen ganz zwecklos sein würde. Nichts destoweniger blieb er während des ersten Verhörs standhaft im Läugnen. Doch kaum war er in sein Gefängniß zurückgebracht, als er von selbst eine neue Vernehmung begehrte, um sich des Mordes schuldig zu bekennen.

Kaspar Frisch aus Brünnsee, evangelischer Religion, ist ein lediger fünfundzwanzigjähriger Bursche. Seine leibliche Mutter ist schon seit sieben Jahren gestorben; sein Vater und eine Stiefmutter leben noch. Mit dieser Stiefmutter konnte sich Frisch nie vertragen. Diese, ein braves, aber strenges heftiges Weib, machte besonders an die Arbeitsamkeit ihres Stiefsohnes größere Forderungen, als dieser zu befriedigen willens oder fähig war. Frisch ist nämlich an seinem rechten Fuße ganz steif, seine Hüften sind gelähmt und vier Finger seiner rechten Hand zu kurz. Er kann nur mit Hülfe eines Stockes gehen und ist zu den gewöhnlichen Bauernarbeiten untüchtig. Dagegen zeigte er Lust und Geschicklichkeit zu allerlei Schnitzwerk und beschäftigte sich mit Arbeiten, welche keine große Anstrengung fordern, besonders mit Verfertigung von Haspeln, Nudelnbrettern und ähnlichen Geräthschäften. Die steten Streitigkeiten im elterlichen Hause waren Ursache, daß er bei seinen Vettern Zuflucht suchte, die ihn auch willig aufnahmen. Er diente ihnen, wie es seine Krüppelhaftigkeit zuließ, that Fuhren, besserte an Haus und Scheune und verdiente sich in Nebenstunden mit seiner Schnitzarbeit einiges Taschengeld. Seine Vettern bezeigten sich immer sehr nachsichtig gegen ihn; doch wissen ihm seine Bekannte nichts eigentlich Böses nachzusagen. Denn daß er sich im Fluchen und Schwören ausgezeichnet, sind nur gewöhnliche Erscheinungen der Rohheit seines Standes. Der hervorstechende Zug seines Charakters ist Eitelkeit, Sucht zu glänzen, durch Kleider und andern Schmuck zu prangen. Hierin fand er Entschädigung für dasjenige, was mißgünstig die Natur ihm versagt hatte. In demselben Maße, in welchem er sich durch seine Krüppelhaftigkeit unter seines Gleichen herabgesetzt fühlte, suchte er sich ihnen in andern begehrungswerthen Äußerlichkeiten voran zu stellen. Da er nicht gefallen konnte, wollte er bewundert werden; da er mit seiner Person nichts galt, wollte er sich geltend machen durch den Werth seiner Besitzthümer. Sein verwahrloster Körper entwürdigte ihn zu einem Gegenstande des Mitleids oder der Verachtung; durch seinen reichen Putz, womit er andere seines Gleichen überglänzte, machte er sich zu einem Gegenstande des Neides; und der Neid sichert gegen Verachtung wie gegen Mitleid.

Vor mehr als einem Jahre hatte er von dem Juden Joseph Samuel Landauer eine silberne Uhr, bald darauf eine zweite schönere, dann auch eine silberne Hutschnalle und Uhrketten gekauft, wofür er ihm 132 Gulden schuldig wurde. Diese Summe überstieg bei weitem das Vermögen des Käufers; aber der Besitz dieser Kleinodien war zu reizend, und die Aussicht auf entfernte Zahlungsfristen wenigstens beruhigend. Inquisit konnte indessen nicht immer zu der bedungenen Zeit bezahlen. Auch kam ihm bald der Gedanke, daß der Jude ihn betrogen und ihm viel zu hohe Preise gesetzt habe.

Ungefähr vierzehn Tage vor Ermordung des Juden sah er bei diesem wieder eine silberne Repetiruhr; sie gefiel ihm sehr wohl und der Jude wollte sie ihm für seine gewöhnliche silberne Uhr gegen ein Aufgeld von vier Carolins überlassen. Mit dem Gedanken an diese schöne neue Erwerbung kehrte Frisch nach Hause zurück. Der neue Schmuck und die alte Schuld beschäftigten lebhaft sein Gemüth. »Die Repetiruhr ist so schön! ich kann nicht zahlen! der Jude ist ein Betrüger!« aus diesen Vorstellungen entspann sich bei ihm noch am nämlichen Tage die Frage: wie es zu machen sei, um der Schuld ohne Bezahlung los zu werden und dabei noch neue schöne Uhren zu bekommen? Die Antwort war sogleich gefunden: der Jude werde um zwei Uhren betrogen und alsdann ermordet!

Wie gedacht, so beschlossen. Er entwarf den Plan, den Juden mit einem Paar schöner Uhren in seine Wohnung zu locken, ihm vorzuspiegeln, das Geld, womit er bezahlt werden solle, sei bei dem alten Schlößchen vergraben; den Juden unter diesem Vorwande dorthin zu führen und daselbst umzubringen. Zwar machte ihm das Gewissen beunruhigende Einwendungen gegen diesen Entschluß; er behauptet, daß er die ganze Woche nicht habe schlafen können, daß ihm weder Speise noch Trank geschmeckt habe. Doch diese Unruhe störte seinen Entschluß nicht. Er hörte eine Eule schreien; er hielt ihr Geschrei für eine warnende Stimme, die ihn von seinen Mordgedanken abbringen wolle. Aber er antwortete ihr in Gedanken: »du Aas, was schreist du denn? Schreie wie du willst, ich thue es doch!« Der Mordgedanke, den die Habsucht eingegeben, Geldverlegenheit genährt, der Unwille über den Betrug des Landauer bestärkt hatte, fand noch in der Vorstellung der Verächtlichkeit eines Juden kräftige Beschönigung: »ist er doch nur ein Jude! es schadet ihm nichts; warum schreibt er so viel Geld hin und nimmt mir Hab und Gut und Alles.«

Acht Tage vor der Ermordung begab sich Inquisit in das Haus des Juden; er erzählte ihm: »nun habe er endlich sein Geld, das er bei dem Einrücken der Franzosen im Jahr 1805 im alten Stadel vergraben, wieder gefunden; jetzt wolle er die alte Schuld bezahlen und auch die silberne Repetiruhr mit baarem Gelde kaufen.« Der Jude holt ihm nicht nur die Repetiruhr, sondern zieht auch noch eine andere kleine Uhr lobpreisend aus der Tasche: »das ist noch eine rechte Uhr, die kauft Er gewiß auch; darum wird Er mich loben, so lange Er lebt; denn so ein Paar Uhren wird Er noch nicht in den Sack gebracht haben.« Sie wurden Handels einig, doch mit dem Beding, der Jude solle ihm statt der kleinen Uhr eine größere flachere um denselben Preis verschaffen. Frisch bestellt den Juden auf den nächsten Sonntag Nachmittags zu sich, wo von diesem das Geld, von jenem die Uhren in Empfang genommen werden sollen.

Der Jude kam zur bestimmten Zeit um 1 Uhr Nachmittags, als die Vettern des Frisch eben abwesend waren. Jener brachte die beiden Uhren, und dieser mußte einen

Schein ausstellen, welcher unter anderem die Versicherung enthielt: daß das Geld, womit er den Juden bezahle, sein rechtmäßiges Eigenthum und eben dasselbe Geld sei, welches er früher vergraben habe. Als nun der Jude die Auszahlung verlangte, äußerte Inquisit: das Geld sei oben auf dem alten Schlößchen zwischen zwei Felsen vergraben, er möge mit ihm dorthin gehen, um es zu holen. Diese, schon an sich selbst verdächtige, Äußerung stand mit der früheren Erzählung, welche Inquisit dem Juden gemacht hatte, im Widerspruche; denn nach dieser soll das vergrabene Geld in dem Stadel seiner Vettern wieder gefunden worden sein. Allein Gewinnsucht und Geldgier verblendeten den einfältigen Juden und verschafften den Worten des Inquisiten Glauben; arglos antwortet der Jude: »dort droben also! sieh! sieh!« und geht voran. Am Fuße des Berges setzt er sich einstweilen an den Bach, um seine Füße zu waschen und hier den Kaspar Frisch zu erwarten. Dieser eilt ihm nach, gelangt aber von einer andern Seite auf die Höhe des Berges. Als er von da herab den noch unten am Bache sitzenden Juden erblickt, winkt er ihm mit der Hand zu sich hinauf. Und nun läuft der Jude vom Geldhunger getrieben mit dem oft wiederholten Ausrufe: »Kaspar, wo ist's? — wo ist's, Kaspar?« hastig den Berg hinan. Hier führt ihn Frisch, auf die wiederholte Frage: »Kaspar, wo ist's?« an einen Ort, wo drei Felsenstücke eine mit Steinen bedeckte Höhlung bilden. Hier sollte der Schatz vergraben sein. Frisch begann aber jetzt am ganzen Leibe zu zittern. Jedem Unbefangenen hätte dieses Betragen sein Inneres offenbart; ihm selbst kam es unbegreiflich vor, wie der Jude so ganz blind gewesen sei und nicht in seinem ganzen Benehmen die gefahrdrohende Absicht gelesen habe. — Endlich beugt Frisch sich zur Erde und macht zum Schein den Versuch, einige Steine wegzuräumen; aber sogleich hört er wieder auf; »er stoße sich zu sehr mit seinen schadhaften Fingern«, sagt er zu dem Juden, »dieser möge doch lieber selbst niederknieen und das Loch aufgraben.« Dies geschieht. Während aber der Jude kniet und, nichts denkend als den Schatz, der ihm nun bald erscheinen soll, mit Wegräumung der Steine, mit Scharren und Graben sich abmüht, ergreift

Inquisit den nächsten besten Stein, der nach seiner Beschreibung bis dritthalb Pfund schwer sein mochte und schlägt damit dem Unbesorgten, so gut und stark er nur vermag, auf den Kopf. Der Jude stürzt rücklings nieder, rafft sich aber schnell wieder auf, geht gegen seinen Mörder an und greift ihm hauptsächlich in das Gesicht, wobei er mehrmals, jedoch nur halb laut, die Worte wiederholt: »Kaspar, laß mich gehen!« Nun aber faßt der Mörder den Verwundeten um den Leib, oder, wie er späterhin behauptet, bei dem Fuße, bringt ihn auf den Boden und kommt auf ihn zu liegen. Auch hier noch ringt der Unterliegende mächtig um sein Leben und wäre Meister geworden, wenn nicht Inquisit einen Finger seiner linken Hand in den Mund bekommen und mit den Zähnen festgehalten hätte: Dieses beraubte den Juden des Gebrauchs der einen Hand. Die umherliegenden Steine boten sich von selbst als Mordwerkzeuge dar. Wüthend schlägt er damit auf des Unglücklichen Kopf und Stirne und obgleich der Stein mit jedem Schlage der verkrüppelten Hand des Mörders entfällt, rafft er hastig den entfallenen, oder einen neuen, so wie er ihn eben erreichen kann, von dem Boden auf und fährt in seiner mörderischen Arbeit fort. Auf diese Weise versetzt er dem Juden wohl zehn bis eilf Streiche, bis er dessen Kopf zerschmettert, ihn selbst im Sterben begriffen sieht. Nun beraubt er den Röchelnden seiner Uhr und seines Geldes und verläßt ihn.

So wie die That hier erzählt worden, hat sie der Inquisit wiederholt eingestanden. Und wie sehr dieses Geständniß mit sich selbst, mit dem Thatbestande, und mit andern, durch Zeugen erwiesenen Umständen zusammenstimme, bedarf der weiteren Ausführung nicht.

Nur eine Bedenklichkeit verdient kurze Erwägung. Inquisit behauptet, ganz allein, ohne Jemandes Hülfe oder Mitwissen, den Mord begangen zu haben. Gleichwohl scheint es unbegreiflich, wie Inquisit, ein schwacher, krüppelhafter Mensch, der ohne Stock nicht einmal ordentlich zu gehen vermag, einen gesunden kräftigen Mann habe überwältigen können. Dieser Zweifel wird dadurch um so erheblicher, daß zwei Zeugen, Johann Georg Keck und das dreizehnjährige Hirtenmädchen, Anna Margaretha Vogt, behaupten: bei dem Schlößchen zwei Personen bemerkt zu haben, welche auf einen Dritten losgeschlagen hätten. Allein, abgesehen von der Unmündigkeit der Vogt, ist eine Selbsttäuschung dieser beiden Zeugen eben so möglich als wahrscheinlich, besonders, wenn man erwägt, daß diese Personen dem Streit in ziemlicher Entfernung zugesehen haben und daß die Schnelligkeit der Bewegung und Ortsveränderung der sich umtummelnden Streitenden, wovon anfangs der eine nur stand, dann beide stehend rangen und endlich beide niederstürzten, sehr leicht dem minder scharfen Blick in der Verwirrung drei Personen vorspiegeln konnte. Zudem war es der vierzehnjährige Johannes Löw, der den Zeugen Keck zuerst auf die Rauferei beim Schlößchen aufmerksam gemacht hat und welcher gleichwohl selbst nur zwei Personen wahrgenommen zu haben standhaft behauptet. Auch äußerte Keck in seiner weiteren Vernehmung, daß er die Wahrheit seiner Aussage, soweit sie drei Personen betreffe, mit keinem Eide zu betheuern wage. — Der Zweifel, welcher aus dem Mißverhältnisse der Körperkräfte des Mörders zu denen des Ermordeten entsteht, löst sich von selbst auf, wenn man erwägt, daß der erste Streich dem Juden meuchlings zugefügt wurde, daß ihn dieser erste Schlag wahrscheinlich schon betäubte, daß der Schreck gemeiniglich die Kräfte lähmt, während die Hitze der Leidenschaft, selbst dem Schwachen, indem sie ihn gleichsam über sich selbst erhebt, nicht selten ungewöhnliche Gewandtheit und Kraft verleiht. Auch ist eben so wenig die leiseste Spur in den Akten vorhanden, wer dieser Dritte gewesen sein möge, als es begreiflich ist, warum Inquisit, welcher durch Entdeckung eines Mitschuldigen nur gewinnen, aber durchaus nichts verlieren konnte (wie er selbst eingesehen hat), alle Schuld lediglich auf sein eigenes Haupt nehmen und, daß er keinen Mitschuldigen habe, so oft und feierlich, wie von ihm geschehen ist, betheuern sollte.

Sowohl das königliche Appellationsgericht des Oberdonau- und Altmühlkreises in erster, als auch das königliche Oberappellationsgericht zu München in zweiter und letzter

Instanz, haben den Inquisiten des Raubmordes schuldig erkannt und denselben zu der Strafe der Enthauptung verurtheilt.

Die Gesetzlichkeit dieser Erkenntnisse ist keinem Zweifel ausgesetzt. Inquisit hat mit Überlegung und Vorbedacht die Tödtung des Juden beschlossen; vierzehn Tage lang trug er sich mit diesem Entschlusse, ersann sich den Plan zu dessen Ausführung mit reifer Überlegung und führte ihn mit eben so viel Besonnenheit aus. Er ist daher nicht Todtschläger, sondern Mörder. Sein Mord ist zugleich Raubmord, weil er um Gewinnes willen die That beschlossen und vollbracht hat; denn er wollte durch Tödtung des Juden einestheils seine Geldschuld tilgen, anderntheils auch noch einen positiven Gewinn in der Beraubung des Juden finden. Überdies kommen auf diese That die Merkmale des Meuchelmordes zur Anwendung, weil das Verbrechen mit Betrug und Hinterlist vollbracht worden ist.

Nach der Strenge der Gesetze hätte daher Inquisit die Hinrichtung durch das Rad verdient. Sein offenes Geständniß allein bewog die Richter, die mildere Strafe des Schwertes zu wählen.

Gründe, welche den Inquisiten würdig gemacht hätten, der königlichen Gnade empfohlen zu werden, zeigten sich nirgends. Er selbst führte nur folgendes zu seiner Entschuldigung an:

»Die Übervortheilung des Juden lag mir stets im Sinne. Doch hatte ich immer die Absicht, ihn zu befriedigen. Nur im Stadel, als ich die Bänder machte, stieg mir plötzlich der Gedanke auf, den Juden umzubringen, um mich von meiner Schuld zu befreien. Dieses Gedankens konnte ich nimmer los werden, immer beunruhigte er mich, und machte mich ganz verwirrt. Nach dem ersten Streiche wandelte mich die Reue an und der Jude hätte noch alles abwenden können, wenn er weggegangen wäre, oder nachher im Ringen nur gesagt hätte, ich solle ihn gehen lassen. Ihm nachzugehen, wäre mir ja ohnehin unmöglich gewesen. Nachdem mich aber der Jude angepackt, glaubte ich nichts anders, als er wolle es nun mir so machen, wie ich es anfangs gegen ihn im Sinne hatte.«

Allein wo sind hier Gründe zur Entschuldigung, oder nur zur Minderung der Schuld? Etwa die Geistesverwirrung, von welcher Inquisit spricht? Sie ist die Verwirrung, die in jedem Gemüthe nach solchen Entschlüssen zu entstehen pflegt; sie ist der Kampf zwischen der Begierde und dem Gewissen. Oder die Reue nach dem ersten Streiche? Inquisit hatte ja selbst gestanden, daß ihn der Jude nach dem ersten Streiche wiederholt, mit halblauter Stimme, gebeten habe, seiner zu schonen. Warum blieb also die Reue ohne die That? warum warf er ihn dennoch nieder, um das mörderische Werk zu vollenden? Gesetzt, es wäre alles wirklich so, wie es Inquisit in seiner letzten Entschuldigung vorspiegelt: er hätte ihn nur darum völlig todtgeschlagen, um sich seiner zu erwehren: so würde ihm dieses gleichwohl zu keiner Milderung haben gereichen können. Denn der erste Streich war in mörderischer Absicht geführt und es kann Niemanden einfallen, einen Mörder, der in tödtlicher Absicht ein Gewehr losgeschossen und sein Ziel erreicht hat, blos darum für straflos zu halten, weil er behauptet, ihn habe gleich nach dem Schuß die Reue angewandelt und er würde der Kugel in ihrem Laufe eine andere Richtung gegeben haben, wenn es ihm noch möglich gewesen wäre. Zwar ist dieses nur Beispiel; aber es zeigt auf die Regel hin, nach welcher auch jene ganz ähnliche Entschuldigung des gegenwärtigen Inquisiten zu beurtheilen ist.

MALER FRANZ, DER RAUBMÖRDER AUS SELBSTVERSCHULDETER NOTH

Nicht weit von dem Markte Wurmannsquick, gegen den Markt Thann (Thunn) zu, liegt ein Einödhof mit Namen Riegel. Auf diesem lebte die verwittwete Margaretha Huber als Austräglerin bei ihrer Tochter und ihrem Schwiegersohne, dem sogenannten Riegler oder Riegelbauer, mit Namen Philipp Seidl.

Die jungen Leute dieser Einöde waren Sonntags am 16. November 1806 schon in der Frühe nach Thann gegangen, um dort Vieh zu kaufen und hatten die alte Austräglerin (gewöhnlich in den Akten die Rieglerin genannt) auf dem Hofe allein zurückgelassen. Noch während der Abwesenheit des Seidl und seiner Frau wurde die alte Austräglerin in ihrer Stube ermordet gefunden und schon der erste Blick zeigte, daß hier nicht blos ein Mord, sondern zugleich ein Raub vorgefallen sei.

Man fand den Leichnam in der Wohnstube rücklings ausgestreckt auf dem Boden neben der Ofenbank, den Kopf mit einer Weiberjacke zugedeckt, die Füße noch in den Pantoffeln: welche Umstände die Vermuthung rechtfertigen, daß der Körper erst nach vollbrachtem Morde in diese Lage gebracht worden sei. Nicht weit davon lag ein blutiges Beil, das wahrscheinliche Werkzeug des Mörders. Der ganze vordere Theil des Kopfs und des Angesichts war so sehr zerschlagen, daß von beiden Augen keine Spur mehr zu finden war. Durch die zertrümmerten Knochen der Hirnschale hingen auf allen Seiten Theile zerquetschten Gehirns heraus. Am oberen Kinnbacken zeigte sich eine starke Vertiefung, in welche der Rücken des gefundenen Beils genau einpaßte und seitwärts rechter Hand in der

Gegend des Schlafbeins über dem Ohre eine mehr als zwei Zoll lange Wunde, unter welcher ebenfalls die Hirnschale zertrümmert lag. — Nach Abräumung der Hautbedeckungen und der häufigen Splitter der Hirnschale, fand sich im Innern eine gänzliche Zerschmetterung des Stirnbeins, der Augenhöhlen, der beiden Schlaf- und Jochbeine, der Nasen- und Thränenbeine, des obern rechten Kinnbackenknochens u.s.w. Alle häutigen Bedeckungen des Gehirns, selbst dessen Substanz tief bis auf ein Drittheil des Hinterhauptes, waren zerquetscht und zerstört. — Die Kunstverständigen schloßen aus allen diesen Erscheinungen, daß der Thäter wahrscheinlich mit dem vorgefundenen Beile die Mordthat verrichtet habe und daß die wahrgenommenen Verletzungen schlechterdings tödtlich gewesen seien.

Die weitere gerichtliche Untersuchung der Wohnung führte noch auf folgende Thatsachen: Über einer Stiege am sogenannten Fletz fand sich der Kasten, welcher der Ermordeten angehörte, ganz offen, jedoch ohne Zeichen einer Verletzung, auch schien an den darin aufbewahrten Sachen nichts zu fehlen. In der Schlafkammer des Gutsbesitzers stand der Häng-Kasten ebenfalls offen, und an der nebenstehenden Truhe, in welcher der Bauer Seidl sein Geld aufbewahrte, war der Deckel eingehauen. Aus dieser Truhe war ein Geldsäckchen entwendet, in welchem sich, nach Angabe des Eigenthümers, 33 baierische Frauenthaler, 15 halbe Guldenstücke und ein sogenannter Ablaßpfenning befunden haben.

Zur Entdeckung des Thäters trug vornämlich der Umstand bei, daß am Tage des Mordes, wegen des Jahrmarktes in Thann, die Straße sehr begangen wurde. Auf die erste leiseste Spur führte die Aussage eines Bauern, Namens Joseph Niedermayr, der ungefähr um Dreiviertel auf 9 Uhr Morgens vor dem Rieglerhaus vorübergegangen war und nicht weit davon eine Mannsperson mit schwarzen Haaren, grünem Rocke und schwarzem runden Hute gesehen hatte, ohne sie jedoch zu erkennen, weil sie ihm den Rücken zukehrte und sich bald in dem nahe liegenden Gehölze verlor. Ungefähr um dieselbe Zeit hatte ein anderer Bauer einen eben so gestalteten und gekleideten Mann auf einem ungewöhnlichen Wege nach dem Rieglerhause zugehen sehen und ihn zwar nicht deutlich erkannt, doch zwischen ihm und dem Maler Franz zu Wurmannsquick eine auffallende Ähhlichkeit wahrgenommen. Zu diesen Zeugen kamen noch andere, welche den Maler Franz deutlich erkannt und ungefähr gegen 9 Uhr in dieser Gegend nach dem Rieglerhause zugehen gesehen hatten.

Franz lebte in drückender Armuth und wer ihn kannte traute ihm nicht viel Gutes zu. Doch waren diese Anzeigungen noch zu entfernt, um darauf eine Spezialuntersuchung gegen ihn zu gründen. Es wurde sogar das untersuchende Gericht bei weiteren Nachforschungen von seiner Person abgelenkt und durch andere Verdachtsgründe auf den sogenannten Schreinebauer, genannt Doblersohn, hingeleitet, bei welchem man Frauenthaler gesehen hatte, über deren rechtmäßigen Besitz er sich nicht gehörig auszuweisen vermochte. Dieser wurde demnach als dieses Mordes verdächtig sogar in Verhaft gezogen.

Indessen aber verbreitete sich im Publikum aus unbekannter Quelle ein Gerücht, welches den Maler Franz des Mordes an der Rieglerin laut beschuldigte. Hiedurch fand dieser sich bewogen, am 1. Dezember selbst vor Gericht zu gehen, um wegen dieser angeblichen Verläumdung Genugthuung zu verlangen. Aber sogleich bei seiner Anmeldung zeigte er ein Benehmen, wie es von einem Manne, der im Bewußtsein gekränkter Unschuld den richterlichen Schutz auffordern will, wohl nicht zu erwarten ist; alle seine Gebärden zeugten von großer Verlegenheit, Bestürzung und Angst; mit der Bitte, ihm gegen die verläumderischen Beschuldigungen des Mordes Hülfe und Genugthuung zu gewähren, fiel er gleich beim Eintreten in die Gerichtsstube zitternd auf die Kniee nieder. Der untersuchende Richter erkannte an diesen Zeichen, verbunden mit den früheren Verdachtsgründen, den wahrscheinlicheren Thäter, beschloß sogleich wider ihn die Spezialuntersuchung, behandelte ihn auf der Stelle als Inquisiten und begann mit ihm das erste summarische Verhör.

In diesem wurde er vorzüglich darüber befragt: wo er in den verschiedenen Tageszeiten am 16. November gewesen?

wer ihn in den verschiedenen Stunden gesehen habe? u. s. w. Er behauptete, daß er von Wurmannsquick auf den Markt nach Thann gegangen sei; aber in den einzelnen Angaben widersprach er sich mehrmalen, häufte Unwahrscheinlichkeiten, und gerieth besonders bei der verhängnißvollen Stunde von halb 9 bis um 10 Uhr Morgens in unglaubliche Behauptungen und unauflösliche Widersprüche. Bei Vorhaltung derselben zeigte er sich erschrocken, und besann sich oft bedenklich über seine Antworten. — Nach geendigtem Verhöre ließ ihn das Landgericht in das Gefängniß abführen, wobei er, ungeachtet dieser gewiß höchst unerwarteten Wendung der Dinge, weiter nichts äußerte, als: »Wenn ich schuldig bin, mag man mit mir thun, was man will; bin ich unschuldig, so verschaffe man mir Genugthuung.«

Die besondern Nachforschungen über die im ersten Verhöre von ihm angegebenen Umstände bestätigen noch mehr die Unwahrheit seiner Aussagen. Da will er Leute zu einer Zeit gesprochen haben, die er, wie erwiesen, mehrere Stunden später gesprochen hat; er will Menschen an Orten gesehen haben, die um eben diese Zeit ganz anderswo gewesen sind.

Bald häuften sich noch weit dringendere Anzeigen.

Am 3. Dezember wurde eine Mütze (Haube) vor Gericht gebracht, welche die Seidl (Riegelbäuerin) blutig in der Stube gefunden hatte, wo der Mord geschehen war und von welcher sie lange Zeit irrig meinte, sie gehöre ihrem Manne. Das Gericht legte diese Haube der Ehefrau des Franz zur Anerkennung vor, welche sogleich unter großem Wehklagen erklärte: diese Mütze gehöre ihr, es sei dieselbe, welche sie am Morgen des 16. November ihrem Manne mitgegeben, dieser jedoch Abends nicht wieder zurückgebracht habe, unter dem Vorgeben, er habe sie zerrissen.

Überdies erzählte sie: »Acht Tage nach dem 16. November habe ihr Mann ihr einen Sack mit Thalern vorgezeigt, welchen er sodann versteckt habe. Als sie hierüber erschrocken sagte: es werden dies ja nicht die Thaler der alten Rieglerin sein? habe er erwiedert: Meinst du, andere

Leute haben nicht auch baierische Thaler? und hinzugefügt, diese Thaler seien dem Schreiner zu Hirschhorn von ihm entwendet worden.« Bei dieser Erzählung brach die Franz unter Thränen in die Worte aus: »was ist das? wie hat Gott meinen Mann verlassen, da doch die alte Rieglerin mir so viel Gutes gethan hat!«

Das Gericht begab sich mit Franzens Ehefrau sogleich in ihre Wohnung nach Wurmannsquick. Hier holte sie das Säckchen mit den noch übrigen Thalern von den Balken herab, hinter denen es versteckt lag und übergab es dem Gerichte. In dem Säckchen befand sich noch der Ablaßpfenning und ein dem Riegelbauer vor allen bekannter schwärzlicher baierischer Thaler. Riegelbauer erkannte Alles als sein Eigenthum. Überdies wurde durch Zeugen dargethan, daß sowohl von Franz als von seiner Frau solche baierische Thaler ausgegeben worden seien.

Franz wurde nun von neuem verhört. Man befragte ihn gleich anfangs: wo er den Frauenthaler herbekommen, welchen er, wie er zuvor erzählt, in einem Wirthshause habe wechseln lassen? — »Dieser Thaler ist von meines Weibes Freundschaft«, war die Antwort. — »Wann hast du diesen Thaler bekommen?« — Er antwortete: »Sollte ich die Sache beim Riegel getrieben haben?« (er schwieg einige Zeit und fuhr endlich fort): »von meinem Weibe, die ihn mir an einem abgeschafften Feiertage gegeben.« — Auf die weitere Frage aber: »woher hat dein Weib diesen Thaler genommen?« nahte er dem Tische des Untersuchungsrichters, wollte diesen umarmen, bat um Schonung für sein Weib und Kind, und rief: »ich bin der Thäter und habe die alte Rieglerin ermordet!« Mit diesen Worten fing er zu bekennen an.

Xaver Franz ist 25 Jahre alt, katholischer Religion und im Markte Wurmannsquick geboren, wo sein Vater sich von der Malerkunst (eigentlich dem Anstreicherhandwerke) ernährte. Auch Franz ergriff den Erwerbszweig seines Vaters und ließ sich im Markte Wurmannsquick nieder. Hier besitzt er ein halbes Haus von ungefähr 200 Gulden Werth, bei vielen drückenden Schulden, die sein kleines Vermögen um ein Beträchtliches übersteigen. Drei Jahre vor Ermordung der alten Rieglerin hatte er sich in die Ehe begeben und in dieser ein noch lebendes Kind erzeugt.

Sein Eheweib verdiente sich eben nicht den Ruf einer ordentlichen Hausfrau; sie versäumte die Wirthschaft, arbeitete wenig und liebte sehr, ihre Zeit mit Besuchen in der Nachbarschaft zu verkürzen. Franz selbst lebte zwar eingezogen und war weder Spieler noch Trinker; doch zeigte auch er weder Betriebsamkeit noch Fleiß und häusliche Ordnung. Er saß gern müßig zu Hause, versäumte die Gelegenheit zu manchem Erwerbe und ließ sogar, bei aller häuslichen Noth, aus Bequemlichkeit seinen kleinen Hausgarten unbearbeitet liegen. Seine sogenannte Kunst würde an einem Orte, wie Wurmannsquick, selbst einem thätigen Hausvater nur höchst dürftigen Unterhalt gegeben haben. Ihm verschaffte sie nicht einmal das nöthige Brod. So kam über ihn und die Seinigen bitteres Elend; sie hatten, wie die Frau erzählt, manchmal ganze Tage nichts zu essen und mußten sich mit ihrem Kinde hungrig zu Bette legen. Diese oft wiederkehrende Noth wirkte ihrer Seits ebenfalls verderblich auf den Charakter des Franz zurück; stumpfte durch ihren anhaltenden Druck seinen ohnehin schwachen Trieb zur Thätigkeit völlig ab, machte ihn mißmuthig, aus Mißmuth gleichgültig selbst gegen die Mittel, die seine Lage hätten verbessern, wenigstens erträglicher machen können. Diesen durch häusliche Noth entstandenen Mißmuth führt er selbst als Entschuldigung an, um den Vorwurf der Leumundszeugen, daß er nicht gerne gearbeitet habe, zu schwächen.

Unthätigkeit und Noth führten zum Betteln. Franz und sein Weib nahmen oft zur Wohlthätigkeit der Nachbarn ihre Zuflucht und erbettelten sich die nöthigen Nahrungsmittel, Brod, Kartoffeln, Milch und dergleichen. Auch die alte Rieglerin auf dem Einödhof mußte seiner Frau oder ihm selbst mit solchen Wohlthaten oft behülflich sein.

Aber beim Betteln blieb Franz nicht stehen. Er wurde bald auch Dieb und stahl hin und wieder Geld, Lebensmittel, Holz und andere Sachen, welche er wieder verkaufte. Einst hob er ein Brett in dem Fußboden seiner Wohnung auf und stieg durch die Öffnung in das untere Stockwerk hinab, wo er seiner Hausgenossin eine nicht unbeträchtliche Menge Mehls entwendete. Einen großen Diebstahl in Geld beging er an dem Schreiner von Hirschhorn, welchem er eine Büchse mit wenigstens 18 Gulden stahl.

Durch diese häufigen, bald kleineren bald größeren Diebereien (die indessen erst während dieser Untersuchung an das Licht kamen) wurde er mit gesetzwidrigem Erwerbe vertraut, in seiner Trägheit bestärkt, sein Gefühl gegen Ehre und Schande abgestumpft und sein Gemüth zu größeren Verbrechen vorbereitet. Schon ging er öfters furchtlos mit dem Gedanken um, allenfalls auch Menschen umzubringen, wenn es dessen bedürfe, um zu stehlen oder begangene Diebstähle zu verheimlichen. Seine Frau versichert, sie habe ihn mehrmals gewarnt, nicht zu stehlen, und doch ja niemanden umzubringen, — eine Warnung, die ohne veranlassende Äußerungen von seiner Seite nicht wohl denkbar ist. Sie erzählt weiter: als er nach Thann gegangen, habe er ihr erklärt, er wolle dem Kaltenecker Bauern Geld nehmen, mit dem Beisatze: »wenn beim Kaltenecker jemand im Hause wäre, müßte ich ihn umbringen.« Auf meine Warnung, doch ja keine solche That zu begehen, habe er erwiedert: »ich kann hier nicht helfen, ich muß eine solche Person umbringen, damit ich nicht entdeckt werde.« — Franz selbst räumt die Wahrheit dieser Erzählung zwar nicht unumwunden ein, doch erklärt er auf die ihm hierüber geschehene Vorhaltung: »Ich habe zu meinem Weibe nur dann und wann im Spaß gesagt, daß ich mit dem Beile, welches ich habe, noch jemand erschlagen werde. Mein Weib hat mir abgeredet, nur dies nicht zu thun. Und ich hatte auch den wahren Ernst hiezu nicht. Ich und mein Weib riefen deswegen Gott an, und nach dem Gebet bekamen wir sogleich wieder Arbeit.« Diese Erklärung selbst widerlegt aber das Vorgeben des Scherzes. Zum Scherz sieht man bei solcher Rede in kummervoller Lage weder Veranlassung noch Zweck; Scherz bedurfte der Hülfe des ernsthaften Gebetes nicht; am wenigsten ist solcher Scherz bei einem Menschen glaubwürdig, welcher durch die That bewiesen hat, daß sein Gemüth den Ernst auch solcher Gedanken leicht genug zu tragen verstehe.

Sonntags den 16. November (dies ist sein Geständniß) Morgens früh, ging Maler Franz aus seiner Wohnung in Wurmannsquick, und nahm seinen Weg nach der Riegler-Einöde zu. Der Weg führte ihn an dem Hochgerichte vorbei. Er kam nach 9 Uhr vor das Haus; die Thür war verschlossen, öffnete sich aber, nachdem er daran gedrückt hatte, ohne Mühe. Hier fand er die alte Huber (Rieglerin) und bat sie, weil ihn hungere, um etwas Milch und Brod. Anfangs verweigerte sie es ihm, hieß ihn fortgehen, gab aber doch seinen wiederholten Bitten nach und reichte ihm (wie sie sonst schon oft gethan) was er verlangte. Er setzt sich nieder, ißt und spricht mit ihr von gleichgültigen Dingen. Endlich zog er sein Schnupftuch aus der Tasche und bot es der Rieglerin zum Verkaufe. Sie wollte vier Kreuzer dafür geben und holte bei dieser Gelegenheit mehrere Vierundzwanziger aus der Tasche. Jetzt verlangte er, sie möge ihm einige derselben leihen, was sie ihm aber mit der Äußerung abschlug: sie leihe den Wurmannsquickern nichts. Während dem blickte Franz öfters durch das Fenster hinaus auf die Straße, als forsche er, ob Niemand in der Nähe sei. Dieses schien der Alten verdächtig; sie setzte ihn darüber zu Rede, erhielt aber auf ihre Frage: warum er so hinaussehe? keine Antwort. Hierauf schaffte sie ihn, erzählt Inquisit, sogleich aus der Stube und ging selbst mit ihm hinaus, entweder um die Hausthür zuzuschließen, oder, wie Inquisit an einem andern Orte äußert, um Lärm zu machen. Sogleich aber faßt er sie hier beim Rocke, reißt sie mit Gewalt in die Stube zurück, ergreift das bei der Thür an der Wand hängende Beil und führt — während sie ausruft: »Jesus, Maria! Gott alles zu lieb!« — mit dem Rücken desselben so heftige Streiche auf ihren Kopf, daß sie sogleich auf den Boden gestreckt hinfällt und nur noch unverständlich murmelt. Nun versetzt er ihr noch zwei gewaltige Streiche und jetzt gibt sie ihren Geist auf.

Nach vollbrachtem Morde suchte er den Gewinn seiner That. Zuerst stürzte er die Tasche der ermordeten Rieglerin um und nahm ihr das kleine Geld ab, welches höchstens einige Gulden betragen mochte. Sodann begab er sich in den oberen Theil des Hauses, öffnete daselbst einen Kasten, fand aber kein Geld und ließ alles andere liegen. Von da ging er wieder herab in die Kammer des Riegler. Hier öffnete er zuerst einen Kasten ohne Gewalt, welcher ebenfalls seine Erwartung betrog. Er wendete sich nun zu einer daneben stehenden verschlossenen Truhe, hieb mit einer Hacke ihren Deckel ein und bekam hier das dem Riegler gehörige Säckchen mit den Frauenthalern, den halben Gulden und dem Ablaßpfenning zur Beute. Von da wendete er sich wieder zum Leichname, schleppte ihn neben die Ofenbank, bedeckte den Kopf mit dem auf der Bank liegenden Röckchen (Jankerl), damit der Mord nicht zu plötzlich entdeckt werden möge, nahm seinen Hut, ohne die darunter befindliche Mütze, welche er aus Vergessenheit liegen ließ und ging sodann, nachdem er überhaupt ungefähr anderthalb Stunden in diesem Hause verweilt hatte, auf den Markt in Thann, wo er beiläufig um 12 Uhr Mittags ankam. Gegen Abend kehrte er in seine Heimath nach Wurmannsquick zurück. Das Geldsäckchen versteckte er in seinem Hause in der Höhr auf einen Balken, ohne seiner Frau das Geheimniß seiner That zu offenbaren.

Der bloße Gang dieser Geschichte zeigt schon deutlich, daß hier weder ein Todtschlag in Leidenschaft, noch ein Mord aus Rache, sondern ein Mord aus eigennütziger Absicht — Raubmord, *latrocinium* — vorhanden sei: was durch das wiederholte Geständniß des Thäters vollkommen bestätigt wird. In seinem dritten Verhöre sagt er zum 17ten Fragestücke: »Ich habe den Gedanken gehabt, sie zu ermorden und das Geld zu nehmen, das ich finden würde, weil ich bei mir und zu Hause keinen Kreuzer Geld hatte und vor Noth nicht wußte, was ich thun sollte — (nach einer Pause) — ich habe keinen Gedanken gehabt, sie zu ermorden, sondern nur das Geld zu nehmen.« Der letzte Zusatz scheint einen Zweifel an der mörderischen Absicht zu begründen; allein die Absicht der Tödtung ist nach der ganzen Geschichtserzählung vollkommen gewiß und wird durch seine vorhergehenden und nachfolgenden Erklärungen eingeräumt. Durch diesen Zusatz wollte er nur mit der äußersten Gelindigkeit beschönigend zu erkennen geben, daß ihm eigentlich nichts an ihrem Tode, sondern nur an dem Gelde gelegen gewesen sei und daß er blos um des Geldes willen getödtet habe. Gleich bei dem folgenden 18ten Fragestücke sagt er daher auch gleich wieder: »ich habe sie ermordet, damit ich nicht aufkommen (entdeckt werden) sollte.« Er tödtete sie also, um sicher und unentdeckt das Geld zu entwenden, welches er bei ihr und in ihrer Wohnung zu finden hoffte. In seinem vierten Verhöre äußert er auf die Frage: warum hast du bei der alten Rieglerin einen solchen Gedanken (zum Morde) gehabt? — »Der Gedanke ist mir da aufgestiegen, damit ich nicht aufkomme (entdeckt werde). Und hätte mir die alte Rieglerin das Schnupftüchel abgekauft und die zwei Vierundzwanziger geliehen, so wäre vielleicht auch dies nicht geschehen.«

Wann er zuerst den Gedanken, die Rieglerin zu ermorden, gefaßt habe? wann dieser Gedanke in ihm zum Entschlusse gereift sei? ist aus den Akten nicht mit Gewißheit zu sehen. Einmal gesteht er, er habe auf dem Wege zum Rieglerhause, schon bei dem Hochgerichte, diesen Gedanken gehabt. Bald widerruft er dieses aber und beharrt darauf, erst in dem Hause selbst, auf Veranlaßung des Handels mit dem Schnupftuche und des abgeschlagenen Darlehens zu diesem Entschlusse gekommen zu sein. Wiewohl dieses die rechtliche Ansicht des Falles nicht verändert, so ist es doch ein Fehler der zwar sehr weitläufigen, aber in manchen ähnlichen Punkten nicht sehr gründlichen Untersuchung, daß sie, was nach allen Umständen sehr leicht möglich gewesen, hierüber kein befriedigendes Ergebniß geliefert hat.

Bei dieser Beschaffenheit der Sache wurde, nach erstattetem Haupt- und Neben-Vortrage, das Urtheil des Hofgerichts zu Neuburg am 6. März 1807 in der Hauptsache dahin gefaßt:

»daß Xaver Franz des an der Margaretha Huber, Austragsgenießerin auf der Einöde Riegel, verübten Raubmordes schuldig sei, und nach dem baierischen peinlichen Gesetzbuche Thl. I. Cap. 3. §. 15. dieses Verbrechens halber auf die Richtstätte geschleift und ohne vorausgehendem Gnadenstoße von unten auf lebendig gerädert, dann daß dessen todter Körper sofort auf das Rad gelegt werden soll.«

Dieses Urtheil wurde mit Bericht zur allerhöchsten Bestätigung eingesendet, jedoch mit dem Anhange:

Seine königliche Majestät möchten allergnädigst geruhen, dieses Urtheil aus Gnade dahin abzuändern: »daß Franz auf einem Wagen nach der Richtstätte geführt und mit dem Schwerte hingerichtet werden solle.«

Gegen die Rechtlichkeit des erkannten Urtheils waren keine gegründeten Zweifel möglich.

An den Förmlichkeiten ist nichts übersehen, was auf die Gültigkeit der gerichtlichen Handlungen oder auf die Gewißheit der Thatsachen einigen Einfluß haben könnte. Einige mehr scheinbare als erhebliche Anstände wurden bereits in den erstatteten gerichtlichen Vorträgen gründlich beseitiget.

Der Thatbestand des Verbrechens *(corpus delicti)*, sowohl was die Ermordung der Rieglerin, als auch die dabei vorgefallene Entwendung betrifft, ist auf gesetzliche Art vollkommen dargestellt.

Das Bekenntniß endlich, auf welches sich die Verurtheilung des Inquisiten gründet, hat alle Eigenschaften, welche das baierische Recht zum Erkenntniß einer Todesstrafe fordert. Dieses Geständniß ist gerichtlich, deutlich und umständlich, wiederholt und beständig, endlich so gründlich, wie es nur immer von einem rechtsgültigen Bekenntnisse gefordert werden kann. Dasselbe stimmt in allen für die Verurtheilung wichtigen Momenten mit dem Thatbestande des Verbrechens, mit den einzelnen Anzeigungen und vielen andern erwiesenen Umständen, welche kein Unschuldiger wissen kann, auf das genaueste zusammen.

Auch ist die erkannte Strafe dem Gesetze vollkommen gemäß. Inquisit hat sich ohne allen Zweifel des Raubmords *(latrocinii)* schuldig gemacht. Von dem Raubmorde aber verordnet das baierische Gesetzbuch Thl. I. Cap. 3. §. 15:

»Mörder, so auf offener Straße, oder auch anderer Orten um Geldgewinnsts oder andern Vorteils wegen, oder auch nur in Hoffnung dessen, jemand entleiben, werden auf die Richtstatt geschleift, und ohne vorgängigen Gnadenstoß von unten auf lebendig gerädert und der todte Körper auf das Rad gelegt.«

Zudem war kein in den Gesetzen gegründeter Milderungsgrund anwendbar, welcher die Richter berechtigen konnte, von der dem Raubmorde gedrohten gesetzlichen Strafe abzugehen.

Hinsichtlich der Ausübung des Begnadigungsrechtes, war zuförderst der Antrag des Hofgerichts auf Milderung der Strafe des Radbrechens von unten auf ohne Gnadenstoß in die einfache Todesstrafe des Schwertes, unbedenklich. Die in dem Berichte des königlichen Hofgerichts für diesen Antrag umständlich dargelegten Gründe sind dieselben, durch welche bereits in ähnlichen Fällen der König sich bewogen gefunden hatte, solche zwecklose, den Staat und die Justiz sehr entwürdigende, in neueren Zeiten nicht mehr gebräuchliche Todesarten, aus Gnade nachzulassen.

Es blieb nur noch die Frage zu beantworten übrig: ob nicht auch vielleicht solche Begnadigungsursachen vorlagen, um derentwillen Inquisit mit der Todesstrafe ganz hätte verschont werden können?

Franz zeigt in seinem Lebenswandel keine besonders hervorstechenden Züge von Bosheit und moralischer Verwilderung. Sein früheres Leben ist nicht merkwürdig durch grelle Laster, wie sonst das Leben derjenigen zu sein pflegt, die es mit solchen Thaten beschließen. Er war weder ein Spieler noch ein Trinker, hatte noch nie eine obrigkeitliche Strafe erlitten und die nächste Quelle aller seiner Verbrechen, seiner Diebstähle wie des Raubmordes an der Rieglerin, war seine häusliche Noth, seine Armuth und Nahrungslosigkeit. Ein Vertheidiger hätte für ihn sagen können: »nicht muthwillige Habsucht, nicht Übermuth des Eigennutzes, nicht Hang zum Wohlleben und Vergnügen haben ihn verführt; auf seine Noth und auf die Befriedigung dringender Lebensbedürfnisse gehen alle seine unerlaubten Handlungen als zu ihrem Ursprung zurück. Dieses bestätigt selbst die Art, wie er das bei dem Raubmorde der Rieglerin gewonnene Geld benutzte. Er hat es nicht leichtsinniger Weise verschwendet, sondern großentheils mit einer Art von Sparsamkeit blos zur Nothdurft gebraucht. Man möchte beinahe mit Gewißheit behaupten, daß Franz als ehrlicher Bürger sein Leben würde beschlossen haben, wäre dieses nicht ein beständiger Kampf mit den dringendsten Bedürfnissen der Natur gewesen.«

Allein der gute Lebenswandel, oder vielmehr daß Inquisit noch wegen keines Vergehens bestraft worden, ist ein viel zu unbedeutender Umstand, als daß er das schwere Gewicht eines so großen Verbrechens, wie der Raubmord, aufzuwiegen vermöchte. Zudem kann sich Franz des guten Lebenswandels eben nicht rühmen. Er lebte schon lange in Verbrechen und hatte es nur dem Glücke zu verdanken, daß er nicht früher der Gerechtigkeit verfallen war.

Seine Dürftigkeit und häusliche Noth könnten ihm vielleicht zu statten kommen, wäre von Diebstahl, oder allenfalls von bloßem Raube die Rede. Aber ein Mord findet in der Armuth weder vor der Gerechtigkeit noch vor der Billigkeit eine Entschuldigung. Eine solche That liegt außer den Grenzen der Noth; zu den gebieterischen Forderungen dringender Bedürfnisse des Lebens müssen noch andere Ursachen: besonders gefährliche Neigungen, Bösartigkeit des Willens und ein gegen die Menschlichkeit abgehärtetes Gemüth hinzukommen, um den Entschluß zu einer solchen That hervorzubringen. Wer sich in der Lage glaubt, wo die Mittel des ehrlichen Erwerbes nicht weit genug reichen, um die unehrlichen entbehren zu können, wird, wenn er in den Grenzen des Bedürfnisses bleibt, fremden Erwerb sich anzueignen im Stande sein, ohne darum zugleich auf Menschenleben mörderische Jagd zu machen. Wer wie Franz, weil er es gerade bequem findet, an einem gewissen Orte einige Gulden zu stehlen und kein anderes Hinderniß sieht, als die verrätherische Gegenwart eines Menschen, diesen Menschen, als gölte es einer Kleinigkeit, zu morden beschließt; der hat zwar vielleicht aus Noth gestohlen, aber gewiß aus Noth nicht gemordet. Die Bequemlichkeit in Vereinigung mit frevelhafter Nichtachtung des Menschenlebens sind die nächsten geistigen Ursachen einer solchen That.

Zudem war Franzens häusliche Noth eben nicht unverschuldet. Er ist noch ein junger Mann; wenn sein Malerhandwerk ihn mit seiner Familie nicht ernährte, warum ergriff er keinen andern Erwerbszweig? warum suchte er nicht nebenbei noch anderen Verdienst? Auch vermag er sich selbst gegen den Vorwurf, daß er die Trägheit geliebt und nicht nach Pflicht und Vermögen gearbeitet habe, nur sehr unvollkommen zu entschuldigen. Zwar ist er mit einer bösen Krankheit, der Fallsucht, behaftet, welche ihn selbst während seines Prozesses einigemal im Gefängnisse heimgesucht hat. Allein diese nahm ihm die Möglichkeit eines ehrlichen Erwerbes nicht, sie beschränkte höchstens die Arten desselben.

Der Raubmord gehört schon seiner Natur nach zu den gefährlichsten Gattungen des Mordes. Denn er entspringt aus einer Leidenschaft, welche in größerer Allgemeinheit und Macht, als irgend eine andere, über die Menschen herrscht, aus dem Eigennutze. Nachsicht und milde Schonung würde hier gefährlicherweise den Damm durchbrechen, welcher schützend wehrt, daß nicht noch weit öfter als jetzt jene mächtige Leidenschaft in dem Leben Anderer ihre Befriedigung sucht.

Es wurde daher aus diesen Gründen von dem Staatsministerium der Justiz das Gutachten dahin erstattet: daß das Todesurtheil bestätigt, übrigens aber der Antrag des Hofgerichts auf Milderung der geschärften Todesstrafe in die einfache des Schwerts allerhöchst genehmigt werde.

LORENZ SIMMLER, DER BRANDSTIFTER AUS NEID UND HASS GEGEN SEINEN GLÜCKLICHEREN BRUDER

In der Nacht vom 10. August 1806 um 1 Uhr, brach in dem Hause des Bernhard Rapp, Bauern in Kirchdorf, eine Feuersbrunst aus, welche in kurzer Zeit Haus, Scheuer und Stadel mit der ganzen Winterfrucht und einem Theile der Sommerfrucht, mit drei Pferden und zwölf Stücken Rindvieh, nebst beinahe allem Hausgeräthe in Asche legte und einen Schaden stiftete, welcher von dem Verunglückten auf 3354 Gulden eidlich geschätzt wird. — Da das Feuer in der Nacht ausbrach, wo alle Hausbewohner in tiefem Schlafe lagen und die Flamme schnell um sich griff, so würden vielleicht mehrere Bewohner im Feuer umgekommen sein, wenn nicht ein bei dem Bauern einquartierter französischer Soldat, Namens Fouchu, zufällig der Retter geworden wäre. Diesen weckte in der Nacht ein natürliches Bedürfniß und beim Aufstehen zeigte sich ihm rings umher ein großer Theil des Hauses in Flammen. Er fand kaum noch so viel Zeit, um seinen Wirth und die Wirthin durch Anstoßen des Gewehrs an die Kammerthür mit dem Nothrufe: Feuer! Landsmann! Feuer! zu wecken. — Der Wind, welcher die Flammen der Gegend zutrieb, wo keine andere Häuser standen, und die schnell herbeieilende Hülfe verhinderten, daß nicht auch andere Wohnungen des Dorfes in Asche gelegt wurden.

Der beschädigte Rapp bemerkte gleich am folgenden Tage in seiner Vernehmung vor dem Patrimonialgerichte

Erolzheim: das Feuer müsse angelegt worden sein und er habe auf niemand Verdacht, als auf den eigenen Bruder seines bei ihm einwohnenden Schwiegervaters, auf Lorenz Simmler; denn dieser habe ihm und seinem Schwiegervater schon öfter gedrohet, er werde ihnen noch das Haus anzünden. An demselben Tage ward diesem Patrimonialgerichte zugleich die Anzeige hinterbracht, eben dieser Lorenz Simmler habe sich Tags vor dem Brande Schwefelhölzchen gekauft. Hierauf wurde er verhaftet und am 11. August von dem Patrimonialgerichte summarisch vernommen, wo er denn sogleich in diesem ersten Verhöre sich als Thäter bekannte.

Inquisit wurde nun dem Landgerichte Illertissen abgeliefert, von diesem weiter untersucht und, nachdem er auch hier seine That wiederholt eingestanden hatte und die Akten für geschlossen erkannt worden waren, von dem Hofgerichte zu Memmingen mit Einhelligkeit von dreizehn Stimmen zur Strafe des Schwertes verurtheilt, worauf die Akten mit Bericht vom 4. Dezember d. J. an die allerhöchste Stelle zur Bestätigung des Urtheils ohne Begnadigungsantrag eingesendet worden sind.

Lorenz Simmler ist 54 Jahre alt, von Kirchdorf gebürtig, katholischer Religion und ledigen Standes. Sein Vater, Bauer in Kirchdorf, ließ ihn in der Schule wohl unterrichten; doch zeigte er sich, wie er selbst gesteht, schon frühzeitig bösartiger, als seine übrigen Geschwister und litt öfter als diese die väterliche Züchtigung. — Der Vater starb ihm frühzeitig, weshalb er schon in seinem 15ten Jahre als Knecht auswärts zu dienen genöthigt war. »In der erste,« sagt er, »ging mirs im Dienen gar nicht übel und ich habe immer ein Jahr lang Einen Ort gehabt, bis ich gegen 24 Jahr alt geworden: da wurde ich schon allmälig stolz und brutal, habe mich an das Spielen und Saufen gewöhnt, begehrte mit den Bauern auf und wechselte so mehrmal des Jahres außer der Zielzeit die Dienste.« Das väterliche geringe Erbtheil brachte er auf diese Weise in liederlichem Lebenswandel durch. Im Jahre 1787 schwängerte er eine Weibsperson und nahm aus dieser Veranlassung kaiserliche Kriegsdienste, in welchen er 16 Jahre lang als Gemeiner beim Regiment Bender gestanden ist. Nach erhaltenem Abschied ging er im Jahre 1801 in sein Vaterland zurück, wo er in der Gegend umher als Bauernknecht und Tagwerker diente. »Weil ich,« sagt er selbst, »an das Trinken und Spielen gewöhnt war, so machte ich es auch nun die letzten Jahre so fort und ging zwar hie und da in Dienste, hielt aber kein halbes Jahr aus.« — Bei diesem Herumschweifen gerieth er auch nach Babenhausen, wo er am 26. Dezember 1805 in einem Wirthshause mit einem gewissen Anton Müller, Nagelschmiedsgesellen aus Füßen, beim Spiel Händel bekam. Schon waren Zank und Raufen beendigt, als Inquisit Simmler heimlich ein Messer aus der Kammer holte, sich damit hinter den Nagelschmiedsgesellen schlich und diesem das Messer plötzlich mit solcher Gewalt von hinten in den Rücken stieß, daß die Spitze des Messers in die Lungen drang. Der Verwundete wurde beim Leben erhalten und Inquisit am 11. Februar 1806 zu einmonatlicher öffentlicher Arbeit, Ausstellung am Strafpfahl und 5jähriger Landesverweisung aus dem Fürstenthume verurtheilt. Indessen wurde er — schon nach 14 Tagen seiner Haft wieder entlassen.* — Hierauf diente er 9 Wochen zu Weiler als Knecht, verließ nach Verlauf dieser Zeit den Dienst, lief einige Tage umher und trat endlich zu Erolzheim bei dem sogenannten Noxenbauer in Dienste. Dieser erzählt von ihm: er habe ihm am 5. August 1806 Geld ausgezahlt, worauf derselbe zwei Tage nach einander fortgetrunken habe. Weil er dessen Besoffenheit und fürchterliches Fluchen nicht ertragen können, habe er ihn aus seinem Dienste fortgeschickt. Inquisit selbst äußert sich darüber mit den Worten: »wegen übersehenem Trunk habe ich den 7. August, weil ich zugleich nicht mehr arbeiten mochte, Feierabend genommen, bin denselben und folgende Tage herumgeschwärmt, wo ich denn endlich durch Anzündung meiner ehemaligen Heimath meine Rachbegierde ausgeübt habe.«

Die Beweggründe, welche ihn zu dem Entschlusse brachten, die väterliche Wohnung anzuzünden, waren Haß,

* Ein kleines Beispiel der Justizverwaltung in den Territorien der kleinen Reichsfürsten des weiland heiligen römischen Reiches deutscher Nation.

Rachsucht und Neid gegen seine wohlhabenderen Verwandten, besonders Rachsucht und Neid gegen seinen Bruder Franz Simmler. Diese Antriebe zu seiner That ergeben sich deutlich aus seinen eigenen Geständnissen und sind in die Geschichte seines Lebens innig verflochten.

Als der Vater gestorben war und dessen Erbschaft getheilt wurde, erhielt sein Bruder Franz Simmler das väterliche (nunmehr abgebrannte) Gut und er selbst wurde mit Geld (100 oder 175 fl., denn diese Summe ist zweifelhaft) abgefunden. Er glaubte sich verkürzt und sah seinen Bruder, welcher auf dieses väterliche Gut geheirathet hatte, mit neidischen Augen an. Noch in seinem ersten landgerichtlichen Verhöre bricht er bei der 15ten Frage plötzlich und ohne nähere Veranlassung in den leidenschaftlichen Ausruf aus: »War das auch ein Ausgemächt?! es waren doch, wo meine Eltern gestorben, keine Schulden da, und als mein Bruder Franz auf das Gut heirathete, hat es mir und den andern Geschwistern gerade das Tobacksgeld von 100 Gulden getroffen.« — Dabei glaubte er sich von seinen Geschwistern, besonders aber von diesem Franz wegen seiner Liederlichkeit gehaßt und verachtet. Als Inquisit nach 16 Jahren von dem Soldatenleben zurück nach Kirchdorf kam, soll dieser Franz über seine Ankunft erschrocken gewesen sein und öffentlich gesagt haben: es sei ihm bei dessen Rückkunft zu Muthe gewesen, als wenn man ihm vor den Kopf schlage. War es in der That so, oder überredete ihn zu dieser Meinung blos die Einbildung und das eigene Gefühl verdienter Verachtung: er bemerkte an diesem seinem Bruder stets verachtende Gleichgültigkeit und vornehmes Fremdthun gegen ihn. Er wirft ihm vor, wenn er des Jahrs einmal zu ihm gekommen, habe er ihn kaum gegrüßt, vielweniger einen Bissen Brod ihm angeboten. Auch mußten wohl die Vorwürfe, welche er mehr als einmal von seinem Bruder wegen seiner Liederlichkeit erfuhr, um so größere Erbitterung in ihm erregen, je mehr er sich selbst ihre Wahrheit bekennen und die drückenden Folgen angewöhnter Liederlichkeit empfinden mußte. So entstand und wuchs in ihm gegen seinen Bruder ein bitterer Groll, der seinem Neide immer neue Nahrung zuführte, und, gegenseitig vom Neide genährt, bald zu entschiedener Rachsucht aufwuchs. Während er nicht selten ohne Dienst und Obdach, in Folge seiner Liederlichkeit, als Bettler umherziehen mußte, sah er im Unmuth des Neides sich gegenüber den ihn verachtenden Bruder Franz, wie er gemächlich bei seinem Herde in der väterlichen Wohnung saß, auf welche er gleiches Recht zu haben meinte. Da er nicht glücklich werden konnte, wie sein Bruder, wollte er diesen wenigstens unglücklich machen, wie er selbst es war; da er diesem nicht an Wohlstand gleich kommen konnte, sollte dieser ihm selbst als Bettler gleich werden; das väterliche Haus, welches er nicht besitzen durfte, sollte wenigstens auch der gehaßte und vom Glücke mehr begünstigte Franz nicht ferner bewohnen.

»Seitdem mein Grollen gegen meinen Bruder angefangen, ist mirs öfters, besonders wenn ich betrunken war, gekommen, daß ich ihm das Haus anzünden solle. Ich hab's auch öfters meinem Bruder selbst ins Gesicht gesagt: ich zünde ihm schon noch das Haus über dem Kopfe an.« Als er nach abgelegtem Geständnisse befragt wurde: was er zu seiner Entschuldigung anzuführen wisse? antwortete er: »Ich weiß keine Entschuldigung; — die Rachgier und der Neid haben es gethan, welche so bei mir überhand genommen, daß ich ihnen nicht mehr widerstehen konnte, ich habe mir Gewalt anthun mögen oder nicht. Dann meine Armuth, in die ich mich gegen meine Geschwister gesetzt sah und daß ich manchmal nicht gewußt habe, wo aus, noch wohin; es ist aber meine Liederlichkeit allein daran Schuld.«

Franz Simmler und sein Schwiegersohn Rapp bestätigen die wiederholten Drohungen, welche der Brandstiftung vorausgegangen sind. Drei Jahre vor dem unglücklichen Brande ging einst Inquisit auf dem Lande betteln und begegnete, den Bettelranzen auf dem Rücken, zufällig seinem Bruder Franz, welchem er zurief: »ich bettle jetzt, aber du mußt auch noch betteln!« (nach Aussage des Inquisiten: ich habe gebettelt, vielleicht mußt du auch noch betteln!) Ein andermal sagte er zu Franz: »wenn nur die verfluchte Hurenhütte einmal zusammen brennte; wie wollte ich lachen, drüben im Wirthshaus stehen und: Ju! schreien.« Nach Lichtmeß dieses Jahres kam er zu Franz und sagte ihm: »die letzten Dinge müssen ärger werden als die ersten und es muß noch ein großes Unglück entstehen.«

Um Lichtmeß desselben Jahres trug sich zwar mit diesem Wohnhause eine Veränderung zu, von welcher man glauben sollte, daß sie dasselbe seinem Haß und seiner Rachsucht habe entrücken müssen. Franz Simmler verheirathete nämlich um diese Zeit seine Tochter an den Bernhard Rapp, trat diesen jungen Eheleuten das väterliche Wohnhaus als Eigenthum ab und behielt sich blos die dort sogenannte Lebsucht nebst einer Wohnung darin bevor. Der Verbrecher verlor nun, scheint es, alles Interesse, aus Haß gegen Franz Simmler das väterliche Wohnhaus anzuzünden; denn der eigentliche Schade des Brandes traf jetzt die jungen Eheleute, den Rapp und die Tochter seines Bruders. Allein die Rachsucht ist, wie jede Leidenschaft, unüberlegt und blind und verirrt sich nicht selten in dem Gegenstande ihrer Befriedigung. Auch verrückte jene Veränderung nur einen Theil des Planes, welchen seine Rachsucht ihm schon früher eingegeben hatte. Sein Haß lag nun einmal schon lange auf seinem Bruder und auf diesem väterlichen Hause gleich vertheilt; der Gedanke, dieses anzuzünden, um jenen zum Bettler zu machen, war in seiner Seele schon so tief eingeprägt, und so zur Gewohnheit in ihr geworden, daß sie in ihren Vorstellungen den verhaßten Bruder von diesem Hause und dieses von ihm nicht mehr zu trennen vermochte. Dieses drückt er selbst deutlich genug in seiner Sprache mit den Worten aus: »Ich kann nicht sagen, daß mir meine Base oder der Bernhard etwas zu Leide gethan haben; aber es ist mir halt schon so gewesen, als zünd' ich meinem Bruder selbst das Haus an.« Auch wohnte ja Franz Simmler noch selbst in diesem Hause; seine Habseligkeiten mußten mit verbrennen; und wenn die Tochter und der Schwiegersohn Bettler wurden, so mußte auch er selbst es werden. In so ferne zündete er wirklich auch diesem das Haus an. Seine Rache mußte zwar zunächst ganz unschuldige Menschen treffen, aber in diesen erreichte sie zugleich ihr eigentliches Ziel. Zudem zeigt er in seinen Verhören nicht blos Haß gegen Franz, sondern gegen seine Verwandte überhaupt, die er insgesammt von dem Glücke unbillig begünstigt und von welchen er sich selbst verachtet glaubte. Die Ausdehnung seiner Rache auf Bernhard Rapp und auf Franzens Tochter (die ihm ohnedies schon um ihres Vaters willen verhaßt sein mußte) fand daher leicht in dem allgemeinen Verwandtenhaß eine mächtige Beförderung.

Der lang genährte Gedanke kam endlich, wahrscheinlich bei folgender Veranlassung, zur vollen Reife.

Nicht lange vor dem unglücklichen Brande kam Inquisit zu seinem Bruder Franz und forderte Geld von ihm, um sich davon Beinkleider machen zu lassen. Dieser verweigerte es ihm aber, weil er jetzt selbst des Geldes bedürftig sei. Sie schieden hierauf zwar friedlich auseinander, aber bald nachher ging das Haus durch des Inquisiten Hand in Flammen auf. Inquisit selbst bezeichnet nicht undeutlich jene Weigerung seines Bruders als die nächste Veranlassung seiner That. Über jene abschlägige Antwort seines Bruders und den Beweggrund seines Verbrechens befragt, antwortete er: »dies ist mit Ursache, es rührt aber auch schon weiter her; weil mich mein Bruder fortgejagt und niemals hat leiden können.«

Die That selbst ward auf folgende Weise begonnen und ausgeführt:

Als Inquisit seinen letzten Dienstherrn zu Erolzheim am 7. August verlassen hatte, begab er sich nach Kellmünz, wo er übernachtete. Freitags am 8. August ging er nach Weiler, wo er sich um einen Dienst umsehen wollte, aber keinen erhielt und, nachdem er den Tag hindurch gezecht hatte, daselbst über Nacht blieb. Am Samstag den 9. wanderte er nach Pleß, wo er sich gleichfalls wieder, von früh Morgens acht Uhr an, den ganzen Tag lange im Wirthshause aufhielt. Abends um 5 Uhr ging er zum dortigen Krämer, kaufte sich Rauchtabak und nahm zugleich einige Schwefelhölzchen mit, welche er nicht bezahlte. Von da zog er nach Kellmünz, trank bei dem Steigwirthe ein Gläschen Branntwein und begab sich dann nach 6 Uhr von da wieder hinweg, legte sich hie und da auf dem Wege nieder und kam erst in der Nacht um 11 Uhr nach Kirchdorf. Hier fand er alles, selbst in dem seiner väterlichen Wohnung angrenzenden Wirthshause, bereits im Schlafe. Er selbst legte sich neben dem Wirtshause in einen Schopfen auf die Späne und schlief ein. »Weil ich«, dies sind seine eigenen Worte, »schon vorher mit dem Gedanken umgegangen, meinem Bruder das Haus anzuzünden, so fiel mir dieses, als ich Schlag 1 Uhr aufwachte, sogleich wieder ein. Ich stand daher auf, ging gegen das Haus meines Bruders, jetzt Bernhard Rapps und holte daselbst einen Strohwisch. In dem Gedanken, daß meine Verwandte so ruhig im Bette liegen, und ich so elend herumziehen müßte, begab ich mich mit dem Strohwische hinter das Haus, (steckte den Strohwisch an eine kleine Stange«, setzt er in einem andern Verhöre hinzu) »schlug Feuer und wie der Zunder solches auf den ersten Streich gefangen hatte, zündete ich eines der von Pleß mitgenommenen Schwefelhölzchen und mit diesem den Strohwisch an. Den feurigen Strohwisch hielt ich unter das mit Stroh bedeckte Dach, gerade von der Scheuer hinauf, bis dasselbe brannte, welches auch sogleich Flammen faßte.«

Gleich nach dieser vollbrachten Handlung sprang er flüchtig über die Wiesen nach der Iller zu und blieb eine halbe Viertelstunde von Kirchdorf auf freiem Felde hinter einem Busche versteckt, wo er dem Brande so lange zusah, bis das Haus zusammenstürzte.

Schon die That an sich, blos nach ihren äußeren Eigenschaften erwogen, steht in einem sehr hohen Grade der Strafbarkeit. Der Verbrecher hat seine Absicht vollkommen erreicht, das ganze Haus mit aller Habe seiner Bewohner, weniges ausgenommen, ist zu Asche geworden; eine ganze Familie wurde zu Grunde gerichtet. Der Brand geschah zur Zeit der Nacht und setzte das Leben der Hausbewohner in unmittelbare dringende Gefahr; wenigstens einige davon würden wahrscheinlich ihr Leben in den Flammen verloren haben, hätte nicht glücklicher Zufall sie gerettet.

Der Thäter selbst zeigt sich durchaus als ein sehr bösartiger, in alle Laster tief versunkener Mensch. Seine ganze

Lebensgeschichte ist Beweis seiner Rohheit und Verwilderung. Die meuchelmörderische Verwundung des Nagelschmiedgesellen zu Babenhausen offenbart einen hohen Grad tückischer Bosheit und eine tief verschlossene wilde Rachsucht, welcher es ein leichtes ist, die größten Verbrechen aus den kleinsten Veranlassungen zu ihrer Sättigung zu wählen. Die Antriebe zu seinem letzten Verbrechen gehören zu den bösartigsten und gefährlichsten, welche nur immer in entarteten menschlichen Naturen erscheinen können. Blos um Rache und Neid in fremdem Unglücke zu kühlen, zündet er das väterliche Haus an und die Personen, welche er seiner Leidenschaft aufopfert, wer sind sie? seine eigenen Verwandten, sein leiblicher Bruder. Seine That ist nicht die Folge einer plötzlich aufwallenden Begierde und eines unseligen Entschlusses in unglücklichem Augenblicke; sie ist die Frucht eines Gedankens, welchen er lange in sich umhergetragen, gepflegt, genährt und mit kaltblütiger Überlegung zur Reife gebracht hat. Wie hartnäckig seine bösartigen Leidenschaften in ihm beharren, beweist sein Benehmen bei und nach Vollendung des Verbrechens. In einer noch nicht ganz verwilderten Seele erlöschen die Leidenschaften mit der vollbrachten That und dem Vollbringen folgt dann die Reue unmittelbar auf dem Fuße nach. Nicht so bei dem Inquisiten, der, nicht zufrieden, den Brand erregt zu haben, in der Nähe hinter einem Busche dem Feuer mit Schadenfreude zusieht und erst alsdann befriedigt davon geht, nachdem sein Vaterhaus vor seinen Augen in Schutt und Asche zusammengesunken ist.

Inquisit bekannte sein Verbrechen, im Ganzen wie im Einzelnen, mit einer Umständlichkeit und Offenheit, wie sie selten gefunden wird. Die meisten Verbrecher halten, wenigstens mit dem Bekenntnisse ihrer rechtswidrigen Absicht, oder doch der lasterhaften rechtsgefährlichen Antriebe, welche ihren Vorsatz bestimmt haben, so lange als möglich zurück und suchen, so gut es ihnen gehen mag, die Überzeugung zu erwecken, daß der verbrecherische Gedanke, aus welchem ihre That hervorgegangen, nicht sowohl in einer verderbten Gemüthsart seine Wurzeln habe, als vielmehr durch äußere, von ihrem Willen unabhängige Anläße und Einwirkungen in sie erst hineingekommen sei und, ihren besseren Neigungen zum Trotz, ihres Gemüths sich bemeistert und ihren Willen überwältigt habe. Dieses Zurückhalten, Leugnen und Lügen darf keineswegs aus bloßer Furcht vor der Strafe erklärt und geradezu als Beweis der Verstocktheit betrachtet werden, sondern ist vielmehr, nicht selten blos eine Äußerung der Reue, welche nicht in Allen sich auf gleiche Weise kund gibt. Der Eine offenbart aus Reue alles Geheimniß seiner Seele, weil er, mit dem reinen Bekenntniß der Größe seines Verschuldens, sein ganzes ihm nun zum Abscheu gewordenes früheres Dasein gleichsam von sich zu werfen, dadurch, daß er den Richter sich zum Vertrauten macht, die schwere Last des gedrückten Bewußtseins sich zu erleichtern, und indem er in seiner ganzen Unwürdigkeit sich darstellt, theils durch die Verachtung, zu welcher er sich Andern preisgibt, das ihm qualvollere Gefühl der Selbstverachtung zu lindern, theils durch die bürgerliche Strafe, welcher er sich willig unterwirft, seine Schuld zu tilgen und dadurch in seinem Innern mit sich selbst wieder in Eintracht zu kommen sucht: — der Andere umschleiert die Häßlichkeit seiner That, aber nur aus Scham, indem er jene im Gefühl der Reue zwar verdammt und gern möchte ungeschehen machen, aber in eben dem Maße, in welchem er seine eigene Schändlichkeit erkennt und fühlt, zugleich vor der Schande erschrickt, womit er durch Offenbarung seines Innern sich belasten würde. Ob sich die Reue in einem reinen Bekenntnisse, oder in vollständigem oder theilweisen Läugnen kund geben werde, hängt daher größtentheils davon ab: ob in dem reuigen Verbrecher die Scham vor sich selbst stärker ist, als die Scham vor Anderen, oder ob diese über jene vorherrscht.

Auf gleiche Weise aber darf auch die Offenherzigkeit, womit ein Verbrecher sein Inneres aufdeckt, nicht so geradezu demselben als ein Verdienst oder als ein Zeichen der Reue und minderer Verdorbenheit zu gut gerechnet werden. Nicht selten gibt sich dieselbe als eine bloße Äußerung gänzlicher Abstumpfung des Gefühls der Scham vor sich selbst und Andern, eines durch lange Gewohnheit mit Lastern und Verbrechen eng befreundeten und darin abgehärteten Gemüths, welches allen sittlichen Maßstab und mit diesem die Fähigkeit verloren hat, das Recht vom Unrecht, das Ehrbare vom Schändlichen zu unterscheiden, kund. Menschen dieser Art sind dann allerdings wohl mit ihren Bekenntnissen freigebig, aber nur entweder aus brutaler Gleichgültigkeit gegen Tugend und Laster, oder wohl gar, weil sie gerade in ihre Verworfenheit ihren Stolz setzen, in ihrer eigenen Nichtswürdigkeit sich gefallen und mit dem Schändlichen Prahlerei treiben, indem sie in der Schande selbst eine Ehre suchen. Ohne die mindesten Umschweife oder Beschönigungen, ohne Verlegenheit und ohne Schamröthe bekennt Lorenz Simmler sich zu seinem Verbrechen und nennt dasjenige, was ihn dazu gebracht, nicht etwa, wie gewöhnliche Verbrecher zu thun pflegen, einen bösen Geist, welcher ihm den Gedanken eingeflüstert und dann von ihm Besitz genommen habe, — sondern ganz trocken bei seinem wahren Namen: Haß und Rachgier gegen seinen Bruder. In der Art, wie er sich hierüber äußert, gibt er deutlich zu erkennen, daß er darin gar nichts Widernatürliches oder Abscheuliches findet. Von seiner That spricht er wie von einem Akt erlaubter Wiedervergeltung und von den Beweggründen zu derselben wie von gewöhnlichen Gemüthsstimmungen, die, nach den zwischen ihm und seinem Bruder bestehenden Verhältnissen, gar nicht anders hätten kommen können und daher ganz in der Ordnung seien. Da sein Bruder ihn bei der elterlichen Erbtheilung verkürzt, ihm wegen seiner Liederlichkeit Verachtung erwiesen und allen Beistand entzogen habe, so habe er seinen Bruder hassen; — da er sich im Unglücke, seinen Bruder im Glücke gesehen, so habe er diesen beneiden müssen, — und da er ihn gehaßt und beneidet, so habe er ihm natürlicher Weise müssen das Haus über dem Kopfe anzünden. Mit derselben Unbefangenheit liefert er dem Gericht eine vollständige Genealogie seiner Laster, aus welchen zuletzt sein Verbrechen entsprungen sei. Wie er von Jugend auf bösartiger als seine übrigen Geschwister gewesen, sich von jeher durch Stolz und Brutalität ausgezeichnet, sich dem Spielen und Saufen, der Trägheit und Liederlichkeit ergeben habe: alles dieses erzählte er mit einer stumpfen Gleichgültigkeit, als wäre von ganz indifferenten persönlichen Eigenschaften die Rede, oder als erzähle er nicht von sich, sondern von irgend einem Dritten, der ihn gar nichts angehe. Sein offenes Geständniß ist daher nicht als ein reumüthiges zu behandeln; dasselbe dient vielmehr als ein ergänzender Beweis seiner Verhärtung und Versunkenheit. In seinen Bekenntnissen erscheint er nur wie ein Mensch, der, weil er schamlos über alle Schande hinaus ist, sich in seiner ganzen Blöße, mit den eckelhaftesten Gebrechen, auf offenem Markte zur Schau hinstellt.

Die Halsgerichtsordnung Carls V., welche auf gegenwärtigen Fall zur Anwendung kam,* sagt Artikel 125: »Boshafte überwundene Brenner sollen mit dem Feuer vom Leben zum Tode hingerichtet werden.« Nach der Allgemeinheit dieser Bestimmung hätte dem Inquisiten die Strafe des Feuers zuerkannt werden müssen,** wenn nicht mehrere Schriftsteller dieselbe blos auf den sogenannten Mordbrand beschränkten und das Hofgericht dieser Meinung als der milderen den Vorzug gegeben hätte.

Da sonach das königliche Hofgericht bereits auf eine gelindere Strafe erkannt hatte und durchaus keine mildernden Umstände vorlagen, welche den Inquisiten eines Antrags auf Befreiung von der Todesstrafe aus königlicher Gnade würdig gemacht hätten, so wurde das gesprochene Erkenntniß lediglich bestätiget und zum Vollzug gebracht.

* In der schwäbischen Provinz des Königreichs galten, vor Einführung des neuen allgemeinen Strafgesetzbuchs, drei verschiedene Criminalgesetzgebungen; in einigen Distrikten das gemeine Recht, in andern der baierische Criminal-Codex, in den neuerworbenen vormals österreichischen Gebietstheilen das neue Strafgesetzbuch Franz II.

** v. Feuerbach's *Lehrbuch des peinlichen Rechts,* 14te Ausg. §. 365.

XAVER RETH KLAGT SICH SELBST DES VATERMORDES AN, UM DER STRAFE DES DIEBSTAHLS ZU ENTGEHEN

Xaver Reth, 46 Jahre alt, katholischer Religion, Vater von 8 Kindern, besaß zu Amerdingen (Landgerichts Nördlingen) ein kleines, überschuldetes Bauerngut, stand wegen schlechter Aufführung in sehr üblem Rufe und war bereits fünfmal, unter andern im Jahr 1814 mit vierjährigem Arbeitshaus, bestraft worden.

Im Anfang des Jahres 1822 wurde er von neuem durch die Bekenntnisse eines gewissen wegen Diebstahls untersuchten Xaver Schreiber, mehrerer, in Gemeinschaft mit diesem verübten, zum Teil ausgezeichneter Diebstähle verdächtig und zuletzt gefänglich eingezogen. In seinem summarischen Verhöre vom 9. April bekannte er auch sogleich, auf das umständlichste, folgende Entwendungen:

1) er habe in der Neujahrsnacht 1822 in Verbindung mit Schreiber der Wirthin zu Frohnhofen, mittelst Einsteigens mehrere Bettstücke (im Werthe von 35 fl. 49 kr.) entwendet;
2) in der Nacht vom 8. zum 9. Dezember 1821 sei er, ebenfalls im Verein mit Schreiber, in den Stadel des Pfarrers zu Unteringingen eingestiegen und habe demselben aus dem Gänsestalle 7 Gänse gestohlen;
3) am 10. Oktober desselben Jahres zur Nachtzeit, habe er sich mit Schreiber der Entwendung zweier Schweine an

der Söldnerswittwe, Veronica Nothhofer, schuldig gemacht; endlich

4) bekannte er sich noch verschiedener, in gleicher Verbindung verübten Gänsediebstähle schuldig.

Sämmtliche Bekenntnisse stimmten sowohl mit dem erhobenen Thatbestande, als mit den Geständnissen seines Mitschuldigen und andern erhobenen Umständen überein.

Allein in dem ersten ordentlichen Verhöre, am 16. April, wurden alle jene Bekenntnisse (ein einziges ausgenommen, welches einen kleinen, nur polizeilich strafbaren Diebstahl von drei Gänsen betraf) hartnäckig von ihm widerrufen. Zur Rechtfertigung dieses Widerrufs vermochte er jedoch nichts vorzubringen, als: »er müsse sich, zur Zeit, wo er jene Geständisse abgelegt, nicht bei Vernunft befunden haben; er sei damals ganz verwirrt gewesen.« Am folgenden Tage wußte er den Untersuchungsrichter dahin zu bringen, daß ihm dieser das Protokoll vom 9. April, welches seine Geständnisse enthielt, noch einmal vorlas. Kaum war derselbe zum Schlusse dieser Vorlesung gekommen, als Inquisit auf ihn zusprang und sich des Protokolls zu bemächtigen suchte, jedoch nur das letzte Blatt in seine Hände bekam, dieses abriß und dann seine darauf befindliche Namensunterschrift, unter dem Ausrufe: »Das ist Alles nichts!« herausbiß.

Am 25. Mai wurden die Akten zum Spruche eingesendet. Allein schon am 4. Juni berichtete das Landgericht dem Appellationsgerichte, als Criminalgerichtshofe: der Inquisit Reth habe so eben, in einem selbst erbetenen Verhöre, das Geständniß abgelegt, seinen Vater ermordet zu haben. Das Erkenntniß wegen angeschuldigter Diebstähle wurde nun hinsichtlich beider Inquisiten ausgesetzt und die Akten gingen zurück, um den Grund jener Selbstanklage näher zu erforschen und, nach Umständen, die Untersuchung wegen Vatermordes gegen Reth einzuleiten.

In seiner Selbstanklage vom 4. Juni hatte er den Vorgang mit allen Hauptumständen folgendermaßen erzählt: »Er habe seinen vor 17 Jahren verstorbenen Vater, Veit Reth, mit welchem er wegen Erbschaftssachen öfters Verdruß und Feindseligkeiten gehabt habe, erdrosselt. Um den Theilungszettel zu finden, habe er eines Tags in der Frühe — er glaube es sei um Winterszeit gewesen — die Papiere seines Vaters durchsucht. Sein Vater habe noch zu Bette gelegen. Als dieser gesehen, wie ihm seine Papiere durchgestört wurden, sei er zornig aus dem Bette gesprungen, habe mit der rechten Hand seine Beinkleider genommen, mit der linken ein auf einem Stecken befestigtes Bajonett ergriffen, und sei mit den Worten auf ihn zugegangen: »wenn du nicht hinausgehst, so steche ich dich über den Haufen!« Durch diese Drohung aufgebracht, habe er nun den Vater bei der Gurgel gefaßt, ihn mit dem Knie auf den Unterleib gestoßen, ihn zu Boden geworfen und dann auf seine Gurgel gekniet. Er habe ihn zwar wieder aufheben wollen; allein die Füße hätten ihn nicht mehr getragen. In der Überzeugung, daß er nun doch nicht mehr mit dem Leben davon komme, habe er ihn mit seinem Daumenknochen vollends erdrosselt, sodann den Todten wieder in das Bett gelegt und den gefundenen Theilungszettel zu sich genommen, mit welchem er zum Amte gegangen sei, um die darin benannten 150 Gulden zu erheben, was ihm jedoch verweigert worden sei.«

Schon an dem folgenden Tage, nachdem Inquisit dieses Bekenntniß abgelegt hatte, machte er den Versuch, sich um das Leben zu bringen. Mittelst eines von seiner Fußschelle abgesprungenen Stückchen Eisens, verwundete er sich dergestalt in den linken Arm, daß er gegen anderthalb Pfund Blut verlor. Der Gerichtsarzt fand, bei Untersuchung dieser Wunden, das Gemüth des Inquisiten auffallend beängstigt; seinen Blick finster, verwirrt und schüchtern. Dabei äußerte der Gefangene: »er sei von Zeit zu Zeit närrisch; er werde lebendig verbrannt; aber er sei ganz unschuldig, weil er vieles in der Narrheit gesagt habe.« Wirklich betrug er sich wie ein Verrückter oder Wahnsinniger. Die ganze folgende Nacht hindurch schrie, lärmte und tobte er so fürchterlich, daß Niemand in der Nachbarschaft den Schlaf finden konnte. Zweimal stürzte er sich von der Lagerstätte mit dem Kopf herab auf den Boden; und am Morgen versuchter er, sich in Beisein des Gefangenwärters die Hoden zusammen zu drücken, woran er nur durch Gewalt verhindert werden konnte. Am 8. Juni ließ er um ein Verhör bitten, äußerte aber auf die Frage: ob er sich noch seiner vorigen Aussage erinnere? »alles was er da ausgesagt habe sei unwahr, er habe diese außerordentliche Strafe nicht verdient.« Dabei sprang er auf, und wollte sich mit dem Kopf auf den Boden stürzen, woran er jedoch verhindert wurde. In der folgenden Nacht schrie er fortwährend: »Teufel weich! Teufel weich im Namen Jesus!« Noch gewaltiger tobte er in der Nacht vom 9. Juni. Man glaubte den Gerichtsarzt rufen zu müssen. Dieser wollte ihm Arzneien geben; allein er verweigerte sie zu nehmen, indem er äußerte: »man wolle ihm Gift geben.« Untersagte ihm der Gerichtsdiener sein nächtliches Toben, so antwortete er: »ich kann eben nicht anders; denn, wenn ich ruhig bin, so holt mich der Teufel, weil ich meinen Vater erdrosselt habe, und ihm auf das Gemäch gesprungen bin.« Als einmal des Gerichtsdieners Tochter das Gefängniß reinigen wollte, sagte er zu ihr: »Johanna! ich kann nicht mehr ruhen und rasten, denn mein Vater ruft mir, und sein Tod muß versöhnt sein. Ich wünsche mir nichts mehr, als daß man mir den Kopf herunter schlage.« — Ähnliche Äußerungen machte er dem Wächter Wiedemann, den Gerichtsdienergehülfen Klebinger und Finck. Allen diesen Personen erzählte er bei solchen Gelegenheiten umständlich sein Verbrechen, ganz übereinstimmend mit seinem am 4. Juli abgelegten gerichtlichen Geständnisse. So ungeberdig übrigens Inquisit sich Nachts betrug, so ruhig war er bei Tage: er aß, trank, schlief, wie ein vollkommen gesunder Mensch.

Die förmliche Erhebung des Thatbestandes eines Mordes, und zwar eines Mordes durch Erdrosselung, war, bei den Umständen des gegenwärtigen Falles, ganz unmöglich. Vitus Reth, des Inquisiten Vater, war am 4. Dezember 1804 gestorben, lag folglich im Jahre 1822 bereits 18 Jahre im Grabe. Eine Ausgrabung des Leichnams, vielmehr der noch übrigen Knochen, von denen Niemand hätte angeben können, wem sie in Lebzeiten angehörten, würde daher ein höchst überflüssiges, erfolgloses Geschäft gewesen sein.

Es wurden jedoch mehrere Umstände ausgemittelt, welche mit dem Bekenntnisse des Inquisiten genau zusammen trafen und dasselbe in mehreren Punkten glaubwürdig machten.

Daß Vitus Reth eines plötzlichen Todes gestorben sei, machte schon das pfarramtliche Sterberegister höchst wahrscheinlich. Denn in diesem fehlte der Beisatz: daß Reth mit den Sterbsakramenten versehen worden sei, welche Auslassung, wie das Pfarramt bemerkte, einen plötzlichen Tod vermuthen lasse. Überdies aber wird durch viele Zeugenaussagen übereinstimmend bekundet, daß der Vater des Inquisiten noch am Abende vor seinem Tode bis spät in die Nacht im Wirthshause gewesen sei, sich daselbst sehr lustig gezeigt und beim Weggehen noch einen Krug Bier mit nach Hause genommen habe. Die Taglöhnersfrau, Veronica Schuh, bezeugt sogar: »eine kleine Stunde vor dem Tode des Veith Reth, Morgens um 7 Uhr, sei sie noch in seiner Schlafkammer gewesen, und habe ihn frisch und gesund getroffen. In ihrem Beisein habe er seinem jüngern (nunmehr verstorbenen) Sohn, Georg, einen Sack und wenn sie nicht irre, einen Sechser gegeben, um in die Mühle zu gehen. Sie sei nun zurück in ihre Wohnung gegangen, und noch sei sie nur kurze Zeit zu Hause gewesen, als sich im Dorfe allgemein der Lärm verbreitet habe: der alte Veit sei plötzlich gestorben.« Jedermann war von dieser Nachricht überrascht und viele eilten nach Reths Wohnung, um sich durch eigenen Augenschein von der Wahrheit einer so ganz und gar unglaublichen Kunde zu überzeugen. Der pensionirte Obervogt Frickinger sagt aus: »von dem Gerichtsdiener Mauermeyer sei ihm dieser unerwartete Vorfall sogleich angezeigt worden, worauf er den (unterdessen auch verstorbenen) Chirurg Stegmüller in die Behausung des Entseelten abgeschickt habe, um die Leiche zu besichtigen. Stegmüller habe ihm aber nachher die Kunde überbracht: Veit Reth sei an einem Schlagflusse gestorben.« Andere Personen, welche damals die Neugier in der Behausung des Verstorbenen versammelt hatte, bezeugen ebenfalls die geschehene — nicht Untersuchung, aber — Besichtigung des Leichnams in einer dunklen Kammer und daß besagter Chirurg den Versammelten erklärt habe: »Veit sei eben an einem Schläglein verschieden.«

Bald nach dem Tode Veits verbreitete sich allgemein die Sage unter den Ortsbewohnern, sein eigener Sohn Xaver habe ihn ermordet: eine Sage, welche nicht nur durch den damaligen Obervogt Frickinger, sondern auch noch durch die Aussage dreier Zeugen bekundet wird. Zeuge Lachenmeyer, Vormund des verstorbenen jüngeren Reth, versichert, dieser habe öfters zu ihm gesagt: »Vormund, niemand anders, als mein Bruder Xaver, hat meinen Vater umgebracht; aber sagen darf ich es nicht.«

Daß man sich einer solchen That zu unserem Inquisiten wohl versehen könne, wurde ebenfalls durch viele Zeugenaussagen zur Gewißheit gebracht. Der Obervogt Frickinger sagt aus: »Xaver Reth sei von jeher ein unruhiger, boshafter Mensch gewesen. Er habe seinen Vater immer zu zwingen gesucht, ihm sein Söldnergut abzutreten, um eine gewisse Weibsperson, seine gegenwärtige Frau, heirathen zu können. Daß der Vater hierzu seine Einwilligung verweigert habe und er sein Gut lieber seinem zweiten Sohne habe zuwenden wollen, sei die Ursache immerwährender Zwistigkeiten gewesen. Der verstorbene Reth sei deshalb mehrmals zu ihm (Zeugen) gekommen, um sich gegen seinen Sohn zu beschweren; doch habe er beide durch amtliches Zureden immer wieder zu vereinigen gesucht.« Diese Feindseligkeiten zwischen Vater und Sohn wurden noch durch andere Zeugen übereinstimmend bekundet.

Als jedoch Inquisit über seine freiwillig erhobene Selbstanklage nunmehr zum ordentlichen Verhöre gezogen wurde, begann derselbe, höchst unerwartet, eine ganz entgegengesetzte Rolle zu spielen, in welcher er sich auch bis zum Ende der Untersuchung standhaft behauptet hat. Er, noch kurz zuvor ein reumüthiger, zerknirschter Vatermörder, den die Angst des Gewissens zum tobenden Wahnsinn, bis zum Versuche des Selbstmordes getrieben hatte, bezeigte sich jetzt hinsichtlich dieses Bekenntnisses gerade so, wie früherhin in Bezug auf die von ihm eingestandenen Diebstähle: er widerrief Alles und rechtfertigte seinen Widerruf durch das Vorgeben einer Geisteszerrüttung, in welcher er gegen sich selbst gelogen habe. Auf den Vorhalt: wie er doch dazu gekommen, sich selbst anzuklagen? antwortete er: »alles ist nicht wahr und wenn hundert Zeugen herkommen, so können sie es nicht wahr machen. Ich habe wohl öfters mit meinem Vater Zorn gehabt; aber niemals bin ich ihm wegen seines Lebens neidig gewesen. Vielmehr habe ich ihn durch den Zorn, den ich ihm verursacht, um das Leben gebracht.« Den letzten Ausdruck milderte er jedoch sogleich durch die Phrase: »ich habe blos den Zorn meines Vaters getödtet, nicht sein Leben.« Auf weiteres Befragen erklärte er: »es sei allerdings wahr, daß er die Übergabe des väterlichen Guts von seinem Vater verlangt und dieser nicht eingewilligt habe. Aber Thätlichkeiten habe er nicht an ihm verübt.« Den verschiedenen Vorhaltungen: — sein erstes Bekenntniß sei so umständlich, daß an der Wahrheit desselben nicht wohl gezweifelt werden könne, es sei nicht zu begreifen, warum er gegen sich selbst eine unwahre Aussage gethan haben sollte, er habe ja außergerichtlich mehreren anderen Personen ebenfalls den Vatermord umständlich und ganz übereinstimmend erzählt, — entgegnete er von neuem: »ich kann nichts wahr machen, und kein Mensch kann mir es wahr machen. — Kein Mensch kann mir es beweisen und eine solche Mordthat muß auch ihren Beweis haben. — Ich habe früher die Wahrheit nicht gesagt, weil ich eben ein Narr gewesen bin. — Meiner früheren Aussagen kann ich mich nicht mehr erinnern und wenn ich etwas gesagt habe, so habe ich es nicht bei gesundem Verstande, sondern in der Narrheit gesagt.« Auch das folgende Verhör hatte nur dasselbe Ergebniß: »er sei damals nicht bei Sinnen gewesen; sonst hätte er nicht so fabelhaft geredet und sich einer Mordthat bezüchtiget, die ihm Niemand wahr machen könne.«

Was die vorgebliche Verrücktheit betrifft, in welcher sich Inquisit zur Zeit seines ersten gerichtlichen Bekenntnisses und seiner wiederholten außergerichtlichen Geständnisse befunden haben will, so ist erwiesen, daß sein ganzes Benehmen, sein Toben und Lärmen, selbst seine Selbstmordversuche die Verstellung zur Quelle gehabt haben. Der ordentliche Gerichtsarzt Dr. Gürtler sowohl, als auch der mit zugezogene benachbarte Gerichtsarzt Dr. von Jan, gaben, nachdem sie den Inquisiten genau beobachtet und untersucht hatten, das übereinstimmende Gutachten: »daß Reth's Narrheit verstellt, seine Gemüthsruhe zwar durch ein böses Gewissen gestört, er aber keineswegs seiner Überlegung beraubt sei.« Die Richtigkeit dieser Behauptung wurde auch durch das nachherige Benehmen des Inquisiten vollkommen bestätigt. Kalt und besonnen, auf alle Fragen und Vorhaltungen gefaßt, in seinen, auf Einen Plan genau berechneten Antworten immer sich selbst getreu, läugnete er, unter scheinbarem Vorwande, beharrlich, was er früher gestanden hatte. Dieses Benehmen wäre durchaus unbegreiflich, wenn man voraussetzen müßte, daß seine Narrheit natürlich gewesen sei. Der Sturm eines Wahnsinns, womit Reue und Gewissensangst eine mit der alten Schuld eines Vatermordes schwer belastete Seele ergreifen — und als einen solchen stellte sich doch des Inquisiten angebliche Geisteszerrüttung dar — ein Sturm dieser Art ist nicht so leicht vorübergehend, streift nicht so sanft blos über die Oberfläche hin, daß er, ohne nur eine Spur zurückzulassen, plötzlich wieder stille stehen sollte. Der Mensch, den noch gestern die den Vatermord rächenden Furien zum Wahnsinn trieben, wird nicht heute, vollkommen verständig, zwar den Wahnsinn als wahr einräumen, aber auf eben diesen Wahnsinn sich berufen, um es glaubwürdig zu machen, daß nur dasjenige an jenem Wahnsinn unwahr und erlogen sei, was er — von einem Vatermorde verrathen habe.

Die Absicht, welche den Inquisiten bei dem freiwilligen Geständniß eines Vatermordes, bei seinem verstellten Wahnsinne und dem nachherigen Widerrufe jenes Geständnisses, aller Wahrscheinlichkeit nach, geleitet hat, liegt eben nicht in großer Tiefe verborgen. — Bestürzt über seine Verhaftung, von dem Gedanken betroffen, daß sein Mitgesell Schreiber bereits auf ihn bekannt habe, gestand er in der ersten Überraschung am 9. April alle ihm angeschuldigten Diebstähle. Allein in der Stille des Gefängnisses kehrte bald die Überzeugung zurück; was er sich durch voreiliges Bekennen verdorben, hatte er durch Läugnen wieder gut zu machen, um, wo möglich, die Strafen, die ihn als mehrmals rückfälligen Dieb erwarteten, von sich abzuwenden. Er suchte seine Hülfe bei einem Widerrufe. Aber auf die Frage nach den Gründen dieses Widerrufs, blieb ihm vor der Hand nichts als die kahle, mit nichts bescheinigte, selbst nicht durch den kleinsten Umstand glaubwürdig gemachte Ausrede — einer Verstandeszerrüttung. Daß er damit nicht ausreichen, daß sein Vorwand keinen Glauben finden, daß das einmal abgelegte glaubwürdige Geständniß fortdauernd gegen ihn zeugen werde, mußte seinem Verstande — der in sechs überstandenen Criminalprozessen* bereits ergiebige Rechtserfahrungen zu sammeln Gelegenheit gehabt hatte — sehr bald einleuchten. Er versuchte daher einen andern Ausweg. Am folgenden Tage wurden versteckte List und offene Kühnheit aufgeboten, um das Geständniß, über dessen Bestand sein nackter Widerruf rechtlich nichts vermochte, nun, wo möglich, durch Gewalt zu vernichten. War die Urkunde verschwunden, in welcher das Bekenntniß verzeichnet stand, so bedurfte es keines Widerrufs mehr und die Sache war dennoch ganz auf ihren Anfang zurückgeworfen. — Der am 17. April versuchte Gewaltstreich verfehlte jedoch zum größten Theil sein Ziel: das Bekenntniß selbst blieb Schwarz auf Weiß in des Richters Hand und für die Begebenheit, welche das Zerreißen des letzten Blattes zur Folge gehabt hatte, gab ein neues Protokoll das unverwerfliche Zeugniß. Seine Angelegenheit war folglich nicht gebessert, sondern verschlimmert. Durch den verfehlten Versuch, sein erstes Verhörprotokoll zu vernichten, hatte er mit der That die Unerheblichkeit seines Widerrufs eingeräumt und das Gewicht seines Geständnisses von neuem anerkannt.

In diesem Gedränge blieb ihm kein anderer Ausweg, als sich wieder zurück zu seinem Widerrufe zu flüchten und auf diesen allein den Plan seiner Rettung zu bauen. Von dieser Seite durfte er noch alles hoffen, wenn es ihm gelang, jenen Widerruf gehörig zu begründen und die Einrede: er

* Fünf Prozesse hatten dessen Verurtheilung zur Folge; der sechste hatte mit einer Lossprechung von der Instanz geendigt.

habe sein Bekenntniß im Zustande der Geistesabwesenheit und Verstandeszerrüttung abgelegt, dem Richter glaubwürdig, wenigstens wahrscheinlich zu machen. Mit bloßen Reden und Versicherungen, das wußte er wohl, wurde für diesen Zweck nichts ausgerichtet. Handlungen, augenscheinliche Thatsachen mußten für ihn Zeugniß geben. Wenn gleich dazu sich die Wahrheit ihm versagte, so konnte doch, mittelst eines klug ersonnenen, geschickt ausgeführten Spiels, wenigstens ein überzeugender Schein gewonnen werden. Mochte er auch mit dem Spiele selbst ein neues Wagestück über sich nehmen: gegen die Hoffnung des Gelingens auf der einen, und die nahe dringende Gefahr auf der andern Seite, verloren bloße Bedenklichkeiten ihr Gewicht. Er hatte die Unwahrheit seines Bekenntnisses aus einer Verstandeszerrüttung zu erklären versucht: es mußte daher von ihm die Rolle eines Wahnsinnigen übernommen und diese so lange und in solcher Wahrheit fortgespielt werden, daß der Gedanke an ein bloßes Spiel so entfernt als möglich gehalten wurde. Es galt daher nicht blos zu faseln, sondern auch faselnd zu handeln, nicht blos überhaupt, sondern auch gegen sich selbst zu toben. Mit der Vorspiegelung des Wahnsinns aber, war es auch noch nicht allein gethan. Er hatte in angeblicher Geisteszerrüttung vorgeblich ein unwahres Bekenntniß abgelegt: in der, wenn auch noch so geschickt durchgeführten Rolle der Narrheit für sich allein, würde er daher wohl dem Richter einen Verrückten, aber noch keinen in der Verrücktheit gegen sich selbst lügenden Narren gezeigt haben. Dem in sich zusammenhängenden, mit allen Zeichen des überlegenden Verstandes ausgestatteten, glaubwürdigen Bekenntnisse der Diebstähle mußte also, unter dem heimlichen Vorbehalte künftigen Widerrufs, ein anderes, eben so umständliches, verständiges, beim ersten Anblicke vollkommen glaubwürdiges Bekenntniß als Seitenstück gegenüber gestellt werden, welches, wenn es theils durch den offen hervorbrechenden Wahnsinn des Bekennenden, theils durch die Unerweislichkeit mehrerer in ihm enthaltenen Umstände, seinen Glauben verloren hatte, auch den Glauben an die Wahrheit des ersten Bekenntnisses, wenigstens nach der Rechnung des Inquisiten, erschüttern mußte. Das Bekenntniß, welches der Täuschung als Mittel dienen sollte, durfte übrigens keineswegs auf ein gewöhnliches Verbrechen gerichtet sein, bei welchem er nicht viel mehr, als bei dem ersten auf das Spiel setzte; er mußte dieses um vieles überbieten. Je schwerer das Verbrechen, je gräßlicher die That, deren er sich freiwillig anklagte, desto größer der Schein, desto sicherer der Gewinn. Und so gab er denn nun dem Richter, der seiner Behauptung: er habe in einer Verstandeszerrüttung sich einiger Diebstähle fälschlich beschuldigt, — keinen Glauben beimessen wollte, etwas noch bei weitem stärkeres, das Bekenntniß eines — nicht erweislichen und, wie er bald darzuthun hoffte, blos im Wahnsinn eingebildeten — Vatermordes zum Besten.

Die bis hieher entwickelte Ansicht liegt auch, im Wesentlichen, dem in dieser Untersuchung gefällten Erkenntnisse zweiter Instanz zum Grunde, wodurch das appellationsgerichtliche Urtheil, — welches den Inquisiten, soviel den Vatermord betrifft, blos von der Instanz entbunden hatte, — dahin abgeändert wurde: daß Inquisit von der Strafe freizusprechen sei.* Es gründet sich nämlich diese Entscheidung hauptsächlich darauf: »weil es immer als eben so möglich gedacht werden müsse, daß das Bekenntniß des Vatermordes von Xaver Reth in der Absicht abgelegt worden sei, um es glaubhaft zu machen, daß er schon zur Zeit seines früheren Bekenntnisses der Diebstähle an einer Abwesenheit oder Verwirrung seines Verstandes gelitten habe, sohin um den aus diesem Bekenntnisse der Diebstähle wider ihn hervorgehenden Beweis, wo nicht zu heben, doch zu schwächen, — als es möglich sei, daß er es aus Reue und um sein Gewissen durch das Erleiden der verdienten Strafe zu beruhigen, abgelegt habe.« Mit dieser Art den Standpunkt der Sache zu fassen, stimmt unsere Ansicht nur in einigen Punkten nicht überein. Denn erstlich glauben wir den Umstand, daß Inquisit sich des Vatermordes angeklagt habe, um dadurch seine früheren Bekenntnisse der Glaubwürdigkeit zu berauben — nicht blos für möglich, sondern

* Übrigens wurde Inquisit der Diebstähle für überwiesen geachtet und deshalb zur Strafe des Arbeitshauses auf sechs Jahre und sechs Monate verurtheilt.

für gewiß annehmen zu müssen. Eben darum sind wir auch der Überzeugung, daß die in dem zweiten Gliede jener Alternative gesetzte Möglichkeit: Inquisit könne vielleicht auch aus Reue, um sein Gewissen zu erleichtern, sich des Vatermords schuldig bekannt haben, — nach allen oben dargelegten Thatsachen und Umständen nicht wohl als möglich anzunehmen sei.* Endlich scheint es, als wenn die Alternative: entweder hat Inquisit sich des Vatermordes fälschlich angeklagt, um seinem früheren Bekenntnisse den Glauben zu entziehen, oder er hat sich aus Reue, um die verdiente Strafe des Vatermordes zu erleiden, dieses Verbrechens schuldig bekannt, — den Umfang aller hier möglichen Fälle keineswegs erschöpfe. Denn zu diesen Möglichkeiten gehört noch ein dritter Fall, nämlich der: daß Inquisit wirklich der Schuld des Vatermordes sich bewußt gewesen ist, diesen aber gleichwohl nicht aus Reue, nicht um sich die verdiente Strafe zuzuziehen, sondern blos um auf oben entwickelte Art den Richter zu hintergehen, folglich nur zum Scheine, eingestanden habe. Und gerade diese Voraussetzung dürfte wohl nicht blos eine mögliche Voraussetzung, sondern unter den möglichen zugleich die wahrscheinlichste sein, weil nur durch sie alles vollständig begreiflich wird, ohne sie Vieles ein Räthsel bleibt.

Nimmt man an, der Vatermord, dessen Reth sich anklagte, sei weiter nichts, als eine reine Erfindung, so müßte es doch wahrlich als ein wunderseltsames Spiel des Zufalls betrachtet werden, daß mit diesem Bekenntnisse so viele erhebliche, durch die Untersuchung an das Licht gezogene, unter sich übereinstimmende Thatumstände zusammentreffen, welche die sehr starke Vermuthung begründen, daß eben dasjenige, was Inquisit erfunden, gerade zu der Zeit, in welche er seine Erfindung versetzt, sich wirklich ereignet habe. Der Sohn lebte mit seinem Vater in Streit und großer Feindschaft; er trug Haß gegen ihn und hatte Vortheil von seinem Tode. Und dieser Vater stirbt eines plötzlichen Todes, nachdem er nicht blos Abends, sondern noch eine

* Wäre auch das eine eben so möglich als das andere, so hätte, wie es scheint, nicht auf Lossprechung erkannt werden dürfen, sondern es würde das erstrichterliche Erkenntniß zu bestätigen gewesen sein.

Stunde zuvor, vollkommen gesund und heiter gewesen ist. Sein Sohn Xaver war damals zu Hause bei seinem Vater, war allein bei ihm; war daher im Stande, den Mord zu vollbringen und zwar ohne Zeugen scheuen zu müssen. Der plötzliche Tod des Vaters erregte bei der Ortsobrigkeit bedenkliche Muthmaßungen und der Dorfchirurg wurde daher zur Besichtigung abgeschickt. Diese Besichtigung, ohne Leichenöffnung, zumal sie nur obenhin und in einer düstern Kammer vorgenommen wurde, konnte nun freilich, wenn der Tod durch Erdrosseln bewirkt war, dem Besichtiger wohl kein anderes Ergebniß liefern, als eben dasjenige, welches er in seinem Ausspruche: Veit sei am Schlagflusse gestorben, — wieder gegeben hat. Allein eben dieser Ausspruch, weit entfernt, den Verdacht zu schwächen, dient vielmehr, unter den obigen Umständen: ihn zu bestärken, weil das Erdrosseln seltener durch Erstickung, weit häufiger durch einen herbeigeführten Schlagfluß den Tod bewirkt. Die Erklärung des Wundarztes beruhigte denn auch den Argwohn keineswegs; vielmehr entstand erst nachher das ganz allgemeine Gerücht: der Sohn Xaver habe seinen Vater ermordet; eine Überzeugung, zu welcher sich dessen eigener Bruder, Georg, gegen seinen Vormund mehrmals bekannte. Wunderbares Zusammentreffen!

Als Reth 1822 in seinem Gehirne die Lüge eines von ihm vor 18 Jahren verübten Vatermordes zusammen webte, hatte auch bereits vor 18 Jahren der launige Zufall ein Gewebe von Thatsachen zusammengesponnen, welches fast aufs Haar mit jenem 18 Jahre jüngeren Hirngespinnste zusammenstimmt!

Ein Beweis dafür, daß Veit Reth ermordet, von seinem Sohne Xaver erdrosselt worden sei, war freilich nach so langer Zeit ein für allemal nicht mehr möglich. Hatte Xaver wirklich seinen Vater erdrosselt: wer konnte noch Zeugnis geben wider ihn für eine That, die ohne Zeugen geschehen war? Viele Menschen, unter diesen auch zwei seiner Brüder, waren bereits verstorben. Selbst des Todten Leichnam konnte nicht mehr zeugen, weder für den Mord, noch gegen den Mörder: jener war zerfallen in Staub, dessen Gebeine waren zerstreut.

Daß also von dieser Seite keine Gefahr ihm drohe, daß selbst sein Bekenntniß, zumal wenn er es nachher widerrufe, unter solchen Umständen ihm keinen Nachtheil bringen werde, das konnte nicht nur der, in diesem Theile der Rechtswissenschaft wohlbewanderte Inquisit, sehr gut wissen, sondern er wußte es in der That. In seinen, die Selbstanklage des Vatermordes wieder zurücknehmenden Verhören, wehrt er den auf ihn eindringenden, ihn auf sein Bekenntniß zurückführenden Richter beständig, mit den, unter verschiedener Form, wiederholten Äußerungen von sich ab: »niemand kann es mir wahr machen; — ein so schweres Verbrechen, wie ein Vatermord, verlangt Beweis.«

Diese immer wiederkehrenden Redensarten, welche dem ungebildeten, seiner Gedanken und des Ausdrucks nicht vollkommen mächtigen Inquisiten entschlüpfen, verrathen ganz deutlich, daß er, als er den schon eingestandenen Vatermord wieder zu läugnen hatte, weit weniger in seine Unschuld, als in die Unerweislichkeit seiner Schuld Vertrauen setzte.

War es einmal, wie oben gezeigt worden, sein Plan, den Richter durch ein in verstelltem Wahnsinn abgelegtes Scheingeständniß zu hintergehen: so konnte es ihm gleichviel sein, ein Verbrechen erst aus dem Nichts zu erfinden, oder das Geständniß eines in seinem Herzen bewahrten Verbrechens abzulegen, das sich vor Gericht in ein Nichts auflösen mußte. Dort hätte es seinem Kopfe die Arbeit einer mühsamen Erfindung gekostet; hier, wo in seinem Gewissen alles schon vorräthig lag, war wenigstens diese Mühe erspart. Jener Fall setzte ihn in die Gefahr, eine plumpe, übel zusammenhängende Lüge zu erfinden, deren Handgreiflichkeit seinen geheimen Plan leicht verrathen konnte; in dem letzten Falle brauchte er nur die Wahrheit zu erzählen, die sich bei weitem wahrscheinlicher geben ließ, als die allerwahrscheinlichste Erfindung. Dieser zweifache Betrug, mittelst einer Täuschung, zu welcher ihm die Wahrheit selbst als Werkzeug dienen sollte, erhöhte zugleich sein Selbstgefühl und verdoppelte seinen Triumph über den Richter, der bereits über ihn zu triumphiren wähnte. Was konnte ergötzlicher für ihn sein, als den Vatermord, den er wirklich begangen, mit allen Umständen einzugestehen und hierdurch, indem er seinen Richter mit der gräßlichsten Wahrheit foppte, auch noch obendrein das über einige verhältnißmäßig unbedeutende Diebstähle aufrecht stehende Bekenntniß, wobei jener ihn gepackt zu haben meinte, auf einmal spielend umzuwerfen. Daß man seiner Selbstanklage nachforschen, daß dieser oder jener Umstand sich bestätigen werde: dieses mußte er wohl erwarten. Aber aldann nur desto besser! Denn war das in sich zusammenhängende, mit verschiedenen (obgleich nicht überweisenden) Umständen zusammenstimmende Bekenntniß eines Vatermordes, durch die mit überzeugender Wahrheit durchgeführte Rolle des Wahnsinns als unglaubwürdig und unwahr dargestellt, um wie viel kräftiger, bündiger mußte auf gleiche Unwahrheit und Unglaubwürdigkeit eines bloßen Bekenntnisses über einige Diebstähle zurück geschlossen werden. Es kam überdies nicht blos darauf an, dem Richter eine neue Erzählung zum Besten zu geben, sondern auch, in unmittelbarer Beziehung auf diese, ihm das täuschende Schauspiel eines Wahnsinnigen aufzuführen. War er nun sich des Vatermordes bewußt: welche Rolle durfte er, mit dem allergeringsten Aufwande von Mühe, wahrer, treuer zu spielen hoffen, als die — eines wahnsinnigen Vatermörders? Denn da brauchte er sich nur der Erinnerung und den verbissenen Schmerzen des — auch in dem Bösewichte fortlebenden — Gewissens ohne Rückhalt zu überlassen, um — indem er einmal zu eigener Erleichterung diese Schmerzen frei aus seiner Brust heraustobte — die schreckliche Wahrheit eigener Gefühle als treue Mithelferin bei der Ausführung seines Kunststücks auf der Seite zu haben.

Die Einwendung: eine mit der Schuld eines Vatermordes belastete Seele, welche auf solche Weise mit ihrem eigenen Gewissen ein Spiel treibe, könne nicht einem Menschen angehören, sondern nur einem Satan: — diese Einwendung erwartet der Verfasser wenigstens nicht von Männern, welche mit dem Menschen in seiner Verderbtheit genauere Bekanntschaft gepflogen und die Elemente der Hölle, welche eines Menschen Brust in sich aufzunehmen fähig ist, zu ergründen und auseinander zu legen, sich zum traurigen Geschäfte gemacht haben.

LUDWIG CHRISTIAN VON OLNHAUSEN, DER BRUDERMÖRDER AUS ENTHUSIASMUS FÜR EINE HANDLUNGS-SPECULATION

Ludwig Christian von Olnhausen gerieth im Jahre 1800 wegen Ermordung seines Bruders Ludwig Ernst in Untersuchung und wurde von der ehemals preußischen Regierung zu Ansbach verurtheilt, daß er seines Adels verlustig erklärt, ohne Begleitung eines Geistlichen in seiner Kerkerkleidung zum Richtplatze geschleift, daselbst mit dem Rade von oben herab hingerichtet, sein Leichnam aber auf das Rad geflochten und die Pistole, womit der Mord verübt worden, an den Pfahl befestigt werden solle. Mit diesem Erkenntnisse vereinigte sich die Kriminal-Deputation des Kammergerichts zu Berlin in einem trefflich ausgeführten Gutachten, worauf das königliche Justiz-Ministerium am 19. Dezember 1801 das in erster Instanz gesprochene Todesurtheil bestätigte. Der Verurtheilte bediente sich dagegen des Rechtsmittels der weiteren Vertheidigung, die Akten wurden an die Regierung zu Baireuth gesendet und von dieser als zweiter Instanz ward das ausgesprochene Todesurtheil den 19. Juni 1802 ebenfalls bestätigt. Hier aber wurde in die Entscheidungsgründe die Bemerkung eingeflochten: »daß, wiewohl alle Rechtsgründe wider den Verbrecher entschieden, gleichwohl bei dem Vorfalle manche psychologische Unerklärbarkeit obwalte und man sich nicht enthalten könne, auf verborgene Schwermuth als Ursache der That zu schließen; der dortige Gerichtsgebrauch habe schwermüthige Personen stets mit der Lebensstrafe verschont, daher allenfalls die verdiente Strafe des Todes, wenigstens aus königlicher Gnade, in lebenslänglichen Festungsarrest verwandelt werden dürfte.« Nachdem das Urtheil zweiter Instanz nach Berlin zur Bestätigung eingesendet worden war, erließen Seine Königliche Majestät von Preußen am 30. Juli desselben Jahres an die Regierung zu Ansbach folgendes merkwürdige Kabinets-Reskript: »Die Regierung zu Baireuth hat zwar auf geführte weitere Vertheidigung des Handlungs-Commis, Ludwig Christian von Olnhausen, in dem anliegenden Urtheile das von Euch abgefaßte Erkenntniß erster Instanz lediglich bestätiget; jedoch zugleich auf dessen Begnadigung und auf Verwandlung der Todesstrafe in lebenswierigen Festungsarrest angetragen, weil sie es nach den ausgemittelten Umständen für wahrscheinlich hält, daß Inquisit sich bei Verübung der That in einem Zustande der Geistesabwesenheit befunden habe. — So wenig nun auch diese Vermuthung durch das Benehmen des Inquisiten vor und nach der That gerechtfertigt wird, weshalb der Antrag der Regierung zu Baireuth wohl nur als eine Wirkung der vielfältigen für diesen Mörder eingekommenen Intercessionen, welche in dem Mitleiden mit seiner und des Erschlagenen Familie ihren Grund haben mögen, anzusehen ist und so wenig sich der Richter durch dergleichen Nebenbetrachtungen in der Anwendung der Strafe irre machen lassen soll: so tragen Wir doch Bedenken, einen von ihm motivirten Begnadigungsantrag zurückzuweisen und ein Todesurtheil zu vollziehen, in Rücksicht dessen die Richter selbst ungewiß sind, ob die That dem Verbrecher in vollem Maße zugerechnet werden könne. Wir wollen daher die in Antrag gebrachte Verwandlung der erkannten Todesstrafe in lebenswierigen Festungsarrest genehmigen.«

In Folge dieses Begnadigungsreskripts befindet sich der Verbrecher seit dem Jahre 1802 in Gefangenschaft und zwar nunmehr in dem Zuchthause zu Lichtenau, aus welchem er schon durch verschiedene Mittel, einmal durch eine betrüglich verfertigte preußische Kabinets-Ordre, zu entkommen gesucht hat. Seitdem Ansbach unter bairische Souveränetät gekommen ist, machten auch seine Verwandten den wiederholten Versuch, dessen Befreiung auf dem Wege der Gnade zu bewirken. Ein von dem jüngern Bruder des Mörders wiederholtes Begnadigungsgesuch veranlaßte endlich die Einsendung der Akten zu der allerhöchsten Stelle, wobei nun die Frage entstand: ob dieser Verbrecher, zur Aufhebung oder Milderung der ihm zuerkannten lebenswierigen Gefangenschaft, der königlichen Gnade empfohlen werden könne? Daß die Geldvortheile, welche der Bittsteller gleichsam als Kaufpreis für die königliche Gnade anzubieten wagte, in keinem Falle, am wenigsten aber bei einem Verbrecher Gewicht haben konnten, welcher als Brudermörder, nach dem Erkenntnisse zweier Justiz-Kollegien, nach dem Gutachten eines hohen Justiz-Tribunals, nach der Überzeugung seines ehemaligen Oberherrn selbst, eine geschärfte Todesstrafe von Rechtswegen verschuldet hatte; welcher seinen lebenslänglichen Festungsarrest blos einer unerwarteten, durch die ehrwürdige Bedenklichkeit eines zarten Gewissens gleichsam widerwillig abgedrungenen Begnadigung verdankte: — dieses bedurfte keiner Erörterung. Blos die Beschaffenheit der That und die Würdigkeit oder Unwürdigkeit des Thäters, sind die Gewichte, mit welchen nicht blos der Richter seine Erkenntnisse, sondern auch ein Begnadiger seine Beschlüsse abzuwägen hat.

Am 8. Juni 1800 nach zwei Uhr Nachmittags kamen aus Nürnberg vor dem Wirthshause des Ansbach'schen Dorfes Guzberg zwei Passagiere, junge wohlgekleidete Männer, in einer Postchaise an. Beide stiegen aus und schickten den Postillon sogleich wieder nach Nürnberg zurück. Sie setzten sich friedlich bei einem Kruge Bier an den Tisch, sprachen mit einander und rechneten, wobei die Anwesenden von ansehnlichen Summen hörten. Sie nannten sich Du und Du und ihr ganzes Betragen zeigte Freundschaft, brüderliche Vertraulichkeit. Gegen vier Uhr standen sie auf, um einen Spaziergang zu machen. Sie wandelten auf der Landstraße, welche nach Ansbach führt, verloren sich aber bald seitwärts in den nahen Wald. Ungefähr nach fünf Uhr hörte ein Bauer, der seinen Acker neben dem Wald bestellte, einen starken Schuß und sah den aufsteigenden Pulverdampf. Kurz nachher wankte aus dem Walde eine stark blutende Mannsperson, welche das Schnupftuch um den Kopf gewunden hatte, auf den Bauer zu und fragte ihn: ob er Niemand gesehen habe? — »Ich habe einen Schuß bekommen, bin darauf hingestürzt und weiß nun nicht, wo mein Bruder ist? ich möchte doch nur wissen, wo mein Bruder ist!« Von da schleppte sich der Verwundete zu dem oben genannten Wirthshause, wo er, unbekümmert um seine eigenen Wunden, die Anwesenden flehentlich bat, mit ihm in den Wald zu gehen und seinen Bruder aufzusuchen, der wahrscheinlich ebenfalls einen Schuß bekommen habe. Mehrere Anwesende äußerten bedenklich: ob nicht etwa vielleicht sein Bruder selbst der Thäter sei? »Ach nein!« antwortete er hierauf, »wie könnte es mein Bruder sein! er hatte ja keine Waffen bei sich, wir waren uns immer gut und hatten keinen Wortwechsel mit einander.« Wohl viermal wankte er aus dem Wirthshause auf die Tenne zu den daselbst stehenden Weibern und bat: »lieben Frauen! geht doch mit mir in den Wald, helft mir doch meinen Bruder aufsuchen, der wahrscheinlich auch verwundet ist!« — Schon nahte ihm der Tod, schon war ihm die Zunge schwer, als er noch den Umstehenden diese Bitte mit liebender Sorgfalt wiederholte. — Es ist nicht ganz entschieden, ob der Verwundete wirklich mit diesem tröstenden Irrthume die Welt verlassen, oder ob er absichtlich aus heldenmüthiger Großmuth den Verdacht von seinem Mörder abzuwenden gesucht hat. Das letzte ist höchst wahrscheinlich, nach der Aussage des Thäters selbst, welcher versichert: sein Bruder, welcher die Pistole bei ihm gesehen, habe schon darum und auch manchen andern Gründen über den Urheber des Schusses nicht im Zweifel sein können.

Ärztliche Hülfe war bei dem Verwundeten vergeblich. Er starb ungefähr sechs Stunden nach empfangenen Wunden Nachts nach neun Uhr.

Unterdeß war der Vorfall dem Justizamte zu Cadolzburg angezeigt worden, welches in derselben Nacht, einige Stunden nachher, in dem Wirtshause zu Guzberg ankam. Kurz darauf um ein Uhr traf darauf auch der Bruder des

Ermordeten, Ludwig Christian von Olnhausen ein, welcher zu Wagen aus Nürnberg kam, wo er zuerst die Nachricht von der tödtlichen Verwundung eines Menschen, der sein Bruder sein könne, erfahren haben wollte. Er ging sogleich zu dem auf einer Bank hingestreckten Leichname, erkannte in demselben seinen Bruder, und bezeugte mit anscheinender Unbefangenheit tiefe Betrübniß über dessen Tod. Er bemerkte: am verwichenen Mittage habe er die Ankunft dieses seines Bruders von Augsburg erwartet, weil er die Förster- und Reuter'sche Handlung in Nürnberg mit ihm habe übernehmen sollen. Deswegen sei er ihm von Nürnberg aus bis nach Stein entgegen gegangen; nun aber sei ihm begreiflich, warum er ihn nicht getroffen. Wahrscheinlich habe sich ein tückischer Freund seines Vertrauens bemächtigt, ihn beraubt und ermordet. Keinem seiner Brüder könne er eine solche That zutrauen.

Die in dem Wirthshause gegenwärtigen Personen erkannten in dem anwesenden Bruder des Verstorbenen nicht bestimmt dieselbe Person wieder, welche Nachmittags in Begleitung des Letzten zu Guzberg in einer Postchaise angekommen war. Indessen beschloß das Gericht, nicht nur den Leichnam nach Cadolzburg bringen zu lassen, sondern auch zu aller Vorsicht den anwesenden Bruder des Ermordeten provisorisch in Verhaft zu nehmen.

Am folgenden Tage erschien der Postillon, welcher den Verstorbenen nach Guzberg gefahren hatte, zu Cadolzburg und erkannte den ihm vorgestellten von Olnhausen für denselben, welchen er in Begleitung des Getödteten von Nürnberg nach Guzberg gefahren habe. Gleichwohl behauptete jener standhaft, verwichenen Tags seinen Bruder nicht gesehen zu haben; er wollte nun sogar in dem Leichname nicht mehr seinen Bruder bestimmt wieder erkennen und beharrte hiebei, während der Öffnung des Leichnams, bei welchem er gegenwärtig geblieben war.*

* So wichtig auch die Anerkennung des Leichnams durch den Verdächtigen ist, so sollte dennoch die Leichenöffnung in dessen Gegenwart niemals vorgenommen werden. Es enthält dieses immer eine Suggestion, welche dem Richter ein bedeutendes Mittel zur Prüfung des Geständnisses entzieht und welche, wenigstens in manchen Fällen, um so gefährlicher werden kann, je gewisser es ist, daß die Art der Verwundung zu den Hauptumständen der That selbst gehört.

Aber schon am folgenden Abende bekannte er sich dem Gerichtsdiener, welcher ihn um ein offenherziges Geständniß bat, als Thäter, und verlangte ein Verhör, welches ihm noch in derselben Nacht um 11 Uhr gewährt wurde. Die Ursache seines anfänglichen Läugnens war, weil ihm der Justizamtmann die provisorische Verhaftung schonend mit den Worten angekündigt hätte: »Sie sehen mir zu rechtschaffen aus, als daß Sie einer solchen That fähig sein können.« — Diese zutraulichen Worte, welche ihm das Abscheuliche seiner That in dem Spiegel einer fremden Seele zeigten, machten ihn vor sich selbst erschrecken, und erweckten sein Ehrgefühl, seinen Stolz, seine Scham. Selbstverachtung beugt uns nur vor uns selbst, fremde Verachtung demüthigt uns vor Andern und ist, weil sie zugleich den Dünkel unserer Eigenliebe kränkt, in der Regel weit schmerzlicher als jene. Diese Verschämtheit der Eigenliebe mußte das nicht grundverderbte Gemüth des Verbrechers um so mehr zur Zurückhaltung stimmen, da derselbe Mann, von welchem er die den Brudermörder verbergende Maske mit eigener Hand herabnehmen sollte, vielleicht auch wollte, — in demselben Augenblicke den Glauben an die Redlichkeit seines Herzens, welche ihn zur Schandthat eines Brudermordes unfähig mache, so nachdrücklich und bedeutend ausgesprochen hatte. Nichts schärft in einem ehrliebenden Gemüthe den Stachel der Verachtung so sehr, als der Gedanke, zugleich die vortheilhafte Meinung des Andern über uns getäuscht, ihn durch eigene Schuld um seinen Glauben an unsere Achtungswürdigkeit betrogen und ihm Veranlassung gegeben zu haben, nicht nur daß er uns verachtet, sondern auch, daß es ihn schmerzt, uns verachten zu müssen. Für die, selbst verdiente, Verachtung des Andern können wir uns sonst allenfalls noch durch Haß entschädigen; hier aber fällt alles auf uns selbst, und bleibt haften auf uns, ohne daß wir durch Selbstbetrug irgend etwas auf den Verachtenden zurückzuwälzen vermöchten. Die Szene zu Cadolzburg, als Ludwig von Olnhausen in Gegenwart mehrerer fremder Leute den Leichnam seines Bruders anerkennen sollte, als ihn das anklagende Zeugniß des Postillons schon der ersten Lüge überführte: — sie war nicht dazu geeignet, einem Verbrecher dieser Art, das heißt, einem nicht im Grund der Seele Verderbten, den Mund zum Bekenntnisse zu öffnen. Seine Verschämtheit mußte vielmehr dadurch in freche Verstocktheit übergehen. Die Anwesenheit fremder Personen machte ihn bestürzt, die Scham versteinerte ihn, wie er von sich selbst sagt; und so begreift sich die Thorheit, hier den Leichnam seines Bruders zu verläugnen, welchen er kurz vorher ohne Bedenklichkeit anerkannt hatte. Erst die Einsamkeit seines Gefängnisses führte ihn in sich zurück und bereitete seinem Gewissen den Sieg über das Gefühl der Scham.*

Aber sein Stolz verließ ihn anfangs selbst im Bekenntnisse nicht. Weit entfernt, einige Rührung zu zeigen oder sich bis zur Reue herabzulassen, suchte er bei seinem ersten, von ihm selbst verlangten Verhöre durch erzwungenen Heroismus, durch angenommene Seelengröße, womit er auf die That und ihre Folgen in erhabener Gleichgültigkeit herabsah, den Richter und sich selbst über seine eigene Unwürdigkeit zu betrügen. »Ich bin nicht gewöhnt, etwas zu läugnen,« sprach er bei seinem Erscheinen vor Gericht. »Es ist die Wahrheit, ich habe es gethan. Keine andere Ursache, als daß er sich nicht in meinen Entschluß gefügt. Er wollte nicht in das Geschäft nach Nürnberg. Er kam in den Gasthof zum Mondschein nach Gostenhof.** Er hat ungefähr noch hundert Gulden Geld bei sich gehabt. Schon das hat mich krepirt. Ich sagte: entweder der eine oder der andere muß sterben. Wir kamen in den Wald, und da ist es geschehen. Ich will nun auch sterben, denn das Leben hat keinen Reiz für mich. Weiter will ich nichts sagen, sondern nur verlangen, daß mir verstattet werde,

* Es gibt zwei Hauptursachen, aus welchen schuldige Inquisiten läugnen: die eine ist Furcht vor der Strafe, die andere Scham über die That. Jene Ursache findet sich bei verwilderten oder verhärteten Bösewichtern; diese bei Verbrechern, deren That schändlicher ist, als sie selbst. Um ein Geständniß zu erlangen, wirke der Inquirent bei jenen vorzüglich auf den Verstand, bei diesen auf das Gewissen. Jener bekennt, wenn er sieht, daß keine Lüge mehr möglich ist, um das künstliche Netz der Überführungsmittel zu zerreißen; dieser, wenn er fühlt, daß es noch peinigender ist, die anklagende That lastend auf dem Gewissen zu tragen, als durch die Strafe seine Schuld zu büßen.

** Eine Vorstadt von Nürnberg.

letztwillige Disposition zu machen und dann zu sterben.« Dies war sein erstes Bekenntniß, lakonisch, abgerissen schneidend. Alle Vorstellungen des Richters, alle Fragen über Aufklärung einzelner Umstände des Vorfalls wies er mit kaltem Stolze zurück.

Das nächstfolgende Verhör war nicht befriedigender. Ehrliebe und Stolz traten auch hier als hervorstechende Züge überall hervor. »Ich habe sonst weiter nichts anzugeben,« sagte er z. B. am Ende des Verhörs. »Es mag mir gehen, wie es will. Ich habe doch einen nagenden Wurm, wenn es auch gut geht. Um mich ist es mir nicht, aber das ärgert mich, daß Herr Förster nun nicht nach Augsburg ziehen kann. Und der Schandfleck!«

Unterdessen wurde gegen den Inquisiten als Adelichen eine Regierungs-Commission angeordnet, vor welcher er, sowohl in dem summarischen als artikulirten Verhöre, ein umständliches Bekenntniß abgelegt hat, welches im Wesentlichen folgende Umstände enthält:

»Ich bin,« sagt er, »den 3. Oktober 1772 zu Jaxthausen, einem von Berliching'schen Rittergut, geboren, und also 29 Jahre alt. Mein Vater war dort lutherischer Prediger, starb aber schon im Jahre 1780 und hinterließ eine Tochter und 4 Söhne, unter welchen der Getödtete der älteste war, ich der zweite. Ich bin zu Jaxthausen in die Schule, sodann zu einem Kaufmanne in die Lehre gegangen. Nach überstandenen Lehrjahren begab ich mich nach Speyer als Handlungsdiener, wo ich bis zum Jahre 1797 blieb. Hierauf trat ich bei einem Kaufmanne zu Öhringen in Dienste und kam endlich 1799 als Buchhalter in die Förster- und Reuter'sche Handlung in Nürnberg, wo ich eine jährliche Besoldung von 2000 Gulden erhielt.«

»Ungefähr zu Ende des Jahres 1799 entschloß sich der Kaufmann Förster mit seiner ganzen Familie nach Augsburg zu ziehen, um dort eine Fabrik zu übernehmen, und mein zweiter Prinzipal, Reuter, war Willens, sich ganz in Ruhe zu setzen. Beide machten mir den Antrag, ihre Nürnberger Handlung, welche von ansehnlichem Werthe ist, zu übernehmen: ein, wie ich dafür hielt, sehr annehmlicher Vorschlag, wobei ich zugleich für meinen ältesten Bruder bedacht war, dem es sehr nützlich gewesen wäre, die Handlung mit mir gemeinschaftlich zu übernehmen. Er war von jeher zu gut und zu freigebig, darum wußte er sich nichts zu ersparen; aber er verstand die Handlung sehr gut; auch hoffte ich ihn bei näherer Verbindung von den Fehlern seiner Freigebigkeit zu heilen. So sah ich in jenem Plane nicht nur mein eigenes Glück, sondern auch das Glück meines Bruders, ja meiner ganzen Familie vor Augen. Ich hatte meinem Bruder einige Zeit vorher bei einem Kaufmanne zu Augsburg einen Dienst verschafft und eröffnete ihm nun im Januar dieses Jahrs mein Vorhaben schriftlich. Er willigte ein. Bald darauf wurde er zwar wieder andern Sinnes. Ich erklärte ihm aber, daß das Geschäft nicht mehr zurückgehen und nicht anders als mit seinem Beitritte ausgeführt werden könne und so erhielt ich endlich wieder die Antwort, daß er mit mir einverstanden sei.«

»Noch im Januar desselben Jahrs reiste ich zu meiner Mutter und meinen übrigen Verwandten, um sie mit meinem Plane bekannt zu machen. Auch sie willigten endlich, nach einigem Widerstande, ein. Bei meiner Rückkehr nach Nürnberg wurde daher der Kaufcontract zwischen mir und meinen Prinzipalen abgeschlossen und der 1. Juli zur Übergabe der Handlung bestimmt. Ich schrieb meinem Bruder, daß er sich den 1. Juni bei mir einfinden möchte, um dieses Geschäft durch Aufnahme des Inventars vorzubereiten.«

»Er verließ Augsburg schon am 6. Mai. Ich erhielt in der Mitte dieses Monats seine Sachen, er selbst fand sich zur bestimmten Zeit nicht ein. Meinem jüngern Bruder schickte ich daher eine Estaffete, um den ältern zur Beschleunigung seiner Reise zu bewegen. Ich ging ihm den 5., dann den 6. Juni entgegen, aber vergebens. Erst am 8. Vormittags brachte mir der Hausknecht des Gasthauses zum Mondschein in der Vorstadt Gostenhof ein Billet von ihm, worin er mir seine Ankunft meldete. Wir hatten uns in drei Jahren nicht gesehen; ich ging sogleich zu ihm hinaus.«

»Nach den ersten Bewillkommnungen fragte ich ihn: wie er mit meinem Unternehmen zufrieden sei? Er zuckte die Achseln, sprach von der bedenklichen politischen Lage der Stadt Nürnberg, von dem ihr bevorstehenden Bankerott, von den zweideutigen trüben Aussichten, welche sich unter solchen Umständen dem Handelsstande eröffneten. Unsere Unterredung währte etwa eine Viertelstunde. Er wollte in Gostenhof zu Mittag speisen und dann zu mir in die Stadt kommen. Allein ich erklärte ihm, wenn er keine Lust habe, sich in das Geschäft einzulassen, so brauche er auch nicht in die Stadt zu gehen. Ich hatte die Absicht, ihn so lange außer der Stadt zu halten, bis er sich vollkommen entschieden haben würde. Um ihm jedoch die Grillen zu vertreiben und ihn durch genauere Entwickelung meines Planes für denselben zu gewinnen, machte ich ihm für den Nachmittag den Vorschlag zu einer Spazierfahrt. Er willigte ein und ich ging nach Nürnberg zurück. Beim Nachhausegehen beschäftigte mich indessen lebhaft die Vorstellung von dem Benehmen meines Bruders, mich ärgerte seine Unentschlossenheit, sein grundloses Zweifeln, sein unaufhörliches Kritisiren und im Zorne stieg mir der Gedanke auf: ›entweder mußt du, Bruder, zu Grunde gehen, oder ich, oder wir beide.‹«

»Meinem Prinzipale verschwieg ich die Ankunft meines Bruders; ich sagte blos, daß ich ihm entgegen gehen wolle. Nachmittags kleidete ich mich um und öffnete eine Schublade, um eine reine Halsbinde herauszunehmen. Hinten in dieser Schublade lag unglücklicher Weise eine Pistole, die ich vor mehr als einem Jahre in Fürth gekauft hatte; sie fiel mir in die Augen und zugleich kehrte der Gedanke zurück, der mich bei dem Nachhausegehen von Gostenhof befallen hatte, nämlich: daß wenn mein Bruder sich in das Geschäft nicht füge, entweder ich, oder er zu Grunde gehen müsse. Ich lud die Pistole mit einer Kugel in dem Gedanken, diese ihm oder mir in den Kopf zu jagen, wenn er sich nicht mit voller Überzeugung in meinen Plan ergebe. Mit diesem Gewehre in der Tasche ging ich in die Vorstadt und wir fuhren von da in einer Postchaise ab.«

»Da uns der Postillon zu nahe saß, so sprachen wir im Wagen nur wenig von dem Geschäfte. Doch sagte ich meinem Bruder: er möge sich auf dieser Fahrt bedenken und festen Entschluß fassen.«

»Nach unserer Ankunft in Guzberg zergliederte ich ihm nochmals die Sache ganz genau, rechnete ihm vor, was wir gewinnen könnten, was wir aufwenden müßten; ich zeigte ihm, daß wir bei genauer Sparsamkeit in unserem vierzigsten Jahre eine schuldenfreie Handlung haben würden. Alles dieses behagte ihm indessen nicht; mir schien, als fürchte er sich vor der Arbeit und als trete er nur widerwillig in Gemeinschaft mit mir. Er äußerte allerlei Bedenklichkeiten; unter andern war es auch die zu der Nürnberger Handlung gehörende Boutique zu Frankfurt am Main, welche ihm zu Einwendungen diente. Ich erwiederte: ›geht Frankfurt zu Grunde, so setzen wir unsere Boutique nach Mainz.‹ Allein nichts überzeugte, nichts überredete ihn; er blieb steif in seinen Bedenklichkeiten, fand gegen jeden Grund einen neuen Zweifel, oder antwortete auf meine Gründe mit Achselzucken. Diese Zweideutigkeit, diese verdächtige Unentschlossenheit, diese beleidigende Kälte gegen meinen so wohl durchdachten Plan, kränkte, ärgerte und erbitterte mich auf das Äußerste. Mein Verdruß über ihn wurde noch dadurch vermehrt, daß ich einige Wochen vorher aus Augsburg einen Brief unter seiner Adresse erhalten hatte, welcher ihn verdächtig machte, seinem Prinzipal zu Augsburg Waaren entwendet zu haben.«

»So waren wir eine Stunde in Guzberg. Erbittert, daß er nicht mit Mund und Herz zu meinen Unternehmungen ja sagte und ich mich nur vergeblich mit ihm abmühte, schlug ich ihm endlich einen Spaziergang vor. Er wußte, daß ich eine Pistole bei mir trug, auch hatte ich ihm entweder schon in der Chaise oder in Guzberg gedroht, mich selbst oder ihn zu erschießen, wenn er sich nicht willig in meine Absicht füge. So ging ich nun auch von Guzberg mit dem Gedanken hinweg: entweder vereinigt er sich mit mir auf dem Spaziergang und dann gehen wir noch denselben Abend nach Nürnberg, oder er entschließt sich nicht mit voller Überzeugung und dann schieße ich ihm eine Kugel vor den Kopf.«

»Wir gingen nun ungefähr eine halbe Viertelstunde weit auf der Landstraße nach Ansbach zu zwischen dem Walde fort. ›Jetzt entschließe dich,‹ sprach ich hier zu ihm, ›denn ich gehe heute noch nach Hause: entweder sage mit ganzer Seele ja oder nein, oder ich oder du, oder wir beide gehen zu Grunde.‹ Er antwortete: ›thue was du willst!‹ Unter diesen und ähnlichen Gesprächen kamen wir wieder zum Dorfe zurück. Hier machte sich mein Bruder eine Pfeife Taback und wir wanderten auf's neue gegen Ansbach zu, wendeten uns aber links von der Landstraße ab in den Wald hinein. Dieses that ich theils um dem Staube auszuweichen, theils in der Absicht, um mich oder meinen Bruder zu ermorden, wenn dieser in seinen zweideutigen Erklärungen beharre.«

»In dem Walde brachte ich unsern lang besprochenen Gegenstand von neuem zur Sprache; allein, gleiches Betragen! gleicher Erfolg! Nun ward ich hitziger und sprach: ›übernimmst du nicht freiwillig die Handlung mit mir und mit ganzer Seele, so wie ich selbst, so hänge entweder ich mich auf, oder ich — schieße dich todt.‹ — Kaltblütig antwortete mein Bruder, wie vorher: ›thue, was du willst.‹ Dieses unsere letzten Worte. Wir befanden uns gerade auf einer Anhöhe zwischen Wald und Feld. Er war mir zur rechten Seite um zwei bis drei Schritte voraus und da zog ich bei jenen Worten die Pistole hervor und schoß sie, von hinten nach seinem Kopfe zielend, auf ihn ab. Mein Bruder stürzte zu Boden, ich sah das Blut aus der linken Seite seines Kopfes fließen, er gab keinen Laut von sich und ich glaubte ihn tödlich verwundet. Doch bemerkte ich keine Verletzung des Gehirns; ich fürchtete, er möge noch länger leiden müssen und beschloß daher, seine Marter zu endigen. Ich nahm die Pistole bei dem Laufe und schlug ihn dreimal mit dem Schlosse, das erstemal neben den rechten Schlaf, das zweitemal auf den Kopf. Ich sah, wie es Wunden gab. Fünf bis acht Minuten stand ich betrachtend neben ihm und weinte aus Mitleid über ihn und mich. Da fuhr ein Zucken über seinen ganzen Leib und — ich schleuderte die Pistole 5 bis 6 Schritte in den Wald hinein. Noch einen Augenblick stand ich und ging hinweg. Da erschienen vier bis fünf Raben, welche sehr schrieen, sich mir nahten, und mich anzupacken drohten.* Diese Erscheinung vermehrte meinen Schauder, ich eilte bestürzt dem Dorfe Guzberg vorbei

* Aller Wahrscheinlichkeit nach blos eine Vision des von den Schrecknissen seiner That geängstigten Brudermörders.

durch die Waldspitze nach Nürnberg zu und weinte auf dem ganzen Wege bis zur Vorstadt, wo ich um drei Viertel auf 7 Uhr ankam.«

»Ich speiste zu Nacht mit meinem Handelsherrn und ging um 10 Uhr zu Bette. Aber ich konnte nicht schlafen und schon nach einer halben Stunde kam der Saamenhändler N. auf mein Zimmer mit der Nachricht, mein Bruder sei geschossen und liege im Wirthshause zu Guzberg.«

»Die Liebe zu meinem Bruder trieb mich hinaus zu eilen und ich dachte: ›du gehst jetzt hinaus, siehst was dein Bruder macht und übergibst dich dem, der dich haben will.‹ Nie war meine Absicht, die That zu verbergen. Mit ungewaschenen Händen setzte ich mich am Abend zu Tische, fuhr ich in der Nacht nach Guzberg. Ich untersuchte nicht einmal, ob nicht Blutflecken sich an meinen Kleidern oder an meiner Wäsche befänden. Hätte nicht in Guzberg der Justizamtmann zu mir gesagt: ›ich sähe ihm zu rechtschaffen aus, als daß ich einer solchen That fähig sein könnte‹, so würde ich gar nie geläugnet haben. Nun aber hielt mich die Scham zurück. Hätte ich gleich anfangs die Absicht gehabt, die That zu läugnen und mich der Strafe zu entziehen, so würde ich entweder gleich fortgegangen, oder nachher, statt nach Guzberg, nach Schwabach gefahren sein, wo ich von meinen dortigen Bekannten Geld aufgenommen und so durch Flucht mich gerettet hätte.«

»Ich habe meinen Bruder weder aus Eigennutz noch aus Neid oder Feindschaft getödtet. Es geschah aus Enthusiasmus für das ganze Geschäft. Ich hatte den Plan zu meinem und meiner ganzen Familie Glück so gut und so sicher entworfen; gleichwohl tadelt ihn mein Bruder und zuckt beständig die Achseln. Dies ärgerte mich schrecklich. Seine wunderlichen Einwendungen über die politische Lage von Nürnberg und Frankfurt griffen mich auf der empfindlichsten Seite an. Mein Ärger wurde durch den fatalen Brief, der rücksichtlich seiner von Augsburg eingelaufen war und durch seine phlegmatischen Antworten: ›thue was du willst!‹ auf das Äußerste gebracht. Ich verlor die Besinnungskraft und drückte die Pistole, weil ich sie eben bei mir trug und wahrscheinlich mein Leben lieber hatte, als das seine, unglücklicherweise auf ihn los. Stelle man sich nur vor, wenn man es so weit gebracht hat als ich; wenn man eine beträchtliche Handlung überkommt, durch die man sein und seiner Familie Glück gründen kann; daß unsere Firma auf unseren Handlungsplätzen zu Frankfurt, Bamberg und Würzburg schon angekündigt war; daß wir mit jeder Stunde das Waarenlager wirklich übernehmen sollten; daß Herr Förster äußerst darauf drang, weil er schon einen Theil seiner Sachen nach Augsburg abgeschickt hatte: — und nun kommt ein Bruder, der gegen alles Erwarten nichts als Bedenklichkeiten hat, nichts als elende Einwendungen vorbringt, ob man da nicht toll werden und in Verzweiflung kommen muß! Vernunft und Religion sagen mir, daß ich strafbar gehandelt, — die Gesetze des Staates, daß ich das Leben verwirkt habe. Ich hätte besser gethan, wenn ich meinen Bruder ganz hätte gehen lassen; allein in der Hitze überlegt man so etwas nicht gleich. Da ich schon in meinem Plane die Handlung geordnet und dabei Jedem meiner Familie seinen Platz angewiesen hatte, so fiel mir nicht gleich ein, was in dem Falle zu thun sei, wenn mein Bruder nicht mit mir in das Geschäft eingehen sollte.«

Es wäre überflüssig, die Glaubwürdigkeit dieses Bekenntnisses, dessen Übereinstimmung mit dem Thatbestande und mit andern Zeugnissen, aus dem rechtlichen Gesichtspunkte zu prüfen. Alle Richterstellen, welche über diesen Fall geurtheilt haben, sind darin einstimmig, daß in Ansehung des Beweises der That und des Thäters, so wie der Glaubwürdigkeit der in dem Bekenntnisse angegebenen Umstände nicht die mindeste Bedenklichkeit obwalte. Es kann daher der Vorfall, so wie er größtentheils aus dem Munde des Verbrechers selbst erzählt worden ist, ohne Gefahr des Irrthums, mit voller Gewißheit als wahr angenommen werden. Was hier allein der näheren Betrachtung und einer umständlichen Erörterung bedarf, ist die geistige Seite dieses Verbrechens, der Seelenzustand und die Gemüthsstimmung seines Urhebers. Hierdurch werden alle von dem Gerichte zweiter Instanz über die volle Zurechnungsfähigkeit des Thäters erhobenen Zweifel und Bedenklichkeiten sich von selbst in gehaltlose Voraussetzungen auflösen, alle angeblichen oder scheinbaren psychologischen Unbegreiflichkeiten, durch welche dasjenige, was in dem verdammenden Urtheile selbst als gewiß angenommen werden mußte, gleichwohl hintendrein in den Entscheidungsgründen wieder wankend gemacht werden sollte, auf das vollkommenste und unzweifelhafteste begreiflich werden.

Die erste scheinbare Unbegreiflichkeit ist der auffallende Gegensatz zwischen der Person und der That, zwischen ihrem Charakter und ihrem Entschlusse. Wir sehen hier einen Menschen, welcher ohne Bösewicht zu sein, eine That verübt, die nur von einem Bösewichte zu erwarten ist. Ludwig von Olnhausen war bis zu dem Augenblicke jener That das Muster eines gesitteten, rechtschaffenen Mannes; nicht der mindeste Flecken haftet an seinem guten Namen; er war arbeitsam bis zum Übermaße, zurückgezogen und doch gefällig; Freund von wenigen, aber desto inniger in der Freundschaft gegen seine Familie; streng und karg gegen sich selbst, mild und freigebig gegen seine Verwandte; arbeitend für sein eigenes Glück, doch ohne dieses je von dem Glücke der Seinigen zu trennen. — Und dieser Mensch auf einmal ein Brudermörder! Wo ist das Vergangene, das Höhere, an welches eine solche That als Fortsetzung oder Folge geknüpft werden könnte? Ein Wahnsinn, eine plötzliche Verblendung und Verwirrung des Verstandes muß hier zwischen Vergangenheit und Gegenwart in der Mitte liegen, oder es muß der undenkbare Gedanke gedacht werden: der gute Wille könne zugleich auch ein böser Wille sein.

Quelques crimes toujours précedent les grandes crimes;
Quiconque a pû franchir les bornes légitimes
Peut violer enfin les droits les plus sacrés;
Ainsi que la vertu le crime a ses degrés;
Et jamais on n'a vu la timide innocence
Passer subitement à l'extrême licence.
Un jour seul ne fait point d'un mortel vertueux
*Un perfide assassin, un lâche incestueux.**

* Racine in der *Phaedra*.

Aber nichts trüglicher als solche Gemeinplätze bei Beurtheilung menschlicher Handlungen! Nichts irriger als die Meinung: nur ein Bösewicht sei eines großen Verbrechens an der Menschheit fähig, nur in einem schändlichen Gemüthe könne eine Schandthat keimen, nur durch das Gebiet des Lasters gehe der Weg zu solchen Verbrechen. Niemand wird freilich plötzlich ein Anderer als er war; aber vieles ist er, was er nicht scheint, vieles scheint er, was er nicht ist; vieles liegt in ihm verschlossen, verborgen vor ihm selbst, was sich erst bei Zeit und Gelegenheit in Kraft und Thaten äußerlich offenbart. Der gewöhnliche Mensch der Erfahrung, selbst der sogenannte gute Mensch, ist gemeiniglich nur von negativer Güte. Er ist unschuldig, weil ihn keine Schuld belastet; er heißt gut, weil er noch nichts Böses gethan; er hat noch nichts Böses gethan, weil er noch keine, oder noch nicht hinreichend starke Veranlassung dazu gefunden hat. Was er ist, das ist er durch seinen Instinkt, durch die natürliche Gutmüthigkeit seiner Neigungen, welche ihn, unschuldigen Gemüths, friedlich rechtlich den geraden Weg fortleiten. Aber irgend eine hervorstechende Neigung werde an einem Gegenstande, den Zeit und Umstände darbieten, zur Leidenschaft entzündet, irgend eine Lieblingsmeinung, irgend eine einseitige Richtung des Gemüths treffe auf einen besondern Zweck des Begehrens und hefte sich an ihn mit innigem heißem Verlangen: — plötzlich, unvermuthet und unvorbereitet ist dann das innere Gleichgewicht zerrüttet und alles stürzt, aus seinen Fugen getrieben, der Stützen beraubt, dahin wohin die Übermacht es drückt. So tritt oft unerwartet selbst der Bessere in die Reihe der Verbrecher; so ist oft eines Menschen That abscheulicher als er selbst; so können sich oft die sträflichsten Handlungen sogar aus trefflichen Neigungen entwikkeln. Unter Hunderten, welche wir zu kennen meinen, ist vielleicht nicht Einer, für den wir sichere Bürgschaft leisten dürften: Er, der heute noch als Mann der Rechtlichkeit vor unsern Augen steht, werde nicht vielleicht Morgen ein Verbrecher sein. So wahr es ist, was jener tiefe Menschenkenner von den Menschen sagte: jeder habe seinen Preis, um den er verkäuflich sei, — so wahr ist es, daß fast jeder seine schwache Seite hat, welche ihm den Fall bereiten kann, sobald ihn dabei die Gelegenheit mit hinreichender Stärke faßt. Es ist nicht allein der gute Wille der Moralphilosophen, welcher vor solchem Falle schützt. Der Stern der Vernunft leuchtet nur, so lange ihn nicht der Sturm der Leidenschaften mit seinen Wolken bedeckt. Sobald schon der Kampf begonnen hat, entscheidet allein die Stärke den Sieg. Nur wer dem Streite selbst zu begegnen, ihm zuvorzukommen weiß, ist seiner Stärke gewiß. Und dieses ist nicht der Gutmüthige, der in sorgloser Eintracht mit sich selber lebt, sondern der Mann von hellem, nach Außen und Innen beobachtenden Verstande, welcher im Bewußtsein der Gefahr sich selbst mißtrauend, seine Neigungen in ihren Schritten bewacht, vorsehend der Gelegenheit entflieht, oder, wenn sie ihn zufällig angreift, sie für das erkennt was sie ist und schnell die zweckmäßigsten Gegenmittel faßt, damit sie ihm nicht werde, was sie ihm werden will und kann. Alle jene Verbrecher, welche das sittliche Urtheil losspricht, während das Urtheil der Gerechtigkeit sie verdammt, sind ein Opfer des Mangels dieser moralischen Klugheit und Selbstkenntniß, und hiedurch der Schwäche, Beschränktheit, Einseitigkeit oder Unkultur ihres Verstandes. »Das hab' ich nicht vorgesehen! — das hab' ich nicht bedacht! — hätte ich es besser überlegt, ich hätte es nie gethan!« Dieses sind die Entschuldigungsgründe, die man dann aus dem Munde solcher Verbrecher hört, auf welche aber die Gerechtigkeit kein Gewicht legen kann, weil diese, die nur die That und den verbrecherischen Entschluß in ihren Gesichtspunkt faßt, das sittliche Urtheil dem ewigen Richter der Gesinnungen überlassen muß.

Die andere scheinbare Unbegreiflichkeit ist das Mißverhältniß des Beweggrundes zu der That. Diese so groß, und jener so klein! Welcher Mensch von gesundem Verstande kann so urtheilen und handeln, wie hier dieser Mensch geurtheilt und gehandelt hat! Welch eine Gedankenverbindung: weil mein Bruder nicht mit vollem Herzen zu meiner Unternehmung ja sagt, so tödte ich ihn! Ist dieses nicht die Logik eines Wahnsinnigen? — Ich aber antworte: es ist die Logik der Leidenschaft, die keine Syllogismen des Verstandes anerkennt, deren Grundgesetz es ist, über alle Syllogismen hinaus geraden Wegs auf ihre Befriedigung loszugehen, welche in ihrer Verblendung nichts sieht als sich selbst und ihren Gegenstand, welche alles niederwirft was ihr in den Weg kommt und in ihrer Thorheit nicht selten thut was ihrem eigenen Zwecke entgegen ist. Wenn diese Thorheit Beweis einer Verrückung des Verstandes ist, wenn sie der Wirksamkeit des Gesetzes die Kraft benimmt: so mögen nur immerhin die Strafgesetze schweigen, so mögen wir unsere Criminalgerichte für immer verschließen; ihr Reich hat ein Ende! — Es ist aber nicht der kalte Verstand, nicht die erleuchtende Vernunft, es ist die Leidenschaft, welcher die Strafgesetze drohen und über welche unsere Gerichte sprechen. Die Leidenschaft nach den Gesetzen des Verstandes beurtheilen, ist eben so viel, als einem Trunkenen zumuthen, so zu thun, als wenn er nüchtern wäre, oder auf sicherem Ufer einem Ertrinkenden zurufen: daß er nur hübsch fest und gerade auf den Boden auftreten möge! — und uns dann darüber verwundern, wie es doch gekommen sein möge, daß er es nicht eben so gemacht habe, wie wir.

Es ist schon im Allgemeinen ein sehr verwegener Schluß: was wir nicht begreifen, das ist nicht; was wir nicht erklären können, hat auch keinen Grund der Erklärung. Am vermessensten ist es bei Erscheinungen des menschlichen Gemüths, welche an so feinen Fäden fortlaufen, daß ihr Ursprung, dem beobachtenden Auge unbemerkbar, oft in die dunkelsten Kammern des Geistes sich verliert. In dem gegenwärtigen Falle indessen liegt alles sehr klar und offen vor Augen. Ehe dieses näher dargelegt wird, sei es erlaubt, einige der vorzüglichsten Stellen aus der nicht unmerkwürdigen Charakterschilderung herauszuheben, welche der Gefangene während der Untersuchung in einem schriftlichen Aufsatze von sich selbst entworfen hat.

»So lange ich richtig denken konnte, habe ich für das Glück und die Ehre meiner lieben Familie gelebt. Es war mir außer Gott nichts heiliger als meine beste Mutter, meine einzige Schwester und meine vier Brüder. Mein einziges Bestreben war, meiner Mutter und meiner Schwester durch Mitwirkung meiner Brüder ein heiteres Leben und ein ruhiges Alter zu bereiten. Außer diesem Plane und meinen Berufsgeschäften fand ich an nichts sonderliche Freude, jedes andere Vergnügen war mir gleichgültig, ja lästig. Um meiner lieben Schwester von Zeit zu Zeit Geschenke zu machen, habe ich mir oft Ausgaben erlaubt. Sonst aber war ich äußerst sparsam, doch nie geizig; denn diesen Unterschied weiß ich sehr wohl. Ich habe mich nie mit Handlungs-Commis und andern dergleichen Personen abgegeben; ich suchte den Umgang solcher Männer, von denen etwas zu hören und zu lernen war und nur in ihrem Umgang war mir wohl. Ich war von jeher nicht hochmüthig, aber stolz auf meine innere Kraft, auf mein männliches Bewußtsein. Ich kramte damit nicht aus, bei keiner Gelegenheit. Es war mir Eckel, wenn irgend jemand in meiner Gegenwart mit seinen Vorzügen prahlte. Jetzt, da ich im Unglücke bin, muß ich es, leider, selbst wider meine Neigung thun! — O Gott! wie unglücklich hast du mich werden lassen! warum hast du zugeben können, daß ich mich selbst durch meine eigene Hand so schrecklich vernichtet, daß ich mit mir so viele Menschen auf immer in das Verderben gerissen habe! Zu meinem Unglücke gesellt sich noch der Jammer, daß ein Theil und daß der größte Theil des Publikums falsch von mir urtheilt. Für diejenigen, die meine traurige Geschichte genau kennen, will ich hier den Plan umständlich entwickeln, nachdem ich ein halbes Jahr lang gearbeitet habe und der so eisern fest in meinem Gehirne gereift ist, daß mein guter Bruder Ludwig Ernst, welcher die erste Person in diesem Plane war, sein Leben darüber verlieren mußte. Weil er sich nicht mit ganzer Seele nach meinem Willen darein ergab, — darin und in dem Wische von Augsburg* liegt mein Verbrechen und das Unglück meiner Familie und das meine. Mein Plan war dieser: (Jetzt entwickelt er in mehreren Punkten das Detail seines Handlungsprojekts, wobei er jeder Person seiner Familie einen Platz zugedacht hatte, und fährt dann fort): »Worauf ich mich noch außerordentlich freute, war meiner lieben Schwester Tochter, welche ich zu mir nehmen und unter meiner Aufsicht erziehen wollte. Sie heißt Louise,

* Dem Brief.

sie ist ein hübsches gutes Kind von sechs Jahren. Sie war die Puppe, an der ich mich bei müßigen Stunden ergetzen wollte. O! wie unbeschreiblich schrecklich ist es, daß ich die Laufbahn, die ich als Wohlthäter begann, nun als Übelthäter endigen muß! Wenn ich in meinem Gehirne nicht so gut gesattelt wäre, so wäre ich in den ersten Tagen meiner Gefangenschaft ein Narr geworden. Ich mußte mir Mühe geben, mich selbst wieder zu erkennen; ich zweifelte, ob ich denn wirklich noch der Ludwig von Olnhausen sei? Ich war trunken von Jammer, ich meinte zu ersticken; die Wände meines Kerkers schienen sich auf mich zu wälzen; wo ich hinsah, da sah ich Flammen.* Man sollte nicht glauben, daß ein Bruder den andern ermorden könnte. Und doch hat dieses einer dem andern gethan, ohne daß jener roh oder bösartig, ohne daß einer dem andern Feind gewesen wäre. Ach! nur ein einziger Zwist brachte diese That hervor, das schlimmste unter allen Übeln, das schrecklichste unter allen Verbrechen.«

Alle Handlungen dieses Menschen, alle Züge seines Selbstbekenntnisses stellen ihn dar als einen lebhaften, feurigen Kopf, verbunden mit einer reizbaren Eigenliebe, mit einem in sich selbst verschlossenen, auf das Bewußtsein geistiger und sittlicher Vorzüge gegründeten Stolz, nebst einer durch alles dieses gehaltenen Schnellkraft des Willens, der mit Hartnäckigkeit die einmal ergriffenen Zwecke festhält und sein Ziel in rascher Ungeduld verfolgt. Mit aller Heftigkeit und Einseitigkeit, welche solchen Charakteren eigenthümlich ist, entwirft er sich einen Plan, der, nach seiner Meinung, sein und der Seinigen Glück für immer gründen soll, der allen bessern Wünschen seines Herzens, so wie seiner Eigenliebe und seinem Stolze volle Befriedigung verspricht. Durch diesen Plan sollte er der Schöpfer fremden Glücks, der Versorger seiner Mutter, der Vater seiner Brüder, das Haupt seiner ganzen Familie werden.

* Ihm färbt der Morgensonne Licht
Den reinen Horizont mit Flammen,
Und über seinem schuldigen Haupte bricht
Das schöne Bild der ganzen Welt zusammen.
Goethe.

Jedem Mitgliede dieser Familie war der Platz angewiesen, auf welchem es unter seiner Leitung zu wirken hatte. Alles glänzt vor seiner lebendigen Einbildungskraft in den vortheilhaftesten Farben, alles steht fest und sicher vor seiner Seele; er hat alles berechnet und erwogen; er weiß, was er von sich und seinen Kenntnissen zu halten hat; — wie könnte es also fehlen? wie möchte es irgend einem Menschen einfallen können, da Bedenklichkeiten zu erheben, wo Er nichts als Gewißheit und Beruhigung findet! Das Verlangen nach der Ausführung dieses so vortrefflichen Plans, welches durch seinen Stolz bekräftiget, durch die Einseitigkeit seiner Vorstellungen begünstigt, durch seine Zurückgezogenheit genährt, durch den anfänglichen Widerspruch seiner Familie und seines Bruders nur noch mehr gereizt war, erwuchs endlich zur heftigen Leidenschaft, die sein ganzes Gemüth erfüllte, alle seine Gedanken und Kräfte auf sich zusammendrängte und gleichsam sein ganzes geistiges Wesen in sich verschlang. Die ersten Hindernisse waren besiegt; seine Familie, welche ihn anfangs durch ihren Widerspruch kränkte, hatte sich in seinen Plan ergeben; sein älterer Bruder hatte aufgehört, zwischen Ja und Nein unentschieden zu schwanken; der Plan war reif, dessen Ausführung begann; der Glückliche stand am Ziele seiner Wünsche. Wenn ihm noch hier ein unvorhergesehenes Hinderniß sich entgegen warf und ihn von dem lang ersehnten Ziele, in dem Augenblicke, wo er es eben ergriffen zu haben glaubte, muthwillig zurückzuschleudern drohte: was war bestimmter zu besorgen, als daß jene Leidenschaft, bis zum höchsten Punkte gesteigert, endlich den Charakter annehmen werde, welcher allen heftigen Leidenschaften mehr oder weniger innewohnt, — den Charakter der Zerstörung?

Unter beiden Brüdern ist ein Tag festgesetzt, wo der eine nach Nürnberg kommen und zur Ausführung des schon gegenseitig beschlossenen Planes werkthätig Hand anlegen soll. Allein so rasch der Eine ist, so kühl und säumend ist der Andere. Dieser zögert mit seiner Reise, läßt sich erst durch Estaffeten zur Beschleunigung derselben bewegen und foltert die feurige Ungeduld des Andern, der ihm täglich entgegen geht und ihn stets vergebens erwartet. In der Zwischenzeit trifft bei diesem ein Brief ein, welcher auf den erwarteten Bruder den Verdacht wirft, seinen Herrn betrogen oder bestohlen zu haben.

Ludwig von Olnhausen kannte als Kaufmann nichts Höheres, als den Ruf unbefleckter äußerer Rechtschaffenheit, die zarte Stütze aller bürgerlichen Ehre, alles kaufmännischen Credits. Er hatte zwar keinen Grund, seinen Bruder einer solchen Handlung bestimmt zu beschuldigen; es war nur ein Gerücht, ein aus unbekannter Quelle entsprungenes Gerede, welches eben so wohl Verläumdung sein konnte. Aber schon dieses war genug, um sein zartes Ehrgefühl zu verwunden, seiner lebhaften Einbildungskraft wenigstens dunkeln Verdacht, heimliches Mißtrauen einzureden und dadurch sein Herz gegen den Bruder zu erklären.

Endlich kommt der lang Erwartete an den bestimmten Ort. Das Geschäft konnte nun beginnen, alles in wenigen Wochen zu Ende gebracht werden, an Hindernisse oder Zögerungen war nicht mehr zu denken. Warum wäre er denn sonst nach Nürnberg gekommen? Aber welche Umwandlung! Eben dieser Bruder ist es, der auf einmal, wider alles Denken und Erwarten, das schon so weit Gediehene wieder auf seinen Anfang zurückwirft und bei dem schon halb vollzogenen Geschäfte erst noch die Frage aufwirft: ob es denn auch überhaupt nur angefangen werden solle? Er, der eine Hauptperson in der Ausführung des Planes ist, der sich schon selbst dazu hingegeben hat, sinkt wieder in seine Unentschlossenheit zurück, sieht nichts von der Vortrefflichkeit des Werkes, welche seinem Bruder so klar vor Augen steht, und findet nur, was dieser am wenigsten sieht, Mängel und Gefahren. Ludwig hatte jetzt einen doppelten Grund, seinen Bruder zu verachten: Verdacht gegen seine Rechtlichkeit, Gewißheit über die Beschränktheit seines Kopfes, oder über die Schwäche seines Willens. Je höher er sich selbst fühlte, desto tiefer mußte er diesen Bruder unter sich erblicken; je tiefer er seinen Bruder verachtete, desto empfindlicher mußte ihn sein Widerspruch kränken. Und doch war eben dieser Mensch ein nothwendiges unentbehrliches Glied in der Ausführung seines Planes. Er mußte auf dessen Mitwirkung, sogar auf dessen Lust und Liebe rechnen können, oder sein ganzes, so schön entworfenes, schon halb ausgeführtes Glücksgebäude stürzte für immer zusammen. Zwar hätten sich wohl Mittel gefunden, die Nürnberger Handlung auch ohne den Bruder zu übernehmen. Aber zu dem Plane, so wie er ihn nun einmal ausgesonnen hatte, gehörte auch sein Bruder und seine Leidenschaft wäre nicht mehr Leidenschaft gewesen, wenn sie auch nur dem Gedanken an die bloße Möglichkeit einer solchen Veränderung Raum gegeben hätte. Ihn abändern, hieß ihn aufgeben. Sein Kopf fand in diesem Zwiespalte keinen Ausweg. Die Idee seines Handlungsplanes war schon mit seinem innersten Wesen verwachsen, sie war gleichsam Eins geworden mit seiner Person; sich von ihr und zugleich von seinem Leben trennen, war für ihn nur ein schmerzlich vernichtender Gedanke. »Er oder ich!« flüsterte ihm ergrimmt seine empörte Leidenschaft zu, anfangs wohl nur leise und flüchtig, aber doch vernehmlich genug, um bei Gelegenheit wieder in werkthätige Erinnerung zu kommen.

Mit sich selbst beschäftigt, wie er noch auf der verabredeten Spazierfahrt seinen Bruder überzeugen, und so dessen Mund und Herz für seinen Plan gewinnen möge, tritt er vor den Pult, um sich zum Weggehen zu bereiten. Ihm fällt zufällig die Pistole unter die Augen; der Gedanke: »mein Bruder oder ich!« kehrt bei diesem Anblicke bestimmter, kräftiger zurück. Er nimmt das Gewehr zu seinem Begleiter, um auf jeden Fall der möglichen Ausführung seines Gedankens versichert zu sein.

Der Entschluß, seinen Bruder zu morden, war jetzt, wie wir seinem Bekenntnisse glauben wollen, noch nicht bestimmt gefaßt. Ludwig schwankte noch zwischen Hoffnung und Furcht, zwischen Selbstmord und Brudermord; — aber eines von beiden! und das eine wie das andere auch nur für den, blos als möglich vorausgesetzten, in dunkler Ahnung vorschwebenden Fall, wenn auf dem Wege der Überzeugung nichts mehr sollte gewonnen werden können.

Wirklich thut er was er kann, um sich gleichsam vor sich selbst zu retten. Er müht sich Stunden lang, um den Unwissenden zu belehren, den Ungläubigen zum Glauben, den Wankenden zur Entschließung zu bringen. Er läßt sich auf seine Einwendungen ein, er widerlegt, rechnet, bittet, warnt, droht. Aber alle seine Gründe werden durch Zweifel, alle seine Berechnungen mit Achselzucken, all sein feuriges Zudringen mit unüberwindlichem Phlegma erwiedert. Dasselbe Benehmen in der Chaise, dasselbe im Wirthshause, dasselbe auf dem ersten Spaziergange. Auf die verdeckt eingemischte Frage wegen seines Betragens in Augsburg, folgt nur eine allgemeine, unbestimmte Antwort. Die drohende Warnung: endlich mit Hand und Mund einzuwilligen, wenn nicht ihre Angelegenheit mit Selbstmord oder Brudermord endigen solle, wird nur mit einem gleichgültigen: »thue was du willst!« erwiedert.

Endlich erfolgt der verhängnißvolle Schritt in dem nahe gelegenen Walde. Die Geduld der lang verhaltenen Leidenschaft und des von ihr erzeugten und verstohlen genährten Bruderhasses ist erschöpft. Noch zum letztenmale warnt sie, aber bei dem wiederholten: »thue was du willst!« bricht der lang verschlossene Ingrimm los, richtet sich wider den, der als Urheber alles Unheils verhaßt ihm gegenüber steht, und — die Wahl: »mein Bruder oder ich!« wird in rascher That wider den ersten entschieden.

Bei dieser That ist daher alles ganz natürlich und begreiflich. Alles zeigt den geraden Gang einer Leidenschaft, welche in dieser Seele das werden mußte, was sie geworden ist und unter den gegebenen Umständen, fast zu keinem andern Ausgange führen konnte, als zu welchem sie wirklich geführt hat. Nirgends findet sich irgend ein Zeichen der Verstandesverwirrung. Von Anfang bis zu Ende zeigt sich Überlegung, Besonnenheit als Begleiterin des Entschlusses zur That. Die heftigsten Stürme seines Gefühls reichten nicht bis zu seinem Kopfe; während es in seinem Herzen tobte, blieb sein Verstand in Ruhe und Klarheit. Seine That floß nicht aus einem verwirrten, seiner selbst ohnmächtigen Verstande, sie war nur die Folge von der Schwäche seines Willens, welcher sich an die Übermacht der Begierde ergab. Wer mit dem Entschlusse in der Brust, sich selbst oder seinen Bruder umzubringen, falls sein Vorhaben nicht gelingen sollte, noch so lange besonnen handeln kann, wie Ludwig von Olnhausen gehandelt hat; wer nun auf dem verhängnißvoll entscheidenden Punkte steht, und dennoch für seinen Hauptzweck alle Mittel noch in Bewegung zu setzen, über trockene Geschäfte zu raisonniren, Gründe und Gegengründe abzuwägen, zu zählen und zu rechnen vermag; wer sich seines Entschlusses selbst und seiner Folgen unmittelbar vor dem Augenblicke der Vollendung noch so klar bewußt ist, daß er sogar den Bedrohten vor diesem seinem Entschlusse warnt: — dem muß eine seltene Gesundheit des Verstandes einwohnen, oder wir müssen die Krankheit des Gemüths gerade nur in dieser Gesundheit zu finden meinen. Er selbst rühmt die Kräfte seines gesunden Verstandes und sein ganzes Benehmen während seiner Gefangenschaft hat dieses Selbstlob bewährt. Auch ist durch ein Gutachten des Doktor Heinlein, welcher den Inquisiten dreimal in seinem Gefängnisse besucht und genau beobachtet hat, zu den Akten bezeugt, daß an demselben keine Spur weder von Melancholie, noch von körperlicher Anlage zur Schwermuth zu entdecken sei, daß sich derselbe höchst verständig und dabei in lebhafter Munterkeit sich mit ihm unterhalten habe.

Aus diesem allem ergibt sich, daß der angeführte Zweifelsgrund der Regierung zu Baireuth, welcher das preußische allerhöchste Kabinets-Reskript zur Folge hatte, unter die merkwürdigsten Thatsachen in der Geschichte deutscher Urtheilssprüche gehört, und daß man, mit einigem Schein des Rechts, jenen Zweifelsgrund nicht zum zweitenmale geltend machen konnte, um diesen Menschen noch einmal der oberherrlichen Gnade zu empfehlen.

Zwar gehörte Ludwig von Olnhausen unter diejenigen Verbrecher, die wir mehr bemitleiden als verabscheuen können. Er war kein Bösewicht; er war weit besser als seine That; er stand moralisch beurtheilt höher, als vielleicht mancher, der sich damit brüstet, daß er so tief noch nicht gefallen ist. Aber dieser Mensch war Brudermörder, Brudermörder mit Absicht, mit vorbedachter Absicht. Die

Gerechtigkeit forderte seinen Tod; drei Justiz-Collegien hatten ihn des Todes würdig erkannt; nur einem grundlosen Vorwande verdankte er seine Rettung von der verdienten Strafe. Ihn der bürgerlichen Gesellschaft wieder geben, hieße die öffentliche Meinung, welche sich selten in dem Urtheile über das Gerechte trügt, zum zweitenmale beleidigen. Der Staat, welcher seine eigenen Gesetze nicht achtet, entsagt stillschweigend dem Rechte, Achtung und Gehorsam dieser Gesetze von seinen Unterthanen zu fordern.

Es ist nicht zu läugnen, daß diesem Menschen die ewige Gefangenschaft schrecklicher sein mußte, als der Tod.* Mit Gelassenheit vernahm er das Urtheil erster Instanz, welches ihn zum schmachvollsten Tode verdammte; er für seinen Theil war bereit, sich demselben zu unterwerfen; nur um seiner Familie willen, welcher er die Schande seiner öffentlichen Hinrichtung zu ersparen suchte, ergriff er das Rechtsmittel der weiteren Vertheidigung. Bei seinem lebhaften Kopfe, bei seiner Bildung, bei seinem Stolze mußte er den schrecklichsten Tod erträglicher finden, als seine Ketten, welche ihn auf lebenslang in der Gesellschaft der Verworfenen festhielten. Aber wenn dieses Gefühl ihn berechtigte, die ihm zu Theil gewordene Gnade einer Strenge anzuklagen, welche selbst den harten Ausspruch der Gerechtigkeit an Qualen übertraf, so gab ihm dies keinen Anspruch auf eine zweite königliche Entschließung, welche das an ihm begangene frühere Unrecht nur durch ein zweites weit größeres Unrecht gegen den Staat selbst wieder auszugleichen vermochte. So unerhört es gewesen sein würde, den schon begnadigten Verbrecher, blos um seine Qualen zu kürzen, aus dem Strafgefängnisse wieder auf das Blutgerüst zu führen, so nachtheilig für die Achtung der Gesetze, so gefährlich für die öffentliche Ordnung hätte es sein müssen, einen von mehreren Gerichten zum Rade verurtheilten Brudermörder frei der Gesellschaft wieder zu geben.

* Er starb einige Jahre nachher im Zuchthause zu Lichtenau.

JOSEPH AUERMANN, TADELLOSER MENSCH UND BÜRGER UND ZULETZT DOCH EIN MÖRDER

Dieser Mensch, welcher von dem Hofgerichte Neuburg zur Strafe des Schwerts verurtheilt worden ist, gehört ebenfalls in die Reihe derjenigen Verbrecher, die wegen ihrer That mehr als Unglückliche zu bemitleiden, denn als Missethäter zu verabscheuen sind.

Die Akten zeigen hier einen rechtlichen und allgemein geachteten Bürger, der in dem Drange zusammentreffender Umstände unerwartet in ein grausames Verbrechen fällt, das mit seinem erprobten Charakter, mit seinem ganzen bisher geführten Leben, mit allen seinen Neigungen, Leidenschaften und Gesinnungen in grellem Widerspruche zu stehen scheint.

Joseph Auermann ist katholischer Religon, 36 Jahre alt, in dem Städtchen Beilengreis gebürtig, wo sein schon vor acht Jahren verstorbener Vater als Bäckermeister lebte. Anfangs nährte auch er sich von dem Bäckerhandwerk, gab dieses aber nachher auf und übernahm eine Ziegelhütte, die mit den dazu gehörigen Grundstücken sein Vermögen ausmacht, welches an Werth ungefähr 4000 Gulden beträgt, worauf aber 2000 Gulden Schulden haften. Seit zehn Jahren ist er verheirathet und in dieser Ehe erzeugte er vier Kinder, wovon noch zwei am Leben sind, ein Mädchen von zehn Jahren und ein Knabe von einem Jahre.

Auermann, weit entfernt je von der Obrigkeit eine Strafe erlitten oder verdient zu haben, stand wegen seiner unbedingten Rechtlichkeit in allgemeiner Achtung. Alle abgehörten Zeugen, Mitbürger, Nachbarn, Hausgesinde stimmen in folgender Charakterschilderung mit einander überein: — Er war ein durch und durch ehrlicher und rechtlicher Bürger, welcher mit rastlosem Fleiße seine Familie redlich zu ernähren und seine Geschäfte vorwärts zu bringen suchte. Er spielte nicht, trank wenig, war gutthätig gegen Arme, freundlich, zuvorkommend und dienstfertig gegen Jedermann. Der Religion war er treu ergeben, — nicht blos ihren Gebräuchen, sondern ihr selbst in Gesinnung und That. Nie suchte er Händel, war durchaus friedfertig, nachgebend und zu aufbrausendem Zorne nicht im mindesten geneigt. Beleidigungen wußte er zu ertragen und zu verzeihen. Spöttische Neckereien, wenn sie gleich ihn trafen, pflegte er mit gutmüthiger Laune anzuhören und wohl selbst mit zu lachen. Stillschweigen, keine Frage beantworten, keine Anrede erwiedern, war das gewöhnliche Zeichen seines höchsten Zorns. Sein Gesinde liebte ihn wegen seiner außerordentlichen Gutherzigkeit und Milde. Mit dem Knechte Pögel, eben dem Menschen, an welchem er zuletzt zum Mörder geworden ist, lebte er, nach Aussage eines Zeugen, wie ein Vater mit seinem Kinde. Als ihm einst dieser Pögel einige Sachen veruntreut hatte, blieb er dennoch friedfertig und liebreich gegen ihn. Auch als Ehemann war er musterhaft; seine Gattin gibt ihm nach zehnjähriger Ehe das Zeugniß, nie einen Streit mit ihm gehabt zu haben. Bei solchen Eigenschaften durfte ein Zeuge, der ihn neunzehn Jahre lang als Nachbar kannte, mit Recht von ihm sagen: »ich habe in meinem Leben keinen braveren Mann gekannt.«

Seinem Knechte Pögel war er, theils an rückständigem Gesindelohn, theils an dargeliehenem Gelde, die Summe von 400 Gulden schuldig. Pögel kam aus seinem Dienste, kaufte in Dietfurt ein bürgerliches Anwesen und bedurfte zur Bezahlung des Kaufschillings dieser Summe. Er klagte daher auf Bezahlung und durch richterliches Dekret vom 29. November 1806 wurde dem Beklagten auferlegt, dem Konrad Pögel das schuldige Kapital nebst Zinsen binnen vier Wochen bei Vermeidung der Execution zu zahlen.

Auermann machte sogleich Anstalt, diese Summe, welche er nicht vorräthig hatte, als Darlehen aufzubringen. Er ging an vielen Orten bei manchen Personen umher; er sparte weder Versprechungen noch Bitten; aber seine Mühe war umsonst. Ein Stadtpfarrer wies ihn mit Hohnlächeln und beißenden Reden ab; viele wollten, andere konnten ihm nicht helfen. Zu einer gewissen Johanna Baur kam er in diesem Anliegen zu verschiedenen Zeiten dreimal und als auch beim drittenmale wieder dieselbe Antwort ihm zu Theil wurde, schlug er die Hände mit dem Ausrufe zusammen: »um Gotteswillen! was fang' ich an? ich bekomme die Execution, ich bin doch ein angesehener Mann; ich schäme mich.« Dennoch ermüdete er nicht. Am 18. Dezember begab er sich zu einem gewissen Schermer, bat auch bei diesem wehmüthig dringend um Hülfe und mußte — wie bei den übrigen ohne Geld und ohne sicheres Versprechen mit Thränen in den Augen, fortgehen. Seine Schwiegermutter hatte an vielen Orten Geld ausstehen; sie erlaubte ihm, durch Einforderung der rückständigen Zinsen oder Aufkündigung einzelner Kapitalien die nöthige Summe zusammen zu bringen. Er rannte jetzt wieder bei mehr als zwölf Personen umher, brachte aber auch von diesen nur leere Hände oder unsichere Versprechungen zurück.

Am 19. Dezember (beinahe vierzehn Tage vor dem Ablaufe der Frist) kam endlich Pögel von Dietfurt zu ihm in das Haus, forderte mit Ungestüm das schuldige Geld und erklärte, nicht eher aus dem Hause zu weichen, bis er seine Befriedigung werde erlangt haben. Wirklich quartirte er sich gleichsam zur Execution ein, drängte sich an den Tisch der Auermann'schen Eheleute und blieb eigenmächtig selbst über Nacht im Hause, wo er in der Ziegelstube sein Nachtlager nahm. Sein Betragen gegen den unglücklichen Schuldner war nun eine ununterbrochene grobe Beleidigung; bei jeder Gelegenheit nannte er ihn einen Betrüger oder Spitzbuben und ließ sich durch die friedlichsten Gegenreden: — es sei ja die Frist noch nicht verstrichen, er werde sein Geld gewiß erhalten u. s. w. — dennoch nicht zum Schweigen bringen. Selbst das Gesinde wurde über

Pögel erbittert und bemitleidete den Herrn. Die Dienstmagd Mentl sagt aus: Pögel habe sein Geld nie anders, als mit beleidigenden Vorwürfen gefordert und immer die kränkende Rede wiederholt: »Alle Leute sagen, ich bekäme mein Geld nicht; du kommst auf die Gant, du kommst dein Lebtag nicht mehr auf, alle Leute sagen es.« — Auf diese Weise habe er sich betragen fast bei jeder Mahlzeit und so oft er des Herrn ansichtig geworden. Dieser habe sich darum fast nicht mehr getraut, in seine eigene Stube zu gehen. Dieselbe Zeugin erklärte an einem andern Orte: sie habe während Pögels dreitägigem Aufenthalte oft gesehen und gehört, wie dieser ihren Dienstherrn um das schuldige Geld gepeinigt und mit so tief schneidenden Worten beleidiget habe, daß mancher jähzornige Mensch vielleicht schon auf eine einzige solche Rede ihn erschlagen haben würde. Über dieses unverschämte Benehmen Pögels ist unter allen Zeugen nur eine und dieselbe Stimme.

Am 21. Dezember Sonntags setzte dieser, fast mit noch größerem Ungestüm als zuvor, sein Unwesen fort, drang bei Tisch und nach dem Essen mit mancherlei zudringlichen und beleidigenden Reden von neuem in den unglücklichen Schuldner, nannte ihn einen schlechten Mann und Spitzbuben, der ihm sein Geld nicht schaffe und schrie, indem er mit den Händen auf seine Beinkleider schlug: »das Geld muß herbei und sollte es vom Firmament herunterkommen.« — Da brach dem Auermann die Geduld; er eilte mit weinenden Augen aus dem Hause, weil er die Qual dieser Vorwürfe nicht länger auszuhalten vermochte und um nochmals zu versuchen, ob er nicht durch Herbeischaffung des Geldes sich von seinem Quälgeiste befreien könne. »Jetzt kann ich aber nicht mehr bleiben, wie der Sakrament mich plagt!« sprach er im Vorübergehen zu seiner Magd, als er zum Hause hinaus ging.

Von seinem Fenster aus hatte er beim Weggehen einen seiner Brüder, welcher auf einer benachbarten Ortschaft ansäßig ist, in das Städtchen hereinreiten sehen. Auch mehrere andere seiner Bekannten waren aus der umliegenden Gegend an diesem Nachmittage in Beilengreis anzutreffen. Er hoffte daher noch von dem einen oder andern Hülfe, wenigstens hülfreichen Rath. Den ganzen Nachmittag brachte er denn auch wieder damit hin, zu finden was er bisher vergebens gesucht hatte. Allein sein Bruder war nicht im Stande, ihn zu unterstützen; die Bekannten, welche er ansprach, oder diejenigen, an welche ihn seine Bekannten empfahlen, waren es eben so wenig, oder behaupteten es zu sein.

Da die Personen, von denen er Rettung hoffte, in verschiedenen Schenken aufgesucht werden mußten und er immer von dem einen an den andern gewiesen wurde, so brachte er diesen ganzen Nachmittag und einen Theil des Abends in Wirthshäusern zu und nahm über die Grenzen seiner bisherigen Gewohnheit vielerlei Getränke zu sich. In der Regel pflegte er nur zwei bis drei, höchstens fünf Seidel (halbe Maaß) Bier zu trinken. An diesem Nachmittage bis ungefähr um halb acht Uhr hatte er, nach seiner Berechnung, bei verschiedenen Bräuern im Ganzen vierzehn Seidel zu sich genommen. Mag von dieser Zahl einiges abgerechnet werden müssen, so darf man sie doch, gemäß den Aussagen der Wirthe selbst und anderer Zeugen, wohl auf nicht weniger als zehn Seidel herabsetzen. Wenn man nun bedenkt, daß Auermann auch nur so viel zu trinken gar nicht gewohnt war, daß er vielerlei Bier durcheinander zu sich genommen, daß gerade damals sein Gemüth von frischem Ärger gereizt, von ängstlichen Sorgen, von Furcht und Hoffnung leidenschaftlich bewegt und zerrüttet war: so hat seine Behauptung, daß er zuletzt berauscht geworden, allerdings sehr hohe Wahrscheinlichkeit für sich, wenn gleich von allen abgehörten Zeugen kein einziger eine Trunkenheit an ihm bemerkt haben will. Denn dieser Zustand äußert sich nicht bei allen Menschen auf gleiche Weise und ist bei Vielen, zumal bei Temperamenten wie das des Inquisiten, kaum bemerkbar.

Abends um halb acht Uhr begab er sich endlich aus dem Wirthshause des sogenannten Walthierer (dem letzten der an diesem unglücklichen Nachmittage von ihm besuchten Wirthshäuser) auf den Weg nach Hause. Und dieses war der Weg zu seinem Verbrechen.

Sein Bekenntniß ist folgendes:

Im Nachhausegehen beschäftigte ihn der traurige Gedanke an seine unglückliche Lage, an die Beleidigungen, die er von Pögel schon ertragen und an die neuen Kränkungen, welchen er entgegen gehe. »Da ergriff mich der Groll,« sagte er, »und ich dachte: ›wenn der Pögel noch zu Hause ist und um das Geld mich quält, wozu er in meinem Hause kein Recht hat, zumal die Zahlungszeit noch nicht vorüber ist, so erschlage ich ihn; er ist mehr nicht werth.‹ « Mit diesem Gedanken kam er vor sein Haus. Er sah Licht und bemerkte, daß seine Leute noch wach seien. Er bedachte: wenn er sogleich jetzt schon hineingehe und an Pögel allenfalls seinen Vorsatz ausführe, so sei zu besorgen, daß der Lärm und das Getöse seine That entdecke. Er stieg also auf seinen Ziegelboden, legte sich auf das Stroh und schlief ungefähr bis gegen halb zehn Uhr. Bei dem Erwachen trat sein Elend, mit allen den Leidenschaften und Empfindungen, die sein Herz wider den unerträglichen Gläubiger empört hatten, von neuem vor seine Seele. Mit ihm selbst war auch sein Entschluß aus dem Schlafe erwacht. — »Ich stieg jetzt«, dieses sind seine eigenen Worte, »mit dem vollen Vorsatze in das Haus hinunter, den Pögel, wenn er noch da sei und mich wieder tribulire, zu schlagen und wenn ich ihn auch todtschlage.« Doch setzt er sogleich erläuternd hinzu: »ich habe den vollen Vorsatz gehabt, ihn zu erschlagen.«

Als er an dem Hause anpochte, wurde ihm die Thüre von diesem Pögel geöffnet, der schon halb ausgezogen in der Ziegelstube sich in seine Bettstatt auf das Stroh zum Schlaf hingelegt hatte. Auermann ging mit ihm hinein, nahm aus der Ofenröhre die Suppe, die ihm seine Frau übrig gelassen hatte und setzte sich zum Essen nieder. Kaum war dieses geschehen, so fing Pögel wieder zu mahnen und zu drängen an. Auermann vergalt diese Reden mit dem Vorwurfe der in seinem Dienste begangenen Treulosigkeiten und Diebereien, woraus ein Wortwechsel entstand, der sich damit endigte, daß jener ein bei der Hand liegendes Scheit Holz in die Rechte nahm, den Pögel mit der linken zu Boden warf und ihm hierauf durch wiederholte gewaltige Schläge den Hirnschädel zerschmetterte, bis er unter den Streichen seinen Geist aufgab.

Wie dieses vollbracht war, legte er den Leichnam in die mit Stroh gefüllte Bettstatt, steckte ihn mit dem Kopfe bis an den Untertheil des Leibes in einen Sack, um die Verblutung in die Stube zu verhindern und schleppte ihn dann auf den Ziegelboden hinauf, wo er ihn mit dessen Kleidern unter das Stroh verbarg. Nun vertilgte er emsig die Blutspuren und ging um zwölf Uhr zu seiner Frau in das Bett hinauf.

Am folgenden Morgen beschied er seinen Bruder Johann Auermann zu sich, entdeckte ihm unter Wehklagen die unglückliche That und beredete ihn, in der Ziegelhütte ein Grab zu machen. Beide Brüder begruben hier die Leiche. An demselben Morgen entdeckte er auch seiner Frau den begangenen Mord.

Das plötzliche Verschwinden Pögels, verschiedene Blutspuren an dem Stroh, widersprechende, verdächtige Reden und Handlungen Auermanns, verriethen bald auch dem Gesinde das schreckliche Geheimniß. Die Dienstmagd Mentl rief endlich am 26. Dezember (5 Tage nach der That) ihren Herrn mit dem Knechte Eckerlein in einer Stube auf die Seite und hielt jenem ihren Verdacht wegen der Ermordung des Pögel vor. Er gestand sogleich beiden sein Verbrechen. Doch schwiegen diese anfangs, um nicht an ihrem Herrn zu Verräthern zu werden.

Von Gewissensangst getrieben und auf den Rath dieser Dienstboten, beschloß er endlich, sich selbst dem Gerichte anzugeben. Er ging in dieser Absicht am 28. Dezember in das Haus des Landrichters. Aber bei dem Hineintreten stand die Braut des Erschlagenen vor ihm, — ein unerwarteter Anblick, welcher so tief in sein Gewissen schlug, daß er bestürzt, ohne ein Wort zu reden, mit wild herumirrendem Blicke, schnell wieder umkehrte und zur Thüre hinaus eilte. Die Thatsache gründet sich theils auf sein eigenes Bekenntniß, theils auf das Zeugniß der Katharina Khind, der Braut des Erschlagenen.

An demselben Tage (28. Dezember) kam endlich die gerichtliche Angabe des Knechts Eckerlein seiner Selbstanzeige zuvor, worauf die Untersuchung beschlossen und Inquisit noch in derselben Nacht zur Haft gebracht wurde. Gleich in seinem ersten Verhöre gestand er den Todtschlag, nur behauptete er damals, daß erst bei dem Wortwechsel in der Ziegelstube der Gedanke einer Mißhandlung des Pögel in ihm aufgestiegen sei und daß er diesen in Nothwehr, weil er mit einem Messer auf ihn zugekommen, erschlagen habe. Allein beim dritten Verhöre widerrief er dieses Vorgeben als Unwahrheit und bekannte die That, wie sie oben erzählt worden ist; wobei er auch in den folgenden Verhören beharrte.

Den 30. Dezember wurde die Leiche an dem von dem Inquisiten bezeichneten Orte ausgegraben, von allen Anwesenden als der Leichnam des Pögel erkannt und am folgenden Tage die gerichtliche Leichenschau vorgenommen. Alle eigentlichen Wunden zeigten sich am Kopfe; das Hinterhaupt war ganz zerschmettert, so daß an einigen Stellen sogar das Gehirn hervordrang. Das Gutachten des Landgerichtsarztes fiel dahin aus, daß diese Wunden absolut tödtlich gewesen seien.

Die Thatsachen selbst sind in allen wesentlichen Punkten so klar und unzweifelhaft hergestellt, daß alle weitere Erörterung überflüssig sein würde. Eben so wenig ist an der Zurechnung zur Strafe überhaupt oder an dem Vorsatz zur Tödtung zu zweifeln. Der letzte ist wiederholt eingestanden, die erste leuchtet aus dem ganzen Vorgange hervor. Denn die Trunkenheit des Verbrechers war bei weitem nicht in dem Grade, in welchem sie die Zurechnung ausschließt. Er überlegte während derselben, er urtheilte richtig, handelte verständig und den Umständen ganz gemäß; er wußte sich fast aller einzelnen Thatsachen, selbst seiner Gedanken, Gefühle und Entschlüsse klar und bestimmt zu erinnern.

Die Bestimmung der Strafe mußte aus dem gemeinen Rechte geschöpft werden, weil in dem ehemals Eichstädt'schen Orte Beilengreis der baierische Criminalcodex keine Gültigkeit hatte.

Die peinliche Gerichtsordnung Carls V. macht eine wesentliche Unterscheidung zwischen Mord und Todtschlag.

Unter dem letzten wird eine Entleibung verstanden, welche ohne vorhergehende Überlegung, in der plötzlichen Aufwallung des Zorns beschlossen und auf der Stelle ausgeführt worden ist; unter dem Morde hingegen eine mit Überlegung beschlossene, oder im Zustande der Überlegung vollbrachte Tödtung. Dem Todtschlage wird die Strafe des Schwerts, dem Morde die Strafe des Rades angedroht. (P. G. O. Art. 137).

Erwägt man, daß zur tödtlichen Handlung Auermanns unmittelbar vorhergegangene Beleidigungen Pögels die Veranlassung gegeben haben; daß im Zanke und unter wechselseitigen bitteren Vorwürfen das erste beste Holzscheit ergriffen und damit die Entleibung ausgeführt wurde: so scheint allerdings der minder strafbare Fall eines bloßen Todtschlags vorhanden zu sein. Allein eine im Affekte ausgeführte Tödtung ist darum noch kein Todtschlag »aus Gähheit und Hitze des Zorns.« Auermann hatte auf den Fall, wenn ihn Pögel wegen der Schuld von neuem ängstige, dessen Tödtung schon vorher beschlossen; auf dem Wege nach Hause stand schon dieser Vorsatz in ihm fest; damit er bei dessen Ausführung nicht gestört oder entdeckt werden möge, begab er sich, als er noch Licht bemerkte, nicht sogleich in seine Wohnung, um erst den Schlaf seiner Hausgenossen abzuwarten; bei seinem Erwachen auf der Ziegelscheune wurde der Vorsatz, mit welchem er sich niederlegte, von neuem gefaßt und bestätigt; mit diesem Vorsatze, den Pögel in dem vorausgesetzten wahrscheinlichen Falle zu tödten, stieg er von der Ziegelscheune zur Wohnung hinab. Dieses alles bezeichnet deutlich genug die überlegte Tödtung, den Mord.

Dürfte man annehmen, daß diese Entleibung in der Absicht beschlossen worden sei, um sich dadurch von der Schuld selbst zu befreien, so wäre Inquisit sogar ein Raubmörder *(latro)* zu nennen. Allein davon liefert weder das Bekenntniß des Inquisiten, noch sonst eine Quelle die erforderlichen Thatsachen. Auermann, sonst ein verständiger Mensch, mußte auch wohl wissen, daß dieser Absicht der Erfolg nicht entsprechen könne, weil, was dem Pögel nicht bezahlt werden konnte, dessen Erben bezahlt werden mußte. Als eigentliche Triebfeder zu diesem Entschlusse gibt er den erwachenden Groll gegen den Ermordeten an, eine Behauptung, welche die höchste psychologische Wahrscheinlichkeit für sich hat. Schon drei Tage lang hatte er unausgesetzt die gröbsten Beleidigungen von Pögel ertragen; geängstigt und verfolgt von dessen beschimpfenden Kränkungen konnte er nur mit Angst seine Wohnstube betreten, nicht ohne Furcht und Ärger an seinen eigenen Tisch sich niedersetzen; der Schmerz neuer Kränkungen trieb ihn am Nachmittage des 21. Dezembers aus seiner Wohnung und zu neuen Versuchen Geld aufzubringen; und nun, als er Abends von Bier erhitzt, durch neues Mißlingen seiner Geldbewerbungen gefoltert, in dem Nachgefühle der schon erlittenen Beleidigungen, mit leeren Händen, der Qual neuer Kränkungen entgegen ging: was ist begreiflicher, als daß die ganze Erbitterung seines zerrütteten Gemüths sich auf den Urheber aller dieser Leiden wälzte und der lang verhaltene Groll, verbunden mit der angstvollen Verlegenheit über den herannahenden Zahlungstermin, sich schnell in dem Entschlusse vereinigte, den unbarmherzigen Gläubiger, wenn er von neuem seine Martern anfange, aus dem Wege zu räumen? Fassen wir dieses in deutliche Begriffe zusammen, so waren theils Rache, theils die Absicht, sich durch den Tod des Pögel von dem peinigenden Gefühle seiner Gegenwart, seiner beleidigenden Vorwürfe und seines stürmenden Andringens zu befreien, die nächsten Beweggründe seiner That.

Das Urtheil des Hofgerichts ist dem strengen Rechte gemäß. Die zuerkannte Strafe des Schwertes ist sogar gelinder, als die gesetzliche, weil auf dem Morde die Strafe des Rades steht und keine rechtlichen Milderungsgründe vorhanden sind, welche den Richter ermächtigen, von der Strafe des Gesetzes abzuweichen.

Allein, wenn gleich ein Richter, der Mund des Gesetzes, die Todesstrafe nicht abzuwenden vermochte, so waren gleichwohl die erheblichsten Gründe vorhanden, welche die Gnade des Oberherrn bestimmen konnten, das Schwert der Gerechtigkeit zurückzuhalten.

Den Unvollkommenheiten der Gesetze in ihrer Anwendung nachzuhelfen, das Mißverhältniß zwischen der gesetzlichen Strafe und der Strafbarkeit eines einzelnen Übertreters, zwischen der unbeugsamen Strenge des unwandelbaren allgemeinen Gesetzes und der wandelbaren Veränderlichkeit des individuellen Verschuldens, mit Weisheit auszugleichen und so die Gerechtigkeit mit der Billigkeit zu versöhnen: diese Macht ist mit dem Rechte der Begnadigung in die Hände des Oberherrn gelegt.

Die Strafbarkeit Auermanns erscheint wegen des Zusammentreffens mannigfaltiger ungewöhnlicher Umstände so tief herabgesetzt, daß sie außer allem Verhältnisse mit der Todesstrafe zu stehen scheint.

Auermann gehört nicht in die Classe solcher Verbrecher, deren verderbtes Gemüth aus innerem Antriebe, aus innewohnenden gefährlichen Neigungen und Leidenschaften das Verbrechen sucht; er wurde durch den heftigen Drang unverschuldeter Zufälle, bei zerrüttetem Gemüthszustande, aus dem rechtlichsten Manne ein Übelthäter. Dieses alles geht aus dem Zusammenhange folgender Gründe klar hervor.

Sein ganzes Leben stellt ihn nicht blos tadellos, sondern selbst achtungswürdig dar, als einen Mann, welcher allen Bürgern an Rechtlichkeit zum Muster vorgehalten werden durfte. Keine einzige schlechte oder gefahrdrohende Neigung und Leidenschaft offenbarte sein früheres Leben, so wenig in Worten als in Thaten. Weder Jähzorn noch Rachsucht, weder Habsucht und Eigennutz noch Leichtfertigkeit und Trägheit beflecken das Bild seines Charakters, so weit dieser durch die einstimmigen Aussagen bewährter Zeugen dargestellt worden ist. Nur die Weichheit seines Gemüths, zu wenig Kraft im Wollen, zu wenig Muth zum Beschließen, dieses sind die Quellen seines Verbrechens und seines Verderbens.

Der Erschlagene hatte sich auf die unrechtmäßigste Weise gegen ihn benommen, sich in sein Haus und an seinen Tisch gedrängt, durch die schnödesten Beleidigungen eine Zahlung zu erpressen gesucht, deren Tag noch nicht einmal gekommen war. Der Haß und die Erbitterung

Auermanns war daher durch Pögels eigene Schuld, durch die demselben zur Last fallende Verletzung des Hausrechts, durch widerrechtliche Ehrenkränkungen veranlaßt, war also gerecht, oder doch menschlich zu entschuldigen.

Versetzt man sich anschaulich in die Lage, worin dieser Mann, der schon am 11. Dezember halb verzweifelnd die Hände rang, sich am 21. befunden hat, hält man diese Lage mit seinem Charakter, seine That mit allem was ihr vorausging vergleichend zusammen: so darf mit höchster Wahrscheinlichkeit behauptet werden, daß sein Verbrechen in der Verwirrung eines an Verzweiflung grenzenden Gemüthszustandes beschlossen und vollzogen worden sei. An diesem unglücklichen Tage stürmte alles auf ihn zusammen, was selbst das festeste Gemüth erschüttern, das seinige aber, worin Weichheit und Schwäche am wenigsten zu verkennen sind, völlig zusammendrücken und in kleinmüthige Verzweiflung gleichsam auflösen mußte. Die unerträgliche Schmach, welche ihn aus seinem Hause fortgetrieben, seine, nach vielem vergeblichen Bemühen, von neuem und wahrscheinlich auf immer vereitelten Hoffnungen Geld zu bekommen; die schreckliche Aussicht auf eine Vergantung, gegen welche kein Retter in der Nähe war; das empörte Gefühl der Ehre, die an der unbarmherzigen Härte seines Gläubigers auf einmal scheitern sollte; die Furcht vor neuen Beleidigungen und die Erbitterung über die vergangenen: alles gährte und kämpfte in seiner zerrütteten Seele durcheinander, als sie den Gedanken ergriff, ihre Schmerzen an deren verhaßten Urheber blutig zu rächen.

Hierzu kam Erhitzung durch Trunk, welche ihm zwar nicht Überlegung und Bewußtsein entzog, aber jenen zerrüttenden Gedanken und Gefühlen nur um so größere Lebendigkeit, Klarheit und Kraft verleihen mußte. Standhaft beharret er darauf, daß er nach dem Erwachen aus dem anderthalbstündigen Schlafe sich noch berauscht gefühlt und sogar noch die mörderische Handlung im Taumel des Rausches vollbracht habe. Erst mit dem Augenblicke, wo Pögel als Leiche vor ihm gelegen, sei der Rausch verflogen, — eine Behauptung, die zu viel innere Wahrscheinlichkeit für sich hat, als daß sie erdichtet sein könnte.

Auf dem Rückwege nach seiner Wohnung, wo der Vorsatz der Entleibung des Pögel zuerst in ihm entstand, kam ihm überdies, wie er behauptet, ein Vorfall in das Gedächtniß, welcher sein Verbrechen sogar mit der Meinung des Rechts zu begünstigen schien. Er erinnerte sich, wie einst ein Mensch, der wegen verletzten Hausrechtes von dem Hausherrn derb geschlagen worden war, auf seine Klage nicht nur keine Genugthuung bekommen habe, sondern auch von einem öffentlichen Beamten mit der Bemerkung beschieden worden sei: er hätte es haben müssen, wenn ihn sogar der andere todt geschlagen hätte. Auermann nahm diese Äußerung in zu buchstäblichem oder zu ausgedehntem Sinne und suchte sich die Meinung auszureden, mit Pögel sich in gleichem Falle zu befinden. Zwar wird er dadurch nicht gerechtfertiget: jener Schluß war allerdings ein sophistisches Kunststück der Eigenliebe, welche sein Herz zu bestechen und dessen edlere Neigungen für sich zu gewinnen suchte. Aber dieser Umstand — welcher um so glaubwürdiger ist, da er mit verschiedenen ähnlichen Äußerungen, welche dem Inquisiten bald nach der That gegen sein Gesinde entfielen, sehr zusammenstimmt — beweist wenigstens so viel, wie sehr dieser Auermann ein Neuling in verbrecherischen Gedanken war. Er konnte dem Verbrechen gleichsam noch nicht ins Auge sehen, vermochte dasselbe noch nicht in seiner wahren Gestalt zu ertragen; er mußte es erst mit dem Mantel des scheinbaren Rechts umhüllen, ehe er sich ihm zu ergeben den Muth finden konnte.

Und selbst da noch hielt sein Vorsatz das Verbrechen in einer gewissen Entfernung von sich ab; er beschloß nicht geradezu die Entleibung Pögels, er schob die Wirksamkeit und die Ausführung seines Vorsatzes zögernd auf die Bedingung hinaus: wenn Pögel seine Forderungen auf kränkende Art wiederholen würde. Die That wäre wahrscheinlich unterblieben, hätte nicht Pögel sogleich diese Bedingung wahr gemacht und den Willen zur Ausführung jenes Entschlusses gleichsam herausgefordert.

Mit allem Vorhergehenden stimmt das Benehmen Auermanns nach vollbrachter That zusammen: die Gewissensangst, welche ihn sogleich ergriff; das Geständniß, welches er seinem Gesinde ablegte; der schwere Gang in des Landrichters Haus, um sich selbst der Gerechtigkeit zu überliefern; sein umständliches reumüthiges Bekenntniß, mit welchem er gleich im ersten Verhöre sich der That schuldig gab.

Nach diesen Erwägungen wurde vom Staatsministerium der Antrag gestellt:

> »daß Seine Königliche Majestät geruhen möchten, gegen Auermann Gnade für Recht ergehen zu lassen, denselben mit der Todesstrafe zu verschonen und zu gestatten, daß eine außerordentliche Strafe wider ihn erkannt werde.«

SIMON STIGLER, DER MÖRDER AUS EINGEWÖHNTER (HABITUELLER) RACHSUCHT

Am 30. November des Jahres 1800, Nachts nach 11 Uhr, ereignete sich in dem Wirthshause zu Peßlöd, Landgerichts Griesbach in Altbaiern, folgende Begebenheit.

Unter mehreren noch in diesem Wirthshause zechenden Gästen, befand sich, nebst einem Schiffsknechte Johann Müller, ein gewisser Simon Stigler, gewöhnlich der schwarze Sepp oder Katzenmaurerssohn genannt. Ersterer erwartete des Gerichtsdieners Sohn Joseph Näßel und äußerte, als dieser um 11 Uhr noch nicht eingetroffen war, jetzt wolle er weggehen, weil denn doch Joseph Näßel schwerlich kommen werde. »Nun der sollte auch noch kommen!« sagte Stigler, und gab dem Müller, als ihn dieser um die Ursache dieses Ausrufs befragte, zur Antwort: »ei nun! dem wollte ich's eben recht machen!« Müller nahm sich des Abwesenden mit Worten freundschaftlich an, verwies dem Händelsüchtigen sein ungeziemendes Reden und gerieth darüber in einen Wortwechsel mit ihm, welchem jener dadurch ein Ende machte, daß er sich mit seinem Kruge an einen andern Tisch setzte. Bald darauf aber stand auch Stigler von seinem Sitze auf und trat freundlich zu Müller, indem er ihm mit angenommener Zutraulichkeit sagte: »nicht wahr? wir sind uns gut; ich thue dir nichts und du mir nichts!« zog aber in demselben Augenblicke ein Messer oder Stilet und gab ihm damit blitzschnell von rückwärts einen gewaltigen Schnitt über die Nase und einen Stich unter das linke Auge.

Diese Bosheit führte unmittelbar eine weit größere Missethat herbei, von welcher der Sohn des Wirthes, Joseph Springer, ein unbescholtener friedfertiger Jüngling von ungefähr 20 Jahren, als unglückliches Opfer fiel.

Müller, sobald er sich verwundet fühlte, sprang von seinem Sitze auf, packte den Stigel bei der Gurgel und stürzte mit ihm, nachdem er von neuem einen Stich in den Backen erhalten hatte, über ihn her zu Boden. Jetzt eilte, um den Streit zu beenden, der Wirthssohn Joseph Springer herbei und riß, indem er dem Stigler zurief: »Spitzbub! legst du gleich das Messer bei Seite!« den Müller von seinem unterliegenden Gegner hinweg. Dadurch aber zog er die Wuth des Rasenden auf sich selbst. Stigler, sich schnell vom Boden aufraffend, ergreift einen Stock, mit welchem er nach dem Springer schlägt, indem er zugleich mit seinem Messer auf ihn eindringt. Dieser fängt mit der Hand den Stock auf, ohne ihn dem Angreifer entreißen zu können und zieht sich, immer rückwärts gehend, das gezückte Messer abwehrend, mit dem auf ihn Eindringenden bis in den Schenkverschlag zurück. Aber hier ist er nicht mehr im Stande weiter zurückzuweichen. Man hört ihn rufen: »Seppel! ich bitte dich, du wirst mich ja nicht stechen!« sogleich aber jagt ihm Stigler das Messer in die Brust und rennt, ohne Hut, das Werkzeug seines Verbrechens hoch umher schwingend, mit den Drohworten: »mir ist's ein Ding; ich steche gleich noch einen nieder!« durch die bestürzten Anwesenden davon. Der Verwundete hielt jammernd beide Hände über die Wunde, wankte noch bis zum andern Tische in der Stube und stürzte hier gleich leblos auf den Boden rücklings nieder.

Der Stich war, wie sich bei gesetzlicher Besichtigung des Leichnams zeigte, durch die linke Herzkammer gedrungen. Die Sachverständigen erklärten die Wunde als unmittelbar nothwendige Ursache des erfolgten Todes.

Über den Thäter war ebenfalls kein Zweifel. Alle von dem Landgerichte Griesbach abgehörte Zeugen bezeichneten einstimmig den sogenannten schwarzen Sepp als Mörder und erzählten den Vorfall mit allen so eben angegebenen Hauptumständen. Allein der Thäter war unterdessen über die Grenze entkommen, und wußte sich acht Jahre lang der Untersuchung zu entziehen, bis er endlich bei folgender Veranlassung in die Gewalt der Gerechtigkeit fiel.

Die Kordonsmannschaft des Landgerichts Eggenfelden griff am 31. März 1808 eine Mannsperson wegen Bettelei und heimathlosen Umherziehens auf, welche sich Joseph Huber nannte und für ein österreichisches Soldatenkind ausgab. Allein der Gerichtsdiener erfuhr sehr bald, der Verhaftete heiße Simon Stigler, mit dem Spitznamen schwarzer Bub, sei von Hirschhorn gebürtig und habe schon öfter im Gefängnisse, sogar im Zuchthause gesessen. Er zeigte dieses bei Gericht an und berief sich auf das Zeugnis zweier Bauersleute, die den Verhafteten genauer kennen müßten. Wirklich erkannten beide in dem angeblichen Joseph Huber den sogenannten schwarzen Buben oder Katzenmaurerssohn; einer derselben machte zugleich die Bemerkung, der Verhaftete sei ein gefährlicher und in der ganzen Gegend allgemein gefürchteter Mensch, was sich denn im Allgemeinen schon durch das erste Verhör des Verhafteten alsbald bestätigte. Er bekannte: sich den Namen Joseph Huber fälschlich beigelegt zu haben; er heiße Simon Stigler, sei eines Maurers Sohn von Hirschhorn und wegen lebensgefährlicher Bedrohung seines Vaters auf drei Jahre in das Zuchthaus zu Burghausen geliefert worden, aus welchem er sich jedoch durch Flucht wieder gerettet habe.

Noch war dem Gerichte der Vorfall auf dem Wirthshause zu Peßlöd unbekannt. Ein Schreiben des Landgerichts Griesbach vom 18. Juni führte aber auf die Entdeckung, daß der Verhaftete wahrscheinlich dieselbe Person sei, welche vor mehreren Jahren den Wirthssohn Springer ermordet habe. Es wurde daher der Vater des Getödteten, nebst einem andern Augenzeugen der That, nach Eggenfelden geladen, wo ihnen der Gefangene, jedem besonders, vorgestellt wurde. Beide erkannten in ihm den schwarzen Sepp und den Mörder des Joseph Springer. Dadurch nahm denn diese Untersuchung eine mehr bestimmte ernstere Wendung und hatte zum Ergebnisse, daß der Inquisit von dem königlichen Appellationsgerichte zu Straubingen durch Erkenntniß vom 13. Januar 1809 zum Schwerte verurtheilt, auch dieses Urtheil am 22. Februar desselben Jahres von dem königlichen Oberappellationsgerichte als zweiter Instanz bestätigt wurde. Am 1. Mai wurden sämmtliche Akten an die allerhöchste Stelle ohne Begnadigungsantrag zur Bestätigung des Urtheils eingesendet.

Simon Stigler ist nach seinem Taufscheine den 1. März 1761 geboren, unverheirathet und katholischer Religion, »wenigstens (dies sind seine eigenen Worte) katholisch geboren und erzogen.« Seine Eltern hatten außer ihm noch drei Kinder, lebten vom Betteln und, was damit gewöhnlich verbunden ist, vom Stehlen. Sein Vater gerieth wegen Diebstahls in peinliche Untersuchung, überstand zu Landshut die Folter und ward auf vier Jahre in das Zuchthaus verurtheilt. Dieses die Beispiele seiner Jugend, dieses die Lehrer, würdig eines solchen Schülers. Er kann weder lesen noch schreiben; doch ist sein Verstand genug entwickelt und unterrichtet, um zu wissen, was Recht oder Unrecht ist. Von frühester Jugend war er träge und liederlich. In seinem rohen Gemüthe, durch keine Erziehung gemildert, erwuchs frühzeitig der entschiedenste Hang zu Gewaltthaten und persönlichen Mißhandlungen. Schon als Knabe zankte und raufte er sich mit Jedermann; nicht leicht ließ er eine Beleidigung ungerächt. Als Jüngling, stets ohne Beschäftigung unstät in der Gegend umher schweifend, machte er sich, wohin er kam, furchtbar durch die Ausbrüche seiner wilden Gemüthsart. Wer ihn beleidigte, oder von wem er sich beleidigt wähnte, dem wurde Mord und Brand gedroht. Oft schleppte er seine Mutter bei den Haaren auf den Boden, oft drohte er ihr den Tod; einst legte er schon das Messer auf den Tisch, womit er seine Drohung wahr machen wollte. Gleiche Behandlung widerfuhr seinem Vater; diesem warf er eines Tages ein Messer nach, das nur durch glückliches Ungefähr seines Ziels verfehlte. Als er wegen dieser Unthaten (es war im Jahre 1784) verhaftet werden sollte, bewaffnete er sich mit einem Beile, setzte sich wüthend gegen den Gerichtsdiener zur Wehr und konnte nur mit Mühe überwältiget werden.

Die Regierung zu Burghausen verurtheilte ihn (damals war er erst 22 Jahre alt) zu 30 Peitschenhieben und zu dreijährigen Zuchthause. Zweimal entkam er aus dem Straforte durch die Flucht, zweimal wurde er wieder ergriffen; seine dritte Flucht gelang ihm vollständig. Jetzt streifte er, wie vorhin, von Ort zu Ort, hielt sich meist in dem österreichischen Gebiete als Bettler auf und bezeichnete seinen Lebenslauf mit den frevelhaftesten Gewaltthaten, von welchen nur folgende zur aktenmäßigen Gewißheit gekommen sind.

Einst, im Jahre 1794, kehrte er mit Joseph Wimmer, dem sogenannten Bruckhuberbauern, in dem Wirthshause zu Hirschbach ein. Dieser aß zu seinem Biere Brod, welches er sich von Haus in die Schenke mitgenommen hatte. Als Inquisit ebenfalls von diesem Brode zu haben wünschte, hatte Wimmer sogleich die Gefälligkeit, ihm zu erlauben, nach Haus zu seinem Weibe zu gehen und sich von dieser ein Stück geben zu lassen. Damit sie wisse, daß er mit Erlaubniß und in Auftrag ihres Mannes komme, gab ihm Wimmer sein Taschenmesser mit, das er seinem Weibe auf Verlangen vorzeigen möge. Stigler machte sogleich von dieser Erlaubniß Gebrauch, kam bald mit einem beträchtlichen Stücke Brod zurück und setzte sich wieder zu Wimmer an den Tisch. Einige Stunden nachher vermißte dieser sein Messer und befragte deswegen erst den Wirth, dann auch den Stigler, jedoch ohne Zudringlichkeit, ohne Vorwurf, ohne Beschuldigung oder Wortwechsel. Nach einer kleinen Weile fährt unversehens Stigler auf den Wimmer los, stößt ihm mit den Worten: »da hast du es!« das Messer rückwärts in den Hals und rennt eilig davon. Das Messer, welches in der Wunde stecken blieb, war bis an das Heft abwärts eingedrungen. Nur ein glückliches Ungefähr hatte das Leben des Verwundeten gerettet.

Eine ähnliche Frevelthat, jedoch von traurigeren Folgen, beging er im Jahre 1795 an Franz Liedel in dem Wirthshause zu Beyerbach. Dieser spielte mit dem Inquisiten, gewann ihm einiges Geld ab und nahm ihm, als dieser nicht bezahlen wollte, seinen Hut zum Unterpfand. Stigler ließ dieses anfangs gutwillig geschehen, trat aber bald nachher zu Liedel mit den Worten: »ich frage dich, ob du mir meinen Hut gibst? oder ich mache dir es so, wie dem Bruckhuber zu Hirschbach!« Jener, den Sinn dieser Rede nicht verstehend, ahnte keine Gefahr, blieb gelassen und verließ sorglos, um eines natürlichen Bedürfnisses willen, die Wirthsstube. Stigler aber schlich ihm nach und gab ihm, ehe dieser es sich versah, von rückwärts drei gewaltige Messerschnitte in das Gesicht, wodurch die Lippe, Nase, Backen, das Ohr und das linke Auge sehr stark verletzt wurden. Dieses alles wurde mit so großer Schnelligkeit verrichtet, daß der, durch den plötzlichen Überfall ohnehin überraschte, Liedel erst nach dem dritten Schnitte seinen Angreifer von sich wegzustoßen vermochte. Doch Stigler, noch nicht befriedigt, rannte von neuem auf seinen Gegner los und versetzte ihm mit seinem Messer, nebst einem Streich auf die Brust, der indessen nicht durchdrang, einen Schnitt in den vierten Finger der linken Hand, welcher bis auf den Knochen ging. Liedel wurde blind auf dem linken Auge, ein für ihn um so größerer Verlust, da er schon durch Krankheit den Gebrauch des rechten Auges größtentheils eingebüßt hatte.

Als Stigler wegen dieser an Joseph Wimmer und Franz Liedel verübten Verbrechen gefangen genommen werden sollte, widersetzte er sich dem Gerichtsdiener, und drohte ihm mit Erstechen. Doch bemächtigte man sich seiner und unterwarf ihn dem Prozesse, worauf er am 31. März 1795 von der damaligen Regierung zu Burghausen auf acht Jahre zum Soldatenstand verurtheilt wurde.*

Er wurde dem Werbkommando abgeliefert, entfloh bald nachher und wurde von dem Gerichtsdienerssohn Joseph Näßel aufgegriffen, dem er jedoch durch List wieder entsprang. Seit dieser Zeit war Joseph Näßel Gegenstand

* Eine zu damaliger Zeit in Baiern ganz gewöhnliche Strafe, welche dem Zuchthause gleich gehalten wurde. Wer noch zweifeln könnte, was die Ehre über den Menschen vermag, braucht nur diese Ansichten vom Stande des Kriegers und die Zeiten der ehemaligen deutschen Reichsarmee mit den Heldenthaten zu vergleichen, durch welche sich das baierische Heer, besonders seit dem Jahre 1806, mit unsterblichem Ruhme bedeckt hat.

seines innigsten Hasses, seiner entschlossensten Rachsucht. Daß er ihm den Tod zugedacht hatte, äußerte er mehrmals in Wort und That. Durch den sogenannten Bettel-Sepp ließ er ihm zu wissen thun: er werde ihn todtschießen oder todtstechen, sobald er ihn irgendwo ertappe. Einst zechte Näßel bei einem gewissen Jägerwirth. Stigler kam nachher ebenfalls in dieses Wirthshaus, eilte aber, sobald er seinen Feind erblickt hatte, davon und kehrte erst nach einiger Zeit wieder zurück. Als er nun den Näßel nicht mehr antraf, äußerte er hierüber laut sein schmerzliches Bedauern, zog sein Messer hervor und zeigte damit umherfechtend, wie er es demselben gemacht haben würde, wenn er ihn getroffen hätte. Der Vater des getödteten Wirthssohnes bemerkt noch, Stigler habe einst bei dem Steigerbauern sein Stilet geschliffen und öffentlich gesagt, daß dieses dem Näßel gelte, den er erstechen wolle. Dieser Todhaß gegen Näßel gab denn auch, wie schon oben erzählt worden, die Veranlassung zu der Scene, welche mit dem Tode des unglücklichen Joseph Springer geendigt hat.

Die dem Morde zu Peßlöd vorangegangenen strafbaren Handlungen des Inquisiten bezeichnen deutlich einen Menschen, zu welchem man sich einer That, wie die Ermordung des Springer, wohl versehen kann. Diese erscheint durchaus nur als die einfache, ganz gewöhnliche Äußerung dieses überall sich selbst getreuen Charakters, nur als der äußerste Punkt, zu welchem diese verwilderte gewaltthätige Natur früher oder später hin gelangen mußte.

Inquisit selbst gesteht diese Tödtung als absichtliche freiwillige That nicht ein. Zwar kann er nicht läugnen, daß er den Tod des Joseph Springer verursacht habe; allein er stellt diese Folge nur als Zufall, als unbeabsichtigtes Unglück dar. Er behauptet nämlich: — der Schiffsknecht Müller habe zuerst mit einem Messer nach ihm gestochen; dieses habe er ihm aus der Hand gewunden und sei sodann mit ihm selbst zu Boden gestürzt. Jetzt sei der Wirthssohn Springer hinzugekommen und habe mit einem Stocke auf ihn geschlagen. Da sei er aufgesprungen, habe jenem den Stock aus der Hand gewunden (späterhin: zu winden gesucht) und hier sei denn Springer blos durch eigenes Verschulden in das Messer gefallen, welches er (Inquisit) zugleich mit dem Stock in derselben Hand gehalten habe.

Ein ganz anderes Ergebniß liefert aber der Beweis durch Zeugen. Daß nicht Inquisit von dem Schiffsknechte Müller, sondern dieser von jenem mit einem Messer angefallen worden, ist durch fünf Zeugen bewiesen. Daß der Wirtssohn Springer auf den zu Boden liegenden Inquisiten nicht geschlagen hat, daß vielmehr jener von diesem zuerst mit dem Stocke geschlagen worden ist, wird durch übereinstimmende Aussage von vier Zeugen dargethan. Daß hierauf der Wirthssohn den Stock mit der Hand gefangen hat und an diesem zerrend bis in den Schenkverschlag zurückgewichen ist, sagen dieselben Zeugen einhellig aus. Daß hiebei Inquisit mit dem Messer in der einen Hand den Wirthssohn verfolgt, dieser aber immer das Messer abwehrend und in den Schenkverschlag sich zurückziehend, hier, als er nicht weiter rückwärts konnte, ausgerufen hat: »Seppel! ich bitte dich, du wirst mich ja nicht stechen!« ist durch sechs Zeugen erwiesen. Nicht minder vollständig ist erwiesen, daß hierauf sogleich der Wirthssohn, beide Hände über die Wunde haltend, bis zum vordern Tisch gewankt und hier auf der Stelle todt niedergefallen ist.

Allen diesen Umständen nach ist so wenig an der That selbst, als an deren vorsätzlichen Begehung zu zweifeln. Zudem verdienen die dem eigenen Geständnisse beigefügten beschönigenden Umstände schon an und für sich nicht den mindesten Glauben, theils weil sie unter sich selbst im Widerspruche sind. So sagt er im zweiten Verhöre: er habe dem Wirthssohn, nachdem er von ihm geschlagen worden, seinen Stock wirklich aus der Hand gerissen; im dritten: er habe ihm den Stock nicht entwinden können, sondern es nur versucht. Dort behauptet er: nachdem er seinem Gegner den Stock entwunden, sei er mit ihm zu Boden gestürzt, wo denn dieser in das Messer gefallen sei; hier aber: er sei mit dem Wirthssohn nicht ganz niedergefallen und dieser sei, ohne zu wissen, wie? an das Messer gekommen. Endlich behauptet er, Messer und Stock in derselben Hand gehalten zu haben; wobei es denn aber ganz unbegreiflich ist, wie sich Springer an dem Messer habe verwunden, geschweige sich dasselbe tief in die Brust einrennen können.

Den Zeugen, durch welche Inquisit überführt ist, steht kein Verdacht der Parteilichkeit entgegen. Zwar befinden sich unter diesen Zeugen auch des Getödteten Bruder und Schwester; allein diese sind nicht die einzigen; auf allen übrigen, welche als Augenzeugen über den Hauptvorfall aussagen, liegt nicht der Schatten eines Verdachts. Überdies wurden dem Inquisiten alle Zeugen zuvor benannt; er wurde gehörig befragt: was er gegen ihre Person zu erinnern habe? er hat darauf erklärt, daß ihm diese Zeugen ganz recht, daß sie ihm weder Freund seien noch Feind. Endlich sind ihm alle diese Zeugen unter die Augen gestellt worden und alle haben ihre Aussage ihm in das Angesicht standhaft wiederholt. Daß er erst nachher, als ihn so viele Personen einhellig der vorsätzlichen That beschuldigt hatten, zu Einwendungen gegen ihre Glaubwürdigkeit seine Zuflucht nahm, daß er dann erst z. B. behauptete: sie könnten sich verabredet haben, — die eine Zeugin sei Geliebte des Andern und dergleichen: dieses alles ist eben so begreiflich, als unerheblich. Wo so viele Personen, die durch kein gemeinschaftliches Interesse verbunden sind, über dieselbe Thatsache, selbst in kleinen Nebenumständen, übereinstimmend aussagen, da ist der Grund ihrer Übereinstimmung nur in der Wahrheit selbst zu suchen. Daher fand dann auch weder das Appellationsgericht zu Straubingen, noch das Oberappellationsgericht ein Bedenken, den Inquisiten der That vollkommen überwiesen zu erkennen.

Ein dem Berichte des Oberappellationsgerichts beiliegendes sogenanntes Separatvotum des Oberappellationsrathes äußert freilich verschiedene Zweifel. »Die Zeugen«, wird daselbst bemerkt, »hätten in ihren ersten Verhören den Grund ihres Wissens nicht angegeben; bei dem Verschlage, wo die That vorgefallen, sei kein Licht gewesen; Inquisit habe den Zeugen, wie diese selbst in ihren ersten Aussagen behaupten, den Rücken zugekehrt; keiner von ihnen habe daher sehen können, wie Inquisit dem Getödteten das Messer selbst in den Leib gestoßen habe. Verschiedene

Zeugen hätten daher auch ausdrücklich erklärt, daß sie den tödtlichen Streich selbst und das Messer im Augenblicke der That nicht gesehen hätten; erst bei der Confrontation werde von dem einen und andern behauptet, er habe die Beibringung des Stiches selbst gesehen, welches doch bei der Dunkelheit in der Gegend des Verschlags und bei der Stellung des Inquisiten unmöglich gewesen. So sei also gerade der Hauptumstand der That zweifelhaft und durch Zeugenaussagen nicht gehörig in das Klare gesetzt.«

Freilich wäre in dieser Beziehung dem Untersuchungsrichter mehr Genauigkeit zu wünschen gewesen. Gleichwohl scheinen jene Bedenklichkeiten nicht so erheblich, daß sie den Grund der rechtlichen Gewißheit, hinsichtlich aller zur Verurtheilung wesentlichen Hauptumstände, im mindesten zu erschüttern vermöchten. Denn da vollständig erwiesen worden, daß Inquisit mit gezücktem Messer auf den Entleibten eingedrungen, daß dieser, das Messer abwehrend, bis zum Schenkverschlage zurückgewichen ist, daß dieser hier gerufen hat: »du wirst mich ja nicht stechen!« daß unmittelbar hierauf der Verfolgte mit einer Stichwunde in der Brust niedergefallen, Inquisit aber, das Messer schwingend, mit der Drohung Andern ein Gleiches zu thun, davon geeilt ist: so muß auch als vollkommen gewiß angenommen werden, daß Inquisit dem Springer nicht nur mit jenem Messer, wie er selbst gesteht, sondern auch in gefährlicher Absicht, wie aus der erwiesenen Verfolgung desselben mit aufgehobener Waffe hervorgeht, die Wunden, an welchen derselbe gestorben, zugefügt habe. Alle vollständig erwiesenen einzelnen Umstände, welche insgesammt Bestandtheile der Haupthandlung selbst ausmachen, bilden eine ununterbrochene Reihe, in welcher Anfang, Fortgang und Ende auf das genaueste zusammenpassen und so unmittelbar auf einander folgen, daß keine Zwischenbegebenheit gedacht werden kann, wonach die tödtliche Wunde anders, als durch wirkliches Zustoßen mit dem zum Stoße schon gezückten Messer hätte zugefügt werden können. Wollte man die Ansicht jenes Votanten noch etwas weiter verfolgen, so dürfte es nicht einmal genügen, daß Zeugen die Führung des Streiches gesehen, sondern sie müßten das Eindringen des Messers in den Leib selbst gesehen haben: was denn doch gewiß mehr ist, als die Gesetze von dem Beweise einer That durch Zeugen vernünftiger Weise verlangen können. Hierzu kommt noch, daß die Ausrede des Inquisiten: er habe den Entleibten nicht absichtlich erstochen, — auf dem von ihm behaupteten Umstande beruht: daß er den Entleibten nicht mit dem Messer verfolgt, sondern dieses neben dem Stocke in derselben Hand gehalten habe, — eine Ausrede, welche dadurch völlig widerlegt ist, daß die Zeugen gesehen haben, wie Inquisit den Wirtssohn mit dem Messer verfolgt und sich dieser, das Messer abwehrend, zum Schenkverschlage fliehend zurückgezogen hat.

Eine zweite Bedenklichkeit findet derselbe Votant in der Aussage verschiedener Zeugen, welche, wie er glaubt, eine Trunkenheit des Inquisiten wenigstens wahrscheinlich machen. Allein die meisten Zeugen sagen bestimmt das Gegentheil; Andere sagen blos, Inquisit sei ein wenig betrunken gewesen, wodurch, wenn es auch als vollkommen gewiß angenommen werden wollte, die Zurechnungsfähigkeit des Verbrechens keineswegs aufgehoben würde.

Es erscheint daher die dem Angeschuldigten von beiden Gerichtshöfen zuerkannte Todesstrafe den Gesetzen und Akten vollkommen gemäß. Denn der baierische Criminalcodex Thl. I. Cap. 3. §. 1., welcher damals noch in Rechtskraft bestand, verordnet: »der Todtschlag, welcher mit bösem, gefährlichem Vorsatze verübt wird, soll mit dem Schwerte bestraft werden.«

Eben so wenig konnten dem Verurtheilten irgend erhebliche Begnadigungsgründe zu statten kommen.

Beim ersten oberflächlichen Blicke erscheint zwar Inquisit als Todtschläger aus Hitze des Zorns, weil die That nach einem Gezänke, während einer Rauferei verübt worden. Und solche Verbrecher verdienen in der Regel besondere schonende Rücksicht, wie des Gesetzgebers so des Begnadigers. Der Todtschlag im Affekt des Zorns ist ein Verbrechen, dessen selbst die edelsten Naturen fähig sind. Wenn die Empfindung wahren oder vermeinten Unrechts sich als Affekt der Seele bemächtiget und zuletzt wie ein tobender Sturm alle abmahnenden Vorstellungen, alle entgegentretenden Gefühle mit sich fortgerissen hat, wenn dann der Zorn durch die aufgeregte Einbildungskraft den Beleidiger in allen Farben des Hasses vor die Augen der Seele führt, und nun, bei unbewachter Vernunft, bei betäubtem Verstande, der Haß die Rachgier, die Rachgier beleidigende That erzeugt: dann erscheint die Handlung und der ihr zum Grunde liegende Entschluß weniger als das Ergebniß eines gesetzwidrigen Willens, denn als Ausbruch eines an sich unschuldigen, an sich edlen, menschlich gerechten Gefühls, welches nur, indem es durch das Übermaß seiner Lebendigkeit und Innigkeit bis zum Affekt gesteigert worden, den Menschen plötzlich zu etwas anderem gemacht, als er gewöhnlich ist, ihn anders zu handeln gezwungen hat, als er nach seinem Charakter, wäre er seiner mächtig gewesen, gehandelt haben würde. Hier kommt daher weniger in Rechnung der unmittelbare Entschluß zur rechtswidrigen That selbst, als vielmehr die unvorsichtige Nachsicht des Menschen gegen die zum Affekt heranwachsende Empfindung und daß er sich nicht der Gelegenheit, in seiner Zornwuth zu schaden, zeitig entzogen hat. Bei Verbrechen aus Hitze des Affekts grenzt daher meistens der rechtswidrige Vorsatz ziemlich nahe an die bloße Fahrlässigkeit, wenn er sich nicht, was bei dem Zorne in seinem höchsten Grade der Fall ist, ganz in das Gebiet derselben verliert. Aus diesem Grunde und weil hier die Vorstellung von der bevorstehenden Strafe nicht sowohl den Starrsinn einer dem Gesetze drohenden Bosheit zu überwältigen, als ein seiner selbst vergessendes Gemüth aus der Betäubung des Affekts zu sich selbst zurückzuführen hat, eben darum haben verschiedene neuere Gesetzgebungen die Todesstrafe blos dem eigentlichen Mörder mit weiser Schonung vorbehalten.

Daß aber eine Tödtung in einer Rauferei oder unmittelbar nach Zank und Streit begangen worden ist, gibt noch keineswegs einen Beweis für die Entstehung der That aus der Quelle des Affekts. Jene Umstände gründen an sich blos eine menschliche Vermuthung, die den Richter zwar zur nähern Nachforschung auffordern muß, alsdann aber oft durch das Gegentheil widerlegt wird. Noch größern Irrthum begehen diejenigen Richter, welche, aus Verwirrung wesentlich verschiedener psychologischer Begriffe, in jedem Falle, wo sie, nach vorhergegangener wahrer oder vermeintlicher Beleidigung, eine lebhafte, schnell zur That übergehende Rachsucht finden, sogleich auch den Affekt des Zorns wahrzunehmen und denselben Maßstab zur Beurtheilung anlegen zu müssen glauben, welchen Billigkeit und Recht nur für den eigentlichen Todtschläger fordern.

An einem Verbrechen aus Zorn hat zwar ebenfalls die Rachsucht immer ihren wesentlichen Antheil, so ferne die zum Affekte gesteigerte Empfindung des Unrechts (Zorn) den Haß wider den Beleidiger, der Haß, die Begierde zu schaden (Rachgier), diese die schädliche That erzeugt. Aber bei weitem nicht jedes Verbrechen in Rachsucht beschlossen, mit der tobendsten, glühendsten Rachgier vollbracht, ist zugleich ein Verbrechen aus Zorn.

Zorn ist ein Affekt, Rachsucht eine Leidenschaft; jener eine gesteigerte Empfindung, diese eine gesteigerte Begierde. Jene hat ihren Sitz im Gefühlvermögen, diese in dem Begehrungsvermögen.* Der Zorn erweckt Rachsucht und öffnet dieser den Weg, auf welchem sie das Gemüth überschleicht und sich dessen unerwartet bemächtiget; die Rachsucht, selbst wenn sie frische Beleidigungen verfolgt, kann bei aller Kälte der Empfindung, ohne daß ein vorhergehender Affekt das Gemüth in Sturm gebracht hat, mit der ihr selbst innewohnenden Kraft auf das heftigste toben. Der Zorn betäubt das Gemüth, verwirrt den Verstand durch die Fieberhitze entzündeter Phantasie und beschränkt oder nimmt der Überlegung ihre Kraft; die Rachsucht ist an und für sich kalt, fesselt, wie jede andere Leidenschaft, die Vernunft, läßt aber dem Verstande seine Freiheit, belebt und schärft ihn sogar und macht ihn geschickt zum Dienste für ihre Zwecke. Eine Handlung im Zorn ist daher unbe-

* Die treffendste Unterscheidung, Entwickelung und Durchführung der Begriffe Leidenschaft und Affekt findet man in dem sehr gründlichen Werke von J. G. E. Maaß, *Versuch über die Leidenschaften*. Halle und Leipzig. 2 Bde. 1805. 1807. 8.

sonnene, eine Handlung aus Rachsucht, wo nicht immer überlegte, doch besonnene That. Der Zorn ist stets offen und ehrlich in seiner Furchtbarkeit; der Grimm der Rachsucht ist gewöhnlich verschlossen und tückisch. Jener ist in der Regel schnell wirkend, ähnlich einer plötzlich auflodernden Gluth, die, was sie ergreift, auf der Stelle verzehrt, aber auch bald in sich selbst wieder zusammensinkt; diese hingegen ist, wenn auch nicht immer, doch gemeiniglich eine sich tief eingrabende, in sich selbst brütende, sich an sich selbst nährende und stärkende Leidenschaft, die ihr Opfer hartnäckig sucht und sich nur in diesem sättigt. Der Zornige, hingerissen zu überlegtem Handeln, findet in der Befriedigung seiner Leidenschaft gewöhnlich sogleich die Reue, oft auch die Schrecken der Verzweiflung über seine eigene That; der Verbrecher aus bloßer Rachgier blickt mit der Kälte des gesättigten Bedürfnisses, wohl auch in freudigem Genusse auf das Werk seiner Hand zurück.

Der Inquisit Stigler ist kein Todtschläger aus Hitze des Zorns, sondern ein Mörder aus Rachsucht. Diese Leidenschaft ist es, welche den am schärfsten hervorspringenden eigenthümlichen Zug in dem Charakter des Inquisiten bildet. Roh von Natur und zu bösartigen Leidenschaften geneigt; durch verwahrloste Erziehung, arge Beispiele und ungebundene Lebensweise ganz verwildert; von Jugend auf nur dem Hange feindseliger Begierden folgend und stets bereit, sich der Macht seines Armes als Vollstreckerin seines ungezähmten Willens zu bedienen; aufgemuntert durch die glücklichen Erfolge seiner List oder seines Muthes, womit er mehrmals den Obrigkeiten widerstand und ihre Maßregeln vereitelte; trotzend auf das stolze Bewußtsein eines gefürchteten Namens und übermüthig durch die Kleinmuth der Vielen, die vor ihm zitterten: — gewöhnte er sich immer mehr an die Freuden der Selbstgewalt und an den wilden Genuß, welchen der Haß in der Demüthigung eines Feindes, die Rache in den Schmerzen oder im Untergang eines Beleidigers, der befriedigten Eigenliebe gewährt. So gedieh in ihm allmälig die Rachbegierde zur habituellen Gemüthsstimmung der Rachlust und Rachsucht, welche nun aus der kleinsten Veranlassung, bei der geringsten vermeintlichen Unbild, gleichsam instinktmäßig, sogleich entschlossen keck hervorbrach und, in Gestalt einer — man möchte es so nennen — muthwilligen Bosheit, nach einem durch Gewohnheit gleichsam eingeübten Mechanismus, plötzlich in Messerschnitten und Dolchstichen austobte. — Alle seine gewaltthätigen Handlungen, so viele deren zu aktenmäßiger Kunde gelangt sind, tragen das Gepräge dieser Gemüthsart, welche, unter deutschem Himmel ziemlich selten, als ein Hauptzug in dem italienischen Volkscharakter erscheint.* — Neben dem Bauersmanne Wimmer sitzt er in friedlichem Verkehre am Wirthstische, wo er behaglich das Brod verzehrt, das er so eben erst von jenem als freundliche Gabe entgegenkommender Gefälligkeit empfangen hat; doch die ganz unschuldige Frage nach dem Messer wird sogleich als eine nur durch Blut zu versöhnende Beleidigung empfunden und blos dadurch beantwortet, daß der rachsüchtige Bube dem Arglosen das geliehene Messer, zum Danke erwiesener Gefälligkeit, in den Nacken stößt. — Der Bauersmann Liedel gab zwar dem Inquisiten stärkere Veranlassung als jener; das Wegnehmen des Hutes zum Unterpfand für die nicht bezahlte Spielschuld war, als eigenmächtige kränkende Handlung, allerdings geeignet, ein reizbares Gemüth zum Zorn aufzuregen und, durch diesen, zu Gegenbeleidigungen und unbesonnenen Gewaltthaten zu treiben. Allein in Stiglers ganzem Benehmen erscheint auch nicht die leiseste Spur eines bis zum Affekt gesteigerten Gefühls. Er zeigt sich gekränkt, erbost, ergrimmt; aber nichts weniger als in Zornwuth. Das Feuer, welches sich an Liedels Beleidigung in ihm entzündet hat, brennt zwar in seinem Herzen, wo es verborgen unter sich frißt, aber es lodert nicht in alles ergreifenden Flammen hoch bis zu seinem Kopfe auf, welcher unberührt von ihnen, der Zwecke des voraus schon entschiedenen Willens sich klar bewußt, in ungestörter Selbstmacht — die Mittel bedenkt, wählt und vorbereitet, welche zur Befriedigung der nach Blut verlangenden Rach-

* Benvenuto Cellini's Leben von Goethe ist auch in dieser Beziehung eine ungemein reiche Fundgrube für psychologische Studien.

sucht dienen. Mit kalter ruhiger Besonnenheit legt er seinem Beleidiger die Wahl vor: entweder die Beleidigung durch Zurückgabe des Hutes wieder gut zu machen oder eben dasjenige zu gewärtigen, was vor einiger Zeit Wimmer von ihm erfahren habe. Daß jener diese Drohung nicht beachtet und noch immer den Hut zurückbehält, bringt ihn auch keineswegs aus seinem scheinbaren Gleichmuth, womit er den Gegner, der ohnehin seinen Mann eben so wenig als den Sinn jener Drohung kannte, nur noch sicherer macht. Seinen Grimm in sich verschließend, die Ungeduld seiner Begierde bezwingend, lauert er beobachtend der schleichenden Zeit die Gelegenheit ab und fällt, sobald sich diese ihm geboten hat, den unbesorgten Wehrlosen meuchlings an, um ihm mit Messerschnitten zu lehren, was es heiße, ihn beleidigen und nicht einmal seine Drohungen beachten.

Auch der Vorfall in dem Wirthshause zu Peßlöd ist, von Anfang bis zu Ende, lediglich eine folgerecht durchgeführte Scene der Bosheit und Rache, an welcher der Zorn gewiß nur nebenbei einen sehr untergeordneten Antheil genommen und nicht als Ursache der den Willen bestimmenden Begierde, sondern höchstens als Folge derselben, zu jenen Handlungen mitgewirkt hat. Alles was hier Stigler verübte, galt eigentlich nicht sowohl denen, an welchen es zunächst verübt wurde, als vielmehr einem Dritten, welcher nur im Geiste des Verbrechers gegenwärtig, dem ganzen Vorgange fremd und fern geblieben ist. Es ist eine natürliche Eigenschaft sowohl der Affekte als der Leidenschaften, daß sie nicht nur gegen alles dasjenige sich feindlich kehren, was, schuldig oder unschuldig, lebendig oder leblos, sich ihnen störend oder hemmend in den Weg wirft, sondern auch, vermittelst der durch sie erregten Einbildungskraft, die Vorstellung ihres Gegenstandes leicht auf andere Gegenstände übertragen, sobald diese, durch irgend eine Ähnlichkeit oder sonstige Übereinstimmung mit jenem, die einmal straff gespannten, auf Einen Ton gestimmten Saiten des Gemüths berühren.

Der Gerichtsdiener Näßel, welcher seine Pflicht an Stigler erfüllt und den Fahnflüchtigen, obgleich ohne Erfolg, wieder ergriffen hat, wird dadurch ein Gegenstand seines unversöhnlichen Hasses, seiner nimmer rastenden, durch keine Zeit gemilderten, durch kein Hinderniß ermüdeten, blutdürstigen Rachsucht, mit welcher er jenem, ohne nur seine Absicht zu verbergen, wie der Jäger der Fährte eines aufgespürten Wildes, nachschleicht. Doch jenen beschützt fortwährend das Glück oder seine Klugheit; meint ihn dieser einmal zu haben, wo er ihn lang gesucht, so entschlüpft er wieder dem Messer, das bereits für ihn geschliffen ist. In dem Wirtshause zu Peßlöd erfährt Stigler unvermuthet, daß ihm von neuem die Gelegenheit nahe und nun endlich vielleicht der lang erwartete Tag blutiger Vergeltung gekommen sei. Denn Näßel wird in diesem Wirthshause noch erwartet; und diesmal hat Stigler schon sein Messer bei sich, so daß er nicht mehr besorgen darf, daß die Beute seiner Hand entschlüpfen werde. Während aber seine Rachgier, gleichsam auf dem Sprunge stehend, dem noch abwesenden Feinde entgegen lauert, kommt ein Anderer in ihren Bereich. Der Schiffsknecht Müller wirft sich als Vertheidiger Näßels gegen die Drohreden des Stigler auf; seine Schutzreden für den Angegriffenen, wenn sie auch weiter nichts waren als dies, galten dennoch zugleich als Vorwürfe gegen den Angreifer; der theilnehmende Freund des Feindes nahm schon als solcher, in den Augen des alten, nach Befriedigung gierigen Hasses, die Stelle des lang gesuchten, nun erwarteten Feindes ein: und so brach die in Ungeduld gespannte Rachgier einstweilen gegen Näßels Freund und Beschützer los. Mit freundlicher Tücke und geheuchelter Versöhnung zu ihm heranschleichend, dann mit Messerstichen und Messerschnitten dessen unerbetene Anwaltschaft vergeltend, genießt er in dessen Blute einstweilen die Vorkost zu dem Hauptfeste, das ihm Näßel selbst erst bereiten soll. Tödten wollte er den Müller nicht, sondern nur tüchtig zeichnen und in dieser Arbeit seiner ungeduldigen Rache vor der Hand einige Beschäftigung geben. Als aber der Verwundete auf ihn zuspringt, ihn umfaßt, ihn mit sich zu Boden reißend, über ihn herstürzt, und nun die zur Wuth entbrannte Rachgier blos den Augenblick erwartet, wo die noch immer bewaffnete Faust so viel Freiheit erlangen werde, um jetzt das Messer nicht blos in das Gesicht, sondern in die Eingeweide des Gegners zu führen, tritt der in vollem Lauf begriffenen Leidenschaft ein neuer Gegenstand in den Weg und zieht ihren Grimm von jenem ab auf sich selbst herüber. — Der Wirthssohn Springer, welcher, um Ruhe zu stiften, den Müller hinwegriß, mußte nicht nur dadurch, daß er dem Stigler zurief: »Spitzbube! legst du das Messer bei Seite!« sondern auch vorzüglich deswegen, weil er in seinen Verrichtungen ihn gestört, seine Absicht vereitelt, ihm den Gegenstand seiner Rache entzogen hatte, eben diese einmal schon losgelassene, nach Befriedigung dürstende, durch Hinderung ihrer Thätigkeit nur noch höher gesteigerte Rache, auf sein eigenes Haupt herüber lenken. Und so fand das Messer, das den Näßel erwartet, dann nach Müllers Leib vergebens getrachtet hatte, endlich in dem Herzen des unschuldigen Wirthssohns seine Stelle. — Alle diese verschiedenen, kurz auf einander folgenden Thaten Stiglers sind daher nur fortgesetzte Äußerungen einer und derselben Leidenschaft, der Rachsucht, welche sich hier blos dadurch auszeichnet, daß sie nicht, wie in gewöhnlichen, einfachen Fällen, eine gerade Richtung verfolgt, sondern schnell ihren Gegenstand wechselt, oder vielmehr dem Gegenstande, den sie nicht erreichen kann, oder welcher sich augenblicklich ihr entzieht, sogleich einen andern, den nächsten besten, zu ihrer Befriedigung unterschiebt: dem Blitze gleich, der von seiner ersten Richtung abweichend, je nachdem er angezogen wird, dahin und dorthin abspringt und so lange forttobt, als noch Etwas da ist, das seine zerstörende Kraft an sich zieht.

Stiglers Benehmen während der Untersuchung stimmt mit der boshaften Gemüthsart, die er sein Lebenlang bewiesen, vollkommen überein. Nirgends eine Spur von Reue, weder im Thun, noch im Reden; überall spricht Halsstarrigkeit, Frechheit oder Tücke aus seinen meistens barschen, oft höhnischen und beißenden Antworten. In seinem Lügen und Läugnen blieb er so fest und standhaft, daß selbst die Entgegenstellung so vieler Zeugen, welche ihn wie aus Einem Munde in das Angesicht der That beschuldigten, ihm nicht die mindeste Verlegenheit abgewinnen, oder ihn auch nur einen Augenblick wankend machen konnte. Bald warf er ihnen zornige Blicke zu, bald beschuldigte er sie so zuversichtlich der Unwahrheit, daß man, wäre nicht jeder Verdacht ferne von ihnen, fast geneigt wäre, lieber der einzigen Stimme des für sich selbst zeugenden Missethäters, als der übereinstimmenden Aussage so vieler unparteiischen Personen zu glauben. Als ihm die Schwester des Ermordeten, Theresia, bei der Confrontation seine That vorgehalten hatte, sagte er: »Womit kann ich das Gegentheil beweisen? Wenn die Zeugen sich mit meinem Blut sättigen wollen, so gebe ich ihnen ein Glas voll um das andere zu trinken. Was braucht es so lange? Man hätte mir ja schon längst den Kopf können abschlagen und was frage ich darnach, wenn mein Leben weg ist? — Sie, die Zeugen, müssen aber, wenn ich todt bin, drei Tage lang vor Gottes Gericht erscheinen und sich verantworten.« Bei einem andern Confrontationsartikel redete er dieselbe Zeugin mit den Worten an: »Resel (Therese), bedenke, es ist eine große Sache! Ich bleibe bei dem, was ich gesagt habe und ich weiß es nicht anders. Man kann mich fröhlich auf den Richtstuhl setzen. Ich weiß nichts mehr!« Diese hartnäckige Frechheit im Läugnen ist beim ersten Anblicke um so räthselhafter, da Inquisit wohl zu wissen schien, daß ihm die Aussage so vieler Zeugen das Leben kosten werde und er also von seinem bloßen Verneinen nichts mehr zu hoffen habe. Allein das Laster hat seinen Heroismus wie die Tugend. Ein verhärtetes, in Bosheit starkes Gemüth, findet in solchem Starrsinne seinen einzigen Stolz; es wird sich mit dieser Beharrlichkeit seiner Kraft und seiner Freiheit in den Ketten bewußt; es will sich durch das Bekenntniß der Schuld nicht erniedrigen, will den Schimpf nicht tragen, den zarten Regungen des Gefühls, der sanften Stimme des Gewissens schwachmüthig nachgegeben haben. Nicht selten mischt sich auch Neid, Schadenfreude und Rachsucht unter die Beweggründe zu solchem Benehmen. Der Verbrecher, der nun ohnehin schon alles für sich verloren sieht, will wenigstens dem verhaßten Untersuchungsrichter, der ihm so viele böse Stunden gemacht hat, nicht noch obendrein die Freude schenken, seine Absicht an ihm erreicht zu haben; oder er hofft, indem er sich als Märtyrer geberdet, vielleicht noch in dem Gemüthe seiner Richter einen beunruhigenden Zweifel über seine Schuld oder Unschuld zurückzulassen, um dadurch noch in seinem Tode an ihnen heimliche Rache zu üben.

GEORG WACHS ODER DIE VERFÜHRUNG DES AUGENBLICKS

Eine halbe Stunde unweit Vilsbiburg (im Isarkreise) liegt auf einer Anhöhe, 200 Schritte von einigen Mühlen entfernt, ein einsames Bauernhaus, das Raschenhäuschen genannt. Dieses gehörte einem armen ehrlichen Schuster, Jakob Huber, einem Manne von ungefähr 42 Jahren, welcher hier mit seiner Frau Elisabeth und noch drei Kindern wohnte, einer 9jährigen Tochter Katharina, einem 3jährigen Knaben Michael, und einem ungefähr 2 Monate alten Wochenkinde. Die zweite Hälfte dieses Häuschens, welche jedoch ihren besonderen Eingang hatte, war auf Lebenszeit an die Familie des Taglöhners Maier vermiethet.

Taglöhner Maier, als er am Grünendonnerstag, den 8. April 1819, Abends 6½ Uhr mit seiner Frau von der Arbeit heimgekommen war, wunderte sich, daß es, gegen die Gewohnheit, bei seinem Wandnachbarn so gar still zugehe und man von den Schustersleuten Niemand sehe noch höre. Maier's Schwägerin, Maria Wieser, welche den ganzen Tag über zu Hause geblieben war, hatte nach 3 Uhr die Schustersfrau hinweggehen und um 6 Uhr wieder in ihre Wohnung zurückkommen sehen; auch hatte sie gehört, wie diese laut auflachte, nachdem ihr, erst auf ihr Pochen, die Hausthür geöffnet wurde, entweder als sei es ihr lächerlich vorgekommen, daß sie bei so früher Tageszeit die Thür schon geschlossen finde, oder als sei sie beim Öffnen derselben durch das Entgegentreten eines ihr unerwarteten Besuchs seltsam überrascht worden. Seit dem Augenblicke hatte die Wieser Niemand von des Schusters Familie gesehen. Auch am folgenden Morgen war es, als wäre die ganze Huber'sche Familie ausgestorben; kein Rauch ging aus dem Schornstein ihrer Wohnung auf, die Thüre blieb verschlossen, von innen wurde kein Laut gehört und, selbst auf wiederholtes Anpochen, weder Fenster noch Thüre geöffnet.

Endlich sah nach langem Rufen des Schusters Töchterchen, Katharina, mit blutigem entstelltem Gesichte aus dem Fenster des obern Stockwerks, weigerte sich anfangs, aus Furcht, herabzukommen, öffnete aber endlich, auf dringendes Zureden, die Hausthür und — nun fiel der erste Blick in die Hausflur auf den in seinem Blute liegenden Leichnam der Huber. Zwischen der ersten Stufe der in das obere Stockwerk führenden Treppe und einem nur 1 Schuh davon entfernten Kasten, entdeckte man den, gleich einem Igel, zusammengerollten Leichnam des kleinen Michael. In des Schusters Werkstatt, welche an mehreren Orten, besonders in der Nähe des umgestürzten Schusterstuhles, mit vielem Blute bedeckt war, lag in der Mitte der große eiserne Schusterhammer auf dem Fußboden und in der Schlafkammer, neben dem Bette, der Leichnam des Huber, mit dem Gesichte der Erde zugekehrt. Auf dem Bette, neben des Vaters Leiche, schlief vor Kälte halb erstarrt, jedoch unverletzt, das Wochenkind der ermordeten Schusterin. Alle Leichen fand man in ihren gewöhnlichen Kleidern, den Schuster noch mit seinem Schurzfelle umgürtet.

Da an dem Äußern der Wohnung durchaus keine Spur von Gewalt zu finden war, woraus auf einen Einbruch durch Räuber hätte geschlossen werden können: so kam man in den ersten Augenblicken auf den Gedanken, es möge die Schustersfamilie sich unter einander selbst gemordet haben. Allein der ungestürzte Schustersstuhl, gerade darneben eine große Lache geronnenen Blutes, dann ein auf dem Arbeitstische liegender Pfriemen, welcher noch halb durch ein Stück Leder gezogen war: diese und andere Umstände gaben sehr deutlich zu erkennen, daß der Schuster, während er, mit seiner Arbeit beschäftigt, auf seinem Stühlchen gesessen, unvermuthet müsse zu Boden geschlagen und sodann erst in die Kammer geschleift worden sein. Überdies zeigten sich in dem obern Stockwerke die unverkennbarsten Spuren eines vorgefallenen

Raubes. Verschiedene Schränke auf dem Boden und in der Bodenkammer waren durch Absprengung der Thürleisten, mittelst eines scharfen Werkzeugs geöffnet, die darin befindlichen Sachen in Unordnung durcheinander geworfen, von einem Hute des Schusters das Band mit seiner (wahrscheinlich silbernen) Schnalle abgeschnitten u.s.w. Der bloße Augenschein begründete daher schon die Überzeugung, daß diese dreifache Mordthat von einem oder mehreren Räubern müsse verübt worden sein, welche sich bei Tag entweder heimlich in das Haus einzuschleichen, oder unter irgend einem Vorwande in demselben sich öffentlich aufzuhalten Gelegenheit gefunden hatten.

Bei der wenige Stunden nach entdeckter That gehörig vorgenommenen Leichenschau, ergab sich im Wesentlichen folgendes:

An dem Leichname der Elisabeth Huber, einer noch jungen kräftigen Person von 36 Jahren, zeigten sich, außer am Kopfe, nirgends Spuren einer Verletzung. Dagegen fand man in dem hoch angeschwollenen Gesichte zwei ½ Zoll lange und breite, bis in den Schädelknochen eingedrungene, dreieckige Wunden, in welche der auf dem Boden der Werkstatt gefundene schwere Schusterhammer paßte: die eine derselben am linken äußern Augenwinkel, die andere über dem obern Bogen des linken Schlafbeins. Nach Hinwegnahme der äußern, dicht mit gestocktem Blut unterlaufenen Bedeckungen des Hirnschädels, zeigten sich alle Kopfknochen, besonders auf der linken Seite, aus ihren Nähten getrieben, theils zersprungen, theils in kleine Scherben und Splitter zerschlagen und mit Blut und Gehirnmasse vermischt. Auch das Stirn- und Nasenbein waren ganz zerschmettert.

An dem Leichname des Jakob Huber waren ebenfalls nirgends Verletzungen wahrzunehmen als am Kopfe, der besonders an der linken Seite und an seinem hintern Theile *(occiput)* so zerschmettert und zermalmt war, daß an diesen Stellen Gehirn, Blut und Knochensplitter gleichsam nur Eine Masse bildeten und eine besondere Beschreibung aller dieser Zerstörungen im Einzelnen eben so unmöglich als überflüssig war. —

Der Kopf des dreijährigen Knaben Michael zeigte äußerlich keine blutige Wunde, war aber so wie das Gesicht, außerordentlich geschwollen, und besonders am Schädel wie Teig anzufühlen. Nach dem Durchschneiden der Kopfbedeckungen rann über eine Maaß, mit Hirn und Knochentheilchen gemischten, Bluts heraus. Das Stirnbein, die Schlaf-, Seitenwand- und Hinterhaupt-Beine waren in lauter kleinere und größere Stücke zerschlagen. An den übrigen Theilen des Leibes fand sich keine Beschädigung.

Die kleine Katharina war wohl schwer, doch nicht lebensgefährlich verwundet. Die linke Seite ihres Gesichts war mit Blut unterlaufen und hoch geschwollen, eben so der Augendeckel, so daß er den Augapfel ganz bedeckte. Am hintern Wintel des rechten Seitenwandbeins zeigte sich eine schräg laufende 1 ½ Zoll lange Hautwunde, neben einer handgroßen Fläche ausgetretenen Geblütes; desgleichen ein Quetschung auf der linken Schulter.

Die unbedingte Tödtlichkeit der an den drei Leichen gefundenen Verletzungen konnte nicht dem mindesten Zweifel unterliegen. Auch waren die Ärzte darüber einig, daß der Mord an allen diesen Personen wahrscheinlich mit dem Schusterhammer vollbracht worden sei. Derselbe ist von Eisen, 1 Pfund 13 Loth schwer, und die Länge seines Stiels beträgt 11 ½ Zoll.

Beinahe gleichzeitig mit der Entdeckung der entsetzlichen That, offenbarten sich die dringendsten Verdachtsgründe wider ihren Thäter. Die erste Andeutung hierzu gab des Schusters Töchterchen, welches sein Leben glücklich aus des Mörders Hand gerettet hatte. Katharina konnte zwar noch nicht sogleich gerichtlich vernommen werden; sie hatte ein zu heftiges Wundfieber und lag meistens im Schlaf oder in Betäubung. So viel indessen brachten die Tagwerkerleute und andere Personen, durch Fragen, aus ihr heraus: »daß sie im Hause von einem Kerl mit einem hohen Hute auf dem Kopfe, welcher in einen blauen Rock gekleidet gewesen, niedergeschlagen worden sei. Es sei dieser Mensch schon öfter bei ihrem Vater gewesen. Auch am Donnerstage sei er bei ihm gewesen und habe lange in der Werkstatt bei dem Vater gesessen.« Diese Anzeige erhielt ein größeres Gewicht durch die Aussage der Schwägerin des Taglöhners Maier. Diese sagte: »am Grünendonnerstag, Nachmittags gegen 3 Uhr, habe sie einen jungen Kerl, wie ihn die kleine Katharina beschrieben, in des Schusters Haus hineingehen sehen. Bald nach ihm sei auch der Müllerssohn Jakob S., welcher, wie sie gehört, dem Schuster die Haare habe verschneiden sollen, in diese Wohnung gegangen. Der ihr dem Namen nach unbekannte Bursche, welcher bei dem Zimmermeister Schneeweißer im Dorfe Solling sich aufhalten solle und den sie bereits 14 Tage zuvor bei dem Schuster gesehen, von welchem er sich seine Stiefel habe flicken lassen, sei, wie ihr von den Kindern des Lichtenburger Müllers erzählt worden, am Grünendonnerstag noch um 5 Uhr Abends in des Schusters Werkstatt gewesen.« Der von dieser Zeugin erwähnte Müllerssohn Jakob S. erzählte in seiner Vernehmung am 10. April: »am 8. April sei er um 3 Uhr zu dem Schuster gekommen, der ihn gebeten, ihm seine Haare zu schneiden. Er habe außer dem Schuster, dessen Frau und Kindern, auch einen jungen Zimmerburschen, der sich bei dem Zimmermeister Schneeweißer unterhalb Solling aufhalten solle, in der Werkstatt getroffen. Diesen Burschen, welcher seinen Stiefel herunter gezogen, habe der Schuster gebeten, so lange zu warten, bis ihm die Haare verschnitten seien, worauf er ihn sogleich bedienen werde. Es habe der Unbekannte (den er genau beschreibt) während des Zeugen Anwesenheit nichts bedeutendes gesprochen, aber ganz wild (thürmisch) darein gesehen und sei ziemlich betrunken gewesen. Gestern (also an demselben Tage, wo der Mord entdeckt worden) sei er zu Vilsbiburg mit demselben Burschen in dem Wirthshause (der Post) zusammengetroffen. Jedermann habe hier von der Mordgeschichte erzählt; »allein,« fährt Zeuge fort, »blos dieser Bursche äußerte sich hierüber gar nicht und sah immer aufwärts (gen Himmel) und es schien mir, weil er an dem Gespräche gar keinen Antheil nahm, daß ihm dasselbe gar nicht tauge (unangenehm sei). Ich weiß halt nicht, was unter diesem Kerl steckt und es ist mir halt bald so, als wenn Er es gewesen wäre. Denn er hätte doch sicher bei so einem

Unglücksfalle gejammert; ein Jeder that dieses; nur Er sagte gar nichts, wiewohl Er selbst ebenfalls Nachmittags beim Schuster gewesen war.«

Es war auf der Stelle ausgemittelt, daß der Unbekannte, aber deutlich genug Bezeichnete, Niemand anders sei als Georg Wachs, Lehrling des Zimmermeisters Schneeweißer zu Solling. Dieser wurde bereits in der Nacht vom 10. April verhaftet und es fanden sich bei ihm mehrere sehr verdächtige Sachen, besonders 2 silberne sogenannte Florschnallen, welche bei dessen persönlicher Durchsuchung in seinen Beinkleidern versteckt gefunden wurden. Als in der Frühe des folgenden Morgens, es war der erste Ostertag, der Gerichtsdiener in sein Gefängniß trat, kam ihm derselbe sogleich mit der Äußerung entgegen: »ich muß es gestehen, daß ich der Mörder der Schustersleute bin. Um mich ist es geschehen. Heute hätte ich gebeichtet, dann würde ich selbst zu Gericht gegangen sein.« — Seine Osterbeichte legte er nunmehr, statt seinem Beichtvater, seinem Richter ab.

Georg Wachs, zu Solling (Landgerichts Moosburg) am 17. April 1800 geboren — also zur Zeit der That nicht älter als 19 Jahre — katholischer Religion, war der eheliche Sohn eines Kleinbauern, welcher sich zugleich mit Taglöhnerarbeiten seinen Unterhalt verschaffte. Seine beiden Eltern, die, als ihr einziger Sohn dem peinlichen Gerichte anheimfiel, sich noch am Leben befanden, werden allgemein als sehr rechtschaffene Leute geschildert, welche ihn von seiner frühesten Jugend an fleißig zur Schule und durch Beispiel und Rede zu allem Guten anhielten. Als Knabe zeichnete er sich in seinem sittlichen Betragen vor andern seines Gleichen nicht zu seinem Nachtheile aus und erwies sich wenigstens nicht schlimmer als die übrigen. Nach zurückgelegten Schuljahren wurde er 1814 bei einem Müllermeister zu Freising in die Lehre gethan, der, während der ganzen Lehrzeit, sehr wohl mit ihm zufrieden war und von welchem er nach drei Jahren, am 7. April 1817 losgesprochen wurde. Hierauf bekam er die Erlaubniß, im Innlande wandern zu dürfen, trat an verschiedenen Orten des Isarkreises als Mühlknecht in Dienste und verdiente sich bei fast allen seinen Diensthernn das Lob des Fleißes und eines ordentlichen Betragens. Allein sein 18tes Jahr bezeichnet auffallend den Wendepunkt in seinem sittlichen Leben. Seit dem 16. August 1818 war er dienstlos, hielt sich entweder zu Hause bei seinen Eltern auf oder zog, angeblich um Dienste zu suchen, im Lande umher und arbeitete zuweilen für Taglohn. Als er im Oktober gedachten Jahrs bei einem Steinhauer zu Moosburg arbeitete, entwendete er der Gattin seines Herrn 50 fl. (nach Angabe der Bestohlenen 98 fl.) und würde schon damals der Justiz anheim gefallen sein, wenn nicht — vielleicht zu seinem Unglücke — sein rechtschaffener Vater, sowohl der eigenen Ehre wegen, als aus Liebe zum Sohn, durch Leistung vollen Ersatzes die gerichtliche Anzeige verhindert hätte. Endlich fand er am 25. Dezember 1818 wieder als Mühlknecht sein Unterkommen bei dem Müllermeister Ingerl zu Gerzen, der ihn aber, noch vor Ablauf von drei Monaten, wieder verabschiedete, weil ihm das ganze Wesen dieses Menschen zuwider war. »Ich that diesen Burschen,« sagt Ingerl, »blos deswegen aus dem Dienste, weil er zu der Arbeit keinen Pfenning werth war und meistentheils bei seinen Weibsbildern steckte. Überhaupt war er ein leichtsinniger, ausgelassener, roher Bursche, der auf das Christenthum nichts hielt und mir sowohl deswegen, als wegen seiner Frechheit und Ausgelassenheit zuwider war.« Die in dem Jüngling übermächtig gewordene Geschlechtslust, welche alle seine Gedanken, Wünsche und Begehrungen den Dirnen zugewendet hatte, entschied offenbar sein Verderben, und erklärt es zugleich, warum gerade das 18te Jahr seines Alters plötzlich eine so auffallende Umwandlung seines sittlichen Betragens mit sich führte. Er wurde aus Üppigkeit liederlich; aus Liederlichkeit träg, arbeitsscheu, unordentlich; aus Weiberlust gefallsüchtig und eitel; aus eitler Gefallsucht habsüchtig und aus Habsucht erst Dieb, dann Mörder.

Nachdem ihn der Müller Ingerl seines Dienstes entlassen hatte (ungefähr 17. März 1819), gab er auf einmal sein Handwerk ganz auf und trat, um das Zimmerhandwerk zu lernen — weil er sich, wie er sagt, mit diesem besser fortzubringen hoffte — zu Solling bei dem Meister Schneeweißer als Lehrjunge in den Dienst. Aber hier brachte er kaum 14 Tage zu, als er, der erst seit kurzer Zeit blos als ein buhlerischer, lustiger und leichtsinniger Bursche bekannt war, auf einmal durch eine That, welche ihm Niemand zutraute, Niemand bei ihm begreifen konnte, von neuem die alte Wahrheit bestätigte: daß im Menschen keine Neigung scheinbar so unverfänglich ist, welche nicht, wenn sie, nach Zeit und Umständen, zur Leidenschaft erwächst, ihm das ungeheuerste einzugeben und durch ihn zu vollbringen fähig wäre.

Am Grünendonnerstag (8. April) ging Wachs, mit Erlaubniß seines Herrn, früh 8 Uhr von Haus hinweg, um zu Vilsbiburg seine österliche Beichte zu verrichten. Unterwegs traf er mit einem ihm unbekannten Bauernsohn, Matthias Hingerl, zusammen, der ebenfalls nach jener Stadt sich begeben wollte, um hier seine Uhr, die er einem Uhrmacher zum Ausbessern gegeben hatte, für die bevorstehenden Osterfeiertage wieder abzuholen. Georg Wachs, der nun unerwartet angenehme Gesellschaft gefunden hatte, meinte, daß die Woche noch andere Tage zum Beichten habe und brachte zu Vilsbiburg seinen ganzen Vormittag, statt in der Kirche, in den Schenken beim Bier und in lustigen Gesprächen zu, deren Gegenstand fast immer die Mädchen und seine Liebesgeschichten waren. Hingerl zeigte ihm seine Uhr, die er bei dem Uhrmacher wieder abgeholt hatte und, wenn gleich Georg Wachs hierauf nichts äußerte, so läßt sich dennoch (besonders nach dem, was späterhin erfolgte) als wahrscheinlich annehmen, daß, obgleich noch ohne besondere Begierde, sich bei dem Anblick dieses beneidenswerthen Besitzthums seines Kameraden, ihm die unangenehme Bemerkung unwillkürlich aufgedrungen haben möge: daß er für die nächsten Osterfeiertage zwar saubere schöne Kleider, aber denn doch keine Uhr besitze.

Um die Mittagsstunde gingen beide lustig auf den Weg nach ihrer Heimath, kehrten unterwegs von neuem in einem Dorfe ein, wo sie noch drei Maaß Bier tranken und setzten dann ihre Reise weiter fort. Georg Wachs, welcher, wie sein Begleiter, sich einen Rausch (doch keineswegs um seinen Verstand) getrunken, war ungemein vergnügt und in Freude ausgelassen, jubelte, ließ seinen Hut vor sich her rollen, rannte ihm nach und trieb noch allerhand andere dergleichen kindische Possen. Nachdem er den Hingerl noch ungefähr eine halbe Stunde weit begleitet hatte, nahm er Abschied von diesem und verließ ihn mit dem Bemerken: er gehe wieder zurück. Wohin er gehen wolle, darüber äußerte er sich nicht. Wohl aber hatte Hingerl unterwegs bemerkt, daß Georg hinke, der ihm, auf die Frage: warum dieses? zur Antwort gab: er habe sich mit der Zimmeraxt in den Fuß gehauen und müsse sich noch vor den Feiertagen seinen Stiefel ausbessern lassen.

Bloß in dieser Absicht ging Inquisit, wie er in allen Verhören betheuert, wieder zurück und zum Schuster in das Raschenhäuschen, bei welchem er um 3 Uhr ankam. Hier traf er, außer dem Schuster, dessen Frau und Kinder, so wie ein Paar Mädchen eines benachbarten Müllers, die mit den Schusterskindern spielten. Nicht lange nachher kam auch Jakob S., welcher dem Schuster die Haare verschnitt und nach verrichtetem Geschäfte wieder fort ging. Nun erst nahm der Schuster den Stiefel des Georg W. in Arbeit, der unterdessen mit des Schusters Kindern scherzte und sich besonders mit dem kleinen Knaben Michael, dem er eine Fastenprezel schenkte, kindisch spielend viel zu schaffen machte. Nachdem sein Stiefel bereits ausgebessert war und er sich noch eine ziemliche Weile mit dem Schuster unterhalten hatte, wollte er, wie wenigstens er selbst behauptet, gegen 4 Uhr sich fortbegeben und fragte den Schuster, ob seine Wanduhr richtig gehe? worauf dieser, — nachdem er ihm bemerkt, sie gehe um eine Viertelstunde zu früh, — seiner Frau befahl, ihm von oben seine silberne Taschenuhr herabzuholen, um sie aufzuziehen. Die Schustersfrau, — nachdem sie die verlangte Taschenuhr ihrem Manne gebracht hatte, der sie aufzog und sie neben sich an die Wand hängte, — verließ kurz nachher das Haus, um sich nach dem Orte Solling zu begeben, wo sie Fische für Morgen kaufen wollte. Auch die Kinder verließen die Stube, um in dem Garten mit ihrem Besuche zu spielen. Und so blieb Georg Wachs mit dem Schuster allein in der Werkstatt. Jener versichert, er würde sogleich mit der Schusterin fortgegangen sein, wenn nicht ihr Mann ihn zurückgehalten hätte. Dieser habe aber zu ihm gesagt: »bleib noch ein wenig da, kannst doch heute nicht mehr viel ausrichten und mir wird allein die Zeit zu lang.«

Die Schustersfrau ließ sehr ungern den Fremden bei ihrem Manne zurück. Als sie zu Solling angekommen war, erzählte sie der Maria Z.: »schon seit 3 Stunden sei der Lehrjung des Schneeweißer zu Haus bei ihrem Manne. Jener Mensch habe einen Rausch und gefalle ihr gar nicht, weil er so sonderbar schwatze, daß man bald mit ihm lachen, bald vor ihm erschrecken müsse.« Schon früher hatte sie Widerwillen gegen ihn gefaßt. Als er 14 Tage vorher, gerade an einem Sonntage, zu ihrem Manne gekommen war, um sich von ihm einen Stiefel flicken zu lassen, sagte sie zu der Schwägerin des Maier: »da ist der Kerl da gewesen, der mir gar nicht gefällt, daß er an einem Feiertage während der Kirchenzeit kommt. Überhaupt taugt mir dieser Mensch nicht (habe ich eine Abneigung gegen ihn).« — Diese weissagende Ahnung ihres dunklen Gefühls sollte nur zu bald an ihrem Manne, an ihr selbst und an ihren Kindern in schreckliche Erfüllung gehen.

»Wie (dies sind die eigenen Bekenntnisse des Verbrechers) das Weib fort war, discurirten wir anfangs mit einander über verschiedene gleichgültige Dinge und es fiel mir lange Zeit kein böser Gedanke ein, wiewohl ich die Uhr des Schusters immer vor mir hängen sah. Erst zuletzt fiel diese Uhr mir auf, daß sie so schön sei; ich nahm sie von der Wand herunter, besichtigte sie genau, machte sie auch auf, und fragte den Schuster, was diese Uhr gekostet? worauf er mir antwortete, daß sie, nebst einem Erbsenkettchen und silbernen Petschierstöckchen, 14 fl. gekostet habe; das Kettchen aber, das oben in einem Schranke sich befinde, nehme er blos an Feiertagen, wo ich es einmal würde sehen können. Ich äußerte, daß ich Lust hätte, sie zu kaufen, wenn ich einmal genug Geld dazu beisammen haben würde; wozu er sich auch ganz bereitwillig zeigte. Aber die Uhr kam mir nicht aus den Augen und aus dem Sinne; immer sie betrachtend ging ich in der Stube auf und ab und bald kam mir der Gedanke, sie zu nehmen und davon zu laufen, sobald nur einmal der Schuster würde aus der Stube gegangen sein. Aber dieser rührte sich nicht von seiner Werkstatt und arbeitete immer emsig fort an dem Obertheile von ein Paar Schuhen. Der Reiz zur Uhr nahm in mir immer mehr überhand, und fortwährend auf und abgehend sinnirte ich (grübelte ich nach), wie ich diese Uhr bekommen könnte, und, da der Schuster immerfort sitzen blieb, so gerieth ich zuletzt auf den Gedanken: wie wäre es denn, wenn du ihn erschlügest? Ich sah den Hammer, nahm ihn vor des Schusters Augen in meine Hand und that, als wenn ich damit spiele. Aber ich vollzog noch nicht die That, weil ich noch immer mit mir in der Überlegung war, daß es doch nichts (nicht recht) sei, wenn ich ihn erschlage. Mit dem Hammer in der Hand ging ich wohl ein Paar Minuten, noch immer überlegend, hinter dem Rücken des Schusters auf und ab. Bald wurden aber die Begierden nach der Uhr zu stark in mir; da dachte ich denn: nun darfst du machen, sonst kommt auch noch die Schusterin daher! Und jetzt, als der Schuster in der besten Arbeit war, erhob ich auf einmal den Hammer und schlug ihn damit aus Leibeskräften auf die linke Seite beim Schlafbein, so daß er sogleich heftig blutend, ohne sich zu rühren, ohne einen Laut von sich zu geben, von seinem Stuhle herabfiel. Ich dachte mir, daß ich ihn gleich recht treffen wolle. — Wohl eine Viertelstunde mag es sein, daß ich überlegend auf und abging, wie ich doch diese Uhr bekommen könnte; endlich schlug ich zu; und dieses war nun mein letzter und auch mein ärgster Gedanke.«

»Ich weiß selbst nicht, was ich damals für eine unglückliche Stunde hatte, daß ich auf einmal zu der Taschenuhr eine so große Begierde bekam. Zuvor habe ich nie daran gedacht. Auch wäre ich in des Schusters Haus gar nicht hinein gekommen, wenn ich nicht einen zerrissenen Stiefel gehabt hätte.«

»Sobald der Schuster zu Boden lag, steckte ich eiligst die Uhr zu mir und ging hinauf (ins obere Stockwerk), das Kettchen zu suchen. Im kleinen Stübchen steckte der Schlüssel im Schrank und weil ich mir dachte, daß hier die

Schustersleute gewiß ihre besten Sachen verwahrt haben würden, sah ich nach, fand aber hier das Kettchen nicht, sondern nur zwei Hammelfelle zu Beinkleidern, die ich zu mir nahm. Wie ich mit den Fellen schon auf der Treppe stand, um wieder herab zu gehen, bemerkte ich oben auf dem Vorplatze noch zwei Schränke, kehrte daher wieder um und sprengte mit einer Erdäpfelhacke die Leisten daran herunter und dachte mir: nun vielleicht ist da das Uhrkettchen darin, das ich gern zur Uhr gehabt hätte. Ich wühlte alles durcheinander und fand das Uhrkettchen nicht; aber ich fand in einer Schublade 6 fl. 30 kr. in lauter halben Guldenstücken und eine silberne Florschnalle. In eben diesem Kasten befand sich auch ein Hut mit einer silbernen Florschnalle von Filigran-Arbeit, die ich abschnitt und ebenfalls zu mir nahm.« (Nun zählt er einzeln alles auf, was er im zweiten Schranke gefunden und mit sich genommen und fährt dann fort*: »Mein Hauptzweck war immer nur das silberne Kettchen zu finden und blos während dem Suchen kamen mir halt diese Sachen in den Weg, die ich bei dieser Gelegenheit mit nahm.«

»Wie ich nun alle diese Sachen hatte, ging ich wieder in die Stube hinunter, um auch noch ein Stück Kalbleder mit mir zu nehmen. Da hörte ich, daß der Schuster noch stark röchelte und gab ihm mit dem Hammer noch einige Streiche auf den Schlaf und auf das Ohr hin und dann dachte ich, daß ich den Schuster doch in das Kämmerchen hineinthun müsse, damit ihn sein Weib, wenn sie nach Haus komme, nicht sogleich erblicke. So zog ich ihn dann nun aus der Stube in die Kammer neben das Bette.«

Georg Wachs hatte jetzt, mit Ausnahme des nirgend zu findenden Uhrkettchens, seine Absicht vollkommen erreicht. Ihm blieb nichts mehr weder zu gewinnen, noch zu verrichten übrig. Aber leicht gebiert ein Frevel den andern. Wer sich dem Verbrechen ergibt, weiß nur wo er anfängt, nicht wo er endigen wird. Auch hier ging in Erfüllung was Macbeth sagt:

Was Schuld begann, vollendet Schuld allein.

* Der Gesammtwerth der entwendeten Sachen betrug, mit Einschluß der Uhr, die auf 9 fl. von Sachverständigen geschätzt wurde, 33 fl. 31 kr.

Nachdem Georg Wachs den ermordeten Schuster in die Kammer geschleift und dann seine Tasche auch noch mit dem Leder zu ein Paar Stiefeln bepackt hatte, war er im Begriff sich aus dem Hause zu schleichen, als beide Kinder des Schusters, die vom Spielen zurückkamen, ihm unter der Thüre entgegen rannten. Diese Kinder hatten ihn fast einen halben Tag lang gesehen, sie kannten ihn, blieben sie am Leben, so war ihres Vaters Mörder sogleich verrathen. Was Sicherheit fordere, bedurfte ihm keiner Überlegung; es blieb keine Wahl, Gedanke und That war Eins. Er ergreift das dreijährige Knäbchen Michael und schleudert es nach der Treppe zu auf den Boden mit solcher Gewalt, daß er sogleich zu röcheln beginnt. Auch die kleine Katharina wirft er eben so gewaltig unter die Treppe mitten zwischen allerhand Gerümpel von Holz und Eisenwerk. Allein das Mädchen rafft sich nach kurzer Betäubung wieder auf und sucht in die Stube hinein zu kommen, um bei dem Vater Hülfe zu suchen; da hebt der Mörder wieder seinen Schusterhammer vom Boden auf, schlägt damit dem Kinde in das Gesicht und auf den Kopf und wirft es von neuem unter die Treppe, wo es sich nicht mehr regt und von ihm für todt gehalten wird. Bei dieser Gelegeheit hört aber Georg den kleinen Michael noch immer röcheln. »Weil ich sah,« erzählt nun der Mörder, »daß ich ihn so stark geworfen, daß er ohne hin kaum mehr davon kommen werde, so gab ich ihm nun noch ein Paar mit dem Hammer auf den Kopf, damit er nicht so lange leiden müsse. Und nun nahm ich ihn und warf ihn zwischen die Treppe und einen alten Kasten hinein, damit man ihn nicht sogleich finden sollte.«

Diese zweite Arbeit war auch gethan. Doch ehe er sich es versah, war aus seiner Werke blutiger Saat, gleichsam unter seinen Händen, schon wieder eine neue Ernte aufgewachsen.

Sobald die Kinder ihrem Vater nachgesendet waren, bereitete er sich sogleich von neuem auf die Flucht, sah jedoch zuvor noch spähend durch das Fenster, ob kein Beobachter in der Nähe sei. Zum Unglück fuhr ein Mann mit einem Wagen vorüber. Er mußte so lange verweilen, bis dieser die gehörige Entfernung erreicht hatte. Nun endlich meint er, dieses Haus der Greuel sicher verlassen zu können. Schon streckt er seinen Kopf zur Thür hinaus, um nochmals zu spähen, ob ihn Niemand bemerke, — was sieht er? — die Schustersfrau kommt von Solling zurück; sie geht schon neben dem Wege herauf in ihren Garten, — sie ist nur noch 6 Schritte vom Hause entfernt, — er kann nicht hinaus, ohne von ihr gesehen zu werden, ohne ihr gleichsam in die Hände zu laufen. Er muß also bleiben, und auch sie morden, weil er schon ihren Mann und ihre Kinder gemordet hat. »Wie ich die Schusterin daher gehen sah, dachte ich mir, jetzt kann ich nicht mehr aus, ich bin verloren und muß sie gleichwohl auch umbringen. Nun schlug ich die Thür zu, nahm schnell den Schusterhammer wieder, hielt ihn mit der einen Hand unter meinen Rocke versteckt und öffnete mit der andern die Thür der anpochenden Schusterin, welche lachend mit den Worten eintrat: ›nun habt ihr euch gar eingesperrt!‹ Ich antwortete nicht. Sogleich beim Eintreten wendete sie ihren Leib nach der in der Hausflur stehenden Truhe, deren Deckel offen stand, weil ich auch sie nach dem Kettchen durchsucht hatte. Ich stand zunächst der Thür hinter dem Rücken der Schusterin und versetzte ihr sogleich, ehe sie sich's versah, einen starken Streich mit dem Hammer auf die linke Seite des Kopfes, ebenfalls an den Schlaf, so daß sie auf der Stelle, blos mit dem leisen Ausruf: ›Jesus Maria!‹ neben der Truhe zusammenstürzte. Und weil ich wohl voraussehen konnte, daß sie ohnehin sterben müsse und damit sie nicht noch viel zu leiden habe, gab ich ihr, als sie schon zu Boden lag, noch einige Streiche. Und nun schleifte ich sie seitwärts nach der Stubenthür zu, damit man nicht sogleich beim Hereingehen in das Haus auf sie trete.«

»Hierauf ging ich in die Stube, warf ein Tüchlein mit Eiern, welches die Schusterin mitgebracht hatte, hinter den Ofen und den Hammer auf den Boden, trug in der Eile das kleine Wickelkind, das noch auf der Bank lag, damit es nicht herabfalle und Schaden nehme, auf das Bett in der Kammer, eilte, da ich jetzt ganz sicher war, dem Hause hinaus, schlug die Hausthüre zu und ging geraden Wegs zu meinem Meister zurück, bei dem ich um halb 7 Uhr werde angekommen sein.«*

»Die ganze Geschichte wird nicht eine volle Stunde gedauert haben. Um 5 Uhr wird es gewesen sein, als ich den Schuster erschlug. Um 6 Uhr kam auch die Schusterin daher.«

»Wenn nicht das Uhrkettchen gewesen wäre, so würde ich nicht in ein so großes Unglück gekommen sein, und es wäre nur bei dem Schuster geblieben. Auf die Schusterin und ihre Kinder hatte ich gar keine Gedanken.«

Daß er mit voller Besonnenheit, nicht etwa im Taumel des Rausches gehandelt, ergibt sich nicht nur aus der Beschaffenheit seiner That, sondern wird auch von ihm selbst eingeräumt. »Ich fühlte mich wohl etwas betrunken; allein ich wußte doch immer was ich that; denn sonst hätte ich auch alle diese Sachen nicht ausführen können. Ich weiß selbst nicht, was mit mir war; ich war an jenem Tage recht lustig und aufgeräumt.«

Bei der Ermordung der Schustersfrau und des Knaben Michael war ein Augenzeuge zugegen, auf welchen der Mörder in seiner Sicherheit nicht mehr gerechnet hatte, — des Schusters Töchterchen Katharina, welche, nachdem sie von ihren Wunden wieder genesen war, am 30. April vor Gericht ihr Zeugniß ablegte. Es wird nicht uninteressant sein, diese Unmündige mit ihrer Aussage, wenigstens im Wesentlichen, zu hören. Nachdem sie umständlich erzählt hat, wie der Zimmerkerl (so nennt sie den Inquisiten) in ihre Stube gekommen, sich daselbst immerfort aufgehalten, dann die Mutter nach Fischen gegangen sei, endlich auch die Kinder zum Spielen in den Garten sich begeben, fährt sie also fort: »Wir Kinder blieben sehr lange beisammen und als endlich mein Bruder und ich wieder in das Haus hineingingen, kam uns der Zimmerkerl gerade entgegen und warf uns nun gleich zur Stiege hin, wo mein Bruder alsbald zu schnarchen (röcheln) anfing, dem dieser Kerl mit

* Es ist merkwürdig, daß dieses vielfache Morden den Thäter weder an dem Leibe, noch an den Kleidern mit Blut befleckt hatte; blos an den Stiefeln waren, wie er selbst sagt, einige Blutflecken zu sehen, welche von ihm alsbald sehr leicht wieder vertilgt wurden.

dem Hammer des Vaters noch ein Paar (Streiche) auf den Kopf hinauf gab. Ich machte mich wieder auf und wollte in die Stube hinein, weil ich bei dem Vater gern um Hülfe gerufen hätte. Allein der Kerl nahm mich gleich wieder und schlug mich auch mit dem breiten Theil des Hammers auf das Aug, und mit dem spitzigen Theil auf den hintern Kopf, auch auf die Schulter und warf mich wieder unter die Stiege. Ich traute mir nicht mehr davon zu gehen und that, als wenn ich ganz todt wäre. Auf einmal ging der Kerl zur Thür hin, sah hinaus, ging aber gleich wieder zurück und warf die Thür zu, und nun hörte ich meine Mutter rufen: ›macht auf‹; der Kerl ließ sie gleich herein. Ich fürchtete mich noch immer, hielt mich mäuschenstill und auf einmal gab ihr der Kerl mit dem Hammer eine (einen Streich) auf den Kopf hinauf, daß sie sogleich zusammenstürzte und ich blos den Laut von ihr vernahm: ›helfts!‹ Sodann zog er meine Mutter gegen die Stubenthür hinüber und ging bald darauf zur Thüre hinaus und schlug sie zu.«

Inquisit blieb in allen seinen Verhören dem Geständnisse getreu, wie er es in dem ersten summarischen Verhöre zusammenhängend abgelegt hatte. Alle folgenden Verhöre bestehen entweder aus bloßen Wiederholungen seiner früheren Erzählung, oder vervollständigen nur dieselbe durch genauere Bestimmung einzelner Nebenumstände, so daß aus den verschiedenen Bekenntnissen des Inquisiten (wie oben geschehen) eine vollständig zusammenhängende, mit sich selbst genau übereinstimmende Geschichte des ganzen Vorfalls zusammengestellt werden konnte. Nur in Einem Punkte hat Inquisit späterhin sein erstes Bekenntniß einigermaßen zu seinem Vortheile abzuändern versucht. In dem summarischen Verhöre gesteht er unumwunden, daß er die beiden Kinder des Schusters in mörderischer Absicht angefallen: »ich hätte,« sagt er, »blos den Schuster umgebracht, wenn nicht auch gerade zur Zeit, wo ich schon gehen wollte, die Kinder gekommen wären, die ich sodann auch umbringen mußte, weil ich durch sie, indem sie mich kannten, hätte verrathen werden können; und bei der Schusterin ereignete sich dieses ebenfalls.« Offenbar nur aus Scham vor seiner eigenen Unmenschlichkeit, behauptet er aber späterhin: er habe den Knaben und das Mädchen, damit sie ihn nicht verriethen, blos betäuben wollen; den Knaben, welchem er es zu grob gemacht, habe er nachher blos aus Mitleid vollends todt geschlagen. Dieser elenden Beschönigung widerspricht aber nicht nur die That selbst, sondern auch die von ihm wiederholt behauptete Absicht derselben. Um nicht von den Kindern verrathen zu werden, konnte er sie nicht blos betäuben, sondern nur tödten wollen, weil blos die Todten nichts mehr verrathen können.

Dem Anscheine nach, möchte man nicht ungeneigt sein, die Aufrichtigkeit seines Geständnisses auch in so ferne zu bezweifeln, als er behauptet: daß er ohne alle verbrecherische Absicht in des Schusters Werkstatt gekommen und erst später, als der verführerische Anblick der Uhr zufällig seine Begierde gereizt, in ihm der erste Mordgedanken aufgegangen sei. Auffallend ist es freilich, daß eben der Mensch, der um 5 Uhr Nachmittags wegen einer Taschenuhr den Schuster ermordet, in der Frühe desselben Tages ebenfalls schon an einer Taschenuhr seine Augen geweidet hat. Und da er, wie ebenfalls aus den Akten hervorgeht, bereits 14 Tage zuvor des Schusters silberne Taschenuhr neben seinem Arbeitstische hängen gesehen hatte: so dringt sich leicht der Verdacht auf, daß die Lust zum widerrechtlichen Besitze der Uhr des Schusters sich wenigstens schon an der Uhr seines Kameraden möge entzündet haben. Aus dieser Voraussetzung würde denn sein plötzliches Umkehren auf dem Rückwege von Vilsbiburg, sein ungewöhnlich langes Verweilen in des Schusters Häuschen, endlich sein »thürmischer« (wild stierender) Blick, so wie sein wunderlich seltsames Geschwätz, wobei man »bald mit ihm lachen, bald sich vor ihm entsetzen mußte,« — auf die einfachste Weise zu erklären sein.

Diese Vermuthungen verlieren jedoch, bei genauerer Erwägung, alles Gewicht. So wie diese Thaten geschahen, sind sie, von der ersten bis zur letzten, durchaus nicht nach einem voraus überlegten Plane, sondern nur als Eingebung eines bösen Augenblicks, als Ergebnisse der verführerischen, durch das Zusammentreffen verschiedener ganz zufälliger Umstände, plötzlich herbeigeführten Gelegenheit erklärbar. Der Zufall läßt sich nicht berechnen, am wenigsten ein aus mehreren Zufälligkeiten zusammengesetztes Ungefähr. Wer für eine bei sich beschlossene Absicht einen Plan entwirft, gründet denselben, wenn ihm auch nur halber Menschenverstand zugetraut werden soll, auf Voraussetzungen, welche, wenigstens zum größten Theil, unmittelbar oder mittelbar, in seiner Gewalt stehen; nicht aber auf Umstände, welche ganz aus seinem Bereich liegen und blos durch das gute Glück zusammengewürfelt werden müssen, wenn ihm die Erreichung seiner Absicht nicht ganz unmöglich werden soll. Des Schusters einsam stehendes Häuschen war keines Einsiedlers Hütte; dasselbe war nicht blos von der Schustersfamilie, sondern auch zur Hälfte von Taglöhnersleuten bewohnt; auch mußte es sich Inquisit als sehr wahrscheinlich denken, daß, zumal bei den bevorstehenden Feiertagen, der Schuster von manchem Kunden leicht Besuch bekommen möge. Daß er den Huber allein treffen, oder daß er späterhin Gelegenheit erhalten werde, Stunden lang, von Niemand gehört, an seiner Seite zu bleiben: hierauf durfte er nicht mit dem kleinsten Scheine von Wahrscheinlichkeit sich Hoffnung machen. Als er um 3 Uhr Nachmittags in Hubers Werkstatt ging, mußte er wenigstens die Anwesenheit von dessen Frau und Kindern als gewiß voraussetzen und konnte auf den Umstand, daß die Frau in ein entferntes Dorf sich begeben, alsbald das Mädchen mit dem Knaben ebenfalls die Stube verlassen und weit über eine Stunde mit ihm beim Spiele ausbleiben werde, sich durchaus keine Rechnung machen. Wer auf einen Mord ausgeht, ist auch ganz gewiß im Voraus wenigstens darüber mit sich einig, auf welche Art, mit welchem Werkzeuge er denselben vollbringen wolle und läuft nicht auf Gerathewohl hin, in der Hoffnung, daß ihm an Ort und Stelle das gute Glück irgend ein Werkzeug, einen Dolch, oder ein Messer, oder eine Pistole, oder einen Hammer, oder einen Knittel, oder einen Strick, oder sonst so ein Ding, womit man einem Menschen das Leben nehmen kann, nicht nur unter die Augen bringen, sondern auch sicher und unbemerkt oder unbeachtet in die Hand spielen werde. Des Inquisiten Behauptung, daß er in das

Raschenhäuschen gegangen, um sich seinen beschädigten Stiefel ausbessern zu lassen, erscheint auch nicht weniger als ein leeres Vorgeben. Matthias Hingerl, der mit dem Inquisiten nach Vilsbiburg und von da zurückgegangen war, sah ein Loch in dessen Stiefel und hörte von ihm: daß er sich diesen noch vor den Osterfeiertagen müsse ausbessern lassen. In seinem Umkehren nach des Schusters Häuschen liegt daher nichts Verdächtiges. — Auch sein seltsam langer Aufenthalt daselbst hat bei einem leichtfertigen, arbeitscheuen jungen Burschen, der gern seine Zeit vertändelt, eben nichts Auffallendes, zumal er schon den größten Theil des Tages in Müßiggang, mit Trinken, Schwatzen und kindischen Albernheiten hingebracht hatte und sich daher nicht sehr aufgelegt finden konnte, den schönen Überrest eines so lustigen Grünendonnerstags auch unter seines Meisters Zucht, vielleicht gar noch mit Arbeiten, zu verlieren. Was den »thürmischen« Blick betrifft, den ein Zeuge (der Mühlbursche Jakob) gleich Anfangs an ihm beobachtet haben will, so ist derselbe eher der Erhitzung seines Kopfes durch Trinken, Lärmen und Laufen zuzuschreiben, als dem höllischen Geiste böser Thaten, der in ihm hinter seinem Gesicht hervorgelauert habe: nicht zu gedenken, daß dem physiognomischen Urtheile eines Bauernburschen eben nicht gar vieles zuzutrauen ist. Der widerliche grausenhafte Eindruck, den sein Benehmen auf des Schusters Gattin machte, ist wohl nur derselbe, den auch andere Personen, in Zeiten, wo bei ihm durchaus noch von keinen Mordgedanken die Rede sein konnte, in seiner Nähe empfunden haben und weßhalb ihn namentlich der Müllermeister Ingerl aus seinem Dienst entfernte. Georg W., von Natur roh, leichtfertig und ausgelassen, nun auch noch von Bierdünsten erhitzt, brachte die wilde Lustigkeit, womit er auf dem ganzen Rückweg von Vilsbiburg getobt hatte, wie sehr natürlich, in des Schusters Wohnung mit, und ließ hier, nach seiner Gewohnheit seinem frechen Übermuthe in unnützem Geschwätz, in faden Albernheiten, liederlichen Scherzen und andern Ausbrüchen seiner gemeinen Natur, freien Lauf: was einer stillen, frommen Hausfrau an diesem, ihr ohnehin schon durch seine lange Anwesenheit überlästigen Burschen, zumal an einem ihr heiligen Tage weniger lächerlich, als widerlich und entsetzlich vorkommen mußte.

Wir dürfen daher sein Bekenntniß gerade so nehmen, wie er es gegeben hat. Alle in demselben enthaltene Umstände stimmen überdies so genau mit einander überein und stellen uns das Geschehene in seinem geistigen Werden mit solcher psychologischer Wahrheit dar, daß es ein Wunder sein müßte, wenn ein roher Bauernbursche fähig sein sollte, eine Seelengeschichte, an welcher nicht das Kleinste zu ihrer vollkommenen Glaubwürdigkeit fehlt, aus seinem Kopfe zusammen zu lügen.

Wie Macbeth noch rein von jeder Gedankenschuld, nicht ahnend, welche That noch diese Nacht ihm möglich sei, die Haide betritt, wo schon die Hexenschwestern auf ihn lauern: so der leichtfertige Georg des Schusters Häuschen, wo als Höllengeist die Gelegenheit ihn erwartet, um mit jenem unschuldigen Tand ihn zu bestechen, welcher so oft den Menschen zu Verbrechen fürchterlicher Art bethört.* Er hatte einen lustigen Tag gelebt, sein leichter Sinn schwelgte im Übermaß ausgelassener Fröhlichkeit; und eben darum war sein Fall eben so leicht und schnell, als tief. Ein von sinnlicher Freude aufgeregtes Gemüth ist eben darum mehr als sonst dem Äußern zugewendet und unbewacht dem Zutritt verführerischer Lust geöffnet, wie Diebe und Räuber in einem Hause leicht ihre Geschäfte machen, wo die ganze Herrschaft bei einem Freudengelage schwärmt, während die Wächter vom Taumel betäubt bei offner Hausthür schlafen. Wohl ist die Freude an und für sich selbst gefällig, theilnehmend, mitleidig; aber unter den Gästen, denen sie in arglos munterem Leichtsinn den Zugang zum Gemüthe öffnet, schleicht sich auch leicht mit freundlichem Gesicht ein böser Dämon ein, der seine Gedanken säete, die alsdann um so schneller in Thaten aufwuchern, je mehr sie den

* *And oftentimes, to win us to our harm,*
The instruments of darkness tell us truths,
Win us with honnest triffles, to betray us
In deepest consequence.

Macbeth, I. 3.

Menschen unversehens überraschen. Kaum haben die Schicksalsschwestern dem glücklichen, jetzt eben siegesfrohen Macbeth in tückischer Weissagung eine Krone gezeigt: sogleich

> Beschleicht ihn die entsetzliche Versuchung,
> Die ihm das Haar aufsträubt, ihm in der Brust
> Das eisenfeste Männerherz erschüttert.

Was dem edlen Than eine blos geweissagte, erst noch zukünftige Krone, war in weit höherem Grade dem gemeinen, sinnlichen Zimmerburschen der Schatz einer silbernen Taschenuhr, die ihm schon gegenwärtig in die Augen glänzte.

Bereits der Vormittag hatte ihn in ein Verhältniß gebracht, welches ganz dazu geeignet war, seinen Kopf mit dem Gedanken an eine Taschenuhr zu beschäftigen. Der Bauernbursche Hingerl, dem er auf dem Wege nach Vilsbiburg sich zugesellte, wurde durch keine andere Angelegenheit in die Stadt geführt, als um seine Uhr von dem dortigen Uhrmacher abzuholen. In der Stadt mußte Georg W. einstweilen im Wirthshause allein warten, bis jener sein Uhrengeschäft abgemacht hatte.

Als dieser endlich wieder zu seinem Kameraden zurückgekommen war, sprach er wie natürlich, von dieser Uhr, für welche ganz allein er die Reise hieher gemacht hatte, deren wiedererlangter Besitz ihn nun doppelt freute, da sie ausgebessert, jetzt ganz vorzüglich gut gehen sollte. Um auch seinen Gesellschafter an seiner Freude Theil nehmen zu lassen, zieht er sie aus der Tasche, läßt sie ihm sehen und betrachten und lobt ihm ihre gute Eigenschaften. Georg W. soll hierauf nichts geäußert haben. Allein dieser müßte kein junger Bauernbursche, am wenigsten der eitle Georg gewesen sein, wenn nicht (ohne daß er sich dessen gerade deutlich bewußt zu werden brauchte) der heimliche Neid über den glücklichen Kameraden, ihn mit dem, wenn auch noch unbestimmten, Verlangen nach ähnlichem Besitze beschlichen hätte. So war nun Georg obgleich noch ohne böse Gedanken, ohne irgend einen schuldhaften Vorsatz, durch das was er schon am Vormittage gehört, gesehen, gedacht und empfunden, im Voraus gestimmt für die Versuchung, welcher er in des Schusters Hütte arglos entgegen ging. Ihm, dessen Sinne und Wünsche bereits am Vormittage eine Uhr auf sich gezogen hatten, bringt jetzt sein unseliges Mißgeschick von neuem eine solche Uhr unter die Augen, während die Verführerin Gelegenheit ihm zur Seite steht. Diese Uhr wird ihm nicht etwa blos vorgezeigt, um dann wieder seinen Blicken entrückt zu werden; offen hängt sie an der Wand und dringt sich einladend seinen Sinnen immerwährend auf, er sieht sie, weil er sie sehen muß, er betrachtet sie, weil sie ihm gefällt und je mehr Lust er an ihr empfindet, desto mehr Lust bekommt er zu ihr. Zu dieser Uhr gehört überdies, wie ihm der Schuster sagt, eine silberne Erbsenkette mit einem Pettschaft, welche so schön ist, daß sie nur an Feiertagen von ihrem Eigenthümer getragen wird. Die Uhr bekommt nun für ihren Beschauer außer ihrem sichtbaren Werthe noch einen besondern Reiz durch das, zwar noch nicht gesehene, allein eben darum der Einbildungskraft desto ansprechendere, glänzende Zugehör, welches auf die Uhr selbst, woran er es schon im Geiste erblickt, auch noch das magische Licht der Phantasie hinüberfallen läßt. Diese Uhr und eine so schöne Erbsenkette daran, — dieses war noch weit mehr, als er heute Vormittag an seinem Kameraden beneidet hatte! Eines solchen Besitzthums Herr zu sein, mit einem solchen Putz vor den Dirnen aufzutreten und es damit seines Gleichen nicht nur gleich, sondern zuvor zu thun, — welch ein Gedanke für einen 19jährigen, leichtfertigen Zimmerlehrling! Träumte er sich mit seinem durch Trunk aufgeregten, in angenehmen Vorstellungen ausschweifenden Kopfe, auch nur für einige Augenblicke in den wirklichen Besitz! Je mehr diese Vorstellungen und Gefühle in ihm arbeiten, desto mehr heften sich seine Augen auf ihren Gegenstand und je mehr dieser Sinne und Einbildung zugleich beschäftigt, desto gewaltiger dringt er seiner Person sich auf, gräbt sich immer mehr in diese hinein, wird zuletzt gleichsam ein Theil ihres Wesens, so daß sie ihn nicht mehr los werden, ihn nur in sich, sich nur in ihm denken und fühlen kann. So wird schnell das Wohlgefallen zum Gelüsten, das Gelüsten zum Verlangen, das Verlangen zur Begierde, die Begierde zur bethörenden Leidenschaft. Eine kurze Zeit sehen wir die, anfangs sich selbst noch nicht klar gewordene, Begierde unseres Inquisiten ihren Gegenstand, gleichsam erst von fern umschleichen. Indem er die Uhr von der Wand nimmt, sie betrachtet, innerlich besichtigt, spinnt er ein Gespräch an über den Verkauf derselben, was wohl als eine List gedeutet werden könnte, durch welche der bereits zum Bösen Entschlossene den Schuster nur desto sicherer zu machen gesucht habe. Da wir jedoch keinen Grund haben, ihn für schlimmer zu halten, als er sich selbst gibt, so dürfen wir jenes Uhrengespräch für nichts anders nehmen, denn für die Äußerung eines unruhigen, noch zu keinem Entschlusse gediehenen Begehrens, das, weil es schon zu schwer auf dem Herzen drückt, sich auf irgend eine Weise nach Außen Luft zu machen sucht, wiewohl es sich noch nicht deutlich bewußt ist, daß es entweder gar nicht oder nur durch eine Schandthat befriedigt werden könne. Aber in dem Augenblicke, wo ihm der Schuster sich ganz bereitwillig zeigte, ihm seine Uhr verkäuflich zu überlassen und so dieselbe gleichsam zu seiner Verfügung stellte, mußte ihm, dem hiemit neues Öl in die schon brennende Seele gegossen wurde, sogleich der Nebel vergehen, hinter welchem er eine Weile den Weg des Verderbens nicht gesehen, auf welchem er, von seiner Lust geführt, schon eine bedeutende Strecke, ohne es zu wissen, zurückgelegt hatte. Zwischen seiner Begierde und dem Begehrten lag nichts hindernd in der Mitte, als der Mangel einer verhältnißmäßig geringen Summe, die er jetzt nicht besaß und so bald nicht zu erlangen hoffen durfte. Aber um solch einer Kleinigkeit willen sollte er den höchsten aller seiner Wünsche, sollte er eben den Gegenstand aufgeben, an welchen sich sein Herz schon so fest angeklammert, den er bereits geistig in seinen Besitz genommen hatte? Jene Kluft brauchte ja nicht nothwendig erst mit Geld ausgefüllt zu werden; nur ein Schritt und er war hinüber. Die Begierden lieben immer den kürzesten Weg. Hier hängt die Uhr vor seinen Augen; er darf nur die Hand ausstrecken, so ist sie sein; und wer ihn daran verhindern könnte, ist Niemand außer dem Schuster, der ihm ebenfalls nicht in den Weg tritt, sobald er entweder von seinem Stuhle hinweg aus der Stube gegangen ist, oder todt seine Arme nicht mehr regen kann. Also Diebstahl oder Mord! jener zwar lieber als dieser! aber dieser so gut, wie jener, je nachdem die Gelegenheit es gibt oder die Nothwendigkeit es fordert!

Was sich uns an diesem Menschen vor allem aufdringt, ist das entsetzliche Beispiel eines plötzlich aufwachenden Gelüstens, das in raschen Übergängen zur Begierde gesteigert, wie ein Strudel, das Gemüth ergreift und dieses unaufhaltsam mit sich in die Tiefe hinunterreißt. In dem ganzen Thun dieses Menschen, so weit es noch allein gegen den Schuster gerichtet ist, offenbart sich zugleich auf das seltsamste die ganze verblendende und bethörende Gewalt der Leidenschaften. Alles was unser Verbrecher denkt, will und thut, ist, als Mittel auf seine Absichten bezogen, so thöricht und albern, daß man es kindisch nennen möchte, wenn es nicht so furchtbar grausam geendigt hätte. So ganz ist er in den Gegenstand seiner Lust versunken, daß sein Verstand nichts von allen dem sieht, was kaum einem halb verständigen Kinde entgehen konnte. Erst paßt er auf die augenblickliche Entfernung des Schusters, um alsdann die Uhr zu ergreifen und damit davon zu laufen; was dem gerade eben so viel gewesen sein würde, als wenn er sich derselben unter den Augen ihres Eigenthümers bemächtigt hätte. Der Urheber des Diebstahls mußte ja im ersten Falle fast eben so bald dem Bestohlnen bekannt sein als im letzten. Aber dieser sinnliche Bursche mit seiner heißen Gier nach des Schusters Uhr gleicht da vollkommen einem dummen Wilden, welcher, unfähig seinem Diebsgelüste zu widerstehen, mit der unter den Händen der Schiffsmannschaft hinweggestohlnen Korallenschnur, vor ihren Augen schnell davon läuft und sich damit hinter den nächsten Baum versteckt, wo er sich mit seinem Schatz geborgen glaubt, weil er diejenigen nicht sieht, von denen er gesehen wird. Auch der Mord, den er für den Fall beschließt, daß ihm der Schuster nicht aus dem Wege gehen wolle, ist eben nicht viel verständiger ersonnen. Wem, außer einem ganz verblendeten Menschen, mußte es nicht auf der Stelle einleuchten, daß er zwar den Mord vollbringen, aber nimmermehr unentdeckt bleiben könne? Da er weder den Schustersleuten, noch in der Umgegend unbekannt war, da ihn nicht nur der Müllerbursche Jakob in des Schusters Werkstatt getroffen, sondern auch dessen Ehefrau und Kinder ihn mit ihrem Gatten und Vater allein zurückgelassen hatten: so mußten ja die Angehörigen des Ermordeten, auf deren Tödtung anfangs seine Absicht gar nicht gerichtet war, sobald sie nach ihrer Rückkehr den Mord entdeckten, sogleich auf ihn als Thäter ihre Gedanken werfen. Nur die Unbesonnenheit einer alle Rücksicht überspringenden, in blindem Eifer auf ihr Ziel hinrennenden Habgier, konnte über der blos physischen Möglichkeit der That, ihre Unthunlichkeit, die Unerreichbarkeit ihres eigentlichen Zwecks und den tödtlichen Abgrund übersehen, in welchen, unter solchen Umständen, der Mörder zugleich mit seiner Beute unvermeidlich hinabstürzen mußte.

So heiß die Begierde, so glühend die Leidenschaft; so kalt ist im Gegentheil die Besonnenheit und der Gleichmuth, womit von diesem erst 19jährigen Menschen, der doch jetzt zum erstenmale in solche Versuchung kommt, das Gräßlichste gedacht, beschlossen und auch sogleich vollendet wird. Kaum ist ihm eingefallen, daß er, um die ersehnte Uhr zu erlangen, entweder die Abwesenheit des Schusters benutzen, oder diesen, gehe er nicht aus der Werkstatt, erschlagen müsse: so ist er auch schon mit seinem Entschlusse auf dem Reinen, der ihn nicht viel mehr kostet, als uns Anderen die Bewegung der Hand, womit wir einer uns störenden Fliege nach dem Leben trachten. Macbeth erschrickt doch vor sich selbst, indem er zuerst bei dem Mordgedanken sich ertappt, wider den alsbald alle guten Geister seiner edlen Natur empört sich auflehnen, bis die Tücke einer geliebten weiblichen Furie der schon fast besiegten bösen Lust mit ihrer Überredungskraft zu Hülfe kommt. Selbst die Banditen von Handwerk, die Richard in den Tower schickt, um Clarence zu tödten, senken zögernd, einer nach dem andern ihre Schwerter, als sie ihrem Schlachtopfer gegen über stehen; denn sie merken noch etwas, wie der Dichter sagt, von »gewissen Hefen des Gewissens, fühlen in sich das gefährliche Ding, das den Mann zur Memme macht, jenen erröthenden, schamhaft blickenden Geist, der Meuterei im Busen des Mannes anstiftet und ihm tausend Hindernisse in den Weg legt.«* An unsrem Georg, der gleichwohl noch ein Kind für solche Thaten sein sollte, werden wir, nach seiner eignen Erzählung, von solchen Gewissenshefen, von Meuterei und Aufruhr in seinem Herzen kaum das mindeste gewahr. Wohl drückt sich schon in seinem beständigen Hin- und Hergehen eine innere Unruhe aus; aber diese erscheint als nichts anderes, denn die Ungeduld der Begierde, die über den Ausgang besorgt, in ängstigender Ungewißheit, ob, wie bald und wie gut oder schlecht ihr Plan gelingen werde, voll Hoffnung und Furcht zugleich, auf ihre Beute gespannt ist, welche sie erst noch durch einen kühnen gefährlichen Wagesprung erhaschen muß. Daß für ihn der Weg zum Besitze einer elenden Taschenuhr über den Leichnam eines armen Familienvaters geht, der ihm nie etwas zu Leid gethan hat, der sich eben jetzt noch in zutraulichen Gesprächen freundschaftlich mit ihm unterhält: dieses macht ihm keine Angst, keine Unruhe, keine Bedenklichkeit und erschüttert eben so wenig seinen Entschluß, als er seinen auf die Ausführung sinnenden Verstand in seinen Gedanken irre macht. Zwar zögert er eine Weile mit dem Morde, in der Erwartung, daß der Schuster seine Arbeit auf einige Augenblicke werde liegen lassen, um aus der Stube hinauszugehen: und an diesem Zögern mag wohl eine Anwandlung menschlicher Gefühle beinahe eben so viel Antheil gehabt haben, als die ganz verständige Abneigung vor jeder größern, mühsameren und auf allen Fall gefährlicheren Handlung, so lang noch Hoffnung da ist, daß man seine Absicht um einen wohlfeilern Preis werde erreichen können. Die Wahl zwischen Diebstahl und Mord galt jedoch hier durchaus nicht dem Entschlusse selbst, der für das eine eben so gut wie für das andere fest entschieden war, sondern lediglich der Voraussetzung, unter welcher entweder der

* Shakespeare, *König Richard III.* Act. 1. Satz 4.

bloße Diebstahl oder zugleich der Mord ausgeführt werden sollte. Kaum ist der Gedanke gedacht: daß er den Schuster tödten und dann seine Uhr sich zueignen könne, — so ist es auch schon beschlossen, daß er, wenn sich nicht von selbst ein anderer Ausweg öffne, getödtet werden müsse. Die Frage: Mord? wird mit dem Mord-Entschlusse selbst beantwortet, fast ehe sie noch aufgeworfen, ehe sie in ihrer schrecklichen Bedeutung zur vollen Klarheit des Bewußtseins gekommen ist. Auf die im Schlußverhöre ihm vorgelegte Frage; wie er doch den Schuhmacher wegen einer Uhr von so unbedeutendem Werthe habe um das Leben bringen können, da er doch werde gewußt haben, daß solche Verbrechen mit schwerster Strafe belegt seien? antwortet er: »ich habe es mir freilich gedacht; allein ich weiß selbst nicht, wie mir war. — Ich bekam auf einmal so viel Reiz für diese Uhr und faßte sodann den schnellen Entschluß, den Schuster umzubringen. — Die Uhr wollte ich haben und dachte mir nun: was thust du jetzt? und auf dieses schlug ich halt zu. Mich hat allein die gar zu große Begierde überwältigt und ich kämpfte vorher immer mit mir selbst, weil ich wohl wußte, daß man wegen so etwas keinen Menschen umbringen darf.« So gern man ihm glaubt, daß er den Mord und besonders diesen Mord für eine strafbare Frevelthat erkannt habe, so wenig wird man glauben können, daß ihn dieser Gedanke zwischen seinem Gewissen und seiner Leidenschaft in einen eigentlichen Seelenkampf verwickelt habe. So tief uns Inquisit durch seine zusammenhängenden, mehrmals wiederholten Erzählungen in die Entstehungsgeschichte seiner Verbrechen einführt, so erfahren wir gleichwohl nicht den mindesten Umstand, welcher auch nur für die Vermuthung spräche, als habe ihn jener Entschluß und dessen Ausführung eine besondere Mühe gekostet oder ihm zuvor eine innere Qual verursacht. Er spricht ja immer nur von seiner Begierde, wie sie entstanden, immer mehr gewachsen und schnell seiner ganzen Seele Meister geworden sei. Unser Inquisit bewahrte sich, bei seinen blutigen Gedanken und Werken, einen solchen Gleichmuth, einen so klar besonnenen Verstand, daß er uns von Anfang bis zu Ende nicht nur die ganze Begebenheit, sondern auch den Zustand seines Gemüths und was in diesem vorgegangen, so genau wieder erzählen kann, als hätte er, wie ein unbefangener Dritter in seine eigne Seele hineingesehen. Menschen, deren Natur, um mit dem großen Dichter zu reden, auch nur eine mäßige Gabe von der Milch der Menschlichkeit beigemischt ist, pflegen selten dem Ungeheuer einer blutigen Greuelthat so ganz geradezu und offen in die Augen zu sehen; sie suchen, ehe es ihnen möglich wird mit ihm Gemeinschaft zu machen, sich entweder zuvor dagegen zu betäuben, oder es gleichsam auf Umwegen hinterlistig zu beschleichen, wenn nicht die zur That schon entschiedene, aber vor ihrer eigenen Abscheulichkeit sich entsetzende Begierde, eben dadurch sich selbst bis zur Wuth der Verzweiflung hinauf reizt, wo dann halb unbewußt »die Hand vollbringt, was, wenn's geschehen, das Auge scheut zu sehen.« Allein unser Georg ist nicht so zärtlich und feig, um vor solchen Gedankengespenstern sich zu entsetzen; er ist in seinem eignen Vorsatz stark genug, um zur Ausführung desselben keiner andern Hülfe, als seines guten, klaren Verstandes zu bedürfen, der ihm denn auch, freilich nur so weit es dem nächsten Mittel zu dem nächsten Zwecke gilt, seine Dienste keinen Augenblick versagt. Mit gutem Bedacht nimmt er den schweren eisernen Hammer listig unter des Schusters Augen hinweg, wirft ihn, als wenn er damit spiele, in seiner Hand hin und her, stellt sich aber damit, um recht gut auszuholen, wohlgemessen einen Schritt entfernt hinter den Rücken des Unglücklichen, zielt — »weil er gehört hat, daß ein Mensch, wenn er am Schlaf getroffen wird, am schnellsten weg ist,« — genau nach dieser Stelle und trifft dann sein mit sicherm Auge gehaltenes Ziel mit so fester Hand, daß sogleich das Opfer sprach- und bewegungslos zu seinen Füßen niederstürzt.

Hastig, doch ohne in mindesten bei dem Anblicke des blutigen Werks seiner Hand aus dem Gleichgewicht zu fallen, geht sogleich seine kalte Habsucht unmittelbar von dem Morde zu ihrem eigentlichen Hauptgeschäfte über; erst wird die Uhr in den Besitz genommen, dann nach der Uhrkette an allen Orten umhergesucht; es werden Kisten,

Kasten, Schränke geöffnet, erbrochen, durchwühlt und zugleich mit haushälterischer Sorgfalt alles was ihm bei dieser Gelegenheit in die Hände kommt und er nach seiner Meinung brauchen und bequem mit sich fortbringen kann, Geld, Westen, Halstücher, silberne Schnallen, u.s.w. bis auf ein Fell zu ledernen Hosen für das nächste Osterfest, nebst einem Stück Leder zu einem Paar neuer Stiefel, weggenommen und in die Tasche gesteckt. Dabei behält er auch noch so viel Muth, vor seinem beabsichtigten Weggehen sich wieder in die Werkstatt zu begeben; noch so viel Grausamkeit, dem noch im Todeskampfe röchelnden vollends das Haupt zu zerschmettern: noch so viel kalte, wenn auch zwecklose Vorsicht, den Leichnam in die Kammer neben sein Bett hinzuschleifen.

Die drei übrigen Mordthaten (denn auch an dem Mädchen war die That wenigstens in der Absicht und Meinung des Verbrechers ganz vollbracht) sind nur Zugaben der ersten und werden — was sie denn auch größtentheils waren — von ihrem Urheber blos als Nebenverrichtungen betrachtet, welche ihm, gegen seine ursprüngliche Absicht, blos der leidige Zufall aufgebürdet habe. Den Schuster opferte er seiner Habsucht, dessen Kinder und Gattin seiner Selbsterhaltung. Es konnte der Mörder, als ihm jene unglücklichen Kinder durch ihr zufälliges Begegnen den Weg zur sicheren Flucht versperrten, mit Macbeth sagen:

So tief schon bin ich eingetaucht in Blut,
Daß, wat' ich nicht noch tiefer, voll Gefahr
Der Rücktritt wird, wie es der Eintritt war.

Ein Anderer freilich, dessen Natur für die Schwächen der Menschlichkeit etwas mehr als dieser Bube, gestimmt gewesen wäre und die erste Mordthat als eine Last auf seinem Herzen gefühlt hätte, würde wohl, als ihm die von ihren Spielen zurückkommenden Kinder des so eben ermordeten Vaters in die Hand liefen, entweder von Schrecken betäubt, ohne seine Lage zu bedenken, in der Verwirrung seiner Seelenangst davon gerannt sein; oder er hätte, falls ihm der Gedanke aufgeblitzt wäre, daß er von diesen Kleinen gekannt sei, um nicht Schuld auf Schuld zu häufen, vielleicht seine Besorgniß durch die Einwendung beruhigt, daß er von diesen Kindern, wenn auch allenfalls verrathen, doch nimmermehr überführt werden könne; oder er würde, wenn ihm der böse Geist plötzlich in die Seele geraunt hätte: seine Sicherheit fordere schlechterdings dieser Kinder Blut! wenn auch die That gethan, doch mit allen Anzeichen eines Menschen gethan haben, den eine gräßliche Nothwendigkeit in vorübergehenden Wahnsinn versetzt, der Blick in sein eignes Innere zur Raserei gebracht hat. Allein unser Georg, den nichts verwirrt, nichts übermannt — übersieht, so wie ihm die Kinder entgegen treten, auf der Stelle was ihm Noth thut und eben so rasch im Beschließen als kurz im Überlegen, mordet er, ohne Erbarmen, auch diese Kinder und zeigt in der ganzen Art dieser zusammengesetzten Blutverrichtung eben so viel Grausamkeit und Härte, als Bedacht und Kälte,

Und nun kommt endlich auch noch die arme Mutter an die Reihe:

Denn schon so tief im Blut
Ist er hinein, daß Sünde Sünd' erzeugt.
Des Mitleids Thräne netzt sein Auge nicht.

Diese letzte That ist nur Wiederholung der zweiten und der dritten; allein da es hier dem Leben einer erwachsenen rüstigen Person gilt, so entwickelt der Verbrecher in der Ausführung seines eben so bald überlegten als schnell gefaßten Entschlusses, neben der gefühllosesten Grausamkeit, zugleich seine Tücke und Hinterlist. Kaum sieht er sie kommen, so weiß er schon was er zu thun hat. Die Hausthür wird zugeschlagen, unterdessen der blutige Hammer herbei geholt, die damit gerüstete Faust in dem Busen versteckt, der pochenden rufenden Schusterin die Thüre geöffnet, hinter ihrem Rücken, während sie arglos scherzend in das Haus der Leichen tritt, wieder die Thür geschlossen und nun die erste Sekunde, wo sie die Augen von ihm abwendet, in Eile erhascht, um die ihm wohlbekannte gefährliche Stelle auch an ihrem Kopfe aufzusuchen und mit demselben Hammer, der schon von des Mannes und der Kinder Blut besudelt ist, zu zerschmettern.

Wenn Inquisit, nachdem er Vater, Mutter, Kinder erschlagen hat, das gräßliche Trauerspiel damit beschließt, daß er noch vor seinem Weggehen das auf der Bank liegende Wochenkind der ermordeten Schusterin vorsichtig auf das Bette in die Kammer trägt: so darf man diese Handlung nicht sowohl als einen mitten durch die schwarze Nacht einer solchen Seele hervorblitzenden fast wunderbaren Zug menschlicher Gesinnung, wohl gar des zarten Mitgefühls betrachten, sondern vielmehr als eine Erscheinung, welche die bis auf den letzten Augenblick andauernde Kälte und Besonnenheit des Mörders unzweideutig bekundet. Es gehört eben keine besondere Empfindsamkeit oder Menschenliebe dazu, ein Wochenkind, das in Gefahr ist auf den Boden zu fallen, an einen sichern Ort zu legen, wenn dieses ohne alle Mühe geschehen kann; auch der roheste Wilde wird dieses als eine sich von selbst verstehende, ganz gleichgültige Verrichtung betrachten, wobei er sich weder einer Pflichterfüllung, noch einer besondern Regung der Gefühle bewußt zu werden braucht. Wenn daher Inquisit jenem Kinde, dessen Tod ihm nichts nutzen konnte, vor seinem Weggehen aus dem Hause, noch diesen kleinen leichten Dienst erwies: so gab er damit nur den Beweis, daß er, der durch alle Greuel hindurchgegangen war, mitten unter Mord und Leichen, noch so vollkommenen Gleichmuth sich bewahrt hatte, daß es ihm leicht wurde, auch noch einem, für seine dermalige Lage, äußerst geringfügigen Umstand seine Aufmerksamkeit zu schenken und von den entsetzlichsten Thaten, die kaum ein Menschenherz zu fassen vermag, unmittelbar zu einer gewöhnlichen gleichgültigen Verrichtung besonnen über zu gehen.

Wie diese vierfache Blutarbeit, seltsam genug, bis auf einige kleine, bald abgewaschene Flecken an den Stiefeln, weder den Leib noch die Kleider des Verbrechers mit einem Blutstropfen gezeichnet hatte: so scheint sie auch in dessen Gemüth, außer gleichgültiger Erinnerung, sonst keine Spur zurückgelassen zu haben. Nachdem er die Thür des Leichenhauses hinter sich zugeschlagen hat, geht er, die

Taschen mit seinem Raube voll gestopft, geradeswegs nach Haus, wo er schon um ½7 Uhr ankommt und sich alsbald seinem Meister vorstellt. Er beschenkt dessen Kinder mit einigen Äpfeln, erzählt ihm in lustiger Laune, wie er einen vergnügten Tag verlebt und der junge Hingerl sich in seiner Gesellschaft einen so argen Rausch getrunken habe, daß er weder zu gehen noch zu stehen vermöge. Den ganzen Abend, welchen er mit dem Meister und der Meisterin bis zu Stunde des Schlafengehens zubrachte, benahm er sich so unbefangen, ruhig und heiter, daß sein Meister vor Gericht sein Erstaunen darüber äußerte, wie es möglich sei, daß ein so junger Mensch solche Dinge thun, oder, wenn er sie gethan, sich so benehmen könne. Am Abend des folgenden Tags, als sein Meister und dessen Frau von dem entsetzlichen Vorfalle im Raschenhäuschen sich erzählten, bemerkte Wachs ganz kaltblütig: »auch er sei Tags zuvor, um sich seine Stiefel flicken zu lassen, in demselben Häuschen eingekehrt und habe eine ziemliche Weile bei dem Schuster zugebracht, daher er ganz gewiß ebenfalls werde in das Gericht hinauf müssen; am Ende möchten wohl gar die Leute meinen, daß er es begangen habe.« Eben so benahm er sich, als er am Sonnabend mit seiner Dirne zusammentraf, welcher er die geraubte Uhr übergab, um ein Glas darauf machen zu lassen. Er erzählte ihr, daß sein Vater ihm diese Uhr als Geschenk zugeschickt habe und sprach äußerst aufgeräumt von vielen gleichgültigen Dingen. Als sie auf den Vorfall im Raschenhäuschen zu sprechen kam und ihn fragte: ob er nicht gehört, wer die Thäter seien? — sagte er mit der ruhigsten Unbefangenheit: »auch er und der Müllerssohn Jakob seien ebenfalls gerade am Tage des Mordes, zufällig bei den Schustersleuten gewesen: sie beide würden wahrscheinlich deshalb vor Gericht erscheinen müssen;« und hierauf ging er, ohne im mindesten in seiner guten Laune gestört zu werden, sogleich wieder auf andere Gegenstände über. Was aber mehr als alles die Stufe bemerklich macht, welche dieser Mensch unter anderen Geschöpfen seiner Gestalt einnimmt, ist die Thatsache, daß es ihm an demselben Tage nichts kostete, aus dem Fenster eines Wirthshauses zu Vilsbiburg den

Leichenzug des Schusters, seiner Frau und seines Kindes, als neugieriger Zuschauer mit anzusehen. Er gestand dieses selbst und antwortete dem Richter auf die weitere Frage: ob er nicht auch (wie das Gerücht ging) den Leichenzug selbst begleitet und dem Gottesdienste beigewohnt habe? »Nein, denn ich hatte damals meinen Rock nicht an, sondern nur eine Jacke. Übrigens wäre ich auch mitgegangen, damit ich das Begräbniß und den Gottesdienst gesehen hätte, weil ich ohnehin in die Kirche gerne gegangen wäre. Mich haben wohl die Leute erbarmt; aber mitgehen und zusehen hätte ich doch können.« Nun wer auch das kann, der kann mehr als seines Gleichen und von dem möchte man beinahe versucht werden, zu sagen: er sei blos noch etwas weniger als ein Teufel und nur noch etwas mehr als ein Thier. Auch während der ganzen Untersuchung beharrte er in derselben stumpfen Gleichgültigkeit über seine Verbrechen, deren Unerlaubtheit und Strafbarkeit er erkannte, ohne übrigens auch nur einen Augenblick durch das mindeste Zeichen einige Regung des sittlichen Abscheus, der Reue oder des Mitleids zu verrathen.

Von der rein rechtlichen Seite betrachtet, war dieser Fall weder hinsichtlich der Thatsachen, noch in Ansehung des Rechtspunktes in einige Schwierigkeit verwickelt. Das umfassende, mehrmals wiederholte Bekenntniß stimmte mit dem gehörig erhobenen Thatbestande, so wie mit vielen durch Zeugnisse erwiesenen besondern Umständen auf das vollständigste überein. Alle in des Schusters Haus geständigermaßen geraubten Sachen wurden theils noch in dem Besitze des Inquisiten gefunden, theils von den Personen, denen sie derselbe unterdessen verkauft oder zur Verarbeitung übergeben hatte, dem Gerichte ausgeliefert und als Eigenthum der Schustersfamilie anerkannt. Nur die silberne Uhrkette, die so viel zur Verführung dieses Verbrechers beigetragen hatte, war verschwunden und Inquisit blieb standhaft bei der Versicherung, daß er dieselbe nicht geraubt, weil er sie, seines begierigen Suchens ungeachtet, nicht gefunden habe. Eben so wurde unter den im Hause zurückgelassenen Sachen ein in Silber gefaßter Rosenkranz vermißt, von welchem Inquisit gleichfalls versicherte, daß er ihn weder genommen noch gesehen habe.

Die Vertheidigung mußte sich lediglich auf einige außerwesentliche Formrügen und auf den Versuch beschränken, die Zurechnungsfähigkeit des Thäters wegen Trunkenheit verdächtig zu machen. Allein dieser Einrede stand, abgesehen von demjenigen, was durch viele Zeugen bereits gründlich erhoben war, sowohl die That selbst als das eigene Bekenntniß des Verbrechers entgegen. Den größten Dienst würde der Vertheidiger, nicht der Gerechtigkeit, aber vielleicht seinem Klienten, erwiesen haben, wenn seine Bemerkung: daß ein Mensch, der solche Handlungen auf solche Weise und aus solcher Veranlassung begehe, unmöglich bei gesundem Verstande sein könne, — auf das Gericht einigen Eindruck gemacht und der darauf gegründete Antrag: vor allen Dingen noch den Gemüthszustand des Verbrechers durch Gerichtsärzte untersuchen zu lassen, — Eingang gefunden hätte. Es durfte und mußte dieser Antrag verworfen werden, da alle zur rechtlichen Beurtheilung der Zurechnungsfähigkeit dieses Menschen erforderlichen Thatsachen, außer allem Zweifel, klar vor Augen lagen.

Demnach wurde Inquisit durch Erkenntniß vom 28. Juli 1819: 1) eines an dem Schuhmachermeister Huber verübten qualificirten (Raub-) Mordes, 2) eines an dessen dreijährigem Sohne verübten einfachen Mordes, 3) eines gleichen Mordes an der Huber'schen Ehefrau, so wie 4) des nächsten Versuchs eines einfachen Mordes an der neunjährigen Huber'schen Tochter für schuldig erkannt und zur Strafe des Schwertes verurtheilt. Diese Strafe wurde am 23. Oktober an ihm vollzogen.

Seiner entsetzlichen Verbrechen ungeachtet, gehörte Wachs gleichwohl noch nicht unter die Bösewichter des ersten Ranges. Leicht erregbare mächtige Sinnlichkeit, übermäßiger Leichtsinn, neben gänzlichem Mangel an Ausbildung der höheren Seelenvermögen, sind die Elemente seiner geistigen Natur, in welchen die Großthaten des 8. April — unter den gerade damals vereint auf ihn einwirkenden Umständen — den letzten Grund ihrer Entstehung haben. Einen Bösewicht, mit welchem verglichen Wachs noch auf unser Mitleid billigen Anspruch machen darf, werden wir in dem folgenden Rechtsfalle in der Person eines gebildeten, unterrichteten Mannes, eines Gottesgelehrten und Priesters, unsern Lesern vor die Augen stellen.

*TARTÜFFE ALS MÖRDER**

Der Priester Franz Salesius Riembauer, bis in das Jahr 1813 Pfarrer zu Nandelstadt (Landgerichts Moosburg) war am 27. Januar 1770 im Markte Langquaid (Landgerichts Pfaffenberg) geboren. Eines armen Taglöhners Sohn, diente er in seiner Jugend als Hirtenknabe, der aber frühzeitig, bei sehr guten Verstandesanlagen, große Lernbegierde entwikkelte und sich bald bis zu dem Gedanken erhob, den Studien und dem geistlichen Stande sich zu widmen. Im 13. Jahre seines Alters bat er den Pfarrer seines Geburtsortes auf den Knieen, ihm den nöthigen Vorbereitungsunterricht für die Gymnasialstudien zu ertheilen und machte bei demselben so schnelle Fortschritte, daß er noch vor Ablauf eines Jahres zur Aufnahme in ein Gymnasium tüchtig befunden wurde. Was über des Knaben sittliches Betragen zu den Akten erhoben wurde, gereicht nicht so ganz zu seinem Ruhme. Er unterschlug z. B. einem Kaplan des Pfarrers 30 kr., die er im Kegelspiel verlor, wurde dafür gehörig gezüchtigt und entlief hierauf nach Regensburg, wo er sich in das dortige Gymnasium aufnehmen ließ. Schon als Hirtenjunge soll er als ein böser Mensch, besonders wegen seiner Diebereien, allgemein bekannt gewesen sein, was jedoch nur von Einem Zeugen behauptet, von andern zwar nicht geradezu widersprochen, aber auch nicht bestätigt wird. Er selbst erzählt von sich, daß er als Knabe einst große Lust in sich verspürt habe, einen andern Knaben todt zu schlagen, um ihn seines Geldes zu berauben.

Zu Regensburg verdiente er sich durch sein äußerlich geregeltes Betragen, seinen Fleiß und seine Fortschritte, das Lob eines unverbesserlichen Studenten, der einst seiner Kirche und sich selbst viel Ehre machen werde. In der Kirchengeschichte und dem Kirchenrechte erwarb er sich nicht gemeine Kenntnisse; seinen Verstand bildete er durch die

* Ein Seitenstück zu Anton Mingrat, Pfarrer zu St. Quentin. S. Hitzigs *Zeitschrift für die Criminalrechtspflege* Bd. II. S. 407.

Künste der Dialektik, sein Gemüth nach der Kasuistik der Jesuiten-Moral; am tiefsten scheint er sich in P. Benedikt Stattlers Werke einstudirt zu haben. Im Jahre 1795 erhielt er zu Regensburg die Priesterweihe und diente sodann mehrere Jahre lang als Kaplan, Cooperator, Provisor bei verschiedenen Pfarreien, namentlich zu Heerwahl, Oberglein, Hofkirchen, Hirnheim, Sollach, Pfarrkofen und Pondorf. Um Weihnachten 1805 wurde er in gleicher Eigenschaft nach Pirkwang versetzt, wo er die Filialkirche zu Ober-Lauterbach — eine durch ihn zuerst in Ruf gebrachte Ortschaft — zu versehen hatte. Er blieb hier über zwei Jahre, bestand im Juni 1807 zu München die Prüfung als Pfarramts-Kandidat mit großen Ehren, erhielt sodann am 16. März 1808 die Pfarrei zu Priel und wurde zwei Jahre nachher (16. März 1810) als Pfarrer nach Nandelstadt versetzt.

Seit dem Beginne seiner priesterlichen Laufbahn zeichnete er sich so sehr durch Gaben und Tugenden aus, daß er andern Geistlichen als Muster vorgehalten wurde. Von kräftig stattlichem Wuchse, vortheilhafter Gesichtsbildung, ernsthaft freundlicher Miene, wortreich und gewandt in Reden, gefällig, einschmeichelnd in seinem ganzen Benehmen, machte schon sein Äußeres eine empfehlende Erscheinung. Seine priesterlichen Verrichtungen übte er mit eben so viel Pünktlichkeit als Anstand und Würde, und seine Sitten waren so wohl bemessen, daß sie wie lauter Sittlichkeit sich ausnahmen. Die Muse, welche ihm sein geistlicher Beruf gestattete, verwendete er — wenigstens bis zu seiner Versetzung nach Pirkwang, wo er durch den Ankauf eines Bauernhofs sich etwas zu sehr in bäuerlichen Geschäften verweltlichte — auf Lesen und Studiren. Den Pfarrherrn, denen er als Kaplan beigegeben war, pflegte er, wenn sie seinen wissenschaftlichen Eifer bewunderten, zu bemerken: dieses sei die wahre Bestimmung des Geistlichen, dem es nicht zieme, sich des Weltlichen viel anzunehmen. Seine Predigten waren voll Feuer und Salbung; in und außer der Kirche eiferte er gegen die Ruchlosigkeiten der verderbten Welt; in seinen süßen Reden wie in seinem ganzen Benehmen erschien er als ein halb verklärter Frommer, der nur im

Vertrauen auf Gott und in der Liebe des Nächsten lebe. Immer ging er seitwärts gesenkten Hauptes die halb geschlossenen Augen auf den Boden geheftet, mit süßlächelndem Munde und gefalteten Händen, aus der Kirche. Selbst diejenigen, die gegen ihn eine persönliche Abneigung fühlten, oder seinem innern Wesen mißtrauten, rühmen seine priesterlichen Vollkommenheiten und seine ergreifenden Predigergaben. »Er war« — sagt eine gewisse Niedermeyer — »ein gar scharmanter Prediger und hätte uns alle bekehrt, wenn er noch länger in Hofkirchen geblieben wäre. Er drückte immer die Augen zu und machte es gar kräftig.« Überdies stand er, wie das Volk von ihm glaubte und er das Volk glauben zu machen verstand, mit der übersinnlichen Welt in näherer, gar vertraulicher Verbindung. Verstorbene machten ihm aus dem Fegefeuer Besuche auf seinem Zimmer, baten ihn um eine Messe und waren für immer beruhigt, sobald diese gelesen war; noch während der Messe sah er dann den erlösten Geist, in Gestalt einer weißen Taube, davon fliegen. Es traten ihm auch wohl, wenn er in geistlichem Berufe Nachts über Feld ging, die armen Seelen in Gestalt von Lichtchen in den Weg, wahrscheinlich um seine Benediktion zu erhalten und hüpften vor ihm nach der Rechten oder Linken, je nachdem er seine geweihten Finger dahin oder dorthin bewegte. Durch alles dieses erwarb er sich einen so hohen Ruf unter der Menge, daß er lange Zeit fast wie ein Heiliger verehrt wurde und Viele, wenn er von einem Stuhle aufgestanden war, sich eilig hinzudrängten, um seinen Platz einzunehmen und so eines kleinen Theils seines heiligen Wesens theilhaftig zu werden.

Einige seiner Amtsbrüder wollten freilich in ihm nur einen Heuchler und Pharisäer erkennen. Zu Hirnheim sagte man sich leise in das Ohr: der Pfarrer des Orts sei durch einen Brief seines Amtsbruders zu Hofkirchen, bei welchem Riembauer zuvor Kaplan gewesen war, vor diesem als einem Wolfe in Schafskleidern gewarnt worden und habe aus diesem Grunde um dessen Versetzung gebeten. Auch theilten nicht alle Beichtkinder den herrschenden Glauben an die fromme Tugend dieses heiligen Mannes und meinten im Stillen bei sich selbst: ein Mensch, der zu Jedermann so süß schmeichelnd rede und — Niemand in das Auge sehe, möge doch wohl ein Erzheuchler sein. Mancher vorsichtige gute Hausvater, wie ein gewisser Matthäus Steinbauer, obgleich er sich glücklich schätzte, wenn der junge fromme geistliche Herr bei ihm einkehrte, glaubte dennoch, zumal wenn derselbe über Nacht bleiben wollte, wegen seiner Töchter, denen immer besondere Aufmerksamkeit erwiesen wurde, wenn nicht gerade nothwendige, doch nützliche Vorkehrungen treffen zu müssen.

Erst nach einer Reihe von Jahren kamen, bei Gelegenheit anderer, bei weitem größerer Entdeckungen, folgende kleine Umstände aus der geheimen Lebensgeschichte dieses Heiligen an den Tag, wenigstens laut und öffentlich zur Sprache. Als Kaplan zu Hofkirchen schwängerte er die Pfarrköchin Maria H., die durch seine Vermittlung zu Landshut im Oktober 1801 ihm einen Knaben gebar, der aber bald darauf wieder starb. Während seines Aufenthaltes als Kaplan zu Hirnheim trat er mit der Küchenmagd seines damaligen Pfarrherrn, Anna Maria Eichstädter, in vertrauliches Verhältniß und erzeugte mit derselben ein Mädchen, das am 17. Mai 1803 zu Regensburg geboren, auf einen falschen Namen sowohl des Vaters als der Mutter getauft, 4 Jahre nachher die unschuldige Veranlassung des grausamen Todes seiner Mutter geworden ist. Als Kaplan zu Pfarrkofen (1803) machte er eine Näherin, Walburga R., zur Mutter, die ihm ein Mädchen, Theresia, gebar, welches zur Zeit gegenwärtiger Untersuchung ebenfalls noch am Leben war. Überdies ging damals im Geheimen das Gerücht, daß auch die Küchenmagd des dortigen Pfarrers sich von dem Kaplan in denselben Umständen befinde. Sein Aufenthalt als Kaplan zu Pondorf (1804) bot ihm blos die unangenehme Gelegenheit, an dem Sittenverfall der Welt und dem Verderbniß der jungen Geistlichkeit Ärgerniß nehmen zu müssen; denn einige andere Kapläne erwiesen seines Pfarrers Bäschen eine besondere Aufmerksamkeit, welche erwiedert zu werden schien: was ihn bewog, wie er selbst gesteht, sich um seine Versetzung an eine andere Pfarrei zu bewerben. Von da nach Pirkwang versetzt, erwählte er in seinem

Filialort Lauterbach die Tochter des sogenannten Thomasbauern, Magdalena Frauenknecht, zu seiner Geliebten, eine Unglückliche, über die unsere Erzählung sich ebenfalls des Umständlicheren zu verbreiten hat und von welcher hier einstweilen nur bemerkt wird, daß sie ihm zu München im Juni 1807 einen Knaben gebar, der jedoch sechs Wochen nachher wieder starb. Endlich, nach dem Tode dieses Mädchens, verband er sich mit seiner letzten Köchin, Anna Weninger, mit welcher er nicht weniger als drei Kinder erzeugte.

Seine Beischläferinnen, diejenigen wenigstens, die er sich auf längere Zeit beilegen wollte, pflegte er, theils um ihr Gewissen zu beruhigen, theils um ihrer Treue sich desto besser zu versichern, durch feierliche Handlung, wobei er den Priester und Bräutigam in Seiner Person vereinigte, sich als Gattinnen förmlich anzutrauen. Katharina Frauenknecht versichert, daß sie hinter Riembauers Bette versteckt, der Trauung zwischen ihm und ihrer Schwester Magdalena beigewohnt habe und gehört und gesehen, wie derselbe hierbei alle bei einer Trauung gewöhnlichen Gebete und Ermahnungen gesprochen, auch einen goldenen Vermählungsring ihrer Schwester an den Finger gesteckt habe. Anna Weninger erzählt dasselbe von ihrer Verbindung mit diesem Pfarrer, nur will sie nicht mehr wissen, ob der Priester-Bräutigam mit seiner Stola bekleidet, bei brennenden Kerzen, diese Handlung verrichtet habe. Er selbst läugnet solchen Mißbrauch seines geistlichen Amtes, gesteht jedoch, daß er seine Beischläferinnen feierlich über die gegenseitigen Pflichten der Ehegatten belehrt und ihnen hierauf ein förmliches Versprechen gegeben und abgenommen habe. Nebenbei verdient noch angeführt zu werden, daß Riembauer schon als junger Kaplan in den Häusern, wo er hübsche Mädchen wußte, umherzuschleichen pflegte und deren Eltern zu bewegen suchte, ihm dieselben zum Dienste künftiger Pfarrköchinnen abzurichten. Nicht minder beeiferte er sich — gleich jenem Independenten-Heiligen, Mr. Tomkins, am Rosamundabrunnen, der schönen Phöbe Maiblume gegenüber* — seinem Unterrichte anver-

* W. Scott's *Woodstock* IV 12.

trauten Kindern den Lehrsatz praktisch begreiflich zu machen: daß sich ein Mädchen mit einem Heiligen des Herrn gewisse Sünden wohl erlauben dürfe. Und so andere dergleichen Dinge, welche umgangen werden mögen; da es wohl keines Beweises mehr bedarf, daß Pfarrer Riembauer, während seiner ganzen priesterlichen Laufbahn nichts anderes war, als ein verkörpertes Beispiel jenes bekannten und beliebten Grundsatzes aller Scheinheiligkeit:

Das Böse jeder That liegt nur im bösen Schein.
Gibt es kein Ärgerniß, so ist das Arge gut;
Und Sünd' ist Sünde nicht, wenn man geheim sie thut.*

Ohne Molière gelesen zu haben, verstand sich Pfarrer Riembauer, neben der Kunst im Geheimen zu sündigen und dabei vor der Welt als Heiliger zu gelten, zugleich meisterlich auf den Gebrauch jener Mittelchen, durch welche man sich bequem, wegen begangener und noch zu begehender Sünden, mit dem Himmel gütlich zu vergleichen und abzufinden vermag.** Jene Verirrungen der Zärtlichkeit waren nicht seine Sünden, sondern die »Sünden des Cölibats«*** und seine Philosophie und theologische Moral lieferte ihm eine ganze Reihe der triftigsten Beweise dafür, daß er in

* *Le mal n'est jamais, que dans l'éclat qu'on fait.*
Le scandale du monde est ce qui fait l'offense,
Et ce n'est pas pecher que péchér en silence?
Tartuffe.

** *Le ciel défend, de vrai, certains contentements;*
Mais on trouve avec lui des accomodements.
Selon divers besoins, il est une science
D'étendre les liens de notre conscience,
Et de rectifier le mal de l'action
Avec la pureté de notre intention.
Tartuffe.

*** Übrigens ist dieses ein allgemein gebräuchlicher, gleichsam stereotyper Ausdruck, welcher auch außerhalb Süddeutschlands, z.B. in Schlesien unter der Geistlichkeit gebräuchlich ist, um damit alle diejenigen Sünden und zum Theil Verbrechen zu bezeichnen, welche allein dem erzwungenen Cölibat zur Schuld gerechnet werden. Eine eben so gründlich gelehrte als schrecklich belehrende Geschichte des Cölibats und der Cölibatssünden ist zu lesen in dem in vielfacher Beziehung, nicht blos als Schrift, sondern auch als That merkwürdigen Buche: *Die kathol. Kirche in Schlesien* u.s.w. (2te Aufl. Altenb. 1827.) §. 6. 7. S. 56–95.

Erzeugung unehelicher Kinder, als wodurch er zur Erweiterung des Reiches Gottes wesentlich beitrage, nicht nur nichts Sträfliches, sondern sogar Löbliches, dem Himmel Wohlgefälliges begehe. »Ich überlegte,« dieses sind seine eignen Worte, »1) daß es nach der Vernunft nicht unerlaubt scheinen könne, ein Kind zu erzeugen; denn eine vernünftige Kreatur, die ewig dauern soll, hervorzubringen, ist etwas Gutes. Dadurch wird der Mensch auf eine sonderbare Weise Gottes Bild, daß er mit ihm zur Hervorbringung eines Menschen beiträgt, wie der heil. Clements von Alexandrien sagt. 2) Auch wider Gottes Anordnung kann es nicht sein, weil dadurch die Zahl der Auserwählten einen Zuwachs erhält. 3) Auch wider die Kirche nicht; wenn anders dieser Mensch zu einem rechtschaffenen Christen gebildet wird. 4) Auch wider den Staat nicht: wofern ein solches Mitglied sittlichen und bürgerlichen Unterricht bekommt und so zu einem guten Staatsbürger und treuen Unterthan erzogen und die betheiligte Mutter nicht verlassen wird. Mit diesen Gedanken ging ich öfters um; auch die Kirchengeschichte* und Erfahrung unterstützten meine Grundsätze. Und so wurde es meinem Innern leicht, mich zu solchen Cölibats-Fehlern hinreißen zu lassen.«

Kaplan R. leistet wirklich, wenn nicht aus Pflicht und Zärtlichkeit, doch aus Klugheit und Vorsicht, alles Erforderliche nach besten Kräften, um sowohl seine Kinder zu ernähren, als auch ihre Mütter so zufrieden zu stellen, daß sie bei gutem Willen und in jener Ruhe blieben, deren er zur Erhaltung des guten Scheins bedurfte.

Das Kind der Anna Eichstädter ließ er zu Regensburg auf seine Kosten erziehen und unterhielt mit dessen Mutter auch in der Ferne ein freundschaftliches trauliches Verhältniß. Er blieb mit ihr, die an verschiedenen Orten als Magd oder Kellnerin diente, in Briefwechsel, versah sie mit Geld, Leinwand, Flachs u.s.w., besuchte sie zuweilen und hielt sie mit der Hoffnung hin, einst, wenn er eine Pfarrei erhalten

* Wahrscheinlich schöpfte hier der gelehrte Riembauer vorzugsweise aus demjenigen Theil der Kirchengeschichte, welcher das Leben eines Sergius III., Johann XII., Innocenz II., Innocenz VIII., Johann XXIII., Alexander VI., Julius II. und anderer solcher Kirchenhelden erzählt.

haben werde, als Köchin mit ihm in dauernder Gemeinschaft zu leben. Diese Anna Eichstädter war die Tochter eines Zimmermanns zu Furth, Landgerichts Landshut, eine wohlgebildete, große, starke und breitschultrige Person, unter anderem auch (was der Folge wegen nicht zu übersehen) durch zwei Reihen der schönsten Perlenzähne ausgezeichnet. An ihrem sittlichen Charakter war im Wesentlichen nichts zu tadeln, als ihre allzu große Gefälligkeit gegen das männliche Geschlecht: sie hatte nicht blos Pfarrer R., sondern auch andern Männern außereheliche Kinder geboren. Das vertraute, friedliche Verhältniß zwischen ihr und Riembauer erlitt indessen, ungefähr nach einem Jahr seit dessen Versetzung als Kaplan nach Pirkwang, eine große Störung, die zuletzt ihren gräßlichen Tod herbeiführte.

Riembauer hatte, wie bereits oben bemerkt worden, zu Pirkwang den Filialort Ober-Lauterbach zu versehen, wo auf dem sogenannten Thomashof die Frauenknecht'sche Familie lebte, welche in allen ihren Gliedern, sowohl wegen ihrer Wirthschaftlichkeit und Arbeitsamkeit, als auch wegen ihrer friedfertigen, mildthätigen, ächtchristlichen Gesinnungen und ihres frommen Lebenswandels, sich die höchste Achtung und Liebe erworben hatte. Sie bestand, als R. dahin versetzt wurde (Weihnachten 1805), aus dem alten Vater Frauenknecht, der zwei Jahre nachher starb; dann aus dessen Ehefrau und zwei Töchtern, von welchen die ältere, Magdalena, im Jahr 1788, die jüngere, Katharina, 1796 geboren war. Jene wird von allen Personen, die sie kannten, Vornehmen und Geringen, als ein äußerst frommes, sanftes, stilles, engelgutes Wesen geschildert, auch von fleckenlosem Rufe, ehe ihr R. näher gekommen war. Die jüngere, Katharina, damals noch ein Kind, war ebenfalls allgemein als ein wohlerzogenes, redliches und treues Mädchen bekannt, ihr Verstand war, wie sich späterhin zeigte, frühzeitig ihren Jahren vorausgeeilt.

Riembauer warf sehr bald seine lüsternen Augen auf die Frauenknecht'sche Familie, sowohl um sich die Tochter Magdalena, als auch nebenbei das Vermögen dieser arglosen Menschen zuzueignen. Er gewann dieser Leute unbedingtes Vertrauen nicht blos durch seine verführerische Scheinheiligkeit und das natürliche Übergewicht seiner Bildung und seines Standes, sondern auch dadurch, daß er, in seinem Verhältnisse zu ihnen, sich in rein christlicher Demuth, fast ganz der äußeren Ehren seines Standes zu begeben und ihres Gleichen zu werden schien. So oft ihn sein Beruf oder sein Belieben nach Lauterbach führte und es die Gelegenheit gab, half er der Frauenknecht'schen Familie in ihren bürgerlichen Verrichtungen, löste die alte Mutter in ihren Feldarbeiten ab und leistete ihnen, zum Erstaunen der Nachbarn, freiwillig alle Dienste des gemeinsten Bauernknechts. Er, der für alles in seiner theologischen Moral die glänzendsten Rechtfertigungsgründe zu finden wußte, berief sich späterhin, um gelegentlich zu beweisen, daß ein Geistlicher durch Ackern, Dreschen und Pferdestriegeln, durch Heu- und Mistfahren und dergleichen der Würde seines geistlichen Berufes nichts vergebe, ausdrücklich auf die Beschlüsse des *Concilium Carthaginense,* auf das Zeugniß des heil. Epiphanius und auf das Beispiel so vieler Bischöfe und Priester der alten Zeit, welche, wie die Kirchengeschichte lehre, ebenfalls die Handarbeit mit dem Predigtamte vereinigt hätten. Als Knecht hatte er sich unter diese arglos gutmüthigen Menschen eingeschlichen, um bald darauf der Herr ihrer Personen und Güter zu werden. Ohne Geld zu haben, kaufte er am 12. Dezember 1806 den Frauenknecht'schen Eheleuten um einen Preis von 4000 fl. ihren Thomashof ab, ließ sich betrüglich in dem Kaufbriefe über 2000 fl. als schon bezahlt quittiren und machte, nach dem bald nachher erfolgten Tode des alten Frauenknecht, dessen Wittwe eine falsche Gegenrechnung über 2000 fl., welche von derselben in gutmüthiger Einfalt auch als richtig anerkannt wurde. Nachdem er sich so zum Eigenthümer des Thomashofs gemacht hatte, in welchem übrigens die Frauenknecht'schen wohnen blieben, verlegte er seinen Sitz nach Lauterbach und lebte hier, neben seinen geistlichen Verrichtungen ganz als Bauer, was ihn bei einigen vornehmen Personen in den Ruf eines ehrwürdigen Patriarchen der alten Welt, bei den Landleuten, deren gesunder Sinn hiebei etwas von Unanständigkeit fühlen mochte, den Namen des Thomasbauern verschaffte.

Als der trügliche Kaufvertrag über den Thomashof abgeschlossen wurde, hatte die von jenem Patriarchen verführte ältere Tochter Magdalena bereits die ersten Monate ihrer Schwangerschaft überstanden und wurde nun von Riembauer, angeblich um das Kochen zu lernen, eigentlich aber um ihre Schwangerschaft und Niederkunft zu verheimlichen, nach München gesendet, wo sie 6 bis 7 Monate im Hause des Registrators Y zuerst als Magd diente, alsdann aber im Juni 1807 — gerade zu derselben Zeit, als Riembauer seine Pfarramts-Kandidaten-Prüfung rühmlichst bestand, wo er mit seiner Geliebten in demselben Hause wohnte — mit einem Knaben nieder kam. Die Kosten dieses Aufenthalts der Magdalena in München — die doch wohl nur in Riembauers Angelegenheiten dort verweilte — brachte der scheinheilige Betrüger späterhin der Wittwe Frauenknecht mit 500 fl. in Aufrechnung, welche nebst andern Summen ähnlicher Art, von dem schuldigen Kaufschilling für den Thomashof abgerechnet wurden.

Während Riembauer (ungefähr vom 9. bis 15. Juni), wegen seines Kandidaten-Examens sich zu München aufhielt, kam die Eichstädter, welche damals zu Regensburg diente, nach Lauterbach, um ihren alten Freund, der, in Geldverlegenheiten verwickelt, ihr schon geraume Zeit mit den schuldigen Leistungen für das Kind in Rückstand geblieben war, zur Zahlung zu nöthigen, wahrscheinlich auch wegen seines neuen Verhältnisses zur Rede zu stellen und das alte Versprechen, sie als seine Köchin bei sich aufzunehmen, einmal recht ernstlich gegen ihn geltend zu machen. Als sie im Thomashofe, wo sie sich als Base des Kaplans einführte, von der Katharina Frauenknecht vernahm, daß Riembauer verreist sei, verlangte sie die Schlüssel zu dessen Zimmer, welche ihr als Base von der alten Frauenknecht nicht verweigert wurden. In Riembauers Zimmer benahm sie sich, als wäre sie die Herrin des Hauses, öffnete daselbst alle Behälter und suchte besonders nach Geld, mit welchem sie sich bezahlt machen könne. Als sie dessen gar nicht, oder nicht genug fand, schrieb sie ihm einen drohenden Brief, den sie für ihn zurückließ und kehrte, nachdem sie im Thomashof übernachtet hatte, am folgenden Tage unverrichteter Dinge wieder heim nach Regensburg. Nach seiner Rückkehr aus München erhielt er von ihr aus Regensburg einen zweiten ernstlichen Mahnbrief, welcher ihn mit gerichtlicher Anzeige bedrohte, wenn er nicht seine Schuldigkeit gegen sie erfülle.

Bald nach dieser Scene ging Riembauer selbst nach Regensburg, suchte die Eichstädter auf, stellte sie für die Gegenwart zufrieden und genoß damals — wie wenigstens gegen ihn behauptet wird — von neuem der alten Vertraulichkeiten. Bei seinem Weggehen begleitete ihn die Eichstädter mit ihrem Kinde bis nach Kumpfmühl und lag ihm unterwegs sehr an, daß er doch sein Verhältniß mit der Frauenknecht aufgeben und sie nicht verstoßen möge. Mit dem Kinde auf dem Rain eines Feldweges sitzend, bat sie ihn zuletzt flehentlich mit aufgehobenen Händen, er möge sein Wort halten und sie nun als Köchin zu sich nehmen. Aber der fromme Priester verbot ihr, jemals wieder nach Lauterbach zu kommen, hob seinen Stock drohend auf, hieb zornig damit in die Erde und — ging seines Weges.

Die Eichstädter, welche bisher zu Regensburg bei einem Pferdehändler gedient hatte, verdingte sich gegen Ende Oktobers (1807) als Köchin bei dem Pfarrer J. O. zu P. Am 1. November traf sie wirklich zu P. bei ihrem neuen Dienstherrn ein, erbat und erhielt jedoch von ihm die Erlaubniß, vor dem wirklichen Antritt ihres Dienstes noch ihre Verwandte besuchen zu dürfen. Zum Unterpfand ihres Dienstversprechens ließ sie dem Pfarrer ihre silberne Halskette und andere Sachen von Werth zurück. Auf ihr Verlangen gab er ihr, da es eben regnete, einen grünen leinenen Regenschirm, auf dessen Handgriff die Buchstaben J. O. eingegraben waren, mit auf die Reise, die sie noch denselben Nachmittag antrat. Aber viele Tage vergingen und sie kam nicht wieder. Pfarrer O., welcher Gründe hatte, anzunehmen, sie möge zu Riembauer gegangen sein und sich bei diesem aufhalten, schrieb demselben nach einiger Zeit einen Brief, worin er ihm auftrug, der Eichstädter zu sagen: sie möge ihm, wenn sie nicht Lust habe, in seinen Dienst zu treten, wenigstens seinen Regenschirm zurückschicken. R. antwortete aber hierauf: er sei außer Stand, über die Eichstädter einige Auskunft zu geben; er habe weder sie, noch des Pfarrers Regenschirm zu Gesicht bekommen. Diese Eichstädter wurde, seit sie am 1. November von dem Pfarrer O. weggegangen war, nicht wieder gesehen; sie kam weder nach Regensburg zurück, noch sah man sie in ihrem Geburtsorte Furth. Ihre Verwandte und Freunde erhielten keine Kunde, weder über ihren Aufenthalt, noch über ihr Leben oder ihren Tod. Man muthmaßte, bald daß sie ertrunken, bald daß sie einem berüchtigten Mörder, welcher im folgenden Jahre hingerichtet wurde, in die Hände gefallen sei und endlich gedachte man ihrer nicht mehr.

Einige Monate nach dem Verschwinden der Eichstädter erhielt Riembauer (1808) seine Anstellung als Pfarrer zu Priel. Er verkaufte mit Gewinn seinen betrüglich erworbenen Thomashof und die Mutter Frauenknecht zog nebst ihren Töchtern mit ihm an den Ort ihrer neuen Bestimmung, wo Magdalena alle Obliegenheiten einer jungen Pfarrköchin ferner besorgte. Aber sie und ihre Mutter wurden beide im folgenden Jahre in derselben Woche krank und starben plötzlich, die Tochter am 16., die Mutter am 21. Juni 1809.

Die jüngere Tochter Katharina war schon vor dem Tode ihrer Mutter und Schwester von dieser Pfarrwirthschaft ausgeschieden, theils wegen Zänkereien mit ihrer Schwester, theils aus entschiedener Abneigung gegen den Pfarrer. Sie lebte anfangs eine Zeit lang bei dessen Bruder zu R. und ging sodann bei verschiedenen Herrschaften in Dienste. Wohin sie kam, äußerte sie, bei sonst heiterer Laune, eine zuweilen auffallende Beklommenheit und Angst; die Einsamkeit erweckte ihr Grauen; am schrecklichsten war es ihr, Nachts in einem Bette allein schlafen zu müssen; es war als werde sie von furchtbaren Gesichten heimgesucht. Mit ihren Jahren nahm diese Unruhe überhand. Irgend ein böses Geheimniß schien ihr schwer auf dem Herzen zu liegen. Manchmal ließ sie Worte fallen von einer gewissen Weibsperson, die ihr durchaus nicht aus dem Sinn komme und von deren Bild sie verfolgt werde, wo sie stehe und gehe. Einer gewissen Katharina Schmid, mit welcher sie einst zu Regensburg in derselben Kammer schlief, erzählte sie, nachdem sie sich ängstlich in ihr Bette geflüchtet hatte, von einem gräßlichen Morde, welcher von Pfarrer Riembauer verübt worden sei. Späterhin, als sie zu D. in Diensten stand, vertraute sie dieselbe Geschichte ihrer Dienstfrau, die ihr den Rath gab, ihr Gewissen einem Geistlichen zu öffnen. Sie wendete sich zuerst an den Beneficiaten M., dem sie umständlich erzählte: Pfarrer Riembauer, von welchem ihre Familie um mehr als 2000 fl. betrogen, sie selbst ihrer Heimath beraubt worden sei, habe einer Weibsperson, welche im November 1807 in Lauterbach zu ihm gekommen, mit einem Rasirmesser den Hals abgeschnitten; hierauf habe er ihre Mutter und Schwester, weil diese um die Mordthat gewußt, durch Gift aus dem Wege geräumt; endlich habe er auch sie, gewiß nur darum in seine Gewalt zu bekommen getrachtet, um sie, die letzte noch lebende Zeugin jener That, ebenfalls aus der Welt zu schaffen. Beneficat M. widerrieth ihr die gerichtliche Anzeige, empfahl ihr, den Pfarrer Riembauer, falls er schuldig sei, dem Gerichte Gottes zu überlassen und versicherte später, daß er insgeheim mehreren Priestern diesen Fall vorgetragen habe, von welchen sein Benehmen in dieser Sache vollkommen gebilligt worden sei. Ein anderer Priester, Cooperator S., dem Katharina späterhin dieselbe Erzählung machte, empfahl ihr gleichfalls das Stillschweigen, benutzte aber ihre Mittheilung als Gelegenheit, ihr und zugleich dem Pfarrer Riembauer einen guten Dienst zu erweisen, indem er diesem einen namenlosen lateinischen Brief zukommen ließ, welcher ihn mit der Entdeckung entsetzlicher Geheimnisse bedrohte, falls er nicht die Bewahrerin derselben, durch die Bezahlung ihr schuldiger Summen, alsbald zufrieden stelle* Der Cooperator hatte zuvor den Ortspfarrer N.N. über diesen *casum conscientiae* um Rath gefragt; und dieser will

* Der Brief lautete, wie ihn späterhin Riembauer selbst noch aus dem Gedächtnisse hersagte, wie folgt: *Habeo casum mihi propositum, quem tantummodo tu solvere potes. Vir quidam, quem tu bene noscis, debet alicui personae 3000 florenorum circiter. Si conscientia tua vigilat, solve ho debitum. Nisi intra quator, hebdomadas respondeas, horenda patefaciet ista persona. Hannibal ante portas!*

zwar den vorgetragenen Fall zur gerichtlichen Anzeige geeignet erklärt haben, glaubte aber dennoch, daß die edlen Absichten, in welchen jener Warnungsbrief geschrieben worden, nicht zu verkennen seien.

Endlich machte Katharina Frauenknecht im Jahre 1813, zuerst bei dem Patrimonialgerichte Ober-Lauterbach, dann vor dem zu diesem Prozesse besonders beauftragten Landgerichte zu Landshut, förmliche gerichtliche Anzeige, welche erst im folgenden Jahre, nach erlangter Eidesmündigkeit, eidlich von ihr bekräftigt werden konnte. Diese Anzeige, so wie dieselbe späterhin in allen Hauptpunkten wiederholt, in manchen andern näher bestimmt und vervollständigt worden ist, lautet im Wesentlichen wie folgt:

»Als im Sommer 1807 meine Schwester Magdalena zum Kochenlernen, und der geistliche Herr Riembauer um sein Pfarramts-Examen zu machen, sich in München aufhielten, kam eine Weibsperson von 22 Jahren, großer Statur, sehr hübsch, länglichen Gesichts, von lichtbraunen langen Haaren, bürgerlich schön gekleidet, mit einer Riegelhaube auf dem Kopf, in unsere Wohnung, als eben meine Mutter auf dem Felde sich befand. Sie gab sich für eine Base des Herrn Riembauer aus und verlangte, als ich ihr sagte, daß derselbe bei dem Concurse in München sei, die Zimmerschlüssel von mir, die ich ihr, als einer weltfremden Person verweigerte. Sie erhielt sie aber, nachdem meine Mutter nach Hause gekommen war, von dieser, ging dann damit auf das Zimmer des Geistlichen und suchte in demselben herum, als wäre sie in ihrer eigenen Wohnung. Sie blieb bei uns über Nacht und sagte uns, sie habe kein Geld gefunden, aber an den geistlichen Herrn deßhalb einen Brief geschrieben, den sie in einer versiegelten Schachtel zurückgelassen habe. Ungefähr 8 Tage darauf kam der Geistliche von dem Concurs-Examen zurück. Ich erzählte ihm den Vorfall, und er sagte darauf: es sei dieses eine Base von ihm gewesen, welcher er noch Geld schuldig sei.«

»In demselben Jahre (1807), im November, — ich weiß nicht mehr genau den Tag (späterhin wurde der Aller-Seelen-Tag, der 2. November, bestimmt ausgemittelt), gegen Abend, nachdem der geistliche Herr eben Rüben von seinem Acker heimgefahren hatte, — war dieselbe Base wieder auf den Thomashof gekommen. Meine Schwester war schon mit Riembauer zu Hause. Ich und meine Mutter aber kamen ein wenig später vom Felde zurück. Als wir unserem Hause nahten, hörten wir im oberen Zimmer des geistlichen Herrn Töne eines Menschen, von denen wir anfangs nicht wußten, ob es ein Weinen oder Lachen sei, das uns aber bald wie ein Gewinsel vorkam. In dem Augenblicke, wo wir in unsere Haustenne traten, kam uns meine Schwester weinend von der Treppe herab entgegen gelaufen und erzählte uns hastig: ›eine fremde Weibsperson, angeblich eine Base, sei so eben zu dem geistlichen Herrn gekommen, dieser habe sie auf sein Zimmer geführt, habe ihr dann weiß gemacht, daß er ihr Bier wolle bringen lassen, sei unter diesem Vorwande wieder herabgekommen, habe hier sein Rasirmesser geholt, sei damit sogleich wieder hinauf gegangen, habe sich alsdann (wie Magdalena, welche ihm nachgeschlichen, durch das Schlüsselloch selbst gesehen) der auf einem Sessel sitzenden Weibsperson genähert, dieselbe beim Halse gefaßt, als wenn er sie küssen wolle, nun aber ihren Kopf nach dem Boden zu gedrückt und ihr mit seinem Rasirmesser die Gurgel abgeschnitten (wie Katharina späterhin berichtigt: das Messer an die Gurgel gesetzt).‹«

»Während uns dieses meine Schwester in aller Hast an der Treppe erzählte, hörten wir noch immer das Winseln, und die Worte des Geistlichen: ›Nandel! mach' Reue und Leid! du mußt sterben,‹ und hierauf wimmernd: ›Franzel! thue mir nur das nicht! laß mir nur mein Leben! ich komme dir gewiß nicht mehr um Geld!‹«*

* Man suchte späterhin diese Angabe der Katharina als einen Beweis der Unglaubwürdigkeit ihrer Erzählung geltend zu machen. Wenn Riembauer, als Magdalena herabkam, der Eichstädter schon den Hals abgeschnitten hatte, wie konnte diese nachher noch so laut sprechen, daß Katharina es auf der Treppe hörte? Allein das einstimmige Gutachten mehrerer gelehrten und erfahrenen Ärzte und Anatomen, löste diesen Zweifel. Namentlich wies Hofrath von Walther umständlich nach: daß Menschen, welchen die Membrane zwischen dem Zungenbein und dem Luftröhrenkopf, oder der Luftröhrenkopf, oder die Luftröhre selbst geöffnet und bedeutend verletzt ist, bei stark vorwärtsgebogenem Kopfe, dennoch sprechen können.

»Meine Mutter und Schwester gingen sogleich in die untere Stube, ich aber sprang aus Neugier zur Treppe hinauf, vor die Thüre des Geistlichen und sah durch das Schlüsselloch deutlich, wie Riembauer auf der zu Boden liegenden, noch mit den Füßen zappelnden Weibsperson saß oder knieete und ihr mit beiden Händen Kopf und Hals festhielt. Ich sah das Blut aus ihr hervorrinnen.«

»Nun eilte ich herab in unsere Wohnstube und erzählte, was ich gesehen, meiner jammernden Mutter und Schwester, die noch unschlüssig waren, ob sie nicht Leute zur Hülfe herbeirufen sollten. Als ich sodann wieder in die Hausflur ging, kam der geistliche Herr, in seiner gewöhnlichen braunen Jacke und einem weißen Schurz, die Treppe herab, Hände und Schurz voll Blut, in der Rechten noch das blutige Rasirmesser haltend, das er auf den kleinen in der Hausflur stehenden Kasten legte und begab sich alsdann zu meiner Mutter und Schwester in das Zimmer. Er erzählte ihnen, wie ich an der Thüre horchend vernahm: ›Dieses Weibsbild habe von ihm ein Kind; immer habe sie ihn um Geld gequält, auch jetzt wieder 100 bis 200 fl. von ihm verlangt und, im Nichtzahlungsfalle, ihn mit der Anzeige bei seiner Obrigkeit bedroht. Da er so viel Geld nicht aufzubringen wisse, habe er, um sich von ihr los zu machen, ihr die Gurgel abgeschnitten.‹«

»Hierauf schlich ich mich, aus Neugier, in Riembauers Zimmer und sah nun die nämliche Person, welche schon diesen Sommer in unserem Hause gewesen war, ohne alle Lebenszeichen auf dem Boden in ihrem Blute schwimmend, den Hals durchschnitten, die Haare zerrauft, auch Halstuch und Korsett etwas zerrissen. Ich schrie und weinte und ließ vor Schrecken das Licht auf den Boden fallen, das ich mitgenommen hatte.«

»Als ich wieder in das untere Zimmer herabgekommen war, sah ich den geistlichen Herrn seine blutigen Hände waschen und sagte ihm, daß ich nun die nämliche Person, welche im Sommer da gewesen, auf seinem Zimmer todt habe liegen sehen. Er schmeichelte mir hierauf entsetzlich, sagte, ich hätte nicht recht gesehen, versprach mir alle mögliche schöne Kleidung und schärfte mir ein, über alles was ich gesehen und gehört haben möge, mit Niemand zu sprechen. Meine Mutter jammerte noch immer fort und erklärte wiederholt, daß sie den Vorfall anzeigen werde. Aber Riembauer fiel mehrmals ihr zu Füßen, und beschwor sie, ihn doch nicht zu verrathen. Als meine Mutter bei ihrer Erklärung beharrte, weil ohnehin das Stillschweigen zu nichts helfen werde, indem ja die Nachbarsleute die fremde Weibsperson gesehen, gewiß auch das Getöse gehört haben würden —: so äußerte endlich Riembauer, er müsse denn also nun auch sich selbst einen Tod anthun.«

»Hierauf zog er seinen Rock an, holte aus dem Stadel einen Strick und lief damit dem Walde zu. Meine Mutter und Schwester folgten ihm von der Ferne, sahen, daß er wirklich Ernst machen wolle und, da sie glaubten, daß das Unglück ärger sei, wenn auch noch dazu der geistliche Herr sich erhänge, so liefen sie zu ihm und hielten ihn durch das Versprechen, nichts entdecken zu wollen, von der Ausführung seines Vorhabens ab.«

»Als er mit meiner Mutter und Schwester wieder nach Hause gekommen war, sprach er in meinem Beisein von einem sicheren Orte, wo man den Leichnam beerdigen könne, und wählte dazu das kleine Seitenkämmerchen linker Hand in seinem neuerbauten Stadel. Die Meinigen beruhigte er vorzüglich durch das Versprechen, er selbst wolle die Beerdigung besorgen und es werde gewiß nichts entdeckt werden, wenn nur das kleine Mädchen — ich war damals erst 12 Jahre alt — Niemand etwas davon sage.«

»Um Mitternacht zwischen 12 und 1 Uhr nahm er eine Kerze in eine Laterne und ging mit einer Grabschaufel in das linke Seitenkämmerchen seines Stadels, wo er das Loch ausgrub, das er für den Leichnam bestimmt hatte. Nach einiger Zeit hörte ich über mir ein Getöse, machte unsere Stubenthüre auf, sah ein Kerzenlicht neben dem Keller stehen und den Herrn Riembauer selbst, wie er von oben herab den noch völlig bekleideten Leichnam bei den Achseln, so daß der Kopf herunterhing, rücklings über die Treppe herabschleifte. Es überfiel mich ein Grauen und ich weiß nicht, auf welche Art er den Leichnam in den Stadel hineingebracht hat. Nachher aber ging ich doch dahin und in der offenen Thüre stehend, sahen meine Mutter, Schwester und ich, wie der geistliche Herr die Ermordete sammt ihren Kleidern schon in dem Loche hatte, und sie so eben mit Erde bedeckte.«

»Die Blutflecken vom Hause bis zum Stadel wischte er noch in derselben Nacht hinweg; Haus und Zimmer reinigte er davon erst am folgenden Morgen und zwar in eigner Person mit kaltem, dann mit heißem Wasser.«

»Allein in seinem Zimmer war das Blut schon eingetrocknet; das Abwaschen half nichts; ich mußte ihm daher von dem nächsten Nachbar, dem blauen Michael, einen Hobel borgen; mit diesem hobelte er aus den Dielen das Blut hinweg und warf die Späne im untern Zimmer in den Ofen.«

»Am Morgen nach der Ermordung, als ich eben zur Schule ging, sah ich unsern Hund einen blutigen Weibsschuh im Hofe herumzerren. Riembauer, dem ich dieses anzeigte, trug mir auf, ihn in die untere Stube zu tragen. Ich hob ihn, weil es mich grauste, an einem Steckchen auf, und warf ihn in der Stube auf den Boden und weiß nun nicht mehr was damit geschehen ist.«

»Die Nachbarn fragten uns, was doch wohl in unserem Hause für ein Lärmen und Weinen gewesen sei. Wir sagten hierauf, wie uns Riembauer zuvor schon eingeschärft hatte: wir hätten wegen unseres Vaters und der 2000 fl. geweint, welche uns Hr. Riembauer abgedrückt habe; was ohnehin schon hofmarkskundig war.«

»Die Ermordete hatte einen grünen Regenschirm, welcher dem Pfarrer zu P. gehörte, mit in den Thomashof gebracht. Der geistliche Herr behielt ihn und besaß ihn noch als Pfarrer zu Priel.«

Ungefähr 14 Tage nach der Beerdigung der Ermordeten verbreitete sich im Stadel ein abscheulicher Gestank. Die Weibspersonen, welche das Getraide ausdroschen, beschwerten sich darüber bei Riembauer, welcher ihnen antwortete: daß er sich die Ursache davon nicht denken könne. Gleich nachher fügte es sich, daß eine Drescherin, welche in das Seitenkämmerchen gegangen war, mit ihrem Fuße an etwas stieß und, weil es darin dunkel war, nach Licht rief, um nachzusehen, weil das Ding woran sie gestoßen etwas andres sein müsse als Stein. Riembauer verhinderte dieses, eilte auch sogleich auf sein Zimmer und legte ein Schloß vor die Thür des Kämmerchens, das zuvor immer offen gestanden war. In der Stube erzählte er uns dieses, indem er sagte: es sei ein aus dem Grabe hervorragender Fuß der Nandel gewesen. Am Abend desselben Tages trug er daher noch Sand an die Stelle und füllte das Grab besser auf.«

Katharina geht nun über zur Geschichte der Krankheit und des plötzlichen Todes ihrer Mutter und Schwester im Juni 1809, zu welcher Zeit sie selbst sich im Pfarrhause befand, wohin sie von Regensburg geholt worden war, um, statt ihrer plötzlich erkrankten Schwester, die Küche zu besorgen. Sie behauptete zuversichtlich: Riembauer habe ihre Mutter und Schwester mit Gift aus der Welt geschafft, und führte unter andern zur Rechtfertigung dieses Verdachts an: ihre Mutter wie ihre Schwester habe mit ihm öfters in Streit gelebt, letzte habe sogar seine Dienste verlassen wollen, weßhalb der Pfarrer in beständiger Furcht geschwebt, daß die That entdeckt werden möge. Riembauer habe bei der Krankheit ihrer Mutter und Schwester keinen ordentlichen Arzt beigezogen, auch keinen Geistlichen zu ihnen gelassen. Ihrer Schwester habe er die Arzneien, die er von einem Bader genommen, immer selbst gereicht, und ihr dieselben sogar wider ihren Willen aufgedrungen. Eines Tages habe sie (Denunciantin) von dem Bader eine Arznei holen müssen. Diese habe der Pfarrer am folgenden Morgen ihrer Schwester eingegeben und bald darauf sei diese außer sich gekommen und verschieden. »Der Leichnam meiner Schwester,« fährt sie fort, »war außerordentlich aufgedunsen und voller Brandflecken; das Blut lief ihr zu Nase und Mund heraus. Der Bader vermuthete, sie sei schwanger gewesen; das nämliche vermutheten auch die Dorfleute und nannten den Pfarrer als Schwängerer. Alles verwunderte sich, daß meine Mutter und Schwester so schnell gestorben waren.«

Endlich behauptete Katharina: Riembauer habe mehrmals seine Absicht zu erkennen gegeben, auch noch sie gelegentlich um das Leben zu bringen. So habe ihr einst ihre verstorbene Schwester, zur Warnung gesagt: Riembauer habe geäußert, er wolle 2 oder 300 fl. nicht ansehen, wenn Jemand sie (Katharina) aus der Welt schaffe; denn, habe er beigesetzt, das Mädel wird immer größer und verständiger und am Ende kann man ihr nicht mehr Heirathsgut genug geben, um sie zum Schweigen zu bringen. Nach dem Tode ihrer Schwester habe denn auch der Pfarrer sie nicht von sich lassen wollen und ihr 8000 fl. zum künftigen Heirathsgute versprochen, wenn sie bei ihm bleibe. Allein nach 4 Wochen habe sie sein Haus verlassen und, da er sich ihrer verstorbenen Schwester Geld, Kleider, Briefschafften u.s.w. zugeeignet, habe sie ihm beim Weggehen gesagt: »Hr. Pfarrer, ich vergesse auch nicht das Vergangene!« worauf er erwiedert: »es wird Dich besser treffen, als mich; ich weiß schon was ich zu sagen habe! deine Mutter und Schwester sind todt, diese können nicht mehr reden und diese, werde ich sagen, haben die Weibsperson umgebracht.« Gleichwohl habe er, auch noch später, sie aus seinen Augen nicht verloren, und verschiedentlich darnach getrachtet, sie in seinen Dienst oder doch in seine Gewalt zu locken. Aber ihr vorsichtiges Mißtrauen in die Absichten Riembauers habe sie gerettet.

Die ganze lange Geschichte, wie sie von diesem siebenzehnjährigen Mädchen gegen einen in Ansehen stehenden Geistlichen erzählt wurde, war in ihrer Gräßlichkeit zugleich so seltsam, abentheuerlich und ins Ungeheure hinüberspielend, daß man beim ersten Blicke geneigt sein mochte, dieselbe eher für die Erfindung einer kranken Einbildungskraft, als für eine wirkliche Begebenheit zu halten. Indessen war die Erzählung in sich selbst so zusammenhängend, so umständlich und bestimmt und die Erzählerin zeigte so viel Verstand, Ruhe, Unbefangenheit und Zuversicht, daß diese Anzeige unmöglich auf sich beruhen bleiben konnte.

Der Thomashof des Pfarrers, in welchem angeblich die Hauptbegebenheit vorgefallen war und wo der Leichnam der Eichstädter begraben sein sollte, war, glücklicher Weise, jetzt in einer dritten Hand und der beschuldigte Pfarrer an einem entfernten Orte angestellt; es konnten also, ohne Aufsehen und Gefährde, leicht an Ort und Stelle alle Nachforschungen geschehen, deren Ergebniß sogleich über Gehalt und Bestand jener Aussage entscheiden mußte.

Auf Requisition des Landgerichts Landshut, wurde daher alsbald von dem Landgerichte Pfaffenberg der Thomashof zu Lauterbach untersucht. Es fand sich hier der von der Denunciantin angezeigte vom Pfarrer Riembauer neu gebaute Stadel; man fand in demselben linker Hand ein Seitenkämmerchen; man grub in diesem nach und fand in sehr geringer Tiefe, nebst Einem Weiberschuh — ein weibliches Gerippe, mit einem Schädel, in beiden Kiefern voll der schönsten weißen Zähne. In dem Zimmer, welches Riembauer ehemals bewohnt hatte, entdeckten sich auf den Dielen des Fußbodens eine Menge unauslöschlicher Flekken, welche sogleich für Blutspuren erkannt wurden und, als man sie mit warmem Wasser befeuchtete, sich in heller Blutröthe darstellten. An 9 Brettern des Fußbodens waren in verschiedenen Unebenheiten, Vertiefungen und Schnitten deutliche Spuren einer in Tischlerarbeiten ungeübten Hand nicht zu verkennen, welche den Versuch gemacht hatte, ähnliche Flecken durch den Hobel hinwegzutilgen. Und der Nachbar des Thomashofes, der von der Denunciantin so benannte blaue Michael, bezeugte, daß vor ungefähr 6 Jahren die Frauenknecht'schen bei ihm einen Hobel geborgt hätten.

Ehe noch dieses und anderes vollständig zu den Akten erhoben war, schon auf die vorläufige Anzeige des Landgerichts Pfaffenberg, daß an dem von der Denunciantin bezeichneten Orte ein weibliches Gerippe gefunden worden sei, wurde alsbald Riembauer provisorisch verhaftet und nach Landshut abgeführt.

Riembauer schien hierüber wenig befremdet und schon im Voraus darauf gefaßt zu sein. In seinem ersten summarischen Verhör, am 27. Oktober 1813, zeigte er sich auch keineswegs unwissend über die Ursache seines Verhaftes und fing, ohne andere Veranlassung als die vorschriftsmäßige allgemeine Frage, sogleich von der Anna Maria Eichstädter zu erzählen an: wie er als Cooperator zu Hirnheim mit dieser Person (jedoch in allen Ehren) bekannt geworden sei; wie sie ein besonderes Vertrauen zu ihm gefaßt, ihm 50 fl. von ihrem Ersparten aufzuheben gegeben und ihn gebeten habe, sie einst bei sich als Köchin aufzunehmen, was er ihr unter dem Beding zugesagt, wenn sie sich gut aufführen werde. Seit er von Hirnheim hinweggekommen, habe er nichts mehr von dieser Person gehört, außer seitdem er nach Pirkwang versetzt worden, wo sie ihn zweimal wegen Abschlagszahlungen von jenen 50 fl. mit Boten und Briefen beschickt habe. Im Sommer 1807, als er eben zu München beim Examen gewesen, sei diese Person selbst nach Lauterbach gekommen, um ihn aufzusuchen, bei welcher Gelegenheit sie der Frauenknecht'schen Familie, zu deren größtem Verdruß, erzählt, daß sie das Versprechen habe, bei ihm als Köchin aufgenommen zu werden.

»Es war nun,« erzählte Riembauer, »gerade an dem Tage, wo der Hr. von Harter beerdigt wurde, sohin (R. verrückt wohlweislich den entscheidenden Tag) den 3. 4. oder 5. November 1807 — ungefähr 8 Tage nach dem Tode des Thomasbauern — daß ich von Pirkwang, wo ich den Leichengottesdienst gehalten, nach Ober-Lauterbach in den Thomashof kam, den ich gekauft hatte. Es war schon fast Dämmerung. Ich ging sogleich auf mein Zimmer, fand die Thür offen, welche damals noch kein Schloß hatte und sah auf dem Boden eine Person liegen. Ich meinte, es wäre Jemand von den Hausleuten und rief daher laut: was ist das? was gibts? Ich erhielt aber keine Antwort, befühlte nun die auf dem Boden liegende Person und fand jetzt, zu meinem unaussprechlichen Schrecken, daß sie ohne Leben sei. Voll Entsetzen lief ich in die untere Stube, wo ich die Bäuerin Mutter mit ihrer Tochter Magdalena traf, welche sich an einander hielten und wie Espenlaub zitterten. Auf meine erste Frage: was ist da oben geschehen? ergriffen mich Mutter und Tochter, unter Weinen und Schreien, bei den Händen, und baten mich von allem zu schweigen. Dann erfuhr ich, zu meinem größten Erstaunen, daß die nämliche Weibsperson, Anna Maria Eichstädter, welche mich schon, während meines Aufenhaltes zu München, hatte besuchen wollen, diesen Nachmittag wieder in den

Thomashof gekommen sei und auf mein Zimmer verlangt habe; daß hier Mutter und Tochter mit derselben in einen Streit gerathen, welcher so weit geführt, daß, nachdem zuerst jene Weibsperson zugestochen oder habe zustechen wollen, Magdalena mein Rasirmesser ergriffen und jene in den Hals geschnitten habe. Die Ursache des zu solchem Ausbruche gediehenen erbitterten Streites soll gewesen sein, daß die Eichstädter geäußert: sie wolle Köchin bei mir werden, sie habe hierauf mein Versprechen erhalten und Mutter und Tochter Frauenknecht müßten jetzt aus dem Hause ziehen.«

»Später zündete ich mir ein Licht an und erkannte wirklich in der auf meinem Zimmer liegenden Person die Eichstädter.«

»Ich wollte nun sogleich aus dem Thomashofe fortgehen; ich könne, sagte ich den Frauenknecht'schen nach einem solchen Auftritte nicht mehr bei ihnen bleiben. Sie aber hielten mich mit beiden Händen, baten unter Weinen und Jammern um alles in der Welt, ich möge nur diesmal bleiben, sie wollten mir geben was ich verlange, und von dem (noch nicht bezahlten) Kaufschilling (für den Thomashof) so viel herablassen als ich wollte. Durch alles dieses ließ ich mich denn auch endlich halten, schaffte mein in dem obern Zimmer stehendes Bett in die Hausflur herab und übernachtete hier.«

»Des andern Morgens früh ging ich von Hause hinweg. Der Leichnam blieb indessen in meinem Zimmer. Als ich gegen Abend wieder auf meine Stube kam, sah ich hier die todte Eichstädter schon auf einer Misttrage liegen. Mutter und Tochter sagten mir: sie wollten sie in dem Seitenkämmerchen des Stadels vergraben. Ich erwiederte ihnen: sie möchten sie hinthun, wo sie wollten; ich könne ihnen nicht helfen.«

»Nachts zwischen 8 und 9 Uhr trugen nun Mutter und Tochter den Leichnam auf einer Misttrage in das Stadel-Kämmerchen und bedeckten ihn mit der hier umherliegenden, bereits ausgegrabenen Erde.«

»Des andern Morgens besah ich selbst den Platz und fand blos die lockere Erde über den Leichnam aufgeschüttet. Nachdem ich beide darauf aufmerksam gemacht und ihnen bemerkt hatte, daß wenn ein Mensch oder Thier in den Stadel komme, die Sache leicht entdeckt werden könne, nahmen sie Sand und Steinbrocken und überdeckten damit die Grabstätte.«

»Einige Nächte blieb ich noch in der Hausflur schlafen; nachdem aber mein Zimmer gereinigt worden war, nahm ich in demselben wieder mein voriges Nachtlager.«

Dies in der Hauptsache seine Erzählung, durch welche er glaublich zu machen suchte: er habe blos aus Mitleid mit den Thätern, deren Herz er ohnehin als Priester geleitet und weil das, von ihnen tief bereute, Verbrechen ohnehin nicht mehr ungeschehen habe gemacht werden können, — den ganzen entsetzlichen Vorfall, auf eigne Gefahr, in seinem priesterlichen Gewissen verwahrt.

Riembauer befolgte, wie man sieht, die große, hohe Politik der Verbrecher, welche, im Gegensatze der kleinen und gemeinen, die ohne Unterschied alles abläugnet, auf dem Grundsatze beruht: alle diejenigen Thatsachen, für welche Beweise vorhanden sind, zuvorkommend einzuräumen, dieselben aber, so gut als möglich, in solchen Zusammenhang zu bringen, daß sie als wahr angenommen werden können, ohne daß darum zugleich die Schuld des Bekennenden als wahr angenommen zu werden braucht. Nach dieser Methode begleitet Riembauer die gegen ihn vorgebrachte Anzeige, deren Inhalt er sich im Voraus denken konnte, beinahe Schritt für Schritt und erzählt, nur mit einigen dazwischen geworfenen Abweichungen, den ganzen Vorgang gerade so wie ihn Katharina erzählt hat; mit dem einzigen Hauptunterschiede daß er die Personen vertauscht, indem er seine verstorbene Magdalena und deren Mutter als die Verbrecher aufführt und dagegen die Rolle der Zuschauerin Katharina für sich übernimmt. Was Er gethan, hat er nur gesehen; was Magdalena und ihre Mutter von ihm verheimlichten, hat Er aus christlicher Liebe von ihnen verschwiegen.

Allein die Mordgeschichte im Thomashofe — welche nun doch mit allen Hauptumständen von dem Beschuldigten selbst zugestanden war — mußte, durch jene Umsetzung der Personen, aus einer blos romanenhaften Begebenheit zu einer handgreiflichen Albernheit werden. Wie ließ sich, um nur dieses zu erwähnen, von einer sanften, guthmüthigen, von Riembauer selbst so benannten, weiblichen Engelseele, eine solche That auch nur als möglich denken? wo waren die ungewöhnlichen Umstände, die außerordentlichen Veranlassungen und Antriebe, welche es nur einigermaßen begreiflich gemacht hätten, wie diese engelgute Magdalena sich auf einmal in eine mordsüchtige Megäre, das furchtsame ängstlich schüchterne Mädchen, wie sie ebenfalls geschildert wird, in ein kühnes, unerschrockenes Mannweib verwandelt habe? Die Eichstädter, von Körper groß, stark, breitschulterig, von kräftigem Muskelbau; Magdalena klein, mager, schmächtig und schwächlich: wer faßt die Möglichkeit, daß die Schwache der Starken die Gurgel abgeschnitten habe? man müßte es denn für denkbar halten, diese habe, ohne sich zu regen, ihrer Gegnerin willig den Hals dargeboten und so lange stille gehalten, bis diese mit ihrer Arbeit fertig geworden? Mit einem Rasirmesser — einer Waffe, nach welcher ohnehin schwerlich jemals eine Frauenhand gegriffen hat — läßt sich auch wohl im Streit und offenen Kampf — als von welchem Riembauer in seiner Erzählung spricht — der Gegner vielleicht hie und da verwunden; es gehört aber zu den fast unmöglichen Dingen, einem Menschen, welcher die Freiheit seiner Bewegungen hat und von dieser Freiheit zu offener Gegenwehr Gebrauch macht, die Gurgel damit zu durchschneiden.

Dadurch, daß Riembauer den Mord der Eichstädter ganz in der Art, wie er zur Anzeige gekommen war, in seiner ersten Vernehmung zugestand, die eigne Schuld aber nur durch Ausführung solcher Umstände von sich ablehnte, unter welchen jener zugestandene Mord gleichwohl nicht nur, aus mannigfaltigen Gründen, im allerhöchsten Grade unwahrscheinlich, sondern auch großentheils, nach allbekannter Erfahrung, ganz unmöglich war: dadurch hatte er nun selbst die gegen ihn erhobene Anschuldigung in allen ihren Hauptpunkten bestätigt und die Wahrheit derselben — zwar nicht bekannt — aber wenigstens indirekt eingeräumt.

Für das Bewußtsein seiner Schuld lieferte überdies noch, zu allem Überfluß, sein Benehmen als Gefangener die unzweideutigsten, zum Theil urkundlichen Beweise. Er begann sogleich an seinen Wächtern ein förmliches Bestechungs-System in Wirksamkeit zu setzen. An viele Personen seiner Bekanntschaft schrieb er weitläufige Briefe, in welchen er ihnen auf das umständlichste angab, wie sie, aufgefordert oder unaufgefordert, für ihn Zeugniß geben sollten, namentlich: daß und unter welchen Umständen die verstorbene Magdalena Frauenknecht sich selbst ihnen als Urheberin jenes Mordes entdeckt habe.* Seiner Beischläferin, Anna Weninger, schärft er überdies noch besonders ein, den grünen Regenschirm schleunigst auf die Seite zu schaffen. Einige dieser Briefe gelangten wirklich an ihre Addresse, wie der Brief an die Weninger, die wenigstens alles was an ihr war, obgleich ohne den gewünschten Erfolg, pünktlich that, um dem Auftrage ihres Herrn bestens zu genügen. Riembauer ging sogar in frecher Unbesonnenheit so weit, durch Bestechung den, wie wohl vergeblichen, Versuch zu machen, zur Einsicht der Untersuchungsakten, wenigstens zur genauen Kenntniß ihres Inhaltes zu gelangen.

Sobald aber der Gefangene aus dem Wechsel seiner Wächter und der Versetzung in ein anderes Gefängniß die Überzeugung geschöpft hatte, daß seine Streiche entdeckt, seine Briefe in die Hände des Untersuchungsrichters gefallen seien, glaubte er die Schlüsse, die aus diesem Benehmen gegen ihn gemacht werden möchten, dadurch zu entkräften, daß er zuvorkommend seinem Richter erklärte: er habe ihm eine Entdeckung zu machen; es sei ihm das Unglück begegnet, daß er aus Melancholie in vorübergehenden Wahnsinn verfallen sei, in welchem er, ohne Verstand und Willen, Briefe geschrieben habe, die vielleicht gerade so aussehen möchten, als wenn er seines Verstandes und

* In einem solchen Briefe an Pfarrer K. sucht er denselben zur Ausstellung jenes Zeugnisses durch folgende Gründe zu bewegen: »1) wegen unserer Bruderliebe, 2) wegen der guten Nandel (seiner Köchin), 3) wegen meiner Freunde, die um mich betrübt sind, 4) wegen der Geistlichkeit, auf die es einen Schatten wirft, 5) wegen der Gläubigen, die sich ärgern.«

Willens mächtig gewesen sei. Dabei bemühte er sich, seinem Richter, nach irgend eines Jesuiten Logik oder Metaphysik, den Unterschied zwischen einem menschlichen *sensus externus, internus* und *intimus* auseinander zu setzen und dann an jenen Bestechungen, Briefen u. s. w. zu zeigen, daß er damals zwar noch den *sensus externus* und *internus* beisammen gehabt, aber des *sensus intimus,* auf welchen alles ankomme, ganz und gar ermangelt habe.

Der Gehaltlosigkeit und Ungereimtheit seiner ersten Erzählung ungeachtet, blieb diese gleichwohl vier ganze Jahre hindurch das Thema, das er in nicht weniger als neunundneunzig Verhören — zahllose Gegenstellungen nicht mit eingerechnet — zwar in manchen einzelnen Absätzen variirte, im Ganzen aber immer wiederholte. Daß er der Mörder der Eichstädter nicht sei; daß diese nicht am 2., sondern am 3. November ermordet worden, daß es Magdalena Frauenknecht gewesen, welche, aus Eifersucht und Zorn, jener Person im Streit den Hals durchschnitten habe; daß ihm selbst hiebei nichts zur Last liege, als höchstens ein Irrthum des Verstandes, indem ihn seine Christenliebe und vermeintliche Priesterpflicht verleitet habe, die unmenschliche That der Magdalena zu verheimlichen: dieses blieben die stehenden Wahrheiten, von denen er nicht abgehen zu können versicherte, »wenn man ihm auch wie dem heiligen Bartholomäus die Haut über den Kopf ziehe, die er, wenn er auf dem Schaffot stehe, 1000 Teufel hinter ihm, mit seinem letzten Hauch noch in die Welt hinausrufen werde.« In den meisten Verhören zeigte er die ruhige Gelassenheit eines Dulders und pflegte die richterlichen Fragen mit süßem Lächeln zu beantworten. Sprach sich zuweilen das erheuchelte Gefühl schwer beleidigter Unschuld und Ehre, in heftigen Worten und Geberden aus: so stimmte er sich, in plötzlichem Absprunge, sogleich wieder zum milden Tone der Sanftmuth herab und bat in demüthiger Geschmeidigkeit um Verzeihung wegen seiner »Wärme«, die bei einem Menschen begreiflich sei, der die evidentesten Wahrheiten immer widersprochen sehe und einem »waffenlosen Schaf gleiche, das von bissigen Hunden angefallen werde.« Zuweilen versuchte er seinen Richter, wenn dieser scharf in ihn drang, durch angenommenen Kanzelton einzuschüchtern; zuweilen brach er über die unerhörten Lügen, »welche der Teufel gegen ihn erfunden«, in helles Gelächter aus; ein andermal zwang er sich zu einem greinenden Tone und weinerlichen Gesichte, das sich jedoch vergebens um Thränen abmühte. Alle Anstrengungen des Richters, den Verstand seines Inquisiten durch Vorhaltung der vielen Unwahrscheinlichkeiten und Ungereimtheiten des erzählten Mährchens zu überwältigen, wurden an dessen Unverschämtheit und dialektischen Künsten zu Schanden. Für jede Schwierigkeit hatte er ein Mittel in Bereitschaft; kein Widerspruch war so grell, für den er nicht irgend eine ausgleichende Hypothese schon vorräthig gehabt, kein Ding so unwahrscheinlich oder unmöglich, das er nicht, nach Lehrsätzen seiner Psychologie und Metaphysik, als sehr wahrscheinlich und leicht möglich vorzudemonstriren wenigstens versucht hätte. Hielt man ihm vor: wie es doch ganz unglaublich sei, daß Magdalena, die er selbst als ein durch Herzensgüte, Sanftmuth und Milde ausgezeichnetes Wesen schildere, eine solche Greuelthat solle begangen haben: so ließ er sich über die Macht der Eifersucht und des Zornes überhaupt und der Leidenschaftlichkeit des weiblichen Geschlechts insbesondere aus, vermöge welcher Magdalena in bloßer Übereilung, ohne recht zu wissen was sie thue, ohne Mitwirkung ihres eigentlichen Willens, solche That gar wohl habe begehen können. Machte man ihn auf die physische Unmöglichkeit der That, so wie sie von ihm angegeben worden, aufmerksam: so half er sich mit der Möglichkeit oder Wahrscheinlichkeit, daß die alte Mutter Frauenknecht ihrer Tochter Beistand möge geleistet haben, oder er zeigte, mit seiner gewöhnlichen lächelnden Miene, auf das anschaulichste an seinem eigenen Halse, indem er zugleich seine Halsbinde herabstreifte, wie die ganze Operation sehr leicht und schnell habe verrichtet werden können. Gegen den sehr starken Zweifel, wie unter jeder Voraussetzung, eine ungeübte schwache Mädchenhand mit einem Rasirmesser einen Menschenhals so tief zu durchschneiden im Stande sei, holte er aus dem Schatze seiner Metaphysik die Lehre von einem gewissen *motus primo primus,* welcher, so wie einmal das Messer nur angesetzt gewesen, sogleich in der Hand zu wirken angefangen und dieser eine mehr als gewöhnliche Kraft nach einer bestimmten Richtung hin verliehen habe. Daß er alles Denkbare, daß er Wahrheit und Lügen aufbot, um die Denunciantin Katharina verdächtig zu machen, und ihre Aussage wo möglich zu entkräften, versteht sich ohnehin. Aber auch die Aussage vieler Zeugen, zu deren Vernehmung schon sein erstes Verhör, noch mehr aber die folgenden häufig Veranlassung gegeben hatten und welche ihn bezüglich mehrerer, zwar nicht die That selbst betreffenden, doch mit ihr zusammenhängenden Umstände, der offenbaren Unwahrheit in sein Angesicht überführten, waren nur selten im Stande, ihn wankend zu machen, oder zur Zurücknahme einer Behauptung zu bewegen. Bei seiner Gegenstellung mit Zeugen, ließ er sich immer sehr deutlich merken, wie er wünsche, daß sie aussagen möchten und suchte sie durch Erregung des Mitleids oder der Gefühle der Ehrfurcht für seinen heiligen Stand zu gewinnen, oder durch angenommene Amtswürde und salbungsvollen Predigerton nieder zu werfen, oder durch treuherzig beredte Auseinandersetzung der vielen Möglichkeiten, wie ein Mensch, aus Gebrechlichkeit des Verstandes, Täuschung der Sinne, Schwäche und Untreue des Gedächnisses, offenbar Falsches mit dem besten Gewissen gleichwohl für wahr halten könne, — zu verwirren und in ihren Aussagen wankend zu machen. Waren diese Künste, wie immer, ihm nicht gelungen, so zieh er die Zeugen entweder des plumpen Irrthums oder der frechen Lüge, betheuerte in salbungsvollem Tone, bei allen Personen der Gottheit und bei allen Heiligen, daß er wahr gesprochen habe, oder rief, in heiligem Zorn über die menschliche Verruchtheit, alle Strafen des gerechten Himmels auf ihr Haupt herab. Als er einst über einen gewissen Punkt von den Zeugen sich bis zur Evidenz der Unwahrheit überführt erkennen mußte, rief er mit funkelnden Augen: *»quis contra torrentem?* Wenn 30000 Menschen da stehen und sagen, der Teufel sei weiß, so werde ich doch allezeit behaupten, der Teufel ist schwarz, so wie ich auch behaupten muß, daß u. s. w.« Zuweilen, doch höchst selten, besann er sich auch wohl eines andern und gestand zu, was er viele Monate lang, allen Beweisen zum Hohn, hartnäckig vertheidigt hatte; aber dann war es, nach seiner Versicherung, immer nur entweder ein aus Melancholie bewirkter Mangel an dem *sensus intimus,* oder eine unschuldige Verwirrung seiner Ideen, oder eine unwillkürliche, durch *associatio idearum* veranlaßte Täuschung, welche alle Schuld seiner früheren unwahren Aussagen trug, die nun aber auf der Stelle durch andere eben so unwahre Behauptungen ersetzt wurden. Unerschöpflich war seine Heuchelei in Formeln, wobei er gelegentlich den Glauben an seine Unschuld seinem Richter einzuschmeicheln versuchte. Er versicherte ihn treuherzig: »sein Gemüth gleiche einer Taube ohne Galle, und wünschte ihm nur einen Zauberspiegel, in welchem er die Reinheit seiner Seele zu lesen vermöge.« Von jeher habe er sich als der gutmüthigste Mensch erwiesen; wie möge man ihn solch einer Greuelthat verdächtig halten: *cum nemo repente fiat pessimus.* »Es schaudert mein Herz,« sagt er, »bei einer solchen Beschuldigung. Um zu begreifen, wie unwahrscheinlich sie ist, bitte ich nur einmal meinen priesterlichen Charakter zu erwägen. Ich habe ja gewußt 1) daß der Priester durch Mord sogleich *irregularis* werde, 2) *excommunicationem majorem ipso facto illatam incurrire,** 3) daß

* Unser Riembauer hat sein canonisches Recht auch in diesem Punkte vollkommen richtig inne. Aber nur um so gräßlicher erscheint dieser Mensch, der späterhin selbst seine Mordthat gestehen mußte. Seit dem 2. November 1807 war dieser Mord-Priester irregulär, d.h. unfähig, den empfangenen *ordo* auszuüben, irgend eine priesterliche Handlung zu verrichten, und er verrichtete sie gleichwohl. Van Espen Jus eccl. un. Tom. II. P. II. tit. 10. c. 1. und 7. Rieger instit. jurisprud. ecclesiasticae P. II. §. 125–144. Die Irregularität wegen Mordes kann selbst durch Beichte und Buße nicht gehoben werden und der Priester, der, seiner Irregularität sich bewußt, die Sakramente administrirt, macht sich einer Todsünde schuldig. Add. Silvestri ad van Espen 1. c. cap. 7. Nur durch päpstliche Dispensation kann diese Irregularität wieder gehoben werden, wobei jedoch ein katholischer Kirchenrechtslehrer (Pyrrhus Corradus) bemerkt: *»Pontifex in dispensationibus hujusmodi concedendis, non parnum difficilem se reddit; cum abominabile sit, quod effundens sanguinem humanum, offerat sanguinem Christi et hostiam immaculatam, vel officium Deo ad altaris ministerium praestet.«* Unser R. also welch ein Priester! welch ein Mensch: Es ist hiebei zu bemerken, daß er späterhin bekannte, seinen Mord keinem andern Priester gebeichtet, sondern, wie er heuchlerisch sich ausdrückt, die ganze Sache Gott allein anheim gestellt zu haben.

David die Todschuld des Urias theuer gebüßt habe und nicht mehr würdig gewesen sei, den Tempelbau zu beginnen. Wie wäre es nun möglich, daß ich Gott, Seele und Seligkeit, ewige und zeitliche Strafgerichte hintansetzend, mit Händen, die noch von unschuldigem Blute rauchten, in das Heiligthum des Herrn habe hineingreifen, die Geheimnisse der Religion habe ausspenden und mich so von Abgrund zu Abgrund stürzen können?!«

Da diesem verstockten Heuchler weder durch Ermahnungen, noch durch Gründe, noch durch Beweise beizukommen war; so versuchte es endlich der Untersuchungsrichter, durch die erregte Einbildungskraft einen Weg zu seinem Gemüthe zu finden. Schon hatte die Untersuchung zwei volle Jahre gedauert, und dieser geistliche Inquisit hatte bereits mehr als 80 Verhöre, im Ganzen erfolglos, bestanden, als der Untersuchungsrichter am Aller-Seelen-Tage 1815, mithin an eben dem Tage, an welchem vor acht Jahren der Mord war begangen worden, ein neues Verhör (das 88ste) anordnete. Dieses begann um 4 Uhr Nachmittags und war darauf berechnet, sowohl seinen Verstand durch die Masse der wider ihn stehenden Überzeugungsgründe von der Vergeblichkeit seines Läugnens zu überführen, als auch sein Gemüth durch Ermahnungen und Erinnerungen mächtiger als sonst anzuregen. Er aber blieb wie immer unbewegt. Und so war endlich 12 Uhr Mitternacht erschienen, als der Untersuchungsrichter, nachdem er ihm nochmals eindringlich zum Herzen gesprochen hatte, plötzlich ein Tuch aufhob, unter welchem ein Todtenkopf auf einem schwarzen Kissen lag. »Dieses da,« sprach der Untersuchungsrichter, »ist der Schädel der Anna Maria Eichstädter, noch deutlich kennbar an beiden Kiefern voll der schönsten Zähne.« Riembauer erhob sich augenblicklich von seinem Stuhle, riß weit seine großen Augen auf, starrte den Richter an, lächelte dann wie gewöhnlich, trat rasch ungefähr drei Schritte weit auf die Seite, um nicht dem Schädel gleichsam in die drohenden Augenhöhlen sehen zu müssen, faßte sich aber bald wieder und sprach, zweimal von der Seite her auf denselben hindeutend: »Mein Gewissen ist ruhig! dieser Todtenkopf hier, könnte er reden, er würde sagen: Riembauer ist mein Freund, er war nicht mein Mörder! — — Ich fühle mich — ich brauche nicht Luft zu schöpfen; aber das schmerzt mich, daß ich so sehr ausgesetzt werde, daß mir so viel zu Last gelegt werden will. — — Morgen (R. verlegte auch jetzt noch den Mordtag auf den 3. November) jährt es sich, wo ich, von Pirkwang zurückkehrend, wie diesen Todtenkopf hier, so damals den ganzen Körper todt auf meinem Zimmer liegend fand — Als Staatsbürger bedarf ich immer der Gnade Seiner Majestät, aber als Verbrecher bedarf ich derselben nicht.« Nach Verlesung und Unterzeichnung des Protokolls, führte ihn der Untersuchungsrichter nochmals zu dem Schädel und hielt ihm denselben mit Ermahnungen vor die Augen. Inquisit verrieth zwar innern Kampf bei diesem Anblicke; blieb aber fortwährend bei seinem heuchlerischen Lächeln, und sagte auch jetzt wieder in feierlichem Tone zu dem Schädel: »o! wenn du sprechen könntest, so würdest du meine Wahrheit bestätigen!«

Zweimal (am 29. April 1815 und 6. März 1816) wurden die Akten dem Appellationsgerichte zum Spruche eingesendet; eben so oft gingen sie zur Ergänzung wieder zurück, ohne in der Hauptsache ein entsprechendes Ergebniß zu liefern. Endlich wurden sie, nachdem sie zu einer Masse von 42 Foliobänden aufgeschwollen waren, am 21. Oktober 1816 von neuem zum Spruche eingesendet; und im folgenden Jahre, am 1. Oktober 1817 wurde mit Erstattung des Hauptvortrags der Anfang gemacht. Dieser Vortrag hatte bereits die achte Sitzung beschäftigt, als am 14. Oktober die Fortsetzung desselben durch einen Bericht des Landgerichts Landshut unterbrochen wurde, welchem das Protokoll eines von dem Inquisiten selbst erbetenen Verhörs vom 13. Oktober beigefügt war. In diesem erklärte er: »Er habe tiefer nachgedacht, auch den heiligen Geist um volle Erinnerung angebetet und da sei es ihm immerfort klarer geworden, daß er sich in einer seiner früheren Aussagen geirrt.« Er nahm nun den seit 4 Jahren behaupteten Satz: daß die Eichstädter von Magdalena Frauenknecht ermordet worden sei, in der Art wieder zurück, daß er behauptete: eines Tages von Frau W. gehört zu haben, eine gewisse Katharina Schmid habe dieser gesagt, es sei ihr von Magdalena Frauenknecht erzählt worden: nicht sie, sondern ganz allein ihre Mutter habe die Eichstädter ermordet. Diese durchaus neue Wendung veranlaßte den Gerichtshof, den Vortrag auszusetzen und weitere Vernehmungen anzuordnen.

Am 20. November desselben Jahres wurde zu Landshut ein Jude, Namens Lammfromm,* wegen Mordes hingerichtet. Riembauer sah ihn von seinem Gefängnisse aus zum Tode führen und wurde von der Standhaftigkeit, Ruhe und Heiterkeit, womit dieser Mensch seinem blutigen Ende entgegen ging, seltsam betroffen. Als er bald nachher seine Verwunderung darüber äußerte: wie doch dieser Mörder, noch dazu blos ein Jude, zu solcher Freudigkeit im Sterben gekommen sei? berichtete man ihm — wie es sich auch wirklich verhielt —: Lammfromm sei erst von dem Augenblicke an, wo er durch aufrichtiges Geständniß sich mit seinem Gewissen ausgesöhnt, in solche beseligende Gemüthsstimmung versetzt worden, welche ihn seit dem bis in seinen Tod nicht mehr verlassen habe. — Von nun an wurde unser christlicher Priester unruhiger, ängstlicher als je, aß und trank wenig und ließ endlich am 26. durch den Gefangenwärter um ein Verhör bitten, »weil er glaube, an einer bedeutenden Gewissenskrankheit zu leiden, die ihm vielleicht eine aufrichtige Beichte entfernen könne.« In diesem Verhöre (es war das 100te) fiel er sogleich auf die Kniee, bat um die Beendigung seines Prozesses, sprach dann von Lebenssattheit, erzählte von allerhand Phantasmen, — wie er zuweilen vor seinem Gefängnisse von bekannten und unbekannten Personen Besuche erhalte, wie er schon seit drei Nächten, nach dem Ave-Maria-Läuten, eine dumpfe schauerliche Trauertrommel höre und dergleichen. — Allein die aufrichtige Beichte wollte noch nicht sogleich über seine Lippen. Als ihm der Untersuchungsrichter bemerkte: er habe die Ursache seiner Gemüthszerrüttung blos in seiner eigenen Schuld zu suchen, — erwiederte er: »nur die schlaflosen Nächte seien Ursache seiner Ermattung; die Geschichte selbst habe er erzählt,

* Seltsames Namenspiel!

wie er sie wisse und wie sie sei.« — Nochmals durchging der Untersuchungsrichter mit ihm alle Unwahrheiten, Unwahrscheinlichkeiten, Ungereimtheiten und Widersprüche in seinen Angaben, hielt ihm sein höchst auffallendes, kleinlautes, verwirrtes Benehmen vor und schloß mit der Bemerkung: sein Gefühl scheine tief ergriffen, er möge doch, durch ein freimüthiges Geständniß der Wahrheit, endlich einmal leichtern Athem zu gewinnen suchen. — Nun erst brach Inquisit in die Worte aus: »Ja! ich fühle mich im Innersten ergriffen, fühle, daß meine Gesundheit sich mit jedem Tage verschlimmert und Sie, Herr Commissär, haben recht, wenn Sie sagen, daß ich nichts besseres thun kann, als ein reumüthiges Geständniß abzulegen. Bevor ich aber zu diesem entscheidenden Punkte übergehe, bitte ich vor allem um den Schutz der allerhöchsten Regierung für meine unschuldigen Kinder und für meine letzte Köchin Anna Weninger.* — Und nun vernehmen Sie mein aufrichtiges Geständniß: die Katharina hat in vielen Punkten die Unwahrheit gesprochen aber in der Hauptsache doch die Wahrheit; denn ich bin es, der die Anna Eichstädter um das Leben gebracht hat.«

Die Geschichte des Verbrechens, wie sie von dem Inquisiten selbst bekannt und in noch 13 Verhören theils wiederholt, theils berichtigt und ergänzt wurde, ist folgende:

Seitdem die Eichstädter, während Riembauers Abwesenheit, in dem Thomashofe einen Besuch gemacht, sich eigenmächtig auf sein Zimmer gedrängt, dann mit Mahn- und Drohbriefen ihn belästigt, endlich nach seiner letzten Zusammenkunft mit ihr, auf dem Wege von Regensburg nach Kumpfmühl, mit ihrem zudringlichen Begehren, schon jetzt als seine Köchin aufgenommen zu werden, ihn bestürmt und beängstigt hatte, — ging in ihm mehr und mehr die Besorgniß auf, daß er durch die leidenschaftlich unbesonnene Zudringlichkeit dieser Person in die Gefahr gesetzt sei, vor aller Welt entlarvt, durch öffentlichen Skandal um Ehre und guten Namen gebracht, von seinen Vorgesetzten als ein Unwürdiger erkannt und dadurch zum wenigsten

* Er machte jetzt eine Art letztwilliger Verfügung.

der Aussicht auf jede Beförderung beraubt zu werden. »Bei meiner Zusammenkunft mit der Eichstädter zu Regensburg,« sagt R., »erklärte sie mir, daß sie mich nicht lassen könne und durchaus zu mir wolle. Ich stellte ihr alles mögliche vor, indem ich ihr bemerkte, daß ich sie unmöglich jemals zu mir nehmen könne. Aber sie ließ nicht nach. Meine Ehre, mein Stand, mein öffentlicher Kredit, alles was mir heilig und theuer sein mußte, war durch die Ankunft der Eichstädter in Ober-Lauterbach bedroht. Ich dachte nun: was thust du, wenn sie dennoch kommt? da fiel mir der Grundsatz des Pater Benedikt Stattler in dessen *Ethica Christiana** ein, nach welchem es erlaubt ist, einem

* Die Cardinalstellen, aus welchen Riembauer sein *dictamen practicum* ableitete, sind die §§. 1889, 1891, und 1893 dieser 1789 erschienenen, von scholastisch-casuistischem Wuste strotzenden, bis zu VI dicken Bänden aufgeschwollenen, wahrhaft antichristlichen *Ethica Christiana* dieses ehemaligen P. S. J. In den angeführten §§. wird es allerdings einem Christen erlaubt, einer *»contumelia gravis certo provisa, aut perquam dolore molesta, aut magnopere ignominiosa«*, desgleichen nach §. 1893 einer *»calumnia«* durch Tödtung des *»injusti agressoris«*, oder *»injusti calumniatoris«* zuvor zu kommen. Da nun blos bevorstehende Diffamationen, Ehrenkränkungen, Verläumdungen in der Regel den offenen gegenwärtigen Angriff auf die Person des Andern geradezu ausschließen, so erlaubt diese christliche Moral ganz unbezweifelt, denjenigen, von dem man auch nur einen heimlichen Angriff auf seine Ehre gewiß voraussieht, durch heimlichen Mord zuvorkommend aus dem Wege zu räumen. Daß diesem wirklich so sei, ergibt noch zu allem Überfluß ganz deutlich der §. 1893, nach welchem man bei einer bevorstehenden Verläumdung seinen Feind, unter andern, nur dann aus dem Wege räumen darf: *»si non ipsa occisione injusti calumniatoris tantundem periculi infamiae incurramus, quantum vitare declinatione calumniae intendimus.«* — Denn: *»si tantundem periculi nobis ex occisione calumniatoris immineat, profecto utile remedium occisio esse non potest, ac proinde nec licitum.«* Das heißt doch wohl deutlich gesagt: die Tödtung darf nur dann geschehen, wenn sie heimlich und sicher geschehen kann. Denn wird die Tödtung bekannt, so muß ja derjenige, der nach dieser Christenmoral getödtet hat, nach bürgerlichen Gesetzen zum Schaffot oder mindestens zum Zuchthause verurtheilt werden. Daß überhaupt nichts so schändlich und gräulich ist, wofür nicht in P. Stattler's christlicher Ethik die Rechtfertigung zu finden wäre, zeigt sogleich wieder der folgende §. 1894, nach welchem es erlaubt wird, eine Verläumdung durch Gegenverläumdung, sogar durch falsche Anklagen, unschädlich zu machen: *»Licet certam gravem calumniam, quae nullo alio remedio, hoc uno autem certo et efficatiter, depelli potest, enervare imponendo calumniatori falsum crimen praecise tale, nec majus quam necesse sit, et sufficiat ad elidendam calumniatoris auctoritatem ac fidem, et famam propriam defendendam!«* Daß ein Priester, wie Riembauer, der sich in diese Christenmoral tief einstudirt hat, die Frage: ob seine Eichstädter denn auch zu den *injustis aggressoribus* zu rechnen sei? ganz bequem seinem Vor-

Andern das Leben zu nehmen, wenn man seine eigene Ehre und seinen guten Ruf nicht anders zu retten vermag; denn die Ehre ist noch ein höheres Gut als das Leben und gegen denjenigen, der unsere Ehre angreift, muß uns gleiches Recht der Nothwehr zustehen, wie gegen einen Räuber. Ich dachte nun über diesen Grundsatz nach, welchen auch früher der Professor St. uns jungen Geistlichen in seinen Lektionen explicirt hatte, fand ihn ganz auf mein Verhältniß passend und machte mir ein *dictamen practicum* daraus. Meine Ehre, dachte ich mir, geht durch diese böse Person, wenn sie nach Lauterbach kommt und ihre Drohungen wahr macht, verloren; ich werde vom Consistorium amovirt; mein Vermögen ist in dem nämlichen Augenblicke auch verloren; ich bin verrufen in der Diöcese. Obgleich ich indessen schon damals (seit dem Auftritte bei Kumpfmühl bis zur Ankunft der Eichstädter am 2. November 1807) über jenen Stattler'schen Grundsatz nachdachte und ihn auf meine Lage anwendbar fand, so war doch alles nur noch Idee und ich dachte noch nicht auf die Art und Weise der Ausführung.«

So war der November 1807 erschienen. Riembauer hatte der Eichstädter 36 fl. als Kostgeld für ihr Kind vorauszubezahlen. Der Zahlungstermin war aber schon vorüber; und R., der sich damals in Geldverlegenheit befand, den Handwerksleuten ihren Lohn schuldig bleiben mußte, sogar irgendwo einige Gulden zu borgen sich genöthigt gesehen hatte, befand sich außer Stand, seine Gläubigerin bei Zeiten zu befriedigen. Er mußte jetzt, wie er sagt, jeden Augenblick erwarten, daß sie entweder selbst nach Lauterbach komme, oder einen Boten schicke, um das Geld abzuholen.

Es war am Aller-Seelen-Tag (2. November), als R. gegen Abend in Begleitung der Magdalena Frauenknecht mit Rüben vom Felde nach Hause fuhr und sobald er in dem Thomashofe angekommen war, eine Weibsperson, die er,

theile gemäß beantworten durfte, ist wohl klar. Übrigens ist P. Stattler's Buch *cum permissu superiorum* gedruckt und dient noch jetzt an vielen Orten als beliebtes Handbuch einem guten Theile der jungen und alten Geistlichkeit! Auch für solche Bücher hatten die Sorbonne und das Parlament einen Henker und einen Scheiterhaufen.

zu seinem größten Schrecken, für die Eichstädter erkannte, in das Wohngebäude hineingehen sah.

Er traf sie in der Stube und führte sie, nach einer kurzen Unterredung, mit sich die Treppe hinauf. »Ich wollte sie anfangs auf dem oberen Boden verstecken, damit Magdalena sie nicht zu Gesicht bekomme. Aber es war schon zu finster und ich kehrte mitten auf dem Wege um. Ich muß gestehen, daß ich damals für einen Augenblick die Absicht hatte, sie über die Stufen der Treppe hinabzuwerfen. Allein ich weiß selbst heute noch nicht, warum es nicht geschah. Ich war voll Schrecken und vielleicht mag ich mir gedacht haben, sie könne sich durch den Fall nur etwas zerbrechen; und dann wäre das Übel noch ärger.«

Als er mit ihr auf sein Zimmer gekommen war, soll ihm die Eichstädter erklärt haben, sie sei jetzt hier, um ein für allemal zu erfahren, woran sie sei; er solle sie als seine Köchin zu sich nehmen und die Magdalena entfernen. Inquisit erzählt nun umständlich, wie er sie zu beruhigen gesucht, ihr seine Verhältnisse zu den Frauenknecht'schen und die Unmöglichkeit der Gewährung ihres Verlangens vorgestellt, sie aber durchaus nicht sich zufrieden gegeben habe.

Nun verließ er sie eine Weile, unter dem Vorwande, Bier für sie herbeiholen zu lassen, ging in die untere Stube (wo, wie er gegen allen Zusammenhang behauptet, die Magdalena ihn zur Ermordung der Eichstädter aufgefordert haben soll), nahm ein Brodmesser und sein Rasirmesser zu sich und ging damit wieder zur Eichstädter hinauf. Hier, sagt Riembauer, habe nun die E. von neuem zu toben angefangen und ihr Begehren mit der Drohung wiederholt, daß sie im Weigerungsfalle ihn bei der Ortsobrigkeit und bei seinem Consistorium verklagen und überall sagen wolle, was er für ein Mensch sei. In dieser fürchterlichen Lage sei ihm von neuem der Pater Stattler'sche Grundsatz eingefallen.* Zu-

* Eine vollständig zusammenhängende Erzählung der Mordhandlung selbst nach ihrem ganzen Verlaufe ist aus Riembauers Verhören schwer zusammen zu finden. Er sucht geflissentlich einzelne Momente durch einander zu werfen, um dadurch das Gräßlichste zu verstecken. Allen Umständen nach, hat er, als er wieder auf sein Zimmer gekommen war, die Eichstädter durch süße Worte zu versöhnen gesucht, sich ihr dann schmeichelnd genaht, dieselbe hierauf unter

erst habe er daher das Brodmesser ergriffen, mit diesem auf die rechte Seite ihres Halses zugestoßen, aber zu großen Widerstand empfunden und das Messer, weil es zu stumpf gewesen, wieder fallen lassen. Hierauf habe er ihr, die sich zu wehren gesucht, während er sie von hinten bei dem Halse festgehalten, unversehens auf den Kopf geschlagen, die Finger in den Mund gesteckt und sie zu erdrosseln versucht. Während dem habe er ihr zugerufen: sie möge Reue und Leid machen, denn sie müsse sterben; worauf sie ihn flehentlich um ihr Leben gebeten. Und nun »nahm ich das Rasirmesser aus der Tasche, brachte, die Eichstädter rücklings umarmend, mit der rechten Hand die Schneide an ihren Hals und half mit der linken Hand das Messer mit der Fingerspitze in die Gurgel eindrücken. Ich merkte gleich an ihrem Schluchzen, daß ich einen starken Einschnitt gemacht habe und ließ das Messer fallen. Sie stand noch zwischen 3 und 4 Minuten ganz frei und ich sprach während diesem zu ihr: Mariandel! ich bitte dich und Gott um Verzeihung deiner Sünden und ich gebe dir die Absolution. — Ich gab ihr solche auch in diesem *casu necessitatis*. Jetzt fing sie zu sinken an, als wenn ihr die Kniee brechen wollten; ich nahm sie rücklings unter die beiden Arme und ließ sie sanft auf den Boden nieder, damit sie nicht falle. Auf dem Boden liegend sprach ich ihr noch ein Paar Minuten geistliche Trostgründe zu und sie fing mit ihren Füßen zu zappeln an, bis ihre letzten Lebensgeister entflohen waren.«

Nachdem er von dem Morde in das untere Zimmer zu den Frauenknecht'schen gekommen war, denen er das Schweigen befahl und wo er später seine blutigen Hände wusch, hörte er auf einmal wieder in der oberen Stube ein Zappeln und Trampeln. »Eines von den Frauenknecht'schen,« erzählt Inquisit weiter, »rief: ›Jesus Maria: die wird wieder lebendig!‹ — Hierauf eilte ich denn, in fortgesetztem boshaftem Willen, die Treppe hinauf mit dem festen Entschlusse, die Eichstädter keineswegs mehr lebendig werden

dem Schein, als wolle er sie zärtlich küssen, von hinten beim Halse ergriffen und nun das Mordgeschäft begonnen. Auch ist gar nicht zu zweifeln, daß die Eichstädter, während sie auf dem Stuhle saß, nicht nur zuerst angefallen, sondern auch in den Hals geschnitten wurde.

zu lassen, weil sich die Folgen ihres Fortlebens nach dieser Katastrophe mir noch schrecklicher darstellen mußten. Und so ging ich nochmals über die Eichstädter und drehte ihr ihre Halsbinde enger zusammen, theils um ihren Tod zu befördern, theils aber auch ihre Leiden abzukürzen. Ob sie sich aber dort noch bewegte, kann ich nicht bestimmen.«

Im fortwährenden Widerspruche gegen Katharinens Aussagen behauptet er: daß der Leichnam nicht in derselben Nacht, sondern, nachdem er den ganzen folgenden Tag auf seinem Zimmer gelegen, erst in der Nacht vom 3. auf den 4. November, in dem Seitenkämmerchen des Stadels begraben worden sei; und daß zwar er selbst das Loch gegraben, aber Magdalena Frauenknecht und ihre Mutter ihm geholfen haben, den Körper auf einer Misttrage von dem obern Zimmer bis in den Stadel zu tragen* und hier zu beerdigen. Über diese Begräbnißscene müssen wir noch einige Merkwürdigkeiten aus Riembauers eignem Munde hören; »das von mir für den Leichnam gegrabene Loch schien zu kurz und zu seicht, weßhalb der Kopf und die Arme, welche in einer bittenden Stellung steif geworden waren, noch weit aus der Bedeckung mit Sand hervorragten. Ich trat daher auf den Kopf und auf die Mitte des Leichnams mit beiden Füßen und ging mit aller Gewalt meines Körpers auf demselben umher, wobei ich im Leib der Todten ein Knurren vernahm. Und nun bedeckte ich ihn noch mit Sand. — Erst einige Zeit nachher warf ich auch noch von einem Graben Ziegelbrocken über das Loch. Vermuthlich geschah dieses, nachdem einer meiner Drescher, welcher in das Kämmerchen gegangen war, sich an die noch hervorragenden Hände gestoßen hatte. Auch ich hatte schon mit meinen Füßen daran gestoßen. Im Frühjahr trug ich mit Magdalena den von dem Bausand zurück-

* Was sich übrigens mit Katharinens Aussage gar wohl vereinigen läßt. Denn diese war allein im untern Zimmer geblieben, sah nur einmal durch die Thüre, als der Leichnam über die Treppe herabgeschleppt wurde, fuhr dann voll Entsetzen wieder zurück und sagt selbst, daß sie nicht gesehen, wie der Leichnam in den Stadel gebracht worden sei. Leicht möglich ist es daher, daß sie bei ihrem kurzen Hinaussehen, wenn z.B. Magdalena und ihre Mutter auf einer höhern Treppe hinter der Trage standen, nur den vorangehenden Riembauer gesehen hat.

gebliebenen groben Rest in die Kammer, wodurch die Grube eingeebnet wurde.«

Schließlich gesteht er, daß bei dem Herabtragen der todten Eichstädter einer ihrer Schuhe herabgefallen sei, den er zerhackt und auf den Düngerhaufen geworfen habe; daß er sich die silberne Florschnalle der Ermordeten, ihren Geldbeutel mit ungefähr 2 fl., so wie den dem Pfarrer O. gehörenden Regenschirm zugeeignet und die Blutflecken theils durch Aufwaschen mit warmem Wasser, theils durch Abhobeln der Bretter zu vertilgen gesucht habe.

»Sonst weiß ich,« fährt er in einem seiner Verhöre fort, »über die traurige Geschichte nichts mehr auszuführen, als meinen Jammer und mein stilles Leid und daß ich öfters für die Eichstädter Messen applicirt* habe.«

Selbst, nachdem er die That mit allen Hauptumständen eingestanden hatte, zeigte er keine eigentliche Reue; vielmehr suchte er alle Künste jesuitischer Dialektik hervor, um seinen Mord bald zu rechtfertigen, bald zu entschuldigen. Einmal versuchte er zu behaupten: »seine Hände seien durch Schrecken, Furcht und Fassungslosigkeit regiert worden und auf diese Art sei der Einschnitt geschehen, ohne daß (was man ihm allerdings glauben wird) die Vernunft dabei eine Stimme gehabt habe.« Als ihm hierauf bemerkt wurde: daß das Vorgeben eines willenlosen Handelns mit seinem Entschuldigungsgrunde, nach einem Stattler'schen Grundsatze gehandelt zu haben, in offenbarem Widerspruche stehe, — erwiederte er: »der Stattler'sche Grundsatz schläferte meine Vernunft ein und die Schrecken und das Zusammendrängen aller Ansichten der Gegenwart und Zukunft und der innerliche Schauer, von diesem Grundsatze Gebrauch machen zu müssen, erlauben mir anzunehmen, daß alle weiteren Handlungen aus bloßem Mechanismus geschehen sind. — Anfangs war freilich meine Vernunft vollkommen dabei; aber sie ließ nach, wie der Stattler'sche Grundsatz die Oberhand gewann, und nun Schrek-

* Diese Redensart zeigt klar genug, welche würdige Vorstellung dieser Priester mit dieser seiner Kirche so heiligen Handlung verband. Er spricht davon nicht anders, als wie der Handwerker von seiner Hände Arbeit, oder vielmehr wie ein Bader von angelegten Senfpflastern oder einem angewendeten *lavement*.

ken und Furcht und die Aussicht in die Zukunft dazwischen traten.« — Ein andermal macht er von dem bekannten trefflichen Lehrsatze der Jesuiten-Moral, nach welchem das Mittel durch den Zweck geheiligt wird, auf sich selbst eine umständliche Nutzanwendung, indem er zu zeigen sucht, daß er nur zu edlen und guten Zwecken gehandelt habe, folglich seine That unmöglich ein Verbrechen sein könne! »Ich hatte keine andere Absicht, als den öffentlichen Skandal zu verhüten, den vielen Sünden und Übeln vorzubeugen, welche aus dem Ärgernisse des Volkes hätten entstehen müssen, die Achtung gegen meinen ehrwürdigen Stand, die Ehre des Klerus aufrecht zu erhalten. Hätte ich bei dem Volke nicht in so hohem Ansehen gestanden, so hätte ich mir eine Diffamation eher gefallen lassen können. So aber konnte ich voraussehen, daß die Entdeckung meiner Gebrechen eine Menge Übel zur Folge haben werde. Nun würden sich die Menschen mancherlei Sünden erlaubt, — Manche würden nicht mehr an Gott geglaubt, Andere dieses und jenes nicht mehr für so hoch und heilig geachtet haben. Da ich nun diese meine Absicht auf keine andere Weise, als durch Hinwegräumung der Eichstädter zu erreichen wußte, so räumte ich sie hinweg; diese Hinwegräumung war nur das Mittel zur Erreichung meines guten Endzwecks. Ich kann daher unmöglich glauben, daß meine Absicht ein Verbrechen sei, indem ich nur meinen öffentlichen Kredit, so wie die Achtung des Klerus zu erhalten und das öffentliche Skandal zu vermeiden suchte.« Riembauer, der nun solhergestalt blos *ad majorem Dei gloriam* gemordet zu haben versichert, hat auch, wie er mehrmals wiederholt, nicht um seinetwillen, sondern blos um öffentliches Ärgerniß zu verhüten und die Ehre des Klerus in seiner Person aufrecht zu erhalten, folglich ebenfalls nur *ad majorem Dei gloriam*, 4 Jahre lang sein Verbrechen geläugnet. »Nur deswegen,« sagte er, »schmachtete ich so viele Jahre im Kerker und gestand mein Verbrechen nicht. Nachdem ich es aber als eine Bestimmung Gottes einsehen gelernt habe, daß meine That von mir selbst entdeckt werden solle, so gestand ich sie rein.« Diese mit Jesuiten-Moral geschminkte Lasterseele ist bis auf ihren Kern so voll sittlicher Fäulniß, daß sie sogar ihre Verstellungskunst und Heuchelei als ein von dem Staate zu berücksichtigendes Verdienst ganz naiv anzurühmen, nicht das mindeste Bedenken findet. »Meinen Lebenswandel,« sagt unter andern Tartüffe Riembauer, »habe ich rein gestanden; ich glaube aber auch deswegen Schonung zu verdienen, weil ich meine Handlung so einrichtete, daß sie kein öffentliches Ärgerniß gaben.«

Hinsichtlich der dem Pfarrer Riembauer angeschuldigten Vergiftung der Magdalena Frauenknecht und ihrer Mutter, war wohl so viel gewiß, daß beide im Juni 1809 plötzlich erkrankten und nach einem kurzen Krankenlager, die Tochter nach drei, die Mutter nach acht Tagen, angeblich am Nervenfieber, starben. Daß Riembauer keinen ordentlichen Arzt, sondern nur einen benachbarten, ganz unwissenden Quacksalber zu diesen Kranken berufen und der Magdalena Fr. selbst Arznei gereicht hat, ist ebenfalls gewiß. Allein nähere Anzeigen einer Vergiftung konnten nicht erhoben werden. Die Todtenfrau wollte an den Leichen blos die gewöhnlichen Todtenflecken bemerkt haben. Zwar wurden auch bereits am 17. Dezember 1813 auf dem Kirchhofe zu Priel, mit Zuziehung ausgezeichneter Sachverständigen, die beiden Leichen ausgegraben und es zeigten sich sogar an denselben einige auffallende Erscheinungen. So fand man z. B. das Gehirn der Magdalena Fr. blos eingeschrumpft und beinahe so wohl erhalten, wie an einer frischen Leiche; auch war das Muskelfleisch in der Bauchhöhle in eine zähe, bastartige noch faserige Masse, wie an einer Mumie, verschrumpft.* Allein mittelst chemischer Untersuchung des kleinen Restes der Eingeweide war keine Spur von Gift aufzufinden. Und, obgleich Hofrath W. jene, besonders an Magdalenens Leiche beobachteten, äußeren Erscheinungen einigermaßen für bedenklich hielt, so lautet doch das Ergebniß seines Gutachtens dahin: daß beide Personen höchstwahrscheinlich nicht an Gift, sondern (gemäß ihrer Krankheitsgeschichte) bei dem Mangel an gehöriger Pflege und Wartung, so wie hinreichender ärztlicher Hülfe, an ihren auf andere Art sich zugezogenen Krankheiten gestorben seien. Entscheidender noch sprach sich das

* S. S. 12f. dieses Werkes.

Medicinal-Collegium aus, indem es erklärte: daß beide Personen, wie die während ihrer Krankheit beobachteten Erscheinungen zeigten, eines natürlichen Todes, und zwar am Nervenfieber gestorben seien, welches damals in der ganzen Donaugegend geherrscht, woran zu derselben Zeit 15 Personen in der Pfarrgemeinde Priel krank gelegen und womit Magdalena und ihre Mutter wahrscheinlich von einem kranken österreichischen Soldaten angesteckt worden, der aus Mitleid in den Pfarrhof aufgenommen und von Magdalena verpflegt worden war. Riembauer selbst läugnet übrigens jede Schuld an dem Tode dieser Personen.

Noch erstreckte sich die Untersuchung über manche andere Gegenstände, unter andern über die betrügliche Verfertigung eines Hinterlegungsscheins im Betrage von 635 fl., dessen Inquisit in hohem Grade verdächtig, wenn gleich nicht geständig ist. — Dagegen bekannte er mit zuvorkommender Bereitwilligkeit, blos um dem Richter, wie er sich ausdrückt, einen Beweis seiner Aufrichtigkeit zu geben, daß er zu Hofkirchen, als er seine damalige Geliebte, Maria H., für schwanger gehalten, sich eine Arznei verschafft habe, in der Absicht, derselben die Frucht abzutreiben. Desgleichen bekannte er unaufgefordert, seiner letzten Köchin Anna Weninger, (welche dieses jedoch nicht zugesteht) in gleicher Absicht, einen Aufguß von Blättern des Sabenbaums und zwar mit Erfolg, wie er glaubt, zu trinken gegeben zu haben; wobei er ihr Gewissen durch die Erinnerung beruhigt, daß (nach den Bestimmungen des canonischen Rechts) in den ersten Monaten der Schwangerschaft noch kein *foetus animatus* vorhanden sei. — Blos um seine Aufrichtigkeit zu beweisen und nun nebenbei den Satz zu erläutern, daß Gedankensünden keine Verbrechen seien, erzählte er, im 107. Verhöre, daß, nachdem ihm einst der Wirth zu Grafentraubach auf sein Begehren ein Darlehn verweigert, ihm beim Fortgehen, als er schon mitten im Dorfe gewesen und er sich noch einmal umgesehen, der Gedanke gekommen sei, jenem Wirthe sein Haus wegzubrennen. — In gleicher Absicht und mit gleicher Unbefangenheit, erzählte er im 109. Verhöre von seinem, schon oben erwähnten, jugendlichen Einfalle, einen andern Knaben zu tödten und zu berauben. Im 112. gibt er noch den Umstand zum Besten, daß er einmal, um einen ihm verhaßten Menschen aus der Welt zu schaffen, seine Gebete zu Gott auf dessen Tod gerichtet habe, worauf derselbe, wahrscheinlich durch die Macht jenes Gebetes, auch wirklich gestorben sei.

Unter allen dem Inquisiten entweder nur angeschuldigten, oder von ihm selbst bekannten strafbaren und schlechten Handlungen, blieb allein der zu Lauterbach an Maria Eichstädter begangene Mord als Hauptgegenstand richterlicher Entscheidung übrig.

So lange Riembauer nicht gestanden hatte, mußte, nächst der Versuchung, sein Geständniß zu bewirken, die ganze Stärke der Untersuchung auf die Ausmittlung und den Beweis von Anzeigungen gerichtet sein, um, wo möglich, auf diesem Wege entweder einen zusammengesetzten Beweis, oder einen vollständigen Beweis aus zusammenhängenden Anzeigungen gegen ihn zu begründen. Dadurch wurde denn die Untersuchung auf so vielen Um- und Nebenwegen umhergeführt, welche hauptsächlich die ungewöhnliche Dauer dieses Prozesses und jene erstaunliche Aktenmasse zur Folge gehabt, so wie den Vortrag bei dem Appellationsgerichte erschwert und diese Sache in Hinsicht auf Thatsachen und Rechtspunkte theils verwickelt, theils in das Breite gedehnt haben. In diesem Stadium des Prozesses hatte aber der Vertheidiger um so freiere Bahn. Gegen die Vollständigkeit des Thatbestandes ließen sich damals noch vielerlei Bedenklichkeiten mit Grund erheben und die Aussagen der jungen Katharina, welche hie und da nicht genau mit einander übereinstimmten, boten gute Gelegenheit, wenigstens zu scheinbar erheblichen Zweifeln gegen ihre Glaubwürdigkeit.

Das Geständniß des Inquisiten löste auf einmal alle Schwierigkeiten und veränderte den ganzen Standpunkt rechtlicher Beurtheilung.

Dieses, in 14 ordentlichen Verhören, in allen wesentlichen Punkten übereinstimmend abgelegte Bekenntniß, ist sowohl seiner Form, als seinem Inhalte nach, mit allen gesetzlichen Eigenschaften eines vollgültigen, rechtlich beweisenden Geständnisses mehr als genügend versehen. Die vollständigste Glaubwürdigkeit desselben — um der formellen Eigenschaften desselben nicht zu erwähnen — ist zuvörderst begründet:

1) durch dessen vollkommene Übereinstimmung mit einer Menge anderweit vollkommen erwiesener Thatsachen.

Daß R. mit der Eichstädter ein Kind erzeugt hat, daß ihm dessen Verpflegung oblag, daß jene Person sich gegen ihn sehr zudringlich erwiesen, daß er zur Zeit des Mordes sich in dringenden Geldverlegenheiten befunden, geht auch unabhängig von seinem Geständnisse aus den Akten hervor.

Es ist ferner gewiß: daß die Eichstädter am 2. Nov., als dem eingestandenen Mordtage, Nachmittags Pr. verlassen hatte, daß sie, gemäß der Ortsentfernung, bequem noch desselben Tags um die angegebene Zeit zu Lauterbach eintreffen konnte und daß sie seitdem nicht wieder gesehen worden ist.

Riembauer hatte lange behauptet, daß er am 2. Nov. an einem andern Orte als zu Lauterbach gewesen sei. Er wurde aber des Gegentheils bis zur Evidenz überführt; und so steht seine Anwesenheit am Orte und zur Zeit der That, auch ohne Geständniß, in vollkommener Gewißheit.

Genau an dem von dem Inquisiten selbst angegebenen Orte fand sich ein menschliches Gerippe, welches, nach dem Gutachten sachverständiger Zergliederer, einem weiblichen Körper und dessen Schädel, wie noch aus den Zähnen zu erkennen war, der Eichstädter angehörte, wofür derselbe auch von dem Inquisiten selbst anerkannt worden ist. Daß die Eichstädter in dem Thomashofe um das Leben gekommen, ist daher unzweifelhaft.

Dafür, daß sie auf Riembauers Zimmer von ihm ermordet worden, zeugten nach 6 Jahren die Menge Blutflecken in dem Fußboden und die noch sichtbaren Spuren von Hobelstößen, womit er, seinem Geständnisse gemäß, die Zeichen der begangenen That zu tilgen sich bemüht hatte.

Selbst in vielen kleinen Nebenumständen zeigt sich die genaueste Übereinstimmung seines Geständnisses mit dem Befunde. Dahin gehört z. B. daß bei dem Gerippe nur Ein

Schuh gefunden worden ist und Inquisit bekannt hat, beim Herabtragen des Leichnams, sei von dessen Fuße ein Schuh herabgefallen, welchen er zerhackt, dann auf die Miststätte geworfen habe. Nach Riembauers Geständnisse war das Grab so seicht, daß noch späterhin die Hände in bittender Stellung aus demselben hervorragten und sowohl er als Andere daran sich stießen; nach der genauen Beschreibung des Gerippes durch den berühmten Professor Tiedemann fehlten alle Knochen der beiden Hände.

Diese lange Reihe mit dem Bekenntnisse übereinstimmender, besonders erhobener Thatumstände, ist für sich allein schon mehr als hinreichend, dem abgelegten Geständnisse seine volle Glaubwürdigkeit und Beweiskraft zu sichern. Sowohl nach baierischem als gemeinem Rechte

Strafgesetzb. Thl.II. §. 267. Nr. 7.
Tittmann über Geständniß und Widerruf §. 11.

hätte es einer solchen Menge so erheblicher Umstände für diesen Zweck nicht bedurft.

Zu all diesem kommt aber noch

2) die in allen Hauptpunkten genau zutreffende Übereinstimmung des Bekenntnisses mit der Aussage der Katharina Frauenknecht, sowohl in Ansehung desjenigen Theils der Geschichte, den sie aus dem Munde ihrer verstorbenen Schwester Magdalena vernommen, als auch desjenigen, dessen sie mit eignen Sinnen Zeugin gewesen ist. Die Abweichungen betreffen nur ganz außerwesentliche Nebenpunkte.

3) Was die Wahrhaftigkeit der Aussage Katharinens über allen Zweifel erhebt und zugleich das Bekenntniß des Inquisiten von neuem hinsichtlich aller Hauptumstände der That auf das kräftigste unmittelbar unterstützt, ist die Aussage des Bruders des Inquisiten, welchem Magdalena jene Mordgeschichte, deren Zeugin sie größtentheils gewesen, mit Ausnahme geringer Abweichungen, gerade eben so erzählt hat, wie sie von Katharina erzählt und von dem Inquisiten eingestanden worden ist. Es ist gewiß interessant, auch dieses zweite Zeugniß zu vernehmen, welches die Verstorbene, gleichsam noch aus ihrem Grabe hervor,

gegen ihren Verführer abgelegt hat. Inquisitens Bruder, welcher, mehreren Anzeigen entgegen, lange Zeit jede Wissenschaft von der Ermordung der Eichstädter läugnete, erklärte sich endlich, nachdem er von dem Geständnisse seines Bruders Kenntniß erlangt hatte, wie folgt: »Ich muß gestehen, ich bin in einer schrecklichen Lage. Franz Sales R. ist nicht nur mein Bruder, sondern er war auch stets mein Wohlthäter. Aus Bruderliebe und Dankgefühl behauptete ich bisher immer, daß ich von der Ermordung der Eichstädter keine Wissenschaft habe. Nun aber hat mein Bruder seine schreckliche That selbst eingestanden und meine Wissenschaft davon enthüllt und so kann ich jetzt wohl freimüthig sprechen, ohne daß man eines Undanks mich beschuldigen mag. — Ich besuchte einst meinen Bruder auf seiner Pfarre zu Priel und blieb 3 bis 4 Wochen bei ihm. Da kam eines Abends Magdalena Frauenknecht, seine Köchin, ein gutes eingezogenes Mädchen, vor mein Bette und fing bitterlich zu weinen an. Ich fragte sie: warum weinst du? und sie antwortete: ›Herr Bruder! wenn Sie wüßten was ich weiß, so würden auch Sie weinen.‹ Und nun fing sie zu erzählen an: ›wie 1807 am Aller-Seelen-Tage, spät Nachmittags, fast schon in der Abenddämmerung, als sie und mein Bruder mit einer Rübenfuhr vom Felde in den Thomashof zurückgekommen, in demselben Augenblick die Eichstädter in das Haus hinein geschlichen sei. Mein Bruder sei ihr gleich in das Haus nachgegangen und habe sie in das obere Zimmer hinaufgeführt. Hier habe die Eichstädter meinem Bruder Geld angefordert und ihn im Nichtzahlungsfall mit der Klage bei den weltlichen Gerichten bedroht. Mein Bruder habe ihr hierauf erklärt, daß er in diesem Augenblick von Geld entblößt sei, worauf die Eichstädter zu schimpfen angefangen und ihm vorgeworfen, daß er nunmehr sein Geld einer andern H., nämlich der Magdalena, anhänge.‹ — Die näheren Umstände kann ich nun nicht alle mehr erzählen. Ich zweifle, ob ich sie von Magdalena so genau erfahren habe; auch merkte ich nicht auf alles, weil schon die Hauptsache mich zu sehr angegriffen hatte. Was ich noch weiß ist, daß mir Magdalena weiter erzählte: mein Bruder habe sich mit der Eichstädter eine

Weile herumgebalgt und ihr dann zugerufen: ›Du mußt sterben! mache Reue und Leid!‹ worauf diese ihn gebeten: ›Franzel! du wirst mich ja nicht umbringen?‹ Nun aber soll mein Bruder sein Rasirmesser ergriffen und in ihre Gurgel eingeschnitten haben, so daß das Messer Scharten bekommen. Magdalena sagte mir: ›die Eichstädter, welche übrigens nichts in den Händen gehabt, habe sich gewehrt und würde beinahe über meinen Bruder Meister geworden sein.‹« Nun weiß ich aber nicht, half die Magdalena meinem Bruder oder sah sie nur zu; gewiß ist, daß sie dabei war, wie sie mir sagte. Auch weiß ich nicht, ob sie, nach ihrer Erzählung, gegenwärtig war, als der Schnitt geschah, wohl aber, daß sie dazu kam, als mein Bruder und die Eichstädter sich noch herumbalgten. — Der Leichnam der Getödteten blieb bis auf den frühesten Morgen, gegen 3 Uhr, liegen, wo mein Bruder und Magdalena denselben auf einer Misttrage in den Stadel trugen und dort ganz seicht begruben. Die kleine Katharina sah zu. Mein Bruder und Magdalena verhobelten und verscharrten die Blutflecken. — Magdalena war um so mehr besorgt, daß diese Geschichte entdeckt werden möge, als der Wirth von Lauterbach, welcher den Thomashof von dem Pfarrer gekauft hatte, damals Koth aus dem Stadel zu graben anfing und also leicht auf den Kadaver kommen konnte. Ich konnte bei dieser Geschichte mein Erstaunen nicht verbergen, äußerte meinen ganzen Abscheu und ich konnte nichts anderes rathen, als der Sache ihren Lauf zu lassen.« Dieses Zeugniß des Bruders des Inquisiten ist zwar nur Zeugniß vom Hörensagen; dient aber, wenn es dessen hier noch bedürfte, um die Überzeugung, welche schon durch das Bekenntniß des Inquisiten begründet ist, ungemein zu verstärken und über allen möglichen Zweifel zu erheben. —

Ist aber auch der Thatbestand des Verbrechens zu derjenigen Gewißheit gebracht, welche das Gesetz zur Verurtheilung und zwar zur Verurtheilung in die ordentliche Strafe erfordert? Die ordentliche Strafe ist in dem gegenwärtigen Falle, nach dem Gesetze, sowohl des gemeinen, als des älteren und neueren baierischen Rechts, die Todesstrafe.

P. G. O. Art. 137.
Cod. jur. Bav. crim. P. I. c. 3. §. 1.
Strafgesetzb. Thl. I. Art. 146.

Denn, daß die Tödtung der Eichstädter als Mord zu betrachten sei, geht aus allen Umständen der That und aus dem eigenen Geständnisse des Inquisiten so unzweifelhaft hervor, daß es hiezu keiner besonderen rechtlichen Ausführung bedarf.

Nun ist war der Thatbestand der Tödtung nicht, wie in gewöhnlichen Fällen, durch Augenschein und Gutachten von Sachverständigen, gleichwohl aber auf das vollkommenste, theils durch Augenschein, theils durch Zeugniß, theils und zwar vorzüglich durch das eigene Geständniß des Inquisiten, nach allen rechtlichen Erfordernissen, erwiesen.

Daß die Eichstädter gestorben und im Hause des Inquisiten um das Leben gekommen, ist unabhängig von dem Geständnisse des Inquisiten, zuvörderst durch das eidliche Zeugniß vieler Personen erwiesen. Es ist zur vollen Gewißheit hergestellt, daß jene Eichstädter, welche noch am 2. November 1807 gelebt hat, seit dieser Zeit nicht mehr gesehen worden ist, ohne daß man während einer Reihe von Jahren das mindeste über ihr Dasein in Erfahrung gebracht hätte. Katharina Frauenknecht, eine zwar nicht ganz vollgültige, doch auch nicht unglaubwürdige Zeugin, sah überdies die Eichstädter am 2. November mit zerschnittenem Hals todt auf dem Zimmer Riembauers liegen und war zugegen als sie beerdigt wurde. Endlich zeugte dafür der Augenschein, indem man das Gerippe der Eichstädter in dem Stadelkämmerchen des Thomashofes gefunden hat. Denn das hier gefundene Gerippe gehörte einem weiblichen Körper, von der Größe und dem Alter jener Person und die Beschaffenheit des Schädels, welchen auch der Inquisit unbedenklich für den der Eichstädter erkannte, lassen keinen vernünftigen Zweifel über die Person, von welcher jene Überreste herrührten. Daß eine andere Weibsperson in dem Orte oder in der Gegend ungefähr um dieselbe Zeit vermißt, in dem Thomashofe um das Leben gekommen, und an demselben Ort begraben worden sei, dafür ist auch nicht die leiseste Andeutung einer Spur in den Akten vorhanden. Allein zum Thatbestande der Tödtung überhaupt gehört über dieses noch wesentlich: daß die Person in Folge der tödtlichen Handlung eines Andern das Leben verloren habe mithin derselben eine Beschädigung oder Verwundung zugefügt worden, welche, wie sich das Strafgesetzb. Thl. I. Art. 143 ausdrückt: »als wirkende Ursache den erfolgten Tod des Beschdäigten hervorgebracht hat.«

Da der Leichnam der Eichstädter über 9 Jahre in feuchtem Boden begraben gelegen hatte, daher von ihm nichts als das Gerippe und selbst dieses nicht ganz vollständig übrig geblieben war; so mußte begreiflicher Weise eine förmliche Untersuchung der Leiche (Obduction) unmöglich sein und eben so wenig konnte eine Tödtung durch Abschneiden des Halses oder durch Erdrosselung an den noch übrigen Knochen eine Spur zurücklassen. Allein der Mangel einer förmlichen Leichenschau und eines hierauf begründeten Gutachtens von Sachverständigen wird in gegenwärtigem Falle durch das eigene Bekenntniß des Inquisiten, in Verbindung mit anderen Beweisen, auf das vollkommenste ersetzt.

Schon nach gemeinem Rechte kann, wie wenigstens in neuerer Zeit nicht mehr bezweifelt wird, der Thatbestand eines Verbrechens, durch Bekenntniß des Verbrechers zur Gewißheit gebracht werden und zwar mit der Wirkung, daß darauf jede Strafe, selbst die Todesstrafe rechtlich erkannt werden darf.

cf. Stübel über den Thatbestand der Verbrechen §. 314–335 Auch der ältere baierische Criminal-Codex Thl. II. c. 3 §. 2. Nr. 6 bestimmt:

> »Wenn Jemand heimlicher Weise umgebracht und in das Wasser geworfen, der todte Körper verbrannt, vernichtet oder in andere Wege gänzlich aboliret worden: so bedarf es keines *Visi reperti,* sondern ist genug, daß die Person abhängig und die Bekanntniß mit glaubhaften und durch die Erfahrung verificirten Umständen begleitet ist«.

Hiermit stimmt auch das Strafgesetzb. vom J. 1813, nach welchem der vorliegende Fall beurtheilt werden mußte, in allen wesentlichen Punkten überein, indem dasselbe Thl. II. Art. 269–271 verordnet, daß, unter gewissen von ihm besonders aufgeführten Bedingungen, in Ermangelung anderer Beweise des Thatbestandes, auch auf das Bekenntniß des Angeschuldeten demselben die gesetzliche Strafe, selbst die Todesstrafe zuerkannt werden dürfe.

Obgleich das Strafgesetzbuch die Verurtheilung in die ordentliche Strafe, auf den Grund eines solchen Bekenntnisses, mehr als räthlich war und die Natur der Sache forderte, durch gesetzliche Bedingungen erschwert hat: so sind gleichwohl in dem gegenwärtigen Falle die strengsten Forderungen des Gesetzes nicht nur insgesammt erfüllt, sondern auch noch in mehreren Beziehungen übertroffen.

Zur Herstellung der Gewißheit des Thatbestandes durch das Bekenntniß des Angeschuldigten wird nach Thl. II. Art. 269–271 erfordert:*

I) »daß aus besonderen Umständen deutlich erhellet, warum der Thatbestand durch andere Beweismittel nicht erhoben werden konnte.« Der Tod Magdalenens und ihrer Mutter, welche, außer der Katharina, noch über die That und den Thatbestand Zeugniß geben konnte, dann das heimliche Verscharren des Leichnams und die späte Entdeckung des Verbrechens, zeigen klärlich, warum es unter solchen Voraussetzungen unmöglich war, den Thatbestand dieses Mordes entweder durch Augenschein vollständig zu erheben, oder durch Zeugen zu erweisen.

Es ist

II) wie bereits oben gezeigt worden, genügend dargethan, daß die Eichstädter nicht mehr am Leben sich befinde: ein Beweis, dessen es, nach Art. 270 in dem gegenwärtigen Falle nicht einmal bedurft hätte.**

* Wir folgen hier in der Darstellung der einzelnen Erfordernisse nicht derselben Ordnung in welcher sie von dem Gesetze aufgezählt werden. Die Klarheit der Erörterung und Beurtheilung wird dadurch wesentlich gewinnen.

** Dieser Art. sagt nämlich: »Insbesondere kann wegen angeschuldigter Tödtung auf das Bekenntniß des Inquisiten nur dann die ordentliche Strafe erkannt werden, wenn der Umstand, daß die vorgeblich getödtete Person nicht mehr am Leben sei, auf andere Weise dargethan ist, ausgenommen, wenn der Angeschuldigte bekannt hat, daß er den Leichnam verbrannt, in das Wasser geworfen, oder auf andere Weise zerstört und der Untersuchung entzogen habe.«

Es hat sich ferner

III) Inquisit zu einer Verletzung der Eichstädter bekannt, welche, nach der Bestimmung des Art. 271 »von der Art ist, daß daraus nach allgemein bekannter Erfahrung der Tod nothwendig erfolgen mußte. Es wurde von ihm eingestanden, daß er dieser Person mit seinem Rasirmesser den Hals durchschnitten habe und diese hierauf alsbald in Todeszuckungen verfallen sei. In dieser Beziehung wird das Bekenntniß des Inquisiten auch noch durch einen weniger als halben Zeugenbeweis, nämlich durch die Aussage der Katharina unterstützt, welche den Riembauer mit blutigem Rasirmesser von der Eichstädter hinweg die Treppe herabkommen und alsdann jene selbst auf dem obern Zimmer mit zerschnittenem Halse todt in ihrem Blute liegen gesehen hat. Daß das Durchschneiden des Vorderhalses, in welchem so verschiedene das Leben bedingende Organe — die zwei großen Arterien, vier Jugularvenen, die Luft- und Speiseröhre, außer den vier großen Nervenstämmen — sich vereint befinden, zu den unbedingt tödtlichen Verletzungen gehöre; daß es nicht des Durchschneidens aller dieser Organe, sondern nur eines einzigen derselben bedarf, um, zumal in Ermangelung schleunigster und sehr geschickter ärztlicher Hülfe,* den Tod zu bewirken: sind gemeine Erfahrungssätze, welche noch, zu allem Überflusse, durch besondere ärztliche Gutachten für den gegenwärtigen Fall bekräftigt sind. Da Inquisit durch seine mörderische Umarmung von hinten die Unglückliche wehrlos gemacht, sich eines so scharfen Schneidewerkzeuges, wie ein Rasirmesser, bedient und dieses so leicht eindringende Werkzeug mit beiden Händen in die nur fleischigen oder blos knorpeligen Theile des Halses von vorne nach hinten eingedrückt hatte: so konnte, wenn man auch die durch Mordwuth verstärkte Kraft gar nicht mit in Anschlag bringt, ein solches Unternehmen gewiß nichts geringeres, als das Durchschneiden sowohl der Luft- und wenigstens eines Theils der Speiseröhre, als auch eines oder mehrerer der großen Blutgefäße

* So kann nach Metzgers kurzgefaßtem Systeme der gerichtl. Arzneiw. §. 123 die äußere *jugularis* und die *carotis externa* unterbunden werden. Wo aber die Unterbindung nicht geschieht, folgt natürlich der Tod durch Verblutung.

bewirken. Dieses bewies zugleich der Erfolg, indem, nach dem Geständnisse des Inquisiten, die Verletzte gleich nachher zu schluchzen anfing, hierauf aber zu Boden sank und in Todeszuckungen verfiel. Damit stimmt auch die Aussage der Katharina überein, welche bald, nachdem sie von Riembauer die Worte: du mußt sterben! und von der Eichstädter die Bitten um ihr Leben gehört hatte, diese auf dem Boden liegen und, unter dem auf ihr knieenden oder sitzenden Mörder, in ihrem aus ihr hervorströmenden Blute und mit den Füßen zucken gesehen hat. Auch die Menge des vergossenen Blutes, dessen Flecken nach so vielen Jahren, aller Bemühungen des Thäters ungeachtet, fast noch über dem ganzen Fußboden ausgebreitet zu sehen waren, zeugten dafür, daß die Eichstädter aus einem der großen Halsgefäße sich verblutet habe. Nach allen diesen Thatsachen bedarf man nicht einmal mehr des Umstandes, daß Inquisit, um das von neuem aufflackernde kleine Lebensrestchen sobald als möglich für immer auszulöschen, auch noch das Halsband der Eichstädter an ihrem durchschnittenen Halse eng zusammengedreht hat.

IV) Das Strafgesetzbuch Art. 269 §. 3. verlangt ferner: »daß das Bekenntniß entweder mit einem anderen unvollständigen Beweise des Thatbestandes, oder mit besonders erhobenen zum Thatbestande gehörigen oder damit in Verbindung stehenden Umständen dergestalt übereinstimmt, daß an der Existenz der That überhaupt nicht gezweifelt werden kann.« Auch in dieser Beziehung hat die Untersuchung bei weitem mehr zu Tage gefördert, als das Gesetz verlangt. Denn das Bekenntniß des Verbrechers stimmt

1) ganz überein mit einem unvollständigen Beweise des Thatbestandes, welcher hergestellt ist theils durch das in dem Stadel des Inquisiten gefundene Skelett der Eichstädter, theils durch die Aussage der nicht ganz vollgültigen Zeugin Katharina, weßhalb wir auf das Obige verweisen. Hiemit vereinigen sich noch

2) alle zur Bestätigung der Glaubwürdigkeit des Geständnisses überhaupt bereits oben zusammengestellten Umstände, welche schon für sich allein hinreichen, um jedem menschlichen Verstande selbst den leisesten Zweifel

über den gewaltsamen Tod der Eichstädter unmöglich zu machen.

Endlich verlangt auch noch

V) das Strafgesetzb. Art. 269 §. 2. zum vollen Beweise des Thatbestandes durch eignes Bekenntniß, daß »der Angeschuldigte entweder schon sonst als Verbrecher berüchtigt, oder vermöge besonderer hinreichend erwiesener Umstände als eine Person zu betrachten sei, zu welcher man sich des eingestandenen Verbrechens wohl versehen kann.« Der Gesetzgeber öffnete durch diese, wie uns scheint, ganz überflüssige und unpassende Bestimmung ein weites Thor zur Rettung einer Menge von Verbrechern, die, sobald ihre Vorsicht oder das Glück ihre geheime That dem Zeugnisse Anderer und deren Spuren, wenn auch nur zum Theile, einem künftigen Augenscheine entrückt hat, ihre ganze That mit allen Umständen in der sichern Erwartung eingestehen dürfen, daß sie nun wenigstens der gesetzlichen Strafe entgehen werden. Denn bei sehr vielen, die sogar in die schwersten Verbrechen verfallen, zeigt weder ihr früheres Leben, noch ihr Benehmen unter den Augen des Untersuchunsgsrichters, daß sie vermöge ihrer Grundsätze, ihrer Sinnesart, ihrer Begierden und Leidenschaften überhaupt eines Verbrechens und nun auch gerade eben dieses Verbrechens gar wohl fähig seinen. Wie Mancher begeht die gröbsten Missethaten, bei welchem alle die ihn von jeher kannten, selbst die Richter, indem sie ihm das Verdammungsurtheil sprechen, befremdet sagen müssen: wer hätte das von diesem erwartet! Warum soll ein Verbrecher blos darum gegen die ordentliche Strafe bevorrechtet sein, weil er, seinen sonst an den Tag gelegten Gemüthseigenschaften zuwider, zum erstenmale das Verbrechen begangen, oder Gewandtheit, Verstellungskunst und Glück genug gehabt hat, den Unrath eines lasterhaften in Greueln versunkenen Gemüths entweder mit dem Goldfirniß der Tugend zu überziehen, oder denselben vor seinen Mitbürgern und späterhin selbst vor seinem Richter so zu verstecken, daß nichts Erhebliches zu den Akten kommt, womit gegen ihn die Behauptung gerechtfertigt werden kann: er selbst sei wirklich so schlecht, oder so abscheulich, wie seine That?

Und was hat der sittliche Charakter des Thäters mit dem Thatbestande zu thun? was gewinnt oder verliert dadurch, gerade hinsichtlich dieses Beweisgegenstandes, die Beweiskraft eines aus andern Gründen und in jeder andern Beziehung vollkommen rechtsgültigen Bekenntnisses?

In dem vorliegenden Falle ging jedoch, wenigstens unseres Dafürhaltens, auch jene sonst ziemlich schwer zu erfüllende Bedingung, nach allen ihren Erfordernissen, ja noch weit über diese hinaus, auf das vollkommenste in Erfüllung.

Zwar gehört Riembauer nicht zu den Personen, welche als Verbrecher, nämlich wegen anderer Handlungen gleicher oder ähnlicher Art als diejenige, welche den Gegenstand der Untersuchung ausmacht — bereits berüchtiget sind. Riembauer galt vielmehr vor aller Welt als ein frommer Geistlicher; seine Laster wurden durch eigene Heuchelei und List und, wo allenfalls hier und da etwas Arges durchscheinen wollte, von Anderen mit dem Mantel christlicher und amtsbrüderlicher Liebe zugedeckt.

Dagegen ist seine ganze Lebens- und Prozeß-Geschichte (vermöge der zweiten Alternative des Art. 269 §. 2.) aus einer langen Reihe nicht blos »hinreichend, sondern vollkommen erwiesener Umstände zusammengesetzt, vermöge welcher er als eine Person zu betrachten ist, zu der man sich des eingestandenen Verbrechens wohl versehen kann.« Es wäre gewiß höchste Beschränktheit, anzunehmen, als müsse, gemäß dieser Bestimmung, in dem Inquisiten, wenn z. B. von einem Diebstahl die Rede ist, ein besonderer Diebsinstinkt, bei einer Brandstiftung eine eigenthümliche Neigung zum Brandlegen, oder bei einem Morde die Mordlust und dergleichen nachgewiesen werden. Jede Gemüthseigenschaft eines Menschen, vermöge welcher derselbe entweder zu pflicht- und rechtswidrigen Handlungen überhaupt oder einer gewissen Art derselben, besonders geneigt oder zum Widerstand gegen zufällig in ihm angeregte Begierden vorzüglich unaufgelegt, schwach oder unfähig erscheint, machen denselben zu einer Person, deren man sich eines Verbrechens wohl versehen mag. Von einem Menschen, der überhaupt einen sittlich verderbten bösartigen Charakter bekundet, von einem herz- und gefühllosen tückischen

Knecht seiner Sinne, von einem Ruchlosen, in welchem die Stelle der Religion und des Gewissens Grundsätze vertreten, nach welchen das Verbrechen entschuldigt und das Laster eine Tugend ist, — von einem solchen läßt sich, nach Allem, was die Erfahrung lehrt, mit hoher Wahrscheinlichkeit voraussehen, daß er, sobald ihn eine Leidenschaft oder ein Bedürfniß mit einiger Gewalt anfaßt, jedes Verbrechen, dessen er zu ihrer Befriedigung bedarf, ohne großen Anstand begehen werde. Wer die Gesetze der Religion, an welche er selbst glaubt, mit leichter Seele überspringt, wird mit den Gesetzen der Menschen noch weniger Umstände machen; und wer sein eigenes Gewissen nicht scheut, wird um so weniger fremde Rechte scheuen, da er diese nur in so ferne achten kann, als er sie in seinem Gewissen findet. Von einem Jähzornigen darf man Todtschlag und Körperverletzungen, von einem liederlichen Faullenzer Verbrechen gegen das Eigenthum und von einem Schurken, nach Zeit und Umständen, jedes Verbrechen erwarten. Aber Zeit und Umstände, nämlich besondere Verhältnisse, Veranlassungen, Bedrängnisse oder Gelüste sind es, welche immer noch hinzu kommen müssen, damit ein Mensch, mit den vollkommensten (positiven und negativen) Anlagen zu Verbrechen, auch zum wirklichen Verbrecher werde. Das Urtheil über die Frage: ob Jemand, in besonderer Beziehung auf ein gegenwärtiges Verbrechen für eine Person zu halten sei, von der man sich dieser That versehen kann? wird daher ganz vorzüglich erst alsdann fest begründet sein, wenn sich nachweisen läßt, daß der Verbrecher sich in Verhältnissen befunden und, vermöge dieser, solche Veranlassungen und Beweggründe zur Begehung des Verbrechens gehabt habe, welche, wenn ihrer Übereinstimmung mit seiner Gemüthsart, es vollkommen erklären, warum er so gehandelt habe, wie er wirklich gehandelt hat.

Ob die Umstände, nach welchen das Wesen und der Charakter der Person zu beurtheilen ist, in ihrem frühern Lebenswandel oder erst nach der jetzt zu beurtheilenden That, vielleicht erst während der Untersuchung sich ereigneten, ist vollkommen gleichgültig.* Es ist auch genug,

* Das Gesetz will, daß »man sich des eingestandenen Verbrechens wohl ver-

wenn nur für das Dasein solcher Thatsachen genügende Überzeugungsgründe vorhanden sind, ein vollkommener, streng juridischer Beweis jeder einzelnen Thatsache wird nicht gefordert; das Gesetz verlangt blos »hinreichend erwiesene« Umstände. — Auch versteht es sich von selbst, ohne Ausnahme alle Beweismittel zum Beweis solcher Umstände (die ohnedies nur den Hauptbeweis nebenbei unterstützen sollen) eben so gut zulässig sind, wie bei anderen Beweisgegenständen. Es hat daher der Richter nicht etwa blos diejenigen Thatsachen in den Kreis seiner Beurtheilung zu ziehen, welche aus dem früheren Leben des Inquisiten allenfalls durch Zeugen bekundet worden sind. Die eigene Aussage desselben — so weit sie nicht unmittelbar das gegenwärtig zu beurtheilende Verbrechen selbst zu ihrem Gegenstande hat — mithin alles was er aus seinem früheren Leben erzählt, oder von seinen Meinungen und Grundsätzen, von seinen Neigungen, Begierden und Leidenschaften im Allgemeinen entdeckt, so wie dessen Benehmen während der Untersuchung, besonders vor Gericht in und bei seinen Verhören oder andern gerichtlichen Handlungen, so weit es zu den Akten bekundet ist: dieses sind, wie wohl nicht bezweifelt werden mag, gerade die ergiebigsten Quellen, in welchen sich das Innere des Verbrechers, seines Charakters und Wesens aufschließt.

Dieser Riembauer erscheint nun zuvörderst, nach den mannigfaltigsten, auf das vollständigste erwiesenen Thatsachen, als ein Lasterhafter im Priesterrocke, der seine innere Unwürdigkeit und die Unsittlichkeit seines Treibens

sehen kann.« Es hieße nicht nur die Worte verdrehen, und die erste Alternative zugleich in die zweite hinüberträgen, wenn man dieser Bestimmung den Sinn einschrauben wollte: es müßten schon vor der That Umstände vorhanden gewesen sein, aus welchen das Publikum von dem Angeschuldigten das nachher begangene Verbrechen im Voraus habe erwarten können. Hätte das Gesetz den Gedanken, der, im Gegensatze von der ersten Alternative, eine klare Albernheit sein würde, ausdrücken wollen: so würde es nicht, zumal nicht auf das: »eingestandene Verbrechen« sich des Präsens: »kann«, bedient haben; es hätte wenigstens sagen müssen: »konnte«, und würde überdies, wie bei der ersten Alternative durch das Beiwörtchen: »sonst« geschehen, hier die Worte: »im Voraus« beigesetzt haben. Der Redakteur des baierischen Strafgesetzbuchs glaubt wenigstens in demselben den Beweis gegeben zu haben, daß er sich auf den Gebrauch der Worte ein wenig verstanden hat.

hinter dem einstudirten Betrug erlogener Frömmigkeit und Tugend verbirgt; die Scheinheiligkeit als Mittel zur bequemeren Befriedigung seiner Lüste, und seine Religion zur Heiligung oder Beschönigung alles desjenigen gebraucht, was eben diese Religion verdammt. Nicht ein Laster allein, auch nicht die Scheinheiligkeit* für sich allein, aber die Scheinheiligkeit als Deckmantel und Werkzeug des Lasters, ist Folge und rückwirkende Ursache eines nichtswürdigen, schändlichen Gemüthes, welches dem Sinne und Gefühle für das Gute und Rechte abgestorben und dem nichts mehr von allem demjenigen, was den Menschen vom Bösen abhält, ehrwürdig und heilig ist. Wer Religion, Tugend und Gewissen als eine Schauspielerrolle zur Aufgabe seines Lebens macht, um desto bequemer das Gegentheil von dem zu sein, was er blos scheinen will, hat eben dadurch in seinem Innern von Religion und Gewissen, und zwar mit Verachtung, sich losgesagt und ist, als ein ruchloser Mensch ohne Religion und Gewissen, schon dadurch allein jedes Bubenstücks, jeder Schandthat, jedes Greuels fähig. Er kann nichts Gutes, nichts Edles, nichts Heiliges achten, da er dieses alles zum Mittel des abscheulichsten Betrugs mißbraucht und Religion und Tugend bis zu dem Grade herabwürdigt, daß sie ihm sogar als Werkzeuge des Lasters dienen müssen. Was man dem Schlechtesten dienstbar macht, hat man zu achten aufgehört und ist unserem Willen kein Gesetz, keine Schranke mehr. Ein Maskenkleid schätzt man nur zur Maskerade; und Tartüffe, der seine Lasterhaftigkeit in dem Domino der Heiligkeit einhergehen läßt, muß, so gewiß er heimlich der Dummköpfe spottet, die sich dadurch betrügen lassen, eben so gewiß alle die Dinge verlachen,

* Der Scheinheilige aus bloßer Weltklugheit (um z.B. vor den Heiligen dieser Welt Ruhe zn haben, oder sie uns geneigt zu machen) ist zwar als Heuchelei immer verwerflich, aber doch mit einem übrigens rechtlichen Charakter nicht geradezu unverträglich. Ganz etwas anderes ist diejenige Art der Scheinheiligkeit, welche hier in unserem Mordpriester dargestellt ist, für welche es unserer Sprache ganz an dem bezeichnenden Worte fehlt, dessen auch die französische Sprache so lange entbehrte, ehe Molière den allgemeinen Begriff in der Person des Herrn Tartüffe zur Anschauung gebracht hatte. *»Le fripon, qui se sert du manteau de la religion; c'est un tartufe, c'est le vrai tartufe«* sagt Voltaire in seinem *Dictionnaire philosophique*.

durch deren Schein die Dummköpfe von ihm betrogen werden. Der lasterhafte Heuchelfromme und Tugendlügner ist überdies nicht nur bis in das Innerste der Seele ein falsches Doppelwesen, ohne alle Redlichkeit und Wahrheit, sondern auch, bei der Nothwendigkeit stets gegen sich selbst und Andere auf der Lauer zu stehen und immerwährend mit dem guten Schein zu betrügen, eine trockene, rechnende Verstandes-Natur, an deren Kälte zuletzt alle Liebe, Freundschaft, Theilnahme, Mitleid und wie sonst die edleren menschlichen Gefühle heißen mögen, in Hartherzigkeit und Fühllosigkeit erstarren müssen; nicht zu gedenken, daß der Zwang, welchen die Maske, die er anderer Menschen wegen trägt, fortwährend seiner Natur anthut, nicht verfehlen kann, sein Gemüth mit einem guten Vorrath von Tücke, Bitterkeit, Bosheit und, wenn nicht geradezu Menschenhaß, doch menschenfeindlicher Stimmung zu vergiften. Wer als scheinheiliger Schelm anfängt ist daher, nach allem diesem, auf dem geradesten Wege, sobald die Gelegenheit es gibt, als Bösewicht zu endigen. —

Es müßte fast alles schon oben Dargelegte wiederholt werden, wenn der, eben so wohl Eckel, als Abscheu und Grausen erregende Charakter des sittlichen Ungeheuers, mit dem wir uns hier beschäftigen, in den vielen einzelnen Umständen, welche sein Leben, noch mehr aber sein Benehmen während dieser ganzen langen Untersuchung, vor und nach abgelegtem Bekenntnisse darbietet, noch besonders nachgewiesen werden sollte. Es bedarf dessen auch nicht. Daß ein Mensch, der, nach seinen eigenen Geständnissen, schon als Knabe die Lust in sich empfunden hat, einen Knaben seines Geldes wegen umzubringen; in welchem, als er schon lang in geistlichen Würden stand, der Gedanke aufsteigen konnte, seinem Nächsten das Haus anzuzünden; welcher in heillosem Aberglauben, sich sogar des Gebets als eines Mordwerkzeuges bediente; welcher der einen seiner Geliebten mit dem Vorsatze der Kindesabtreibung Abortivmittel eingegeben, der andern solche Mittel eingeben zu wollen gestanden hat; welcher endlich in seiner christlichen Moral einen allgemeinen Grundsatz gefunden, nach welchem der Mord erlaubt ist, sobald man dessen bedarf, um die eigene Schande damit zu bedecken; daß ein Mensch mit einer solchen Seele, zumal wenn er in den Fall gesetzt worden, entweder zu morden oder als Heuchler entlarvt zu werden und damit den Preis aller seiner Anstrengungen zu verlieren, zu den Personen gehöre, deren man sich, wenn eine solche Mordthat gegen sie in Frage kommt, des Mordes gar wohl versehen kann: dieses scheint wenigstens uns eine ausgemachte, keinen Augenblick zu bezweifelnde Wahrheit.

Da nun, sobald das Bekenntniß zu Recht beständig und der Thatbestand, nach allen gesetzlichen Voraussetzungen, zur rechtlichen Gewißheit gebracht, auch weder ein die Zurechnung ausschließender, noch ein gesetzlich mildernder Umstand vorhanden ist, die ordentliche Strafe zur Anwendung kommt; hier aber nicht gezweifelt werden kann, daß, nach seinem eigenen Geständnisse Riembauer sich an der Eichstädter des Mordes schuldig gemacht habe, auf welchem Verbrechen nach Art. 146 Thl. I. des Strafgesetzbuchs die Todesstrafe steht: so hatte, unseres Dafürhaltens, dieser Verbrecher von Rechtswegen die Todesstrafe verdient.

Es wurde jedoch in erster Instanz am 4. April 1818 erkannt:

»daß Franz Sales Riembauer des Mordes schuldig und mit Festungsstrafe zweiten Grades* auf unbestimmte Zeit zu bestrafen sei.«

Der entscheidende Grund lautet: »die ordentliche Strafe kann nicht eintreten, weil in dem Thatbestand die Leichenöffnung mangelt, zwar die Erfordernisse des Art. 271 vorhanden sind und Art. 269 eigentlich gänzlichen Mangel des Thatbestandes voraussetzt, allein letzterer Artikel auch bei blos unvollständigem Thatbestande anzuwenden ist, und Art. 271 sich ausdrücklich auf den Art. 269 bezieht, dessen zweite Nummer hier nicht nachgewiesen erscheint, da der Charakter des Beschuldigten nach den früheren Erfahrun-

* Es vertritt dieser Grad der Festungsstrafe bei Personen aus den höhern und gebildeten Ständen die Stelle des Zuchthauses, so wie die Festungsstrafe ersten Grades die Stelle der Kettenstrafe. Thl. I. Art. 19ff. des Strafgesb. — Es ist übrigens dieses Surrogat eines der unzähligen Dinge im baierischen Strafgesetzbuche, welche dessen Redakteur nicht zu verantworten hat.

gen, nicht nach seinen eigenen späteren Bekenntnissen und dem Thatbestande über die jetzt untersuchten Handlungen zu beurtheilen ist.«

Das am 1. August 1818 gesprochene Erkenntniß II. Instanz änderte schärfend die zuerkannte Strafe, stimmt übrigens in der Hauptsache mit dem vorigen überein, indem es ausspricht:

»daß Franz Sales Riembauer des Verbrechens des Mordes für schuldig zu erklären und mit Festungsstrafe des ersten Grades zu bestrafen sei.«

Der Entscheidungsgrund, vermöge welches R. auch in II. Instanz mit der Todesstrafe verschont wurde, trifft im Wesentlichen mit dem des ersten Erkenntnisses überein. Zwar heißt es in den Entscheidungsgründen: »Riembauers Leumund wird, wenn gleich seine Predigten und sein früherer Amtseifer und Religiosität sehr gerühmt wurden, im Ganzen als schlecht bezeichnet: so wie denn seine große Liebe zum weiblichen Geschlechte — die vielen Schwängerungsfälle — seine Heuchelei und Sucht, bei großer Immoralität, dennoch vor den Augen der Welt als moralisch und heilig zu erscheinen — die Geschichte des Kaufs des Thomashofes — der von ihm eingestandene Kindabtreibungsversuch, — dann seine Grundsätze über Nothwehr und den Werth des menschlichen Lebens, den Charakter eines Geistlichen unstreitig als schlecht beurkunden.« Dessen ungeachtet wird ein Mangel am Thatbestande darum als vorhanden angenommen, »weil Riembauer als Verbrecher sonst nicht berüchtigt und derselbe nicht, kraft besonderer hinreichend erwiesener, nicht aus dem Geständnisse des Inquisiten selbst, sondern anderswoher erhellender Umstände, mit Bestimmtheit als eine Person zu betrachten ist, zu welcher man sich eines Mordes versehen kann.«

Zur Rechtfertigung unserer oben entwickelten Meinung erlauben wir uns nur noch folgende Bemerkungen. Das Geständniß über die That selbst, hinsichtlich welcher gefragt wird: ob sie dem Charakter des Angeschuldigten zuzutrauen sei? kann allerdings bei Beantwortung dieser Frage nicht mit in Erwägung kommen. Daß aber andere von dem abzuurtheilenden und eingestandenen Verbrechen verschiedene (innere und äußere) Thatsachen, aus welchen der Charakter des Angeschuldigten zu beurtheilen ist, nicht durch Geständniß sollten vollkommen erwiesen, nicht einmal hinreichend erwiesen werden können: will dem Verfasser nicht einleuchten. Das Gesetz verlangt »hinreichend erwiesene« Umstände; zu den Beweismitteln rechnet aber das Strafgesetzbuch überhaupt das Bekenntniß, die eigene Aussage des Angeschuldigten und nirgends findet sich eine gesetzliche Bestimmung, welche dem Bekenntniß, womit noch bei weitem wichtigere Dinge — die Thathandlung selbst, der rechtswidrige Vorsatz, der Vorbedacht u. dgl. — vollkommen erwiesen werden, die Beweiskraft gerade nur über diejenigen Umstände abspräche, aus welchen der sittliche Charakter des Angeschuldigten im Allgemeinen und in besonderer Beziehung auf das jetzt zu bestrafende Verbrechen beurtheilt werden kann. Auch ein gesetzgebender Grund ist dafür gar nicht denkbar. Daß daher R., (um andere nicht auf Bekenntnissen beruhende Thatumstände hier zu übergehen) schon als Knabe Mordgedanken, als Priester Brandstiftergedanken gehabt, daß er einen Menschen aus Rache durch Beten zu morden, Kinder abzutreiben versucht, und sich aus P. Stattler's christlichen Sittenlehre einen den Mord heiligenden allgemeinen Grundsatz ausgezogen hat: sind, unseres Dafürhaltens, als nicht zu bezweifelnde, durch die eigene Aussage des Inquisiten vollständig erwiesene Umstände zu betrachten, welche, da sie nicht Theile des Hauptbekenntnisses selbst sind,* für die zu beantwortende Frage die allerbündigsten Entscheidungsgründe darbieten. Ob übrigens ein Mensch, von dem man auch weiter nichts weiß, als die eben bemerkten Thatsachen, nicht eines Mordes für fähig gehalten werden müsse, zumal unter Umständen, auf welche der Stattler'sche Grundsatz vollkommen seine Anwendung fand? ist eine Frage, worauf weder ein Gesetzbuch noch die Rechtswissenschaft, sondern allein Seelenkunde und Menschenkenntniß die Antwort geben.

* Auch der Stattler'sche Grundsatz ist nicht Theil des Geständnisses des Mordes; sondern dessen Anwendung auf die gegebene Voraussetzung als mitwirkender Beweggrund zur That.

KATHARINA MAIER, RAUBMÖRDERIN UND VORSÄTZLICHE BRANDSTIFTERIN, DENNOCH ABER BEIDES ANGEBLICH NUR AUS LEICHTSINN

Zu Augsburg wohnte im Hause des Uhrmachers Schwarz, in einem Dachstübchen, zu dem eine Kammer und eine kleine Küche gehörten, die bettelarme 75jährige Susanna Gröber, mit ihrer Tochter und deren Liebhaber. Bei diesen Personen hielt sich im Jahr 1817, seit ungefähr 6 Wochen ein dienstloses, liederliches junges Mädchen, Namens Katharina Maier, als sogenannte Schlafgängerin auf. Sie schlief mit der alten Gröber in demselben Stübchen und in demselben Bette, während die Tochter und ihr Liebhaber in einer Nebenkammer ihr Nachtlager hatten.

Am 18ten Sept. Nachmittags, einige Minuten nach halb Ein Uhr, hörte der Bewohner eines benachbarten Hauses, Namens Scherer, als er sich eben in seiner Küche befand, welche der Gröberischen Wohnung ganz nahe ist, aus dieser ein ungewöhnliches Getöse, das seine Aufmerksamkeit an sich zog. Er glaubte das Röcheln eines dem Tode nahen alten Weibes zu hören, vernahm die Stimme einer jungen Weibsperson, welche sprach: »Du alte Schindmähre, du willst dich noch wehren, jetzt gebe ich dir einen Streich, daß du verrecken mußt!« worauf ein heftiger Schlag, und auf diesen tiefe Stille folgte. Scherer ging zu seinem Nachbarn, dem Uhrmacher Schwarz, hinüber, und meldete ihm was er gehört habe. Dieser begab sich sogleich nach der Gröberischen Wohnung, horchte auf der dahin führenden Treppe, kehrte aber, weil er alles ruhig fand, wieder um, indem er glaubte, daß sich sein Nachbar wohl geirrt haben möge. Auch ereignete sich den ganzen Nachmittag und Abend nichts, was seine Aufmerksamkeit auf diesen Theil seiner Miethsleute hätte ziehen können.

Als er aber schon lange mit den Seinigen in tiefem Schlafe lag, Nachts um 1 ½ Uhr, wurde er durch heftiges Läuten an seiner Wohnung und, nachdem er aus dem Bette gesprungen war, durch die Nachricht erschreckt, daß es in seinem Hause, in der Gröberischen Wohnung, brenne. Schwarz eilt sogleich hinauf, pocht heftig an die Thür, welche ihm nach einigen Sekunden von der, bereits angekleideten, Katharina Maier geöffnet wird und erhält von dieser auf seine rasche Anrede: »bei Euch brennt es ja!« die ganz gelassene Antwort: »ja! da brennt es!« womit sie ihm zugleich die Küchenthür öffnete. — Unmittelbar an diese kleine Küche stößt ein Dachwinkel; in diesem lag eine große Menge übereinander gehäufter Späne, welche in der Breite von 5 Schuhen in hellen Flammen standen, die wie sich später zeigte, bereits die Dachbalken ergriffen hatten. Durch die Geistesgegenwart des Hausherrn und durch schleunige Hülfe mehrerer Hausbewohner, unter welchen sich auch die Maier thätig erwies, wurde jedoch das Feuer bald wieder gelöscht.

Als hierauf Schwarz, in dem Haufen Späne, an der Stelle, wo es am stärksten gebrannt hatte, aus Vorsicht, ob nicht etwa noch Feuer verborgen sei, mit seiner Hand umhergriff, stieß er auf zwei Dinge, die er für aneinanderhängende Stangen hielt, versuchte sie in die Höhe zu heben, ließ sie wieder fallen, ergriff sie von neuem und fühlte nun, daß es die Füße eines menschlichen Körpers seien, dessen oberer Theil noch ganz unter den Spänen versteckt lag. Es war dies die alte Gröber, welche von ihrer Tochter und deren Liebhaber bereits seit dem Abend vermißt worden war.

Ohne den Körper zu verrücken oder nur aufzudecken, begab sich Schwarz sogleich auf die Polizei, nachdem er zuvor den Befehl gegeben hatte, daß sich unterdessen Niemand aus dem Haus entfernen solle. Katharina Maier benutzte aber bald die Abwesenheit des Hausherrn und machte sich mit der sehr unzweideutigen Äußerung: »sie springe in das Wasser!« eilig davon auf die Straße, wo sie, wenige Stunden nachher, erkannt und von Polizeisoldaten in das Gefängniß gebracht wurde.

Der Leichnam, welcher von ihren Angehörigen und andern Hauseinwohnern für den der alten Susanna Gröber erkannt wurde, fand sich, mit Ausnahme der Füße, die von den Knieen an bis auf die Knochenröhren verbrannt waren, noch angekleidet und vom Feuer unversehrt. Der Kopf war mit Blut bedeckt und zeigte, bei der gerichtlich-ärztlichen Besichtigung, viele Wunden, deren genauere Aufzählung hierher nicht gehört. Es genügt zu bemerken, daß unter diesen Wunden eine gewaltige Zerstörung der Gesichts- und Schädelknochen wahrzunehmen war, vermuthlich durch ein größtentheils stumpfes Werkzeug hervorgebracht und daß diese Verletzungen von den Sachverständigen für schlechterdings tödtlich erklärt wurden.

Was den Thatbestand der Brandstiftung betrifft, so ergab sich, daß unter den brennenden Spänen auch verschiedene Stücke hartes Holz sich befanden, welche schon theils halb, theils ganz zu Kohlen verbrannt waren; daß das Feuer bereits das Dach selbst ergriffen hatte; daß auf der Bodenabtheilung über der Gröberischen Wohnung ein beträchtlicher Holzvorrath aufgeschichtet lag, welcher, sobald das Feuer vollkommen ausgebrochen wäre, ebenfalls in Brand hätte gerathen müssen; daß bei völligem Ausbruch des Feuers mehrere Personen, besonders die Bewohner des obersten Bodens, sich würden in naher Lebensgefahr befunden haben und höchstwahrscheinlich nicht nur das ganze durchaus von Holz aufgeführte Schwarzische Haus, sondern auch die zunächst anstoßenden ebenfalls hölzernen Gebäude ein Raub der Flamme würden geworden sein.

Obgleich der Verdacht des Mordes und der Brandstiftung zunächst und hauptsächlich die Katharina Maier traf, so mußten von demselben gleichwohl auch die übrigen Mitbewohner dieser engen Dachherberge wenigstens anfangs mit berührt werden. Und nicht nur die Tochter der ermordeten Gröber sammt ihrem Liebhaber, sondern auch ein Unteroffizier, welcher am Nachmittag des 19ten Sept. die Maier besucht und bei ihr lange zugebracht hatte, wurden der Theilnahme wenigstens von ferne verdächtig. Allein wenige Tage reichten hin, um die Überzeugung zu begründen, daß man außer der Katharina Maier nach keinem andern Schuldigen zu suchen habe.

In ihrem summarischen Verhöre (20ten Sept.) stellte sie sich ganz unwissend über die eigentliche Ursache ihrer Verhaftung. Auch bei der Anerkennung des Leichnams bewies sie, nachdem der erste Eindruck seine Neuheit für sie verloren hatte, die größte Fassung und Standhaftigkeit. Allein schon am folgenden Tage ließ sie um ein Verhör bitten, gab auf die erste Frage des Richters: was sie anzubringen habe? zur Antwort: »ja! ich habs gethan; ich bin die Mörderin der Susanna Gröber!« und legte frei aus sich selbst ein umständliches zusammenhängendes Geständniß ihrer Verbrechen ab.

Katharina Maier, damals 23 Jahre alt, evangelischer Religion, ist in dem Dorfe Windsostheim, Landgerichts Nördlingen, geboren, wo ihr Vater, der als ein äußerst rechtschaffener Mann geschildert wird, vor Zeiten ein Bauerngut gesaß. Unglücksfälle hatten ihn genöthigt, sein Landgut aufzugeben und mit den Seinigen nach Augsburg zu ziehen, wo er, zur Zeit als seine Tochter der Gerechtigkeit in die Hände fiel, sich als Heubinder in dem Heumagazin ernährte. Katharina Maier stand im 12ten Lebensjahre, als ihr Vater Wohnort und Nahrungsstand veränderte. Dieser hatte, seiner beschränkten Vermögensverhältnisse ungeachtet, so viel an ihm lag, nichts an ihrer Erziehung vernachlässigt. Zu Windsostheim wurde sie in die dortige Dorfschule geschickt, wo sie, wie ein Zeuge sagt, (dem jedoch andere Thatsachen widersprechen) von dem Schullehrer als gute und fleißige Schülerin gerühmt wurde. Zu Augsburg setzte sie den Schulunterricht fort und wurde im 14ten Jahre, nach zweijährigem Religionsunterrichte, confirmirt. Allein ihr von Natur flüchtiger, flatterhafter Geist, machte in ernsten Dingen nur geringe Fortschritte, so daß sie zwar lesen, doch nicht einmal ihren Namen ordentlich schreiben lernte und daher die Protokolle mit Kreuzen zu unterzeichnen genöthigt war. Der Stadtpfarrer, welcher sie in der Religion unterrichtet hatte, sagt von ihr: »ihre Geisteskräfte waren ziemlich schwach, ihr Gedächtniß gar nicht anhaltend; übrigens aber war sie nicht aufmerksam und ziemlich flatterhaft oder zerstreut.«

Seit ihrem 17ten oder 18ten Jahre lebte sie unter fremden Leuten, und ernährte sich bald als Magd, bald als Taglöhnerin bei Feld- oder Fabrikarbeiten, bald auf ihre eigne Hand, als Näherin; auch erwarb sie sich, mehr aus Neigung als des Lohnes wegen, manchen Nebenverdienst als Freudenmädchen und Straßennymphe. Sie hatte einen wohlgebauten Körper und eine regelmäßige Gesichtsbildung, welche man hätte schön nennen dürfen, wenn ein unzüchtiger frecher Blick sich mit der Schönheit vertrüge. Alle Personen, bei denen sie gearbeitet hatte, gaben ihr einmüthig das Zeugniß des Fleißes, der Rührigkeit und Geschicklichkeit. »Alles was sie angriff,« sagt einer dieser Zeugen, »war wohlgethan; sie hatte den besten Willen, war immer die erste zur Arbeit, die letzte von der Arbeit.« Allein eben so einstimmig beklagen alle ihren unbändigen Hang zum männlichen Geschlecht, die Sittenlosigkeit ihres Lebens: die Frechheit in ihrem ganzen Betragen, die schamlose Ausgelassenheit ihrer Reden, was, außer ihrem Flattersinn, der nur die Abwechslung und eben so wenig die Einförmigkeit als die Einschränkung liebte, eine Hauptursache war, daß sie selten lange an einem Orte in Dienst blieb und oft ohne allen Dienst lebte. Schon in ihrem 16ten Jahre war sie zweimal wegen nächtlichen Umherschwärmens in das Besserungshaus gebracht worden; in ihrem 17ten Jahre kam sie zum drittenmal dahin, sowohl wegen ihres leichtfertigen Lebenwandels, als wegen einer an ihrem Vater begangenen Veruntreuung. Ihrer Verworfenheit hatte sie gegen Niemand Hehl; ihre Unverschämtheit liebte es sogar mit dem Laster Prahlerei zu treiben. Die Frage des Richters nach ihrem Nahrungsstand, beantwortete sie ganz unbefangen mit den Worten: »ich ernähre mich theils von Handarbeit, theils als Freudenmädchen durch den Umgang mit Mannspersonen.« Die Folgen ihrer Freudendienste brachte sie in einer eckelhaften Krankheit mit in das Gefängniß, wo sie erst durch Hülfe des Gerichtsarztes davon befreit wurde.

Die Geschichte ihrer Verbrechen müssen wir größtentheils mit ihren eignen Worten hören. Nachdem sie erzählt hat, wie in der Frühe des 19ten Sept. erst die Tochter der Gröber, dann ihr Liebhaber, endlich die alte Gröber selbst, um sich Holz und dergleichen zusammenzubetteln, die Wohnung verlassen habe und sie nun mit dem dreijährigen unehelichen Kinde der Gröberischen Tochter zu Hause allein gewesen sei, fährt sie also fort: »Als ich Vormittags 10 Uhr mit dem Kinde der Gröberischen Tochter ganz allein zu Hause war, ging mir die bittere Noth, die ich litt, gar sehr zu Herzen. Denn ich hatte alle meine Sachen versetzt oder gar verkauft und nicht einmal mehr gute Schuhe. Im Nachdenken über dieses Elend kam ich auf den unglückseligen Gedanken, meiner Hausfrau, der Susanna Gröber, Kleidungsstücke zu entwenden, solche zu versetzen und für das hieraus gelöste Geld meine eignen versetzten Kleidungsstücke, nämlich einen Rock und einen Schurz, ein Paar kleine goldene Ohrringe und ein weißgesticktes Halstuch nebst einem Perlenbeutel wieder einzulösen.«

»Um nun diese Entwendung leichter vornehmen zu können und um nicht sogleich dieser Entwendung halber entdeckt zu werden, beschloß ich zu gleicher Zeit die Susanna Gröber, wenn diese nach Hause gekommen sein würde, um das Leben zu bringen.«

»Diese Gröber kam um 12 Uhr, kochte dem Kinde ihrer Tochter eine Brennsuppe nebst 4 Kartoffeln und ging dann auch für sich eine Fleischbrühsuppe zu bereiten. Zu diesem Ende öffnete sie ihren Kleiderkasten, in welchem der Schlüssel zum Speiseschrank in der Kammer sich befand, ließ jenen so wie diesen offen und ging mit der Fleischbrühe in die Küche. Hier fiel sie von freien Stücken mit dem Topfe neben dem Küchenkasten gegen den Dachwinkel zu auf den Boden hin« (was dieser Alten, wie späterhin erhoben wurde, wegen Schwindels oder Ungelenkigkeit ihrer schwachen steifen Füße, nicht selten zu begegnen pflegte). »Als ich den Fall hörte ging ich hinaus, in der Absicht, sie umzubringen. Sie rief noch: ›o Jesus! Jesus!‹ strebte sich aufzurichten und hob den Kopf in die Höhe, den sie sich auf der linken Seite neben dem Auge beim Fallen etwas aufgeschürft hatte. Ich aber packte sie nun mit der einen Hand an der Brust, mit der andern an der Kehle, drückte ihr den Kopf auf den Boden hin, ergriff dann das nahe dabei liegende Beil mit dem kurzen Stiel, und hielt ihr beide Hände fest zusammen, wobei sie sagte: ›was hab ich denn Ihnen gethan? was hab ich denn Ihr gethan?‹ — ›Du mußt halt,‹ antwortete ich, ›doch sterben, ob du mir etwas gethan hast oder nicht!‹ gab ihr nun mit dem Beil einen Streich auf die Nase, dann auf die Stirn, hierauf, ich weiß nicht genau links oder rechts, auf den sogenannten Schlaf, und weil sie ihren Kopf noch ein wenig in die Höhe hob, auch hinten auf ihren Schädel. Ich gab ihr überhaupt ungefähr 5 Streiche. Hierauf stellte ich das Beil wieder an seinen vorigen Platz. Die Gröber röchelte noch ein wenig, gleichsam als wenn sie in den letzten Zügen läge.«

»Mich ergriff die Angst, und weil sie noch stark blutete, so besorgte ich, es möge, wenn ich sie schon jetzt auf die Seite räume, der ganze Weg mit Blut befleckt werden. Ich ging daher aus der Küche, die ich hinter mir schloß, nahm aus dem offenen Kleiderkasten der Susanna Gröber 4 Schürzen, 5 Halstücher u.s.w. und aus dem Kasten ihrer Tochter Regina, in welchem ebenfalls der Schlüssel steckte, einen Schurz nebst ungefähr 2 fl. 42 kr. an Geld.« (Der Gesammtwerth der entwendeten Sachen, welche fast ohne Ausnahme alt, zerrissen oder geflickt waren, betrug nach eidlicher Schätzung nicht mehr als 10 fl. 38.)

»Ich kleidete nun das Kind an,« fährt sie fort, »und ging dann mit diesem und einem Theile der entwendeten Sachen, die ich in einen runden Korb that, zu meiner Gevatterin Mariana Schmid. Ich gab ihr diese Sachen mit dem Ersuchen, dieselben für meine Hausfrau, welche sie mir in dieser Absicht übergeben habe, zu versetzen.«

»Um 2 ½ Uhr kam ich wieder nach Haus, that das Kind in die Stube, sah mich in der Küche nach der alten Gröber um und bemerkte, daß sie ganz todt sei. Neben ihr lag das aus ihr geflossene Blut, ganz gestockt, ungefähr 2 Hände voll. Ich nahm nun den Leichnam, trug ihn so, daß die

Füße nachschleppten, hinter den Dachwinkel an den Platz, wo er beim Brande gefunden wurde und deckte ihn ganz mit Spänen zu. Hierauf reinigte ich den Boden, wo ich die Tödtung vollbracht hatte, von Blut und wischte das blutige Beil ab. Alsdann machte ich Feuer auf dem Herde an und sott mir Kartoffeln, von welchen ich auch der Regina Gröber einige gab, als sie, um 4 Uhr Nachmittags, nach Hause kam. Diese fragte mich nach ihrer Mutter, worauf ich ihr antwortete, daß sie um 2½ Uhr von Haus wieder fortgegangen sei. Zwischen 4 und 5 Uhr ging auch Regina mit ihrem Kinde wieder hinweg zum Betteln. Dann kam der Korporal L., mit dem ich ungefähr seit 8 Tagen Bekanntschaft hatte, zu mir. Ich aß mit ihm Erdäpfel, sprach mit ihm über gleichgültige Dinge, schenkte ihm (von den der ermordeten Gröber entwendeten Sachen) 2 Leintücher, 3 Fenstervorhänge etc. und gab ihm die 2 fl. 42 kr. zum Aufheben. Ungefähr nach Einer Stunde ging er mit mir fort, begleitete mich zu meiner Gevatterin, bei der ich das Geld für die in Versatz gegebenen Sachen abholen wollte, von da in die Färberei, wohin ich 2 von den entwendeten Schürzen zum Färben trug und von hier in das Wirthshaus zum schwarzen Adler, wo wir Bier tranken und Brod aßen.«

Gegen 9 Uhr kam ich nach Haus. Hier traf ich die Regina G., die sehr über das Ausbleiben ihrer Mutter jammerte. Da sie sich noch damit tröstete, daß dieselbe vielleicht, was schon mehrmals geschehen war, wegen Bettelns auf die Polizei gebracht worden sei, so bat sie mich, auf die Polizei zu gehen und hier nach ihrer Mutter zu fragen; was ich denn auch that, obgleich ich wohl wußte, daß die Susanna Gröber hier nicht zu finden sei.«

»Nach 10 Uhr legten wir uns alle zu Bette. Ich aber dachte bei mir nach, wie es wohl möglich zu machen sei, den Leichnam wegzuschaffen, damit meine That nicht entdeckt werde. Da kam mir auf einmal der Gedanke, geradezu das Haus anzuzünden, lediglich in der Absicht, auf solche Art den Leichnam der Susanna G. zu vernichten. In diesem Gedanken schlief ich ein. Schlag 12 Uhr erwachte ich wieder, stand auf, ging heimlich zur Stube hinaus in die Küche, schlug Feuer, und zündete damit ¼ über 12 Uhr die Späne an, in welchen der Körper der Gröber lag. Ich ging nun wieder in das Bett ohne jedoch einschlafen zu können. Ungefähr eine gute Viertel-Stunde dauerte es, als das Feuer sehr prasselte; denn an der Stelle, wo ich es angezündet hatte, waren die Späne sehr trocken.«

Dieses das mehrmals wiederholte, nach den strengsten Erfordernissen rechtsgültige, mit allen erhobenen Umständen genau zusammenstimmende Bekenntniß. Einige Anstände hinsichtlich des Thatbestandes der Tödtung z. B. daß verschiedene Kopfwunden durch unvorsichtige Behandlung des Leichnams könnten veranlaßt worden sein; daß die alte Gröber, da sie in der Küche von selbst umgefallen, vielleicht vom Schlag sei gerührt worden und andere dergleichen Zweifel, wie man sie von den Vertheidigern zu hören gewohnt ist, waren entweder an sich ganz unerheblich, oder fanden in klaren übervollständigen Beweisen des Gegentheils ihre Widerlegung.

Es war demnach Katharina Maier zweier Verbrechen schuldig, von denen jedes für sich allein schon die Todesstrafe zur Folge hat, nämlich 1) eines Mordes, und zwar, nach Art. 147 Nr. IV. Thl. I. des Strafgesetzb., des qualifizirten Mordes, weil die Ermordung der Gröber »in der Absicht begangen wurde, um einen Vortheil am Vermögen dadurch zu erlangen;« 2) nach Art. 248 Nr. III. Thl. I. des Strafgesetzb., einer Brandstiftung ersten und höchsten Grades, weil der Brand in dem bewohnten Schwarzischen Hause »zu einer Zeit gelegt wurde und ausgebrochen war, wo die Einwohner gewöhnlich im Schlafe liegen.«

Wenn nur irgendwo, so war die Todesstrafe der Schwere dieser Verbrechen an sich, so wie der Größe der Schuld dieser Person so sehr angemessen, daß sich kaum ein Fall von Mord und Brandstiftung aussinnen läßt, welcher den gegenwärtigen an Strafbarkeit überböte. Welcher Verbrecher — wenn nicht Willkühr das strafende Schwert handhaben und sich nach bloßem Belieben die Köpfe zum Abnehmen oder Stehenlassen auswählen darf — welcher Mörder, welcher boshafte Brandstifter könnte noch den Tod verwirkt haben, wenn diese Weibsperson, welche nicht Mörderin allein, nicht Brandstifterin allein, sondern beides zugleich, und jedes in dem von den Gesetzen bezeichneten höchsten Grade ist, noch zu leben verdiente? Welcher Menge ungewöhnlicher, äußerst erheblicher Milderungsgründe wird es nicht bedürfen, um nur einen einfachen Mord aufzuwiegen! Hier aber liegt in der einen Wagschale ein kalt überlegter, höchst frevelhafter Raubmord, neben einer eben so reif bedachten, mit unmittelbarer Gefahr für das Leben und die Habe vieler Menschen, boshaft vollbrachten Brandlegung.

Inquisitin schützt ihren Nothstand vor, welcher sie zum Morde, so wie der Mord zur Brandstiftung verleitet habe. Aber welch ein Nothstand müßte das sein, der nicht blos einem grausamen Raubmord, sondern noch dazu einem Mordbrand vor der Gerechtigkeit zur Entschuldigung dienen könnte! Die Noth müßte denn doch zum allerwenigsten unverschuldet sein. Katharina Maier war damals allerdings ohne Dienst und ohne Geld, mehrere ihrer Habseligkeiten waren versetzt, und sie hatte noch überdies das Unglück — worauf ihr Vertheidiger ganz besonders Gewicht zu legen nicht erröthet — an einer ansteckenden Krankheit zu leiden, wodurch sie verhindert wurde, ihrem nächtlichen Berufe nachzugehen, mit dem sie, wie sie gegen eine ihrer Bekannten sich ausdrückte, »sich manches ehrliche Kreuzerchen zu verdienen pflegte.« Wenn aber dieses gälte, so gälte zugleich die alles Gefühl und Recht und Sittlichkeit empörende Behauptung: die gräßlichsten Verbrechen würden entschuldigt durch die schändlichsten Laster. Die Dienstlosigkeit der Maier war nur selbstverschuldete Folge ihrer sittenlosen Aufführung, ihrer Freude an der Ungebundenheit eines liederlichen Lebens. Sie war eine geschickte, fertige, alles gut und schnell fördernde Arbeiterin; es konnte ihr daher weder an Dienst, noch an ehrlicher Arbeit fehlen; sobald sie wollte. Aber die Leichtfertigkeit liebt die träge Gemächlichkeit, und scheut sich im Schweiße des Angesichts zu erwerben, was sie viel leichter mit eigner Wollust zu verdienen weiß. Eben so leichtsinnig als liederlich, und weil das Sprüchwort: »wie gewonnen, so zerronnen,« bei ihr zur vollen Anwendung kam, warf sie mit der einen Hand hinweg, was sie kaum mit der andern verdient hatte: eine Eigenschaft, welche ihr von Manchen als besondere Gutmüthigkeit oder gar, wie Eine Zeugin sich ausdrückt, für baare »Gemüthlichkeit« ausgelegt wurde. Wie der Hurone, der, wenn er ausgeschlafen hat, seine Hangmatte verkauft und nicht bedenkt, daß er in der nächstfolgenden Nacht derselben bedürfe, kaufte sie den Kindern ihrer Bekannten mürbes Brod, wenn sie selbst vielleicht nicht so viel Kreuzer mehr hatte, um sich dafür trockenes Brod zu kaufen. Und kaum hat sie gemordet, um einer elenden Bettlerin ihre armseligen Lumpen zu stehlen, so theilt sie davon Geschenke an ihren Liebhaber aus. Also Leichtsinn, Liederlichkeit, Arbeitsscheu, Verschwendung! — Zudem befand sich Inquisitin nicht einmal in eigentlicher Noth, geschweige in unverschuldeter. Sie hatte zu essen und zu trinken und Kleider zum Ausgehen, und konnte sich gewiß so viel verdienen, als sie brauchte, um sich ein Paar Schuhe machen zu lassen. Sie ernährte sich damals, wie sie ihrem Richter selbst sagte, »von ihrer Handarbeit und (ihrer ansteckenden Krankheit ungeachtet) als Freudenmädchen; hatte überdies seit 8 Tagen wieder einen Liebhaber, von dem sie Besuche empfing, mit dem sie in den Wirthshäusern umherzog, und der sich ihr in ihren Verlegenheiten nicht ganz unbarmherzig erwiesen haben wird. Der eigentliche Beweggrund des Mordes war, wie sie selbst angibt, das Verlangen, wieder zum Besitze ihrer verpfändeten Sachen zu kommen, und diese bestanden, außer einem Rock und Schurz, in Putzsachen, die ihre Eitelkeit ungern vermißte, in goldenen Ohrringen, einem Perlenbeutel und dergleichen.

Die Strafbarkeit dieser Inquisitin wird, sowohl nach dem Maaßstab rechtlicher als sittlicher Beurtheilung, besonders erhöht, durch das auffallende Mißverhältniß ihrer Verbrechen zu der Unbedeutenheit des Zwecks, welcher dadurch erreicht werden sollte. Was uns, selbst bei einer empörenden That, mit dem Verbrecher als Menschen versöhnt, ist einestheils die Gewalt, die er sich selbst anthun mußte, um das Verbrechen zu begehen, anderntheils die Gewalt, die es ihn gekostet haben würde, um den Anlockungen zu demselben nicht zu erliegen. Wer hingegen eben so leichtmüthig eine

Missethat verübt, als leichtfertig der Beweggrund war, welcher ihn dazu bestimmte, erscheint nicht blos als Verbrecher, sondern zugleich als ein Bösewicht. Denn bei diesem hat der rechtswidrige Vorsatz den Charakter einer muthwilligen Bosheit. Er bekundet ein Gemüth, welches für das Gute und Rechte gleichgültig, gegen alles was in einem Menschen Verbrechen widerredet, wenn auch vielleicht nicht durchaus verhärtet, doch, sobald es mit dem leisesten Gelüsten in Widerstreit geräth, taub und unempfänglich ist, und, wenn gleich noch so laut die warnenden Geister befehlend, drohend, bittend sich in ihm vernehmen lassen, diesen in frechem Muthwillen kaltblütig den Rücken zukehrt, um, gleichsam nur spielend, weil es ihm nun einmal so gefällt und bequem ist, mit frevelnder Hand zu gewinnen, was kaum die Mühe einer verbrecherischen Arbeit lohnt. Daß bei einer armen alten Frau, die sich Holz, Kartoffeln und andere Lebensmittel zusammenbettelte, keine Schätze zu heben seien, wußte unsere Inquisitin längst. Aber ein Paar alte Schürzen, die frisch aufgefärbt noch eine Zeit lang gute Dienste thun, — die wenigen Groschen oder Gulden, die aus der übrigen armseligen Habe einer Bettlerin pfandweise erworben, und womit einige eben so armselige Versatzstücke ausgelöst werden konnten: solche geringfügige Dinge waren dieser verworfenen Straßendirne mehr werth als das Leben einer unschuldigen alten Frau, welches sie derselben unmenschlich grausamer Weise zu rauben für gut fand, blos um bequem und sicher ihrer Hab- und Gefallsucht auf dem kürzesten Weg einige Befriedigung zu gewähren. Und eben so galt ihr eine Feuersbrunst in tiefer Nacht, und die nahe Gefahr für das Leben so vieler Bewohner des Hauses neben und über ihr, — der Gefahr für die anstoßenden Gebäude und deren Bewohner gar nicht zu gedenken — für eine Kleinigkeit, sobald es galt, das eine schon begangene Verbrechen durch ein zweites, nicht minder abscheuliches, zu verdecken. Daß bei der Ausführung des letzten nicht ihre eigne werthe Person in Gefahr komme, dafür hatte sie klüglich gesorgt. Gemächlich begab sie sich wieder zur Ruhe, nachdem sie das Feuer gelegt hatte, wartete hier wachend in Bequemlichkeit des Erfolges, und verließ, sobald sie das Feuer prasseln hörte, ihr Bett, um sich anzukleiden.

Wes Geistes Kind diese Dirne ist, mögen noch einige kleine Charakterzüge beweisen. — Das gestockte Blut der Ermordeten faßte sie mit ihren bloßen Händen vom Boden auf, und warf es so in ein Gefäß, das sie alsdann mit dem übrigen aufgewaschenen Blute in das heimliche Gemach goß. Und um 3 Uhr Nachmittags, nachdem diese Arbeit und andere ähnlicher Art verrichtet waren, hörte die Gattin des Hausnachbars Scherer in der Gröberischen Wohnung singen. Um diese Zeit war hier Niemand zu Haus, als die Katharina Maier mit dem 3jährigen Kinde; wir haben daher alle Ursache zu glauben, daß kein anderer Mensch als sie selbst die Sängerin gewesen, obgleich sie, gewiß nur aus Scham, es läugnet, »weil ihr,« wie sie sich ausdrückt, »schon damals nicht mehr singerisch gewesen sei.« Daß der begangene Mord in ihrer Gemüthsstimmung nichts verändert habe, beweist nicht nur ihr ganzes Treiben von der That an bis zum Schlafengehen, sondern auch das Zeugniß ihres Liebhabers, welcher seit 4 Uhr Nachmittags mit ihr gelebt hatte, und mehrmals versicherte: »er habe nichts ungewöhnliches an ihr beobachtet; sie sei so munter und lustig gewesen wie immer.« Die Tochter der Ermordeten sagt über ihr Benehmen nach der Mordthat: »als ich am 19. Sept., Nachmittags gegen 4 Uhr, nach Hause kam, kochte sie sich Kartoffeln, zeigte sich ganz aufgeräumt und guten Muthes, erzählte mir, daß die Alte sich und dem Kinde eine Suppe gekocht habe, und benahm sich überhaupt so ganz unbefangen, daß ich von ihr nicht das geringste Böse ahnen konnte. — Abends, als ich und mein Liebhaber um die Mutter jammerten, jammerte und weinte auch sie mit uns, und benahm sich hiebei so, daß sich von ihr nichts Schlechtes träumen ließ.«

Alle Umstände, sowohl ihre Lebensweise, als ihr Benehmen bei und nach der That, und viele Zeugenaussagen, bezeichnen diese Person als ein von Grund aus leichtsinniges Geschöpf. »Diese Maier,« sagt eine ihrer guten Freundinnen, »war immer recht gemüthvoll und verträglich, hatte übrigens einen recht lebhaften Charakter und war so ziemlich leichtsinnig. Sie hatte oft keinen Kreuzer Vermögen, kaufte aber gleich wieder, wenn sie einen Kreuzer bekam, dem Sohne meiner Tochter mürbes Brod, ohne für sich selbst zu sorgen. Sie hatte selten einen Dienst, ich konnte manchmal nicht begreifen, wovon sie lebte; dann sagte sie mir aber, daß sie hin und wieder in der Nacht ein ehrliches Kreuzerchen verdiene.« Eine andere ihrer Bekannten sagt von ihr: »Katharina war immer munter und lustig, dabei auch sehr leichtsinnig, indem sie sich aus keiner Sache und aus keinem Schicksal, es mochte ihr gut oder bös gehen, etwas machte. Sie war übrigens rasch in ihren Reden und Handlungen, jedoch verständig; auch war sie immer sehr gutmüthig und dienstgefällig.« Der Aufseher einer Fabrik, unter welchem sie nicht lange vor ihrer That gearbeitet hatte, schilderte sie also: »Sie war fleißig und geschickt, besonders in der Spinnkunst, übrigens frech in ihrem Betragen und hitzigen Temperaments, so daß sie mehrmals Wortwechsel mit den übrigen Arbeitern hatte. Bei solchen Streitigkeiten pflegte sie sich gewöhnlich der Worte zu bedienen: ich steche dir gleich das Messer durch den Leib! Indessen lachte sie bald wieder darauf, so daß das Ganze mehr Spaß als Ernst schien, und war gleich wieder gut. Überhaupt ist sie sehr gutmüthig, und, wenn sie etwas besitzt, theilt sie gern Jedermann etwas davon mit.« Auch während der ganzen Untersuchung benahm sie sich diesem ihrem Charakter gemäß. Selten war sie ernst oder nachdenkend, fast immer guten Muthes und froher Laune. Selbst während der Erzählung ihrer Greuelthaten bezeigte sie sich nicht nur gleichgültig, sondern lächelte mitunter ganz fröhlich, als erzähle sie ein angenehm unterhaltendes Geschichtchen. Fast alle Verhörprotokolle schließen mit solchen Geberdenbemerkungen des Inquirenten. In einer dieser Schlußbemerkungen äußert derselbe: »Katharina Maier verrieth während dem ganzen Verhör weniger Bosheit (?), als vielmehr einen grenzenlosen Leichtsinn. Sie zeigte einen hohen Grad von Gutmüthigkeit, wie solche gemeiniglich bei leichtsinnigen Personen angetroffen zu werden pflegt;« — aus welcher Gutmüthigkeit sie jedoch gewiß nicht gemordet noch Brand gestiftet, welche sich auch schwerlich in der leichtfertigen Gleichgültigkeit, womit sie wohlgefällig ihre abscheulichen Verrichtungen erzählte, kund gegeben hat. Der Pfarrer, welcher sie confirmirt hatte, legte in sein Zeugniß über ihre Flatterhaftigkeit und Leichtsinnigkeit, ohne weiters zugleich eine Art von Urtheil über die Zurechnungsfähigkeit ihrer Verbrechen nieder, indem er sagte: »bei dem Vorfalle, den man gegenwärtig von ihr erzählt, kam ich gleich auf den Gedanken, daß sie die von ihr verübt wordene Tödtung vorzüglich aus Leichtsinn, in Verbindung mit ihren schwachen Geisteskräften begangen habe.« Von Geisteskräften, die zu schwach wären, um das verbrecherische eines Raubmordes und einer Brandstiftung einzusehen, hat gewiß Niemand, der ihre obigen Geständnisse gelesen, auch nur die mindeste Spur wahrgenommen. Allerdings aber erscheint sie als ein leichtsinniges, höchst leichtsinniges Wesen — d.h. als eine Person, die jede Unlust scheuend, allem Ernste fremd, für bleibende Eindrücke unempfänglich, an nichts fest haltend, immer blos dem Augenblicke lebt, sich den angenehmen Eindrücken oder Vorstellungen, wie sie jedesmal die wechselnde Gegenwart bietet, ohne Erwägung der Zukunft, in ihrem Wollen und Handeln überläßt, daher, ohne ein bestimmtes leitendes Prinzip, gleich einem steuerlosen dem Winde überlassenen Schiff, von dem Hauche der Lust dahin dorthin getrieben wird, und, je nach den Umständen, bald sich selbst, bald Andern zum Schaden handelt. Der Leichtsinnige ist, wie unsere Katharina, meistens heiter, vergnügt, lustig, weil er, für das gegenwärtig Angenehme vorzüglich gestimmt, weder in der Vergangenheit, noch in der Zukunft, mithin ohne Sorgen blos für Heute lebt. Er hofft leicht und viel, wird sich aber nicht grämen, wenn seine Hoffnungen scheitern, und sich aus ihren Trümmern bald wieder ein neues Luftgebäude zusammensetzen. Feindselige Neigungen, Affekte und Leidenschaften, als Haß, Rachsucht, Neid und dergleichen, da sie düsterer, unangenehmer Natur sind, finden in seinem Gemüthe keinen sichern Boden, um in demselben fest einzuwurzeln; wird aber was immer für eine Gemüthsbewegung oder Begierde in ihm geweckt, so wird diese wie ein Wirbelwind ihn fassen und dann, entweder nur Staubwolken aufregend, oder auch wild verheerend, schnell vorüberziehen. Das Wichtigste erscheint ihm nichtswürdig, das Unbedeutendste hochwichtig, jenes sobald es ihm eine Anstrengung oder Entsagung zumuthet, dieses sobald es, nach seiner augenblicklichen Stimmung, ihm einen leicht zu erlangenden Genuß verspricht. Einem künftigen größern Glück wird er keine gegenwärtige, wenn auch noch so kleine Freude opfern; vielmehr wird er einem Gegenstand augenblicklichen Begehrens leidenschaftlich nachrennen, unbekümmert um die Gruben und Abgründe, die ihm schon auf dem Wege zum Ziel begegnen oder am Ziele selbst ihn erwarten und verschlingen. Geben ihm seine Neigungen und äußere Umstände keinen Anlaß zum Bösen, so ist er, bei der in ihm vorherrschenden heitern Stimmung, und weil fremdes Vergnügen angenehm auf ihn selbst zurückwirkt, gegen Andere gefällig, zuvorkommend und, zumal weil er die Zukunft nicht bedenkt, wohlthätig, vielleicht bis zur Verschwendung; aber schlägt einmal die Stunde der Versuchung, so ist er im Bösen um so ärger, je mehr sein den Eindrücken der Gegenwart lebhaft hingegebenes Gemüth allen ernsten Betrachtungen, allen Erwägungen der Folgen, allen Abmahnungen des Gewissens und dergl., entweder leichtfertig vorauseilt, oder dieselben muthwillig von sich stößt. Und hat denn er etwas Böses gethan, so ist er, wie Kant* von dem Leichtblütigen (Sanguinischen) sagt, »ein sehr schlimm zu bekehrender Sünder, den es zwar sehr reuet, der aber diese Reue (die nie ein Gram wird) bald vergißt.«

Dem Leichtsinn liegt gewöhnlich der, hiemit nicht zu verwechselnde, leichte Sinn zum Grund, welcher, als Naturanlage, dem Menschen von sanguinischem Temperament eigen ist, und in einer besondern Stimmung des Empfindungs- und Vorstellungsvermögens für die Auffassung der angenehmen Seite in den Verhältnissen und Ereignissen des Lebens besteht. Dieser leichte Sinn ist, als Naturanlage, keinem Menschen weder als Schuld noch als Verdienst zu-

* *Anthropologie in pragm. Hinsicht.* S. 257.

zurechnen, gehört übrigens so wenig zu den tadelnswerthen Eigenschaften, daß, wer ihn nicht mit der Geburt empfangen hat, darnach trachten muß, sich davon so viel als möglich, mit Hülfe gesunder Lebensphilosophie, künstlich zu erwerben. Aber der Leichtsinn, als vorherrschende Neigung des Willens, sich von dem leichten Sinne zu Handlungen bestimmen zu lassen, ist ein radicaler sittlicher Fehler, welcher mit den Pflichtverhältnissen des Menschen im unverträglichsten Widerspruche steht, — ein der Tugend wie dem äußern Recht gefahrdrohendes Gebrechen des Willens. Daher selbst diejenigen Gesetzübertretungen, welche nicht aus Bosheit und rechtswidrigem Vorsatze, sondern blos aus Leichtsinn begangen werden, dem Handelnden zur Schuld angerechnet und von dem äußern Richter (wegen Fahrlässigkeit) bestraft werden müssen. Daß aber der Leichtsinn einer Person ihrem entschiedenen rechtswidrigen Vorsatze nicht zur Entschuldigung oder Milderung der Schuld gereichen könne, ist nach allem bisher Gesagten von selbst einleuchtend. Auch wird Niemand, der sich auf den Gebrauch der Worte versteht ein vorsätzlich begangenes, wohl gar, wie in dem gegenwärtigen Falle, voraus überlegtes, mit kaltem Blut verübtes grausames Verbrechen, — ein Verbrechen aus Leichtsinn nennen; denn diese Benennung gehört, nach gemeinem, wie nach wissenschaftlichem Sprachgebrauch, nur dem nichtvorsätzlichen Verbrechen aus Unbedachtsamkeit, aus Vernachlässigung gehöriger Überlegung und Aufmerksamkeit. Ein vorsätzliches Verbrechen aus Leichtsinn reimt so wenig zusammen, als ein fahrlässiges Verbrechen aus Vorsatz, oder ein überlegtes Verbrechen aus Unüberlegtheit, ein mit Besonnenheit beschlossener und ausgeführter Mord aus — Unbesonnenheit. An einem Verbrechen aus bösem Vorsatze hat der Charakter des Leichtsinnigen blos in so ferne seinen Antheil, als derselbe mit allen abhaltenden Rücksichten schnell fertig wird, eine Missethat gern eben so leicht nimmt als eine Gutthat, und über die Schranken des Gewissens, des Rechts und der Menschlichkeit eben so kecken Muthes hinwegspringt, wie er auch in gleichgültigeren Dingen sich über alles leicht hinwegsetzt, was ihm nun jetzt einmal nicht gefällt. Durch solche Gemüthseigenschaft, — welche einerseits die nichtswürdigste Charakterlosigkeit, anderseits die gefährlichste Gleichgültigkeit und Verachtung gegen alles dasjenige in sich schließt, was sonst den Menschen in den Schranken der Pflicht und der äußern Ordnung hält — wird also die Bosheit eines verbrecherischen Vorsatzes nicht gemildert, vielmehr gesteigert. Wer wird den leichtsinnigen Buben, der, weil er aus Liederlichkeit nicht arbeiten mag, sich auf die Straße lagert, und hier mit unmenschlicher Gleichgültigkeit einen Vorübergehenden erschießt, um ihm ein Paar Groschen zu rauben, die er im nächsten Wirthshause wieder vertrinkt oder verspielt, — nicht für bösartiger und staatsgefährlicher achten, als den nichts weniger als leichtsinnigen Mann, der, vielleicht nach schwerem Kampfe mit sich selbst, eben diese That gethan hat, weil er sich damit entweder aus einer dringenden Verlegenheit zu helfen oder auch seiner Familie dauernden Wohlstand zu gründen hoffte? Unsere leichtsinnige, leichtfertige Straßendirne mit ihrem frevelhaft muthwilligen Raubmord, und ihrer boshaften, gefährlichen Brandstiftung, wie tief steht nicht diese, nach sittlicher und allgemein rechtlicher Würdigung, unter dem sonst braven haushälterischen Familienvater, der, von seinem Wuchergläubiger auf das Äußerste bedrängt, diesem, weil er sich nicht anders zu helfen weiß, aufpaßt und ihn erschlägt, um sich der Schuldurkunde zu bemächtigen, die ihn in den nächsten Tagen mit dem Verlust seiner Ehre und seines häuslichen Standes bedroht*! Gesetz und äußere Gerechtigkeit machen freilich keinen Unterschied und können es nicht. Aber dürften sie unterscheiden, so ist wohl keinen Augenblick zweifelhaft, daß sie wenigstens zu Gunsten des mit dem Laster vergesellschafteten Verbrechens nicht entscheiden würden.

Indessen wurde die ausgemachte Liederlichkeit dieser Person, verbunden mit ihrem anmuthigen Leichtsinn und

* Alle hier angeführten Beispiele sind aus der Erfahrung genommen. Ein Verbrecher, wie ihn das zuletzt erwähnte Beispiel darstellt, wurde vor wenigen Jahren von dem Appellationsgerichte des Rezatkreises zum Tode verurtheilt und nicht begnadigt.

ihrer gepriesenen Gutmüthigkeit, nebst einer Zugabe von angeblich schwachen Geisteskräften, von ihrem Vertheidiger als ein willkommener Stoff aufgegriffen, um aus demselben den vermeintlich sonnenklaren Beweis herauszubringen, daß unsere Inquisitin weiter nichts sei als »das bejammernswerthe Opfer einer unsäglichen Verblendung,« verschiedener Seelendefecte und mehrerer Gemüthskrankheiten, welche wenigstens die volle Zurechnung ausschließen müßten. »Ihre schwere Fassungsgabe lasse sich schon aus ihrem Benehmen in ihren Verhören und aus ihrer Unterredung mit dem Vertheidiger abnehmen, weil sie schlechterdings nicht die Folgen ihres Begehens, dessen Strafbarkeit, zusammenreimen könne, und schlechterdings nicht zu überlegen im Stande sei, was ihr zu ihrer Vertheidigung fromme.« — Schon das Äußere der Katharina spreche ihren Blödsinn aus. Ein auffallender flacher Bau ihres Schädels, welchen man gewöhnlich an Menschen erblicke, die man Flachköpfe zu nennen pflege, bürge für die geringe Entwickelung der Organe des Inductionsvermögens, das allein den Menschen vom Thier, und die Operation des Nachdenkens von dem instinktmäßigen Handeln unvernünftiger Geschöpfe unterscheide. Dafür bürge ferner ihr geistloser Blick, ihr hervorstechender Leichtsinn, ihr Unbekümmertsein, ob sie durch ihre Aussagen ihre Schuld erschwere oder ihre Vertheidigung erleichtere u.s.w.« — Leichtsinn, in einem Grade wie ihn die Angeschuldigte besitze, gränze sehr nahe an einen Zustand der Verrücktheit, denn er sei einer fixen Idee gleich zu achten, welche die Thätigkeit aller übrigen Geistesorgane hemme und fessele. Wahrlich! vom Leichtsinn ist der Übergang zum Wahnsinn kein Riesenschritt; denn seine Steigerung mit den Jahren vermehrt den Grad desselben, »wie die Inquisitin den traurigen Beweis dafür liefert.« — Einen Grund mehr für den Wahnsinn dieser Person findet der Defensor in ihrer Liederlichkeit, in ihrem Hange zur Wollust. »Dem Psychologen entgeht die Wahrheit nicht, daß Personen des andern Geschlechts, wenn sie einen starken Reiz für die Geschlechtsliebe empfinden, sehr leicht zu Begehungen hingerissen werden, welche an Wahnsinn grenzen. Tägliche (!) Erfahrungen bestätigen es, daß ausschweifende Geschlechtsliebe in Wahnsinn ausarte, und die Irrenanstalten bieten allenthalben Erscheinungen zur Genüge. Diese Bemerkung findet seitdem allenthalben Bestätigung, seitdem eine aufmerksame Beobachtung des Gehirns und seiner Verrichtungen, so wie seiner Organe, auch das der Geschlechtszuneigung daselbst gefunden hat!« — Aber nicht blos aus der schlechten Aufführung der Inquisitin zieht dieser Vertheidiger seinen Beweis für das Dasein einer Seelenkrankheit, sondern auch, damit es nirgends fehle, aus ihrem guten Betragen. Ihre Herrschaften bezeugten ihren Fleiß, ihre Treue, ihre Gutmüthigkeit. »Wenn nun,« fährt der Vertheidiger fort, »die gute Aufführung eines Menschen, vermöge welcher sich das vorgefallene Verbrechen von ihm nicht erwarten läßt, eine allgemeine Vermuthung der Unschuld gibt« (wie kommt aber diese hieher?) »warum sollte im gegenwärtigen Fall nicht der Urtheilssprecher, aus eben dieser Rücksicht, bei der Katharina Maier auf eine solche verkehrte Sinnesart, auf eine solche Armuth an Geistesfähigkeiten, auf eine solche Verrücktheit in ihren Ideen und Absichten schließen können, welche bewirken, daß der Grad einer strengen Zurechnung bei ihr unmöglich eintreten kann?!« — »Wenn eine Person von außerordentlicher Gutmüthigkeit, welche vorher kein Kind beleidigte, Niemand« (außer ihren Vater, der sie deßhalb in das Besserungshaus sperren ließ) »bestohlen und belogen hatte, den Gedanken faßt, um sich aus einer geringfügigen Verlegenheit zu retten, einen armen Bettler, der selbst nichts hat, zu berauben u.s.w. wer wird hier sagen, daß ein solcher Mensch seiner Sinne mächtig gewesen sei? wer wird nicht vielmehr hier den richtigen Schluß fassen, daß eine Krankheit der Geistesorgane vorwalten müsse, aus welcher eine kranke Combination entsteht, woraus ein falsches Urtheil fließt und wodurch sich der Wahnsinn von selbst ausspricht!« In diesem Geist und Ton, mit solchen zum Theil ganz neuen Beobachtungen, Gründen, Schlüssen und Folgerungen breitet sich der Vertheidiger über viele Bogen aus.

Da in der That selbst, so wie in dem Benehmen der Inquisitin bei ihren Verhören der unumstößliche Beweis vollkommener Zurechnungsfähigkeit bereits in den Akten lag; da von den Vielen, welche über diese Verbrecherin waren vernommen worden, kein einziger Mensch irgend etwas ausgesagt oder angedeutet hatte, wobei an eine Geistes- oder Gemüthskrankheit derselben auch nur von ferne gedacht werden konnte; da überdies von dem Gerichtsarzt, welcher die Inquisitin in ihrer syphilitischen Krankheit behandelte und dieselbe sehr oft zu beobachten Gelegenheit hatte, bereits in einem schriftlichen Gutachten erklärt worden war, »daß er, während ihrer Gefangenschaft, niemals ein Symtom von Geisteskrankheit — nur hier und da einen leichten Anflug von Schwermuth — an ihr bemerkt habe:« so durfte wohl das Untersuchungsgericht, zumal bei solcher Beschaffenheit der Vertheidigungsgründe, sich der Mühe weiterer Nachforschungen über den Geisteszustand der Inquisitin für enthoben erachten. Zur Vorsicht indessen, und da sich nicht im Voraus wissen ließ, ob nicht vielleicht Gerichtsärzte höherer Ordnung den Betrachtungen des Vertheidigers auch noch mit ihrer eignen Wissenschaft vom verständigen Unverstand, gescheiden Wahnsinn und vernünftiger Tollheit, zu Hülfe kommen möchten: so wurde es, wenn nicht für nothwendig, doch für sehr nützlich gehalten, jenen Umstand durch weitere Verhandlungen, wo möglich, noch besser aufzuklären. — Man vernahm daher nochmals mehrere Bekannte der Inquisitin. Die Antwort dieser Zeugen war: »Katharina war ein verständiges Mädchen,« — »sie war verständig, und man konnte an ihr nie die geringste Spur einer Geisteszerrüttung wahrnehmen.« Es wurden die Polizeisoldaten über ihr Benehmen bei ihrer Verhaftung und Wegführung vernommen; diese sagten: »sie hätten an ihr nicht die geringste Geisteszerrüttung bemerkt, im Gegentheil eine Geistesgegenwart, welche außerordentlich zu nennen sei.« Es wurde auch noch ihre Mitgefangene, Elisabeth Kniesel, über den Gemüthszustand der Inquisitin verhört; sie äußerte: »wie Katharina in den Arrest kam, ging es ihr wie allen Arrestanten; sie wollte sich, ihrer Äußerung nach, blos ihrer Arrettirung wegen, den Tod anthun. Nach und nach gewöhnte sie sich aber an die Gefangenschaft, und seit der Zeit ist sie munter und singt fast den ganzen Tag. Auch liest sie in einem evangelischen Gesangbuche, so wie auch mehrere andere Gebetbücher, die sie von dem Eisenmeister bekam. — Die erste Nacht ihres Arrestes war sie furchtsam, und ersuchte mich immer, daß ich sie bei mir liegen lasse, warum sagte sie mir nicht; ich glaube aber wegen ihrer Verbrechen; denn sie erzählte mir nachher, daß sie ein altes Weib erschlagen habe, um ihr ihre Sachen nehmen zu können, mit dem Beisatze: daß es um diese Alte, welche sie erschlagen, kein Schade sei. — Sie glaubt ihrer Äußerung nach, deswegen auf 8 Jahre in das Zuchthaus zu kommen; ich machte ihr aber alles leichter und sagte ihr, daß sie vielleicht nur auf 5 Jahre dahin komme. Übrigens spricht sie verständig, äußert nicht das geringste von einer Reue über ihre That und erzählt auch jetzt schon seit langer Zeit gar nichts mehr davon.«

So wurden nun, nebst einem Vertheidigungsnachtrag, die Akten am 4ten Decbr. 1817 an den K. Gerichtshof zum Spruch eingesendet. Sie kamen jedoch von da, am 23ten Januar 1818, unter andern mit der Weisung zurück:

> »von dem Gerichts-Physikus ein erschöpfendes Gutachten über den Gemüths- und resp. Geisteszustand der Katharina Maier zu erholen und *ad acta* zu bringen. Zu diesem Ende sind ermeldetem Gerichtsarzte sämmtliche Akten zur genaueren Würdigung und Berücksichtigung bei Abgabe des *Parere* vorzulegen, so wie auch, im Beisein des Physikus, ein umständliches Verhör mit der Inquisitin über den von ihr verübten Mord und Brandstiftung abzuhalten.«

Das, in Gemäßheit dieser Entschließung, in Gegenwart des Gerichtsarztes, mit ihr vorgenommene Verhör, ergab nichts merkwürdiges, außer folgende Antwort auf die Frage: welche Bücher liest Sie? »Es sind geistliche Bücher und auch das Testament, wovon ich das neue lieber als das alte lese, weil mir das erstere besser eingeht. Der Hr. Pfarrer G. kam zu mir, weil ich so fluchte, worüber er mich reprimandirte. Ich bin auch recht froh, daß er zu mir gekommen ist; denn es wurde mir durch sein Gespräch viel leichter. Ich hätte früher schon immer selbst gern einen Geistlichen gewünscht; allein ich fürchtete immer, er möge mich wegen meines Verbrechens schmählen, über das ich ohnehin schon oft sehr unruhig wurde, besonders wenn ich den Spruch bei mir bedachte: »Wer Menschenblut vergießt, dessen Blut soll wieder vergossen werden;« und wenn ich erwog, daß ich in meiner Jugend so im Arrest herumsitzen, vielleicht mein ganzes Leben im Gefängniß zubringen müsse, oder daß es mir gar an den Kopf gehe.« Auf die Frage; liebt Sie das Theater und allenfalls welche Spiele am meisten? gab sie zur Antwort: »Ja, ich liebe Theaterstücke, besonders Trauer- und Ritterstücke; so auch Gemälde über vorzügliches häusliches Glück, weil diese mehr an das Herz gehen.« Der Untersuchungsrichter schließt unter andern das Protokoll mit der Bemerkung: »Inquisitin zeigte im Allgemeinen großen Leichtsinn, indem sie z. B. bei dem Hersagen des Spruchs: Wer Menschenblut u. s. w. Thränen vergoß, aber bei dem Dictiren desselben über den nämlichen Spruch lächelte, ohne die Ursache ihres Lächelns angeben zu können.«

Um alles zu erschöpfen wurde auch noch der Eisenmeister, ferner eine zweite Mitgefangene, Namens Brand und endlich der Stadtpfarrer G. über das Betragen der Inquisitin und ihren Geisteszustand vernommen. Der erste erzählt: »die Inquisitin war immer sehr munter und lustig, sie zeigte sich manchmal selbst ungezogen und frech. Einige Wochen nach dem Vertheidigungsverfahren bat mich die Brand, sie von der Maier hinweg in ein anderes Gefängniß zu legen, weil diese immer schimpfe, sich unruhig betrage und selbst Gott lästere. Mich davon zu überzeugen, horchte ich mehrmals an ihrem Gefängnisse, wo ich die Worte von ihr vernahm: ›es gibt keinen Gott, und wenn es einen gibt, so ist der meinige ein Spitzbub.‹ Ich setzte sie darüber zur Rede, und machte dem Directorium des Stadtgerichts Anzeige davon, das mir befahl, den Herrn Pfarrer G. zu ihr zu rufen. Seit diesem Besuch, welcher mehrmals wiederholt wurde, benahm sich Katharina lange sehr ordentlich, bis auf die letzten Tage, wo sie, gleich nach dem geistlichen Gespräch, sich wieder sehr gleichgültig gegen die Religion zeigte, in ihrem Gefängnisse sang und lärmte und sich überhaupt als ein uncultivirtes, rohes und leichtsinniges Mädchen bewies.« — Ihre Mitgefangene Brand bestätigt alles dieses im Wesentlichen, namentlich auch ihre gotteslästerlichen Reden, welche sie jedoch nur im Zorn ausgestoßen habe. — Der sehr würdige Stadtpfarrer G. ließ sich folgendermaßen über diese Inquisitin vernehmen: »Schon bei meiner ersten Unterredung mit der Maier bemerkte ich bei ihr tiefe Rührung über ihr Verbrechen, so wie über ihren Seelenzustand. Besonders wurde ihr Gefühl außerordentlich erweckt, als ich zu ihr von ihrem früheren Leben in ihrem väterlichen Hause sprach und sie an die sorgfältige Erziehung ihrer Ältern erinnerte. Nach ferneren Besuchen überzeugte ich mich, daß sie ziemlich richtige religiöse Begriffe habe, daß sie sogar unaufgefordert die Strafbarkeit ihrer Verbrechen und ihre Verwerflichkeit vor Gott durch Bibelsprüche, die sie auswendig konnte, bewies. Übrigens fand ich noch, daß sie alle Fragen, die ich ihr vorlegte, mit Verstand und Besonnenheit beantwortete, daß sie mir ihr vergangenes Leben, die Art und Weise, wie sie allmälig verführt worden, wie sie endlich in gänzliche religiöse und sittliche Gleichgültigkeit verfallen, richtig und zusammenhängend erzählte. — Was ich aus ihrem Benehmen zu mir entnommen, so schien sie mir eher ein ruhiges, phlegmatisches (?) und gleichgültiges Temperament zu haben, und daß sie, wenn sie unter besseren Umgebungen aufgewachsen und nicht schon früh durch Wollust verführt worden wäre, sich zu einer guten und sanften Person gebildet hätte. Sie erscheint mir als ein Opfer ihrer wollüstigen Begierden, die wohl auch noch gegenwärtig eine solche Macht über sie zu haben scheinen, daß, wenn sie jetzt ihre Freiheit erlangen könnte, sie durch dieselben ganz beherrscht werden würde. — Nie ist mir aber der Gedanke gekommen, daß Katharina als eine im Geiste verwirrte Person zu betrachten sei; und auch das, was sie mir selbst über die Ausführung ihres Verbrechens erzählte, hat in mir nie eine Vermuthung dieser Art veranlaßt.«

Der Stadtgerichtsarzt L., welcher nun auch noch sein Gutachten über die geistige Krankheit oder Gesundheit dieser Person abzugeben hatte, legte einen, um so achtbareren, je selteneren, Beweis der Einsicht und Bescheidenheit dadurch ab, daß er, unter ausdrücklicher Beziehung auf Kants berühmten Streit der Fakultäten, ganz unumwunden erklärte: die Beantwortung solcher Fragen gebühre nicht sowohl dem Arzte, als dem Psychologen und Moralisten, mithin der philosophischen Fakultät. Übrigens aber zeigte er, zwar in sehr unbehülflicher Darstellungsweise, und mit allzugroßer Ängstlichkeit der Kantischen Anthropologie Schritt für Schritt folgend, aber bei allem dem mit einer Gründlichkeit und Gewissenhaftigkeit, wie sie in vielen Hunderten psychisch-ärztlicher Gutachten nicht zu finden ist: daß, von den sittlichen Fehlern und Lastern dieser Person abgesehen, alle Seelenvermögen Katharinas in der allerbesten Ordnung seien; daß ihr Verstand weder an Stumpfheit *(obtusitas)*, noch an Dummheit *(stupiditas)*, noch an Blödsinn *(imbecillitas)*, noch an Schwäche und Einfältigkeit *(hebetudo ingenii)* leide, indem ihr sogar der Witz nicht abgesprochen werden könne; und daß weder an ihren Verbrechen, noch sonst wo, irgend etwas von Verrücktheit *(vesania)*, oder von Wahnsinn *(amentia)*, oder von Wuth *(furor)*, oder von einem automatischen blinden Instinkt zur Grausamkeit, oder von einem plötzlich entstandenen *raptus* — *amentia occulta* — (oder von sonst einer der zahlreichen Geisteskrankheiten, welche die psychische Pathologie für arme Sünder und Sünderinnen in Bereitschaft hält, als da sind: Monatsfluß oder Schwangerschaft mit ihren Gelüsten und dergleichen) wahrzunehmen sei.

Allein der Vertheidiger that, als lasse er es sich nicht ausreden, daß Katharina nicht bei Verstand sein könne. Er versicherte: in den neueren Verhandlungen habe er die höchste Bestätigung für seine früheren Behauptungen gefunden. »Ihre Tendenz zum Wahnsinn,« sagt er in seinem Vertheidigungsnachtrag vom 29. April 1818, »scheint durch die (in der) in ihrem Gefängniß ausgestoßenen Gotteslästerung klar vorliegend. Nur ein Wahnsinniger kann solche empörende Ausdrücke über das höchste Wesen ausstoßen, dessen Existenz die Natur so laut verkündet, dessen Allmacht sich im Donner der Stürme, wie im Wehen der Frühlingslüfte (!) ausspricht, und dessen höchste Weisheit der

Gang der Weltregierung beurkundet. Nur ein Wahnsinniger kann das Dasein eines höchsten Wesens läugnen, das, selbst bei dem Undanke der Menschen u. s. w.« — Für den alleräußersten Fall warf der Vertheidiger auch noch den gewöhnlichen großen Nothanker aus, indem er darauf antrug, daß das Gutachten des Stadtgerichtsarztes L. dem Ober-Medicinal-Collegium (zunächst aber hätte das Medicinal-Collegium an die Reihe kommen müssen) zur höhern Würdigung vorgelegt werden möge.

In dieser Lage wurden die Akten von neuem zum Spruch eingesendet. Das Appellationsgericht zu Neuburg fand, bei einer so unzweifelhaften Sache, durchaus keinen Grund zur nochmaligen Befragung eines ärztlichen Orakels, und sprach am 31ten Juli 1818 zu Recht:

> »daß Katharina Maier, ledige Bauerstochter von Windsostheim, des an der Susanna Gröber zu Augsburg verübten qualificirten Mordes, und der Brandstiftung ersten Grades als Urheberin schuldig, zur Todesstrafe, mit Schärfung durch vorhergehende Ausstellung der Verbrecherin an den Pranger, verurtheilt werde.«

Das Oberappellationsgericht, als Revisions-Instanz, bestätigte am 30ten Octbr. desselben Jahres das Erkenntniß des Appellationsgerichts aus den demselben nachgesetzten Entscheidungsgründen,

> »jedoch in der Art, daß auf Grund des Art. 105 Thl. I. des St.-G.-B. der verschärfende Zusatz wegzubleiben habe, indem der Untersuchungsarrest der Inquisitin ohne ihr eigenes Verschulden über ein halbes Jahr sich verlängerte.«

Diese an das Staatsministerium der Justiz zur Bestätigung eingesendeten Todesurtheile kamen von da am 24. Nov. mit der Entscheidung zurück:

> »daß Se. Königl. Majestät geruht haben, in der Erwägung, daß diese als ungewöhnlich leichtsinnig geschilderte Verbrecherin weniger aus Bosheit, als aus Leichtsinn, Unüberlegtheit und Unbesonnenheit in die ihr zur

Schuld liegenden Verbrechen gefallen ist, die ihr nach dem Gesetze zuerkannte Todesstrafe, aus Gnade, in Kettenstrafe zu mildern.«

DER RAUBMÖRDER GEORG RAUSCHMAIER ODER DER VERRÄTHERISCHE RING

Zu Augsburg wohnte im Jahre 1821 in dem Hause des Schuhmachers Sticht eine 55jährige Tagwerkerin, Maria Anna Holzmann, zur Miethe, bei der sich wieder zwei Burschen, Georg Rauschmaier und Joseph Steiner, als sogenannte Schlafgänger eingemiethet hatten.

Seit dem Charfreitag (20. April) verschwand die Holzmann, ohne daß die beiden Schlafgänger dem, nicht in seinem Hause, sondern in einer andern Straße wohnenden Hausherrn oder sonst Jemand Anzeige von jenem Ereignisse gemacht hätten. Rauschmaier räumte erst nach mehreren Tagen, Steiner noch später, das verödete Quartier, welches, wie der erste vorgab, die Hausfrau am Charfreitag in der Frühe mit Zurücklassung aller ihrer Schlüssel verlassen, ohne wieder zurück zu kommen.

Erst am 17ten Mai machte der Hauseigenthümer der Polizei die Anzeige von der Abwesenheit seiner Miethfrau. Bei der hierauf von dem Magistrat, mit Zuziehung des Bruders und der Schwägerin der vermißten Holzmann, verfügten Siegelung ihrer Kammer, fand sich, nach Angabe der beiden anwesenden Verwandten, daß von ihrem Eigenthum mehrere Sachen, und, wie sich später zeigte, die meisten und besten fehlten. Denn die Holzmann, obgleich als Arme von Stiftungen der Wohlthätigkeit unterstützt, besaß mehrere sehr gute Kleider und andere Habseligkeiten, galt sogar, wiewohl irriger Weise, für eine Person, welche sich einen ansehnlichen Vorrath von Sparpfennigen zurückgelegt habe. Die bei der Inventur und Versiegelung des unbedeutenden Nachlasses anwesenden Personen wurden von einem unerträglichen Geruch belästigt, der einigen großen Töpfen voll Unrath in der Kammer der beiden Schlafgänger zugeschrieben wurde.

Sowohl die Nachforschungen der Polizei nach der Verschwundenen, als die Untersuchungshandlungen des Stadtgerichts blieben ohne Erfolg. Der eigne Bruder der Vermißten äußerte die Vermuthung, seine Schwester möge davon gegangen sein und sich selbst entleibt haben, vielleicht weil sie Gelder, die sie, wie man sage, zu hohen Zinsen ausgeliehen, nicht habe wieder bekommen und daher ihren Hauszins nicht bezahlen können. So wenig dachte man damals noch an die Möglichkeit eines Mordes. Rauschmaier, welcher am 25. Juni über das Verschwinden seiner Hausfrau als Zeuge, und zwar eidlich, von dem Stadtgericht vernommen wurde, beschwor auch ganz unbedenklich, daß die Holzmann am Charfreitage, Morgens 8 Uhr, mit einer ihm unbekannten Weibsperson fortgegangen und nicht wieder gekommen sei, ohne daß er wisse, wohin sie sich begeben, oder was aus ihr geworden. — Durch Entschließung des Appellationsgerichts zu Neuburg vom 2. August wurde endlich verfügt, daß diese Untersuchungssache, bis auf weitere Entdeckungen, auf sich zu beruhen habe.

Und so ruhte sie bis zum 2ten Januar 1822, wo die ebenfalls in dem Hause des Schusters Sticht wohnende ledige Wäscherin, Therese Beltler, der Polizei die Anzeige machte, so eben habe sie und ihr 18 Jahre alter Sohn, als sie auf dem Dachboden Wäsche zum Trocknen aufhängen wollen, den Schenkel und den Rumpf eines menschlichen Körpers entdeckt, welcher wahrscheinlich der seit längerer Zeit vermißten Weibsperson angehören werde. Sogleich verfügte sich die stadtgerichtliche Untersuchungscommission an Ort und Stelle und fand hier zuerst auf dem obersten Boden in einer Ecke neben viel Stroh und Schutt einen nackten linken Schenkel, sammt Bein und Vorderfuß und ungefähr 6 Schritte davon, zwischen dem Kamin und dem Dache eingeklemmt, einen menschlichen Rumpf ohne Kopf, Arme und Beine. In einem Seitenwinkel lag ein alter Weiberunterrock mit Oberleibchen und ein rothes Halstuch, alles mit Blut stark befleckt. Diese Sachen wurden auf der Stelle von einer andern im Hause wohnenden Wäscherin für die Kleidungsstücke erkannt, welche die vermißte Holzmann täglich getragen habe. Als man den untern (größern) Dachboden durchsuchte, entdeckte man unter einem Brette dicht neben dem Kamin einen rechten Arm; und, nachdem der Fußboden des einen von den Schlafgängern bewohnten Kämmerchens aufgebrochen worden war, fand sich nicht nur der in einem blautuchenen, blutbedeckten Weiberrock eingewickelte, am Knie zusammengebogene rechte Schenkel mit dem Bein und Vorderfuß, sondern auch, gleich daneben, in einem alten leinenen Hemd, der ebenfalls am Ellbogen ganz eng zusammengekrümmte linke Arm.

Nur der Kopf war, der sorgfältigsten Nachsuchung ungeachtet, nicht zu finden, wovon die Ursache bald aufgeklärt wurde. Der Aufseher einer an dem hintern Lechkanal gelegenen, dem Hause des Sticht ziemlich nahen Fabrik hatte, bereits um Pfingsten des verflossenen Jahres, an dem zum Fabrikgebäude gehörenden Rechen einen von allen fleischigen Theilen entblößten, nackten Menschenschädel gefunden, und, weil derselbe schon so alt aussah, als sei er einem Beinhause entnommen, nachdem er ihn eine Weile betrachtet, auch seinem Bruder gezeigt hatte, wieder in das Wasser geworfen. Da der Lechkanal von der Wohnung der Ermordeten nur wenige Schritte entfernt ist, und der gefundene Schädel als klein und mit nur 2 oder 3 Zähnen im Kiefer beschrieben wurde: so war mit der höchsten Wahrscheinlichkeit anzunehmen, daß es der Schädel der vermißten Holzmann gewesen, welchen nachher die Gewalt des Wassers aus dem Kanal und in den Hauptstrom fortgeführt hatte, weßhalb er nun nicht mehr aufgefunden werden konnte. Übrigens war an dem Schädel kein Sprung, kein Loch oder sonstige Verletzung wahrzunehmen.

Die gefundenen Gliedmaßen sammt Rumpf waren fast wie geräuchertes Fleisch zusammengeschrumpft und durch die gepreßte Lage sehr entstellt. Daher wurden sie einige Tage lang im Wasser aufgeweicht, dann in Tücher, mit Weingeist befeuchtet, eingeschlagen, und, nachdem man sie auf diese Weise ihrer natürlichen Gestalt wieder näher gebracht, auch so viel thunlich ausgestreckt hatte, wurden dieselben, so gut als möglich, aneinander gefügt, um an ihnen in gesetzlicher Form die Leichenschau zu vollziehen. Das Ergebniß war im Wesentlichen: 1) daß die gesammelten Überreste nicht verschiedenen, sondern einem und demselben Körper, und zwar 2) einem weiblichen Körper angehört haben, daß 3) diese Person von zartem Knochenbau, nicht über 5 Fuß 2 bis 3 Linien groß, übrigens wohl gebaut gewesen, daß 4) an dem Rumpf und anderen Gliedern durchaus keine Spur einer Verletzung wahrzunehmen sei, mithin 5) die tödtliche Vergewaltigung (deren Beschaffenheit unmöglich angegeben werden könne) einen Körpertheil oberhalb des vorgefundenen Rumpfes müsse betroffen haben. Die Arme und die Schenkel waren mit viel Geschick, »wie durch Künstlers Hand«, sagt der Gerichtsarzt, »aus den Gelenk-Höhlen gelöst (exarticulirt), so daß sich weder in diesen, noch an den Köpfen der Oberarm- und Schenkel-Beine eine Spur der runden oder Gelenkkapsel-Bänder ersehen ließ.«

Bei dieser Gerichtshandlung zeigte sich eine nicht wenig überraschende Erscheinung. Als der Gerichtsarzt den zusammengebogenen linken Arm des Leichnams in nähere Betrachtung nahm und denselben besser auszustrecken versuchte, fiel aus dem innern Einbug des Ellbogens — ein messingener Ring auf den Boden: aller Vermuthung nach ein Wahrzeichen des Mörders, der ihn im Eifer seines Zergliederungsgeschäfts von dem Finger gestreift und als redendes Zeugniß seiner That dem Leichnam unbewußt zur Aufbewahrung übergeben hatte.

Die vermißte Holzmann wurde von ihren Verwandten und bekannten als eine kleine, zartgebaute Person beschrieben, welche überdies ein eigenthümliches Kennzeichen an sich trage: einen rechten Vorderfuß, der um ein Beträchtliches dicker sei, als der linke, und aus dessen großer Zehe vor längerer Zeit die Knochen ausgelöst worden. Alles dieses traf genau zu, und sowohl der Bruder und die Schwägerin der Vermißten, als auch andere Personen, welchen der zusammengefügte Leichnam vorgezeigt wurde, erkannten in demselben mit entschiedener Zuversicht den Körper der Maria Anna Holzmann.

Die Entdeckung des zerstückelten Leichnams in der ehemals Holzmännischen Wohnung warf nun sogleich einen der Gewißheit nahe kommenden Verdacht auf die Schlafgänger der gemordeten Holzmann. Jetzt war kaum die Möglichkeit zu denken, daß irgend ein anderer Mensch, außer einem von beiden oder beiden zusammen, diese That habe begehen können, wozu es so langer Zeit und so ungestörter Gelegenheit bedurfte. Daß beide Schlafkameraden noch so lange in der Wohnung geblieben waren, in welcher die zerstreuten Überreste ihrer ermordeten Hausfrau versteckt lagen; daß sie, die von dieser Begebenheit wenigstens doch irgend etwas wissen mußten, Niemand das Mindeste angezeigt hatten: alles dieses ließ keinen Raum mehr für einen Zweifel an der Richtigkeit jenes Verdachts. Hiezu kam, besonders gegen Rauschmaier, daß dieser vor mehreren Monaten ausgesagt, und sogar vor Gericht bezeugt hatte, seine Hausfrau sei am Charfreitag 1820 weggegangen und habe ihm die Schlüssel ihrer Wohnung überlassen; obgleich es nunmehr klar vor Augen lag, daß dieselbe an eben jenem Tage in ihrer Wohnung ermordet worden sei. Auch dauerte es nicht lange, so erfuhr das Gericht, daß Rauschmaier bereits am Charsamstage und an dem darauf folgenden Mittwoch mit Beihülfe seiner Geliebten, einer gewissen Ditscher, mehrere Effekten der Holzmann aus ihrer Wohnung habe fortschleppen und theils verkaufen, theils versetzen lassen.

Rauschmaier (mit diesem wollen wir uns zuvörderst beschäftigen, um auf Steiner erst später zurückzukommen) wurde bereits am 2ten Januar, als an demselben Tage, wo die zerstückelte Leiche gefunden wurde, verhaftet. Unter seinen Sachen fand sich eine schlechte Brieftasche und in dieser, unter andern Papieren, eine merkwürdige, in Patentform zu Köln am Rhein gedruckte, mit verschiedenen Heiligenbildern verzierte Urkunde, nämlich ein, angeblich von Jesus Christus selbst geschriebener, durch den Engel Michael zur Erde herabgesandter, sogenannter »Himmelsbrief«, — ein wahrhaft gotteslästerlicher Freibrief für alle, noch so gräuliche, Sünden und Verbrechen, würdig, von jedem Räuber, Mörder und

Mordbrenner als Amulet an der Brust getragen zu werden.*

In seinem summarischen Verhör erzählte Rauschmaier von Neuem, jedoch mit mehreren Zusätzen, wie seine Hausfrau am Charfreitage in der Frühe weggegangen, aber nicht wiedergekommen sei, und benahm sich, nach der Bemerkung des Untersuchungsrichters, nicht nur mit sehr viel Kälte und Ruhe, sondern auch mit unbefangener Offenheit. Ebenso, und ohne Zeichen des Mitleids, auf dem Kirchhofe, wo ihm der Leichnam vorgezeigt wurde, den er nicht zu kennen vorgab. Am 22ten Januar ließ er um ein Verhör bitten, brachte aber nichts vor, als den Wunsch — um baldige Entlassung. Am folgenden Tage meldete er sich von neuem, und bekannte, zwar nicht den Mord, aber den Diebstahl: er habe mehrere Tage nach der Entfernung seiner

* Dieses, schon mehrmals dem Publikum denuncirte, schändliche Document des Aberglaubens und, noch im XIX. Jahrhundert, gangbaren gottlos-frommen Pfaffen-Betrugs hat zur Überschrift: »Copia oder Abschrift des Himmel-Briefs, So Gott selbsten geschrieben, und auf St. Michels-Berg in Britania vor St. Michaels Bild hängt, und Niemand weiß, woran er hängt, welcher mit goldenen Buchstaben geschrieben und von dem heiligen Engel St. Michael dahin gesandt worden, und wer diesen Brief will anrühren, von dem weicht er, wer ihn aber will abschreiben, zu dem neigt er sich und thut sich gegen ihn auf.« — Nun schreibt Christus selbst und schärft vor allen den Gläubigen ein, daß sie gehörig den Sonntag feiern, ordentlich ihre Messe hören, an keinem Aposteltage arbeiten sollen und dergleichen, und fährt dann also fort: »Ich sage euch durch den Mund meiner Mutter (!), der christlichen Kirche, und durch das Haupt Johannes meines Täufers, daß ich wahrer Jesus Christus den Brief mit meiner göttlichen Hand geschrieben habe. —Diesen Brief soll Einer von dem Andern abschreiben, und wer so viel Sünden gethan hätte, als Sand am Meer und so viel Laub und Gras auf Erden ist, und auch so viel Sterne am Himmel, wenn er beichtet und hat Reue und Leid über seine Sünden, so wird er davon entbunden — Wer einen solchen Brief in seinem Hause hat oder bei ihm trägt, der soll von mir erhört werden, auch kein Donner noch Wetter mag ihm schaden. Welche schwangere Frau diesen Brief bei sich trägt, die bringt eine liebliche Frucht auf die Welt. Haltet meine Gebote, so ich euch durch den heil. Engel Michael gesandt und kund gethan habe. Ich wahrer Jesus Christus, Amen.« — Ein anderes ähnliches Werk betrügerischer Pfaffen-Industrie, wahrscheinlich aus derselben Fabrik, fanden wir auch vor Kurzem umter dem Hausrath eines Betrügers: nämlich einen zusammengeklebten, 1 Zoll breiten, 6 Schuhe langen, bedruckten Papierstreifen, betitelt: »Wahre Länge des Leibes unseres Herrn und Heilands Jesu Christi« — welche wahre Länge demjenigen, der sie besitze oder bei sich trage, im Namen Gottes, dieselben Gnadenwirkungen wie obiger Himmelsbrief verheißt.

Hausfrau, viele ihrer Sachen, (von welchen er ein langes Verzeichniß zu Protokoll gab), sich diebischer Weise zugeeignet und durch seine Geliebte forttragen lassen. Der Untersuchungsrichter war klug genug, ohne den mindesten Zweifel zu äußern oder auf den Mord hinzudeuten, sich in scheinbar unbefangenem Glauben ganz ausschließend auf dieses Thema mit Fragen einzulassen. Sodann wurden dem Verdächtigen erst verschiedene Kleidungsstücke der Holzmann, welche bereits zu Gerichtshänden gebracht waren, vorgezeigt, und von ihm als entwendetes Eigenthum seiner vermißten Hausfrau anerkannt. Hierauf legte man ihm 2 Ohrringe, 2 goldene Reifchen und unter diesen den messingenen Ring vor, den die zerstückelte Leiche in dem linken Arm aufbewahrt hatte. In unbesonnener Habgier rief er sogleich bei Erblickung dieser Sachen: »diese mir eben vorgezeigten 2 Ohrringe und die 2 goldenen Reifchen und der messingene Reif, die sind mein Eigenthum; diesen messingenen Reif trug ich immer, bis 4 oder 5 Wochen nach Ostern, wo ich statt seiner die zwei goldenen Reifchen ansteckte. Er (der messingene Reif) muß mir an den rechten kleinen Finger passen.« Diese Probe wurde auf der Stelle gemacht; er paßte an diesen Finger, doch so, daß er sich leicht an demselben hin- und herschieben ließ. — Wäre noch ein Zweifel übrig gewesen, der verhängnißvolle Ring hätte ihn gelöst.

Am 11ten März 1822 erkannte das Appellationsgericht gegen Rauschmaier und Steiner, so wie gegen die Geliebte des ersten, Elisabeth Ditscher, auf Special-Untersuchung.

Im I. ordentlichen Verhör beschränkte sich Rauschmaier, wie zuvor, auf das Bekenntniß, daß er seine Hausfrau, ungefähr 14 Tage nach ihrer Entfernung vom Haus, bestohlen habe. Im II. ordentlichen Verhör vertheidigte er gegen den schlagendsten Vorhaltungen auf ihn eindringenden Untersuchungsrichter zwar noch denselben Satz, doch mit sichtbarer Verlegenheit, einsilbig, auf seine Antworten sich besinnend, öfters stotternd, bald erröthend, bald erblassend. Als aber 2 Tage nachher (24. März) das III. Verhör seinen Anfang nahm, sank er, heftig weinend, mit den Worten auf seine Kniee nieder: »Herr Commissär, ich sehe, daß Sie es gut mit mir meinen. Sie haben mir neulich so gut zugesprochen; ich will meine Schuld nun aufrichtig bekennen.« Und er hielt Wort.

Der Beindrechslergeselle Georg Rauschmaier, zu Augsburg gebürtig, katholischer Religion, war der ehemalige Sohn eines Bäckermeisters, dessen Frau zugleich als Hebamme sich nährte. Er stand zur Zeit seiner That im 34. Jahre seines Alters. Seine Mutter und Schwester, welche sich ihres Zeugnisses gegen den Sohn und Bruder nicht entschlugen, sagen von ihm, er sei von Jugend an ausgeartet; eine rohe, wilde, verschrobene Gemüthsart, Jähzorn und Liederlichkeit, Trägheit und verschwenderischer Leichtsinn habe ihn von jeher ausgezeichnet. Er selbst erklärt diese Erscheinungen am besten, wenn er von sich sagt: man habe seine Erziehung gänzlich vernachlässigt, er sei nicht zum Schulbesuche angehalten worden, und habe nichts gelernt, weil man ihn nichts gelehrt. Er konnte weder lesen, noch schreiben und zeigte sich so unwissend in den ersten Grundsätzen der christlichen Religion, daß er, um gegen das Ende seines Prozesses zum Abendmahl zugelassen zu werden, zuvor von einem Geistlichen den nöthigen Unterricht empfangen mußte. Nach kaum zurückgelegtem 7ten Jahre kam er schon zu den Maurern als Lehrjunge und Handlanger; im Winter arbeitete er als Streichbube in verschiedenen Fabriken. In seinem 13ten Jahre lernte er zu München 3 Jahre lang das Beindrechslerhandwerk, begab sich von da im 16ten Jahre, nach seines Vaters Tod, wieder nach Augsburg und ließ sich hier 1805 als Soldat bei den österreichischen Truppen anwerben. Nach beendigtem Krieg wurde das Jägerkorps, bei dem er Dienste genommen, aufgelöst. Er kehrte nach Augsburg zurück und arbeitete bis zum Jahre 1807 theils hier, theils zu München als Beindrechslergeselle, dem aber seine Meister nachsagen, daß er nicht besonders fleißig gearbeitet und sich sehr grob, keck und liederlich erwiesen habe, daher man ihn nicht lange habe behalten können. Im Jahre 1807 wurde er zu Augsburg für das baierische Heer als Soldat aufgehoben und dem Fuhrwesen zugetheilt, machte sich kurz darauf der Fahnflüchtigkeit schuldig, trat zu den Österreichern über und diente im Jahre

1809 im Feld gegen sein eignes Vaterland, verließ aber noch in demselben Jahre ebenso treulos den österreichischen Kriegsdienst und stellte sich wieder in Baiern, wo er einem Jägerbataillon einverleibt wurde. Hier verfiel er 1811 wegen Verdachts der Theilnahme an einem Schubkarrendiebstahl in Untersuchung und Regimentsstrafe. Endlich bestand er mit seinem Regiment in den Jahren 1812 und 1813 die schweren Arbeiten und Mühseligkeiten des Russischen Feldzugs, welche, in Verbindung mit manchen in dortigen Spitälern gemachten Beobachtungen, ihn vollends entmenschten. Als sein, auf dem Rückzuge in die Heimath begriffenes, Regiment 1814 noch zu Warschau stand, entwendete er dem Oberlieutenant und Adjudanten v. E., dem er als Bedienter (in der Soldatensprache: Aufpasser) beigegeben war, an Geld und Geldeswerth den Betrag von mehr als 109 fl., und wurde dafür in seinem Vaterlande zu 15monatlichem Strafarbeitshause verurtheilt. Nach seiner Entlassung aus dem Straforte nahm er wieder seinen Aufenthalt zu Augsburg, wo er 1¾ Jahre lang bis zu seiner Verhaftung bald als Beindrechslergeselle, bald als Aushelfer in einer Steindruckerei, oft auch als Holzhacker oder als Taglöhner bei dem Straßen- und Wasserbau sich ernährte. »Sie sehen,« sprach er zu dem Untersuchungsrichter, »aus diesem meinem Lebenslaufe, daß ich in meiner Jugend vernachlässigt worden bin, und daher so tief fallen mußte.«

»Ich habe halt,« dieses sind die Worte seines mehrmals wiederholten Bekenntnisses, »immer Geld gebraucht und zuletzt nicht mehr gewußt, wo ich es hernehmen sollte. Ich hatte das Verlangen, mir Kleider anzuschaffen, und im Essen und Trinken wollte ich mir auch keinen Abbruch thun; da kam ich auf den Gedanken, meine Hausfrau Maria Anna Holzmann, von der ich wußte, daß sie viele schöne Sachen habe, und bei der ich auch Geld vermuthete, um das Leben zu bringen, damit ich ihre Sachen und das Geld ihr nehmen könne. Ich wählte mir dazu das Erdrosseln, weil ich glaubte, daß dieses die leichteste Todesart sei, weil ich wußte, daß das Erdrosseln gar keinen Lärm und keine Blutspuren macht, und weil ich im Spitale in Rußland die Ärzte öfters sagen gehört hatte: daß ein erdrosselter und erstickter Körper wenig Blut gebe, wenn man ihn vertheile. Den Gedanken des Mordes hatte ich schon 6 bis 8 Tage (nach anderen Verhören: 5–6 Tage) vor dem Charfreitage 1821 gefaßt. Ich hatte seitdem keine Ruhe mehr, indem ich bald diesen Gedanken aufgeben, bald wieder ausführen wollte. Weil nun am Charfreitage Morgens die Hausleute in der Kirche waren, Steiner ebenfalls fortgegangen war, und ich zwischen 8 und 9 Uhr mich mit der Holzmann ganz allein zu Haus befand, so überwältigte mich die schickliche Gelegenheit. Ohne ein Wort zu sprechen, trat ich schnell in die Wohnstube der Holzmann, fiel, als sie gerade nach ihrem Bette zuging, über sie her, warf sie auf ihr Bett hin, legte mich mit meinem ganzen Körper über sie her, faßte sie mit beiden Händen bei der Gurgel und drückte ihr mit beiden Daumen das Zäpfchen (den Kehlkopf) ein. So drückte ich auf ihre Gurgel ungefähr 4 bis 5 Minuten lang, und dann war sie erdrosselt, ohne daß sie Widerstand hätte leisten können. Sie muß auch gar nicht viel Schmerzen gehabt haben, weil sie ohnehin schwächlich war und keinen Laut von sich gegeben hat. Als ich merkte, daß sie todt sei, ließ ich ihren Körper auf den Stubenboden hinuntersinken.«

»Ich sah nun gleich in dem offenen Kasten nach, wie viel Geld und welche Effekten da seien, täuschte mich aber gar gewaltig; denn außer den schon früher von mir angegebenen Sachen, fand ich an baarem Geld mehr nicht als — acht Kreuzer zwei Pfennige.«

»Nachdem sie ungefähr ¼ Stunde todt auf dem Boden mochte gelegen haben und schon ganz kalt war, schleifte ich sie der Stubenthüre hinaus, auf den ersten dem Zimmer gleichen Boden. Der Kopf wackelte stark hin und her*.«

»Um den Leichnam auf die Seite zu schaffen, beschloß ich nun, denselben mit meinem großen starken Taschenmesser — welches ich nachher in den Lech geworfen — zu zergliedern. Ich habe in Rußland im Spitale gar viele Leich-

* Das zweite gerichtsärztliche Gutachten nimmt auf diesen Umstand keine Rücksicht. Läßt nicht derselbe eine Luxation der Halswirbelbeine vermuthen? welche ein so starker Kerl an einer so zarten Person doch wohl hätte bewirken können.

name zertheilen sehen, und dabei aufgemerkt. Erst streckte ich die Holzmann auf dem Boden aus, entkleidete sie, und schnitt nun zuerst mit meinem Messer in die rechte Schulter und um das Gelenk rund herum, bis ich den Knochen sah; dann drehte ich den ganzen Arm aus und legte ihn neben den Leichnam hin. Hierauf schnitt ich in die andere Schulter rund um das Gelenk herum, drehte den linken Arm ebenso heraus und legte ihn auch wieder neben hin. Nun schnitt ich mit demselben Messer ganz rund herum in die rechte Hüfte, bis ich Knochen und Gelenk sah, drehte mit beiden Händen den rechten Schenkel aus dem Gelenke und legte ihn neben hin auf dem Boden. Ganz auf die nämliche Weise schnitt ich die linke Hüfte und drehte ebenso den linken Schenkel aus dem Gelenke. Endlich schnitt ich mit dem nämlichen Messer rund herum und tief in den Hals, bis ich das Halswirbelbein sah. Da sich der Kopf nicht lostrennen wollte, so drückte ich ihn mit Gewalt ab; es krachte, und ich brauchte nur noch einen kleinen Schnitt in das Halsgelenk zu machen, und der Kopf war losgetrennt; doch blieben daran noch einige Halswirbelbeine. Nun war die ganze Zergliederung vollendet, wozu ich nicht viel mehr als eine Stunde werde gebraucht haben.«

Jetzt erzählt er, wie er die einzelnen Stücke des Leichnams an eben den Orten, wo sie späterhin gefunden wurden, versteckt und Abends 10 Uhr den in einen alten Schurz gewickelten Kopf, nachdem er denselben zuvor der goldenen Ohrringe beraubt, in den hinteren Lechkanal geworfen, sodann die Habseligkeiten der Holzmann aus dem Hause weggeschafft habe u.s.w. Am Charfreitage, unmittelbar nach vollbrachten Blutarbeiten zwischen 10 und 11 Uhr, ging er in die Kirche St. Moritz, wo er aber, wie er versichert, vor Reue, Gram und Angst nicht beten konnte; Abends besuchte er auch noch die heiligen Gräber. »Ich wußte wohl,« sagte er, »daß die von mir beschlossene Ermordung der Holzmann ein großes Verbrechen ist. Allein der Mangel an Geld und mein Verlangen, mir dieses zu verschaffen, waren so groß, daß ich die schweren Folgen des Verbrechens ganz übersah; auch schien es mir sehr gelegen und am wenigsten schwierig, durch die Ermordung der

Hausfrau Geld zu erhalten. Die Zergliederung fiel mir erst nach der Ermordung ein. Sowohl während der Zergliederung, als während des Versteckens der Theile habe ich am ganzen Leibe gezittert. Und seit dieser Zeit habe ich keine rechte Freude mehr gehabt, wie mir auch Jedermann ansehen mußte. Wegen des ihm gehörenden messingenen Ringes befragt, antwortete er: diesen Ring müsse er bei der Zergliederung verloren haben; und als ihm der Richter vorhielt: »eben dieser Ring sei in dem innern Einbug des linken Armes der Ermordeten eingeklemmt gefunden worden,« rief er aus: »Ja, ja! so wird's wohl sein! Er wird, da ich ihn am rechten kleinen Finger trug, beim Einbiegen des linken Arms der Holzmann stecken geblieben sein.«

Nach abgelegtem Geständniß erwies sich Inquisit sehr ruhig, bezeugte viele Reue und brach bei seinen Verhören oft in lautes Weinen aus.

Da Inquisit bekannt hatte, die Holzmann erdrosselt zu haben, so bedurfte es eines gerichtsärztlichen Gutachtens über die Tödtlichkeit der eingestandenen Vergewaltigung. Dieses Gutachten lautete dahin: »Es habe die an der Holzmann verübte Gewalt mittelst eines 4–5 Minuten lang anhaltenden Eindrückens des Kehlkopfs und die Quetschung der Brust durch das Auflegen seines Körpers auf dieselbe allerdings hingereicht, um binnen dieser Zeit den Tod der äußerst magern, nervenschwachen und im Alter vorgerückten Person herbeizuführen, indem eine dreifache Todesart, einzeln oder zusammen wirkend, habe eintreten können, nämlich: 1) aus Apoplexie, theils aus Schrecken und Furcht, theils wegen gehinderten Rückflusses des Bluts durch das Würgen; 2) durch Erstickung (Suffocation), theils wegen unterbrochenen Respirationsgeschäfts und nothwendiger Stockung des Bluts in den Lungen, theils wegen der von außen einwirkenden Quetschung und Verengerung des Brustgewölbes; 3) durch eine traumatische Affection des Kehlkopfes, oder wohl gar durch Verrenkung oder Bruch eines oder auch mehrerer Ringe der Luftröhre selbst.«

Liefert Rauschmaier den Beweis, daß noch mitten in Europa Menschen leben, die an geistiger und sittlicher Rohheit und exemplarischer Bestialität den Wilden auf Neuseeland oder den Botokuden in Brasilien nur wenig nachgeben: so dient hingegen der zweite Inquisit, Joseph Steiner, als ein merkwürdiges Beispiel, wie trüglich zuweilen die Aussage von Gefangenen ist, besonders wenn sie gegen andere Personen bekennen.

Dieser Steiner, 34 Jahre alt, ebenfalls zu Augsburg geboren, katholischer Religion, seines Geschäfts Holzhauer, stand in Bildung mit Rauschmaier auf gleicher Stufe, aber an Geistesanlagen noch tief unter ihm. Als er im Juli 1820 von dem Stadtgericht wegen des Verschwindens der Holzmann vernommen wurde, mußte dessen Vereidigung aus dem Grunde unterbleiben, weil er durchaus unvermögend war, den Begriff und die Bedeutung eines Eides zu fassen. Am Schlusse dieses Zeugenprotokolls machte der Richter über ihn die Bemerkung: »Deponent scheint auf der niedrigsten Stufe der Kultur zu stehen und kaum eines Begriffs fähig zu sein; er ist ganz stumpfsinnig und die Antworten konnten nur mit Mühe aus ihm herausgebracht werden.« — Nach seiner Verhaftung erklärte er im summarischen Verhör (4. Januar 1821) nicht nur seine Unschuld, sondern auch seine gänzliche Unwissenheit über die Ursache des Verschwindens seiner Hausfrau, und gab seinem Richter von neuem zu der Bemerkung Anlaß: »sein Benehmen zeige von vieler Verstandesschwäche, und man müsse sich ihm außerordentlich verständlich machen, ehe man eine Antwort von ihm erhalten könne.« — Als er am 15. Januar, blos um dessen Familien- und Vermögensverhältnisse näher kennen zu lernen, vernommen werden sollte, fing er unaufgefordert eine lange und breite Erzählung an, folgenden wesentlichen Inhalts: »Am Charfreitag Abends sei er zwischen 10 und 11 Uhr nach Haus gekommen, habe seine Hausfrau, der er, wie gewöhnlich, eine gute Nacht habe wünschen wollen, nicht in ihrem Bette getroffen und, weil er geglaubt, daß sie nicht nach Hause kommen werde, sich selbst in dieses Bett gelegt. In der Nacht habe er nun auf dem obersten Boden einen starken Fall oder Schlag gehört, auch sei ihm vorgekommen, als wenn man auf demselben etwas hin und her ziehe u.s.w. — Als er am Charsamstag Abend um 10 Uhr nach Haus gekommen, habe ihm sein Kamerad aufgemacht, der ihn nicht in die Wohnstube seiner Hausfrau habe einlassen wollen und ihn mit dem Licht sogleich in seine Schlafkammer geschafft habe. Kaum sei er hier im Bette gelegen, als es vom Boden herab durch die Decke auf seine Nase, und, nachdem er sich alsdann mit dem Gesichte vorwärts gelegt, mehrmals auf seinen Rücken getropft habe. In der Frühe habe er gesehen, daß es Blutstropfen gewesen. Er habe seinen Kameraden Rauschmaier hierüber befragt, welcher ihm geantwortet: er wisse nicht, wo dieses Blut herkomme, es bedeute nichts. Anfangs habe er (Steiner) nicht weiter darüber nachgedacht; als er aber auf dem Kirchhofe den Leichnam seiner Hausfrau gesehen, sei ihm sogleich der Gedanke gekommen, daß sie von Rauschmaier müsse ermordet worden sein. Er selbst habe ihr nichts zu Leide gethan.« Der Untersuchungsrichter macht am Schlusse des Protokolls die Bemerkung: Steiner habe sich viele Mühe gegeben, seine Erzählung faßlich vorzutragen, habe ganz ohne Rückhalt und Verlegenheit gesprochen, und überhaupt gezeigt, daß er mehr Verstand besitze, als es äußerlich scheine. — Am 4ten Februar ließ er sich nochmals zu einem Verhör melden, und, als er befragt wurde, was er anzubringen habe, antwortete er: »mir ist noch inzwischen etwas eingefallen. Ich habe halt ein schlechtes Gedächtniß; ich werde mich in meinen letzten Angaben geirrt haben. Ein Roß stolpert mit 4 Füßen, ich darf also auch stolpern.« Und nun berichtigte er seine frühere Aussage dahin: daß er nicht schon am Charfreitag Nachts in dem Bette der Holzmann geschlafen habe, sondern am Charsamstag, und daß ihm das Blut nicht erst am Charsamstag Nachts, sondern schon Nachts vom Gründonnerstag auf die Nase und auf den Rücken getropft sei. Am Charfreitage in der Frühe habe er zu Rauschmaier gesagt: Du wirst doch um Gotteswillen die Hausfrau nicht umgebracht haben? worauf dieser ihn mit Todtschlagen bedroht, wenn er von Blut oder sonst von der Hausfrau etwas rede. Er habe ihm dabei einen dicken Knotenstock vorgezeigt und dabei gesagt: sieh! mit diesem Stocke schlage ich dich todt, wenn du etwas sprichst: »Weil er mir halt so gedroht hat, und ich für mein Leben fürchtete, so habe ich Niemand etwas davon gesagt. Sie dürfen es aber,

Herr Commissär, gewiß glauben, daß der Kamerad, der ein kecker starker Kerl ist —, die Hausfrau umgebracht hat.« Nach einigen Zwischenerzählungen fuhr er fort: »Grade fällt mir noch ein, daß am Ostersonntag das Blut ziemlich gut aufgeputzt war, und zwar muß es mit meinem alten Hemd geschehen sein, weil ich es in einer Ecke der Schlafkammer ganz mit Blut durchnäßt gefunden habe; der Kamerad hat dieses gewiß mit Fleiß gethan, um den Verdacht seines Mordes auf mich zu schieben. — Endlich fällt mir auch noch ein, daß der Kamerad Rauschmaier 8 oder 14 Tage vor dem Charfreitage einigemal mit der Hausfrau im Scherze gerungen hat, gewiß nur um zu erfahren, ob sie stark sei. Er ist ihr aber immer sogleich Herr geworden. Schon damals hat er es gewiß schon im Kopfe gehabt, sie umzubringen. Denn umsonst thut man nichts, man spielt eine Komödie erst alsdann, wenn die Probe gut ausgefallen ist.« — Nach erkannter Special-Inquisition wiederholte er im I. ordentlichen Verhöre alles früher Erzählte mit der größten Ausführlichkeit, setzte aber noch den neuen Umstand hinzu: »8 Tage nach Ostern sei er mit Rauschmaier im Wirthshause zum blauen Krügel gewesen: als sie sich nun daselbst allein befunden, habe ihm dieser einen silbernen Fingerring und ein Paar Ohrenringe zum Geschenk machen wollen, damit er nichts von dem Blut und von der Hausfrau sage; allein er habe nichts von ihm angenommen.«

Diese Aussagen Steiners hatten die größte Wahrscheinlichkeit für sich, stimmten, mit Ausnahme einiger Umstände, welche auf einem Gedächtnißfehler beruhen und späterhin noch aufgeklärt werden konnten, mit andern erhobenen Thatsachen wesentlich überein, und mußten den Schein der allergrößten Wichtigkeit haben, so lange Rauschmaier noch mit seinem Hauptbekenntnisse zurückhielt.

Allein dieser erklärte, sogleich nachdem er zum ersten Male sich des Mordes schuldig bekannt hatte, auf die Frage, ob Jemand von seinem verübten Mord Wissenschaft habe? »Nein, kein Mensch; ich habe den Entschluß allein gefaßt und die ganze That, wie ich sie bekannt, von Anfang bis zu Ende ganz allein ausgeführt, weil ich Niemand traute. Wenn allenfalls Joseph Steiner oder Elisabeth Ditscher wegen des

Mordes in Verdacht gekommen sein sollten, so bestätige ich hiemit ihre Unschuld. — Auch glaube ich nicht, daß Steiner etwas von meiner That bemerkt hat; wenigstens äußerte er nichts Verdächtiges gegen mich.« In dem nächstfolgenden Verhör wurde ihm bestimmt vorgehalten: Steiner habe ausgesagt, daß er von der Ermordung der Hausfrau Spuren gehabt und ihn (Rauschmaier) selbst darüber zur Rede gestellt habe. »Das ist rein erlogen,« erwiederte Inquisit, »er hat nie das geringste gegen mich geäußert. Dieser Kerl lügt gar viel den ganzen Tag über. Hätte er etwas bemerkt, so würde er es gewiß sogleich angezeigt haben. Warum sollte ich auch diesen Umstand nicht bekennen, wenn er wahr wäre?«

Das Räthsel, welches die Aussagen Steiners im Widerspruch mit den Erklärungen des reumüthig bekennenden Rauschmaier verwirrt genug zusammengeknüpft zu haben schienen, löste sich auf die einfachste Weise sogleich in dem II. ordentlichen Verhör des ersten. Nachdem er hier bei der dritten Frage auf einen starken Widerspruch aufmerksam gemacht worden war, erklärte er: »Ja, ich bin halt ein rechter Ochs und sage gar viel daher, was nicht wahr ist. Ich muß wirklich um Verzeihung bitten, daß ich so viel gelogen habe. Ich habe mir halt denkt: der Kamerad könnte die Hausfrau umgebracht haben, und auf mich hat man den Verdacht, obgleich ich ganz unschuldig bin. Da hab' ich nun allerlei daher gesagt, was mir eingefallen ist, um meinen Verdacht gegen den Kameraden zu bestärken und Sie von meiner Unschuld zu überzeugen. Aber alles, was ich Ihnen von dem Tröpfeln des Bluts auf meine Nase und auf mein Hemd, von einem Fallen- und Rutschen-Hören, von meinen Reden gegen den Rauschmaier, von seinen Drohungen, von dem Versprechen eines Geschenks und dergleichen gesagt habe: alles ist erlogen. Ich muß mich selber wundern, wie ich das alles so habe zusammenlügen können. Gehört und gesehen habe ich gar nichts; aber vermuthet habe ich freilich, daß die Hausfrau umgebracht worden sei, daß sie auf dem kleinen Boden liegen möge, und daß sie von Rauschmaier umgebracht worden. Da habe ich mir nun gedenkt, wie alles gegangen sein könnte, und wie ich mir es halt gedenkt habe, so habe ich es Ihnen erzählt. Wie mir nur alles so eingefallen ist! Bald hätte ich selbst alles geglaubt. Verzeihen Sie halt meiner Dummheit; ich bin eben ein Ochs, und ein Esel und ein Stier. Sieh, sieh! wie dumm! Jetzt erst merke ich, daß ich durch meine erlogenen Angaben mich recht hineingeritten habe. Ich hoffe aber doch, es schadet mir nichts, weil ich der Hausfrau nichts gethan habe. — Ich habe geglaubt, ich erweise dem Gericht einen Gefallen, wenn ich das gegen Rauschmaier sage, was ich mir eingebildet habe; weil ich ihn halt noch immer für schuldig halte.«

Steiner dient sohin unter andern auch als Beispiel, daß es Menschen gibt, die nur für das Wahre dumm sind, aber für die Unwahrheit Verstand genug übrig haben.

Der Vertheidiger des Inquisiten Rauschmaier besaß so viel Einsicht, Achtung für Gerechtigkeit, und Gefühl für sittlichen Anstand, daß er, statt eine wiederholt eingestandene, ebenso unzweifelhafte, als empörende Gräuelthat, mit erkünsteltem Rechtsschein gegen klare Gesetze in Schutz zu nehmen, sich größtentheils auf dasjenige beschränkte, was allein noch, wo nicht vor dem Recht, doch vielleicht vor der Gnade wenigstens einigermaßen von Erheblichkeit sein mochte: auf die von Kindheit an verwahrloste Erziehung seines Schützlings.

Am 9ten Mai 1822 wurde von dem Appellationsgerichte zu Neuburg erkannt, daß

> »1) Georg Rauschmaier, eines qualificirten Mordes schuldig, mit dem Tode zu bestrafen, vor der Hinrichtung eine halbe Stunde von dem Scharfrichter an den Pranger auszustellen, und dann die Todesstrafe durch Enthauptung an ihm zu vollziehen sei, hingegen
>
> 2) Joseph Steiner der Begünstigung eines qualificirten Mordes nicht schuldig befunden worden und daher von aller Strafe freigesprochen werde*.«

In zweiter Instanz wurde dieser Rechtsspruch, so weit er den Rauschmaier betraf — denn die Lossprechung Steiners

* Die Ditscher wurde der bloßen Begünstigung eines Diebstahlvergehens schuldig erkannt und mit 8 tägigem Gefängnisse bestraft.

mußte sogleich in Rechtskraft übergehen — am 18. Juni desselben Jahres bestätigt. Da die Entscheidungsgründe dieses zweiten Erkenntnisses in bündiger Kürze die rechtliche Beurtheilung des Falles gründlich erschöpfen, so werden dieselben hier nicht unschicklich ihre Stelle finden.

»Es treffen,« heißt es hier, »in dem vorliegenden Falle alle jene Erfordernisse zusammen, unter welchen, wenngleich der Kopf der Getödteten nicht mehr aufgefunden werden konnte, der Thatbestand der Tödtung, auf den Grund des abgelegten Bekenntnisses, als rechtlich hergestellt angenommen werden muß. Art. 269, 270, 271 II. des Strafgesetzbuchs. Denn

»1) es erhellt aus besonderen Umständen deutlich, warum der Thatbestand der Tödtung auf andere Art nicht hergestellt werden konnte, indem von dem Leichnam der Getödteten blos der Rumpf nebst den davon abgelösten Armen und Beinen, welche sorgfältig versteckt waren, aufgefunden, der Kopf aber, an welchem die Wirkungen des Erdrosselns zu erkennen gewesen sein mußten, in das Wasser geworfen, und auf diese Art der Untersuchung entzogen wurde.«

»2) Der Angeschuldigte ist vermöge besonderer hinreichend erwiesener Umstände als eine Person zu betrachten, zu welcher man sich des eingestandenen Verbrechens wohl versehen kann. Nicht nur wird er überhaupt als ein verwegener Mensch geschildert, sondern er ist auch schon früher wegen eines gleichfalls aus Eigennutz entstandenen, wiewohl geringeren Verbrechens zur Strafe verurtheilt worden.«

»Nur Eigennutz konnte die Triebfeder des Mordes der Maria Anna Holzmann sein, die dem Gerüchte nach als vermöglich gehalten wurde, und mit Niemand in Feindschaft lebte. Nur er befand sich, wie vollständig erhoben ist, im Besitze mehrerer ihr gehöriger Effekten, die er zum Theil schon am Tage, nachdem sie vermißt wurde, versetzte, oder sonst veräußerte, und wovon einige noch in seiner Gewahrsam gefunden wurden. Als Miethsmann der Holzmann hatte er auch die beste Gelegenheit, nach begangenem Morde den Leichnam zu zerstückeln, und größtentheils im

Hause selbst zu verbergen, weshalb er auch, gleich nach Entdeckung des Leichnams, der That allgemein verdächtig gefunden wurde.«

»3) Das Bekenntniß stimmt mit einem andern unvollständigen Beweise des Thatbestandes, mit besonders erhobenen, zu demselben gehörigen, und damit in Verbindung stehenden Umständen dergestalt überein, daß an der Existenz der That überhaupt nicht gezweifelt werden kann. Denn

»a) es ist erhoben, daß die seit dem 20ten April 1821 vermißte Holzmann nicht mehr am Leben sich befindet. Der Bruder, die Schwägerin, und eine nahe Bekannte derselben haben den vorgefundenen zerstückelten Leichnam nicht nur an dem Umriß der Gestalt und der Kleinheit der Gliedmaßen, sondern auch an der vorzüglichen Dicke des rechten Fußes, an dem sie bei Lebzeiten immer über Schmerzen geklagt hatte, und woran das Glied einer Zehe ausgelöst war, bestimmt und eidlich, als den Leichnam der Holzmann anerkannt. An dieser, auch von dem Inquisiten und dem Steiner einbekannten, Identität läßt sich um so weniger zweifeln, da die Kleidungsstücke, in welche einzelne Theile des gefundenen weiblichen Leichnams eingewickelt waren, der Getödteten selbst gehörten, andere mit Blut befleckte Kleidungsstücke derselben neben dem Rumpfe versteckt wurden und sich nicht denken läßt, daß der Leichnam einer andern Weibsperson gerade in ihren Kleidern, und in ihrer Wohnung verborgen worden wäre.«

»b) An den noch aufgefundenen Körpertheilen wurde, die erst nach dem Tode vorgenommene Zerstückelung abgerechnet, keine Spur einer gewaltsamen Verletzung vorgefunden. Das erste ärztliche Gutachten erklärte daher bestimmt, daß die tödtliche Verletzung nicht wohl anders als an einem Gebilde oberhalb des vorgefundenen Theiles am Rumpfe durch eine Stichwunde oben am Kehlkopfe, oder eine Zusammenschnürung desselben und eine Art Suffocation, oder durch einen Schlag auf das Haupt entstanden sein könne. Nachdem nun Inquisit einbekannt hatte, daß er am Charfreitag 1821 die Holzmann überfallen, sie auf das Bett geworfen, sich mit dem ganzen Körper auf den ihrigen gelegt, sie mit beiden Händen an dem Halse gefaßt und mit beiden Daumen ihr 4 bis 5 Minuten das Zäpflein (Kehlkopf) eingedrückt, nach Verfluß einer Viertelstunde aber den Leichnam zerstückelt habe, so erklärte das zweite ärztliche Gutachten bestimmt, daß die von ihm eingestandene Gewalt allerdings hinreichend gewesen sei, binnen dieser Zeit den Tod der äußerst magern, nervenschwachen und im Alter bereits vorgerückten Unglücklichen herbeizuführen, indem drei verschiedene Ursachen, unter andern auch Apoplexie, zum Theil aus Schrecken und Furcht, zum Theil wegen des durch das Würgen gehinderten Rückflusses des Blutes den Tod derselben bewirkt haben könnten. Hiedurch ist genügend hergestellt, daß der Tod auf die von dem Inquisiten angegebene Art wirklich erfolgen mußte, indem selbst in dem Falle, wenn nach der angewendeten Gewalt noch durch geschwinde ärztliche Hülfe eine Rettung hätte bewirkt werden können, diese in jedem Falle von dem Mörder durch Trennung des Kopfes vom Rumpfe unmöglich gemacht worden wäre, und indem, bei eingestandener Absicht zu tödten, nach Art. 143 I. des Strafgesetzb. darauf, ob die Gewalt allgemein oder wegen der eigenthümlichen Leibesbeschaffenheit der Entseelten tödtlich gewesen, ohnehin nichts ankommen kann.«

»Das Bekenntniß des Verbrechers ist übrigens so wie es der Art. 169 II. des Strafgesetzb. verlangt, mehrmals gerichtlich wiederholt worden, und mit allen im Artikel 267 II. vorgeschriebenen Erfordernissen versehen. Insbesondere stimmt es mit den über die Umstände des Verbrechens eingeholten Erfahrungen auf das genaueste überein, zumal da ein dem Inquisiten gehöriger Ring an einem Theile des zerstückelten Leichnams gefunden wurde, und die von ihm gemachte Beschreibung an welchen Orten er den Körper der Getödteten verstümmelte, in welche Kleidungsstücke er einzelne Theile desselben einwickelte, und wo er den Rumpf nebst den Armen und Beinen versteckte oder vergrub, mit dem zum Protokoll erhobenen Befund vollkommen übereintrifft. Inquisit hat den Entschluß, die Holzmann zu tödten, um ihr Geld und ihre Effekten sich anzueignen, schon wenigstens 5–6 Tage vor dem 20ten April 1821 gefaßt, und denselben mit der größten Kaltblütigkeit und Vorsicht an dem eben erwähnten Tage wirklich ausgeführt.«

»Er ist daher nach Art. 146 und 147 Nr. IV. 1 des Strafgesetzb. des qualificirten Mordes schuldig, und mußte in Gemäßheit des eben erwähnten Gesetzes, da die vernachlässigte Erziehung bei einem so schweren Verbrechen, dessen Strafbarkeit jedem Menschen hinlänglich bekannt ist, nicht als Milderungsgrund aufgeführt werden kann, zur geschärften Todesstrafe verurtheilt werden.«

Das Ministerium der Justiz ließ der Gerechtigkeit ihren Lauf; nur wurde durch Königliches Rescript vom 28ten Juni dem Verurtheilten die Ausstellung an den Pranger vor der Hinrichtung aus Gnade erlassen.

*JACOB THALREUTER ODER JUGENDBOSHEIT UND GREISENEINFALT**

Die Baron von Stromwalterischen Ehegatten zu A* hatten einen Pflegsohn, Namens Thalreuter, Vielen nur als der junge Baron von Rescher bekannt. Dieser 15jährige Bube zeichnete sich, besonders im Jahre 1825, durch unbeschäftigtes Umhertreiben, liederliches Wirthshausleben und die tollste Geldverschwendung aus. Beständig wurde nach den benachbarten Städten und Städtchen in Gesellschaft geritten oder gefahren, und die ganze Lustpartie immer von Thalreuter, dem bei solchen Gelegenheiten die Rocktaschen von Haufen Geldes klangen, mit freigebiger Hand bestritten. In den Gasthäusern wurden Bekannte wie Fremde auf seine Kosten schwelgerisch bewirthet, und das Geld, nach dem Ausdruck eines Zeugen, mit vollen Händen unter die Leute geworfen. Die allertheuersten Weine, Champagner, Madera, Tokayer und dergleichen, wurden nicht nur bei Tafel getrunken, sondern auch, wenn es dem läppisch muthwilligen Übermuthe des so betitelten jungen Barons gefiel, den Bauernburschen oder Fuhrknechten eingeschüttet, oder auf die Erde gegossen oder an Wagenrädern zerschlagen, oder, wie einst geschehen, zu mehr als einem Dutzend Flaschen in einen dem Wirthshause nahen Teich versenkt. Zeugen haben bekundet, daß er einst die Räder seines Miethwagens mit Kölnischem Wasser angefeuchtet. Zu seinen Wirthshausbelustigungen gehörte es mitunter, die ausgesuchtesten Speisen auf die Straße zu werfen, ganze Schinken vom Fenster herab auf die Straßenjungen herabzuschnitzeln und Zuckerwerk oder Geld unter sie auszustreuen, um sich an ihren Balgereien zu ergötzen. Abends

* Die wahren Namen der Orte und Personen wird man bei diesem Falle vergebens suchen.

wurde, den Gästen zur Belustigung, manchmal ein kostbares Feuerwerk abgebrannt. Lohnkutscher, Gastwirthe, Kaufleute und Galanteriehändler hatten an ihm ihren besten Kunden. Bei dem Galanteriewaarenhändler Stang, — der (übrigens nicht durch eigne Schuld, wie wir hören werden) an den verschwenderischen Lustpartieen Thalreuters Theil zu nehmen pflegte — hatte dieser in einem einzigen Jahre für 6–700 fl. Waaren, worunter um 50 fl. Kölnisches Wasser, erkauft. Wer einigermaßen mit ihm in nähere Berührung kam, wurde mit Geschenken erfreut: der Musikfreund mit Cremonesergeigen, Jagdliebhaber mit theuren Jagdgewehren, Raucher mit silberbeschlagenen Tobackspfeifen, deren er, wie von ihm selbst angegeben wird, nach und nach wohl für 250 fl. verschenkte. Dem einen ließ er Röcke, Mäntel, Kappen machen, dem andern Pferdgeschirr, einen dritten beschenkte er mit allerlei Hausrath und dergleichen.

Bei dieser Lebensweise konnte es auch an anderem Unfug nicht fehlen. In dem benachbarten Städtchen L. gerieth er im April 1825 in einen Raufhandel und wegen Körperverletzung in Untersuchung, hinsichtlich welcher er, wegen Mangels am Beweis, von der Instanz entbunden wurde. Zwei Monate nachher kam er, nebst mehren Mitschuldigen, wegen Wilddiebstahls in Untersuchung.

Der Umgang dieses Menschen war übrigens so gemein, wie seine Aufführung. Fast Alle, mit denen er sich umhertrieb, gehörten zu der niederen, ungebildeten Volksklasse; der einzige Mann aus dem achtbaren Bürgerstande war der schon oben genannte Galanteriehändler Stang, den wir noch oft werden nennen müssen.

Thalreuter machte hin und wieder nicht unbedeutende Schulden; diese standen gleichwohl mit seiner beispiellosen Verschwendung in keinem Verhältnisse. Jene Schulden hatten auch nicht etwa in Darlehen ihren Ursprung, sondern bestanden meistens aus noch nicht bezahlten Wirthsrechnungen, schuldigem Lohn für Miethwagen, und dergleichen. Es war daher Jedermann einleuchtend, daß die großen Summen baaren Geldes, welche Thalreuter nach allen Seiten wegstreute, aus andern bei weitem ergiebigeren Quellen geschöpft werden mußten. Am meisten fiel es auf, daß der alte 67jährige Baron Stromwalter und dessen 59jährige Ehehälfte, welche sich doch keineswegs in sehr blühenden Vermögensumständen bestanden, nicht nur um das Benehmen ihres Pflegsohns wußten, sondern auch dasselbe zu begünstigen schienen, und daß, wenn man ihnen, von dieser oder jener Seite her, über dessen unerhörte Geldverschwendungen Nachricht zubrachte, jede Warnung durch räthselhafte Hindeutungen auf gewisse diesen Knaben betreffende Geheimnisse, mit vornehmer Unbesorgtheit von der Hand gewiesen wurde. Als der Galanteriehändler Stang, in dessen Umgang sich Thalreuter erst seit Kurzem gedrängt hatte, bei Gelegenheit einer Spazierfahrt nach F., zuerst dessen ungemessenen Geldaufwand bemerkte, hielt er sich verpflichtet, der alten Baronin warnend Nachricht davon zu ertheilen. Allein diese gab ihm ungefähr folgendes zur Antwort: »der Aufwand ihres Jacques (so wurde Th. im Stromwalterischen Hause genannt) werde nur so lange befremdend erscheinen, als noch das Geheimniß über dessen Geburt und Stand beobachtet werden müsse. So viel dürfe sie wohl schon jetzt verrathen, daß er von sehr hohen Ältern abstamme und mehr Vermögen habe, als er, seiner großen Ausgaben ungeachtet, zu verzehren im Stande sei. Er stehe jetzt in den jugendlichen Flegeljahren und man müsse seine Lebhaftigkeit gewähren lassen, bis sie von selbst ausgetobt habe. Übrigens freue es sie, daß ihr Jacques, welcher bisher nur Bauernjungen, Lohnkutscher u.s.w. zum Umgang gehabt, nunmehr in ihm (Stang) einen so guten Gesellschafter und Führer erhalten habe.« Stang hatte jetzt alle Ursache, sich der guten Kundschaft zu freuen, welche sein Galanterieladen an diesem verkappten jungen Prinzen gewonnen hatte; denn auf nichts weniger als einen Fürstensohn hatte jene Erklärung deutlich genug hingedeutet. Auch konnte nun Stang, außer in seinem Ehrgefühl, keinen besondern Anstand finden, dann und wann Geschenke, die ohnehin nicht sehr viel bedeuteten, und zuweilen mit Gegengeschenken ausgeglichen wurden, von einer reichen hohen Person anzunehmen, sondern auch derselben bei ihren Lustpartieen Gesellschaft zu leisten. Zwischen Thalreuter und Stang knüpfte sich ein ununterbrochener Verkehr. Jener kam täglich in den Laden oder in die Wohnung des letzten: und dieser besuchte nicht selten den Thalreuter im Haus seiner Pflegältern, welche auch ihm, ihres Lieblings wegen, ihr volles freundschaftliches Vertrauen zuwendeten.

Die Aufführung Thalreuters konnte nicht verfehlen, selbst die Beachtung der städtischen Obrigkeit auf sich zu ziehen. Allein diese vermochte nicht mehr zu thun, als zuzusehen, und die Entwickelung abzuwarten, nachdem auch ihr von den Pflegältern unter der Hand eine Erklärung gegeben worden war, derjenigen ähnlich, welche Stang von ihnen erhalten hatte.

Wer übrigens jenen Thalreuter und dessen Benehmen sah, wollte nicht recht begreifen, wie hinter diesem tölpelhaften, läppischen, ungeschliffenen Buben, mit seinem ganz gemeinen ausdruckslosen Gesicht, ein Fürstensohn versteckt sein könne. Stang, der einst zugegen war, als Thalreuter beim Mittagessen seiner Pflegmutter befahl, ihm seinen auf den Boden gefallenen Löffel wieder aufzuheben, worauf diese, nach wiederholtem Befehl, alsbald willig Gehorsam leistete, — konnte sich, in seiner Entrüstung über diesen Vorfall, nicht enthalten, der Baronin freimüthig zu äußern: »ihr Pflegsohn scheine eher der Junge eines Holzhackers, als der Sohn eines Fürsten zu sein.« Allein die zärtliche Pflegmama, sowie der gutmüthige Pflegpapa ließen sich nicht durch solche Bemerkungen stören; sie glaubten zu wissen, woran sie waren, und vertrösteten jeden Zweifler auf die nahe bevorstehende Zeit, wo das Räthsel sich lösen werde. Es löste sich denn auch sehr bald, aber leider, zu ihrem Entsetzen!

Thalreuter war dem Lohnkutscher Block an rückständigem Fuhrlohn nach und nach 70 fl. schuldig geworden, und hatte diesem versprochen, am Schlusse des Jahres 1825 Zahlung zu leisten. Dieser suchte daher am 29ten oder 30ten Dezember seinen Schuldner in einem Wirthshause auf und mahnte ihn an die Erfüllung seines Versprechens. Thalreuter, der bei solchen Gelegenheiten sich sogleich aus dem Gedränge zu helfen wußte, zog einen Wechsel aus der Tasche, welchen er dem Gläubiger mit dem Bemerken vorzeigte: dieses sei ein auf ihn lautender Wechsel des Advokaten Dr. Schroll über 450 fl., er werde denselben sogleich bei Gericht bezahlt erhalten, und sodann von dieser Summe unfehlbar die schuldige Zahlung leisten. Der Lohnkutscher Block, welcher in dem vorgezeigten Papier nicht nur die Wechselform, sondern auch in der Unterschrift ganz deutlich den Namen des angeblichen Ausstellers erkannt hatte, schöpfte Verdacht und setzte den Dr. Schroll von allem in Kenntniß. Dieser erschien am 5. Januar 1826 vor dem Stadtgericht mit der Erklärung: daß er nie mit Thalreuter in irgend einem Verkehr gestanden, am wenigsten jemals ihm einen Wechsel ausgestellt habe, mithin eine Fälschung vorwalten müsse, auf deren Untersuchung er den Antrag stelle.

Diese, gehörig erhobene, und durch eidliche Vernehmung bestätigte Anzeige hatte zuerst eine Haussuchung und am 11ten Januar die provisorische Verhaftung Thalreuters zur Folge. Schon in der Frühe des folgenden Tags eilte die Frau von Stromwalter auf das Stadtgericht und bat um baldige Entlassung ihres Pflegsohns. »Zwar,« sagte sie, »habe er sich an ihr verschiedener Veruntreuungen schuldig gemacht, welche sich leicht auf die Summe von 700 fl. belaufen dürften; allein da sie ihm diese Vergehen schon längst verziehen, so wolle sie durchaus nicht, daß er deßhalb zur Verantwortung gezogen werde.« Zugleich erklärte sie, für jeden Schaden und Nachtheil, welchen er allenfalls einem Dritten zugefügt haben möchte, mit ihrem ganzen Vermögen haften zu wollen. »Sie habe bereits 700 fl. für ihn bezahlt, und erbiete sich, auch seine neuen Schulden, die sich noch auf einige 100 fl. belaufen möchten, ohne Widerrede zu tilgen. Das Geschehene möge man daher als nicht geschehen betrachten.« — Allein die Staunen erregenden Bekenntnisse, welche Thalreuter sogleich in seinem summarischen Verhör abgelegt hatte, bewogen, einige Tage nachher, zuerst die Baronin, dann ihren Gemahl, einen ganz andern Ton anzustimmen und sich als Unglückliche darzustellen, die erst durch ihren Sturz in einen tiefen Abgrund, an dessen Rand sie eine Weile geschlafen, aus ihren Träumen erwachen. »Sie hätten« — dies war der kurze Inhalt ihrer

Erklärung — »bisher nicht anders geglaubt, als Thalreuter sei ein Sohn des regierenden Herzogs von B. Nun aber habe er selbst gestanden, daß sie durch seine falschen Vorspiegelungen auf das schändlichste hintergangen, von ihm, den sie wie ihr eignes Kind erzogen, um Ehre, Habe und Gut betrogen, und an den Bettelstab gebracht seien. Sie begäben sich daher aller ihrer pflegälterlichen Pflichten und überließen ihn dem Gericht und seinem verdienten Schicksal.«

Jacob Thalreuter, katholischer Religion, war der uneheliche Sohn des Obristlieutenants von Rescher und der Tochter eines Mautbeamten, Barbara Thalreuter. Am 10. Septbr. 1809 wurde er zu Landshut geboren und von seinem Vater anerkannt. Noch in demselben Jahre starb seine Mutter; und im 3ten Jahre seines Alters mußte auch der Vater ihn verlassen, um den russischen Feldzug mitzumachen. Der alte damals schon pensionirte Stadtgerichts-Assessor Baron von Stromwalter war des Vaters Freund und nahm sich, mit Erlaubniß seiner Gemahlin, des verlassenen Kleinen an. So kam Thalreuter schon als Kind in diese Familie, von welcher er, nachdem sein Vater in Rußland geblieben war, wie ein leiblicher Sohn betrachtet und behandelt wurde; obgleich Baron von Stromwalter von seiner Frau noch 2 Kinder am Leben hatte, eine verheurathete Tochter und einen Sohn, der zur Zeit dieser Untersuchung als Lieutenant zu D. in Königlichen Diensten stand.

In dem Hause des von Stromwalter war die Frau Baronin das allein gebietende Oberhaupt. Der Gemahl, ein gutmüthiger, schwacher, geistig beschränkter Mann, gehörte zu dem dienenden, leidenden Theile der Hausgenossenschaft, wußte von nichts, als was ihm die Gemahlin zu wissen erlaubte, und wurde zu keinem Geschäfte beigezogen, außer wo es allenfalls, um einer Form zu genügen, der Mitunterschrift seines Namens bedurfte, welche dann, wie sich versteht, niemals verweigert wurde. Jene verfügte ausschließend über alle Hausangelegenheiten, so wie über die Verwaltung des Vermögens, das ohnehin fast ganz ihr gehörte, und, außer der sehr unbedeutenden Pension ihres Mannes, noch aus Kapitalien von ungefähr 11000 fl., aus einem kleinen Landgute, Schwaig genannt, und einigen Grundzinsen, Zehentrechten u.s.w. bestand, wovon aber mehrere Schulden in Abzug kamen. Wie wenig man den alten Baron in seinem Haus als eine eigentliche Person betrachtete, ergibt sich schon daraus, daß Briefe unter seiner Adresse von der Gemahlin geöffnet und beantwortet wurden. Diese pflegte denn auch ihren Gemahl, selbst wenn sie zu einem Dritten sprach, nicht anders als verächtlich kalt mit den Worten: »der Assessor« zu bezeichnen.

Die Baronin faßte frühzeitig für den lebhaften Knaben eine unbegreifliche Affenliebe. Die Mama ergötzte sich an den liebenswürdigen Schelmereien des losen Knaben; Ungezogenheiten galten für Artigkeiten, Bubenstücke für unschuldige Kindereien, und die, dem jugendlichen Alter so natürliche, aber — wird sie nicht durch strenge Zucht bei Zeiten gebändigt — für das Gemüth grundverderbliche Lügenhaftigkeit, wurde als Ausbruch eines reich begabten, früh heranreifenden Genies gefällig aufgenommen. Die Pflegältern wohnten lange Zeit, bis in die letzten Jahre, auf ihrem Landgute Schwaig; Bauernjungen und Bauernknechte waren daher des Knaben einzige Genossenschaft; und so hatte der verzärtelte, verhätschelte Bube auch noch zu allem Überflusse nichts vor Augen, als das alltägliche Beispiel pöbelhafter Rohheit, unedler Sitten und gemeiner Denkungsart.

Die Pflegmutter schickte ihn in die katholische Schule, wo er sich still und fleißig soll erwiesen haben. Späterhin erhielt er, zum Soldatenstande bestimmt, wenigstens nach der Versicherung seiner Pflegältern, Unterricht in der französischen Sprache, im Zeichnen und in der Mathematik. Allein, nach aktenmäßigen Thatsachen, zeigt sich an diesem Menschen auch nicht der leichteste Anflug wissenschaftlicher Bildung und edler Kenntnisse oder Fertigkeiten; nicht einmal in den Elementen des Unterrichts mehr als höchst mittelmäßiger Fortschritt. Er schreibt eine schlechte Hand, macht die gröbsten Fehler wider die Rechtschreibung, und der Styl seiner Aufsätze ist der eines unbehülflichen Anfängers. Was indessen bei einem Knaben von 15 bis 16 Jahren billig die Richter in Verwunderung setzte, war, nebst bedeutenden Geschäftskenntnissen hinsichtlich der meisten Gegenstände des Geld- und Handelsverkehrs, ein unerschöpflich reiches Talent in Erfindung der mannigfaltigsten, höchst verwickelten, bis zur kleinsten Einzelheit durchgeführten, auf das Glaubwürdigste zusammengesetzten Lügen, verbunden mit einem umfassenden, äußerst treuen Gedächtnisse, — der unentbehrlichen Grundlage des Lügentalents, wenn sich dasselbe im Leben zur Erreichung bestimmter Zwecke geltend machen will.

Je mehr der Knabe zum Jünglingsalter heranreifte, desto mehr befestigte er sich in der Herrschaft über diejenigen, die ihm von Jugend auf nur zu Gefallen gelebt und seinem Willen gedient hatten. Mit der Pflegmutter lebte er auf dem Fuße höchster Vertraulichkeit, übrigens von seiner Seite ohne Achtung, ohne Liebe, und ohne Dankbarkeit. Er hielt zu ihr, als zu derjenigen Person im Hause, welche allein über die Mittel zu gebieten hatte, deren er zur Befriedigung seiner Gelüste bedurfte. Denn die Mama ließ es an nichts fehlen, was nur immer dienen mochte, ihren Liebling zu erfreuen. Für seine Ausflüge und Lustpartieen wurde eben so gern ihre Kasse geöffnet, als wenn es galt, Schulden für ihn zu bezahlen, oder muthwillig gestifteten Schaden zu vergüten. Für ihn war nichts im Hause verschlossen, kein Zimmer, kein Behältniß; selbst zu dem Schrank, worin die Baronin ihre Gelder verwahrte, hatte dieser Junge vollkommen freie Hand. So wurde derselbe, durch blinde Affenliebe der Pflegmutter, unumschränkter Herr ihrer Person und ihres Vermögens. »Er machte,« wie sich ein Zeuge ausdrückt, »mit der Baronin was er nur wollte, bald im Guten, bald durch Grobheiten,« die sie stets ungeahndet sich gefallen ließ, und — wenn gewisse, ganz unglaubliche Andeutungen auf ein geheimeres Verhältniß zwischen der 59jährigen Pflegmutter und dem 15jährigen Pflegsohn nicht blos auf bösartiger Vermuthung beruhen — allerdings gefallen lassen mußte. Am schändlichsten war des Buben Benehmen gegen den armen fast 70jährigen schwachen Greis, der ihn, den Waisen, aus den Armen seines scheidenden Vaters als eignes Kind aufgenommen hatte. Diesen seinen Pflegvater nannte der undankbare Bösewicht niemals anders als mit Schimpfnamen; überhäufte ihn, selbst in Gegenwart Anderer, oder auf öffentlicher Straße, mit den herabwürdigendsten Schmähungen, mißhandelte ihn sogar, wie Zeugen gesehen, mit Schlägen und anderen Thätlichkeiten. Auf dem Gute zu Schwaig sperrte er ihn einst in den Taubenschlag und rief dann alle Bauernjungen des Dorfs herbei, unter dem Vorwand, ihnen eine ganz neue Art girrender Tauber zu zeigen. Ein andermal trieb er seine Verruchtheit so weit, ihn in einen Schweinstall zu stecken und ihn der ganzen Dorfjugend als Schweins-Eber vorzustellen.

Thalreuter bediente sich der Freiheiten, welche ihm die zärtliche Mama verstattete, nicht blos dazu, auf ihre Kosten bedeutende Schulden zu machen, die gern bezahlt wurden; sondern auch dieselbe, wie sich im Voraus erwarten läßt, auf das Ärgste zu bestehlen. Er schleppte ihr eine Menge Sachen heimlich aus dem Hause, und entwendete überdies aus ihrem Schreibschranke, dessen Schlüssel ihm zugänglich waren, von einem für umgesetzte Staatspapiere eingenommenen baaren Geldvorrath zu 4000 fl. nach und nach, doch in kurzen Zwischenräumen, die beträchtliche Summe von nicht weniger als 6 bis 700 fl. Als Mama diesen bedeutenden Abgang endlich bemerkte, ließ sie dem lieben Pflegling anfangs, so gut sie konnte, ihren ganzen Unwillen fühlen, verzieh ihm jedoch bald diesen kleinen Jugendstreich, und gebrauchte vermuthlich nur die Vorsicht, ihren Bureau-Schlüssel besser wie bisher zu verwahren. Dieser Umstand, wahrscheinlicher jedoch die Überlegung, daß er mit Diebereien immer nur verhältnißmäßig kleine Geldsümmchen auf einmal erwerben könne, gab ihm den Gedanken an einen größeren, und zugleich lustigeren Plan, vermöge dessen seine Pflegältern dahin gebracht würden, ihm von freien Stücken bedeutende Summen zur Verfügung zuzustellen, und so nach und nach vielleicht ihr ganzes Vermögen zu seinen Verschwendungen auszuliefern.

Im Anfang des Sommers 1825 ließ sich Thalreuter gegen seine Pflegältern erst ziemlich dunkle, dann allmählig verständlichere Worte über seine Geburt entfallen, welche ihn zu etwas ganz anderm gemacht habe, als er äußerlich scheine. Sein neugieriger Pflegvater wurde kurzweg blos mit der Erklärung abgefertigt: er, Thalreuter, sei eines Grafen Sohn; — allein der Mama schloß er in einer vertraulichen Stunde die innere Schatzkammer seines großen Geheimnisses auf. Unter Freudenthränen machte er ihr die Entdeckung: »er sei ein Sohn des regierenden Herzogs von B. Diesem seinem Vater sei früher ein Sohn durch Gift aus der Welt geschafft worden; damit dies aber nicht auch bei ihm geschehe, habe ihn der Herzog gleich nach seiner Geburt auf die Seite gebracht und den Obristlieutenant von Rescher, einen seiner vertrautesten Günstlinge, dazu ausersehen, die Erziehung seines zweiten Sohnes (des Thalreuter) zu übernehmen. Darum habe sich denn von Rescher selbst für seinen Vater ausgeben und das tiefste Geheimniß beobachten müssen.« Dabei erzählte er vieles andere mit der größten Umständlichkeit; sprach von einem Grafen von Rosenthal und von dem Generale von D.; mit besonderer Rührung aber von einem angeblichen Obristlieutenant von Hautbing, ebenfalls einem in das Geheimniß eingeweihten herzoglichen Günstling, der ihn mit seiner wahren Abstammung bekannt gemacht habe.

So unglaublich die ganze Erzählung war, welche mit allem, was die Stromwalter von Thalreuter wußten, und worüber sie vollkommen beweisende Urkunden (namentlich den Taufschein) in Händen hatten, in dem grellsten Widerspruche stand: so entsprach gleichwohl dieser Roman allzusehr der Eitelkeit dieser greisen Schwachköpfe und dem Wunsch nach einer Verbesserung ihrer beschränkten Vermögensverhältnisse, als daß sie nicht die bereitwilligste Geneigtheit in sich gefunden hätten, recht bald, wo möglich, von der Wahrheit des Vorgebens überzeugt zu werden. Hieran ließ es denn auch die Erfindungsgabe Thalreuters nicht fehlen. Es kamen von Zeit zu Zeit Briefe (immer von Thalreuter selbst überbracht) bald von dem angeblichen Herrn von Hautbing, bald von dem angeblichen durchlauchtigen Vater, dem Herzog, entweder an den Herrn oder die Frau von Stromwalter. Da wurde bald für die pflegälterliche Sorgfalt gedankt; bald wurden 10000 Dukaten, nebst andern goldnen Bergen zur Belohnung versprochen; bald die nahe Ankunft Sr. Durchlaucht gemeldet, welche dann ihren lieben Jacques den guten Pflegältern entführen werde. Das einemal kündigte Hr. von Hautbing Geldsendungen an; das anderemal wurden glaubwürdige Entschuldigungen angeführt, warum die Geldsendung noch nicht habe eintreffen können, welche aber nächstens erfolgen werde. Alle diese Briefe, deren wohl 20 blos von Sr. Durchlaucht eintrafen, waren so schlechte Papierwische, so unleserlich gekritzelt, so formlos und elend verfaßt, daß selbst ein Schulknabe die plumpe Fälschung auf den ersten Blick hätte erkennen müssen. Allein die Unleserlichkeit dieser Schreiben verschaffte dem jungen Thalreuter den Vortheil, daß er dieselben seinen neugierigen Pflegältern immer selbst vorlesen mußte, wodurch er Gelegenheit bekam, jeden allenfalls aufblitzenden Zweifelsfunken durch seine Anmerkungen auf der Stelle niederzutreten. Nicht lange, so erschien auch Thalreuter mit einem kostbaren Geschenk, im Namen seines herzoglichen Vaters, für seine liebe Pflegmama; es waren 6 Gehänge schöner, großer Perlen, die nicht sowohl als Putz, denn wegen ihres vermuthlichen Werths, der von Geldverlegenheit schon damals hart bedrängten Frau von St. sehr zu statten kamen. An der Untersuchung ihrer Ächtheit durch Sachverständige wußte Thalreuter sowohl seine Pflegältern, als auch diejenigen Personen, welche sie in Versatz zu nehmen bereit waren, besonders durch das Vorgeben zu verhindern, daß solch ein Verfahren seinen Herrn Vater auf das schwerste beleidigen müsse. Jener Schmuck hatte wirklich das Ansehen orientalischer Perlen, und wurde, zum Theil, bei verschiedenen Personen für mehrere 100 fl. zum Pfand eingesetzt. Was erst durch gegenwärtige peinliche Untersuchung entdeckt wurde — daß Thalreuter sie mit gestohlenem Geld in Stangs Galanterieladen, die Schnur um 1 fl. 30 kr. erkauft hatte — blieb den hintergangenen Tröpfen fortwährend ein Geheimniß. — Ein kleines Schmuckkästchen mit Ohrenringen, ebenfalls angebliches Geschenk des Herzogs, und gleichfalls mit Stromwalterischem Gelde im Galanterieladen gekauft, hätte den Glauben an die Durchlauchtigkeit des Pflegsohns noch mehr bestärken müssen, wenn jener Glaube nicht ohnehin schon felsenfest gestanden hätte. Thalreuters unerschöpfliches Lügengenie wußte überdies die Leichtgläubigkeit der beiden Alten durch stets neue Erfindungen im Taumel zu erhalten. Bald zeigte er ihnen das Gemälde eines mit Orden gezierten Offiziers als Bildniß des Herzogs vor; bald brachte er Landschaftsgemälde in das Haus, von denen er versicherte: dies seien die Landgüter, welche der Herzog seinen Pflegältern zur Belohnung gekauft habe. Als eines Tages Mama nach Hause kam, eilte ihr Thalreuter mit der Bemerkung entgegen: »es sei doch gar zu fatal, daß weder sie noch der Assessor zu Haus gewesen; denn er habe endlich seinen durchlauchtigen Vater gesehen; dieser sei mit 4 Pferden angefahren, habe die Pflegältern zu sprechen gewünscht, aber nicht länger warten können, da er sogleich wieder abzureisen genöthigt gewesen.« Ein andermal meldete Thalreuter dem alten von Stromwalter: Hr. von Hautbing, welcher im Gasthaus zum Schwanen logire, wünsche ihn diesen Abend zu sprechen. Zugleich übergab er demselben ein Billet, worin Baron St. vom Hrn. von Hautbing auf eine Bouteille Champagner freundschaftlich eingeladen wurde. Der arme Alte glaubte nichts besseres zu thun, als sich in seine Galla zu werfen, um dem Abgesandten des Herzogs seine schuldige Ehrfurcht zu bezeugen. Aber noch hatte die bestimmte Stunde nicht geschlagen, als Thalreuter, angeblich aus dem Schwanen, unter vielen Empfehlungen und Entschuldigungen, die Nachricht brachte: Hr. von H. (der in der Welt nirgends als in dem Lügenmund dieses Buben existirte) habe schleunigst in wichtigen Geschäften wieder abreisen müssen.

So lustig und durchsichtig auch dieser Lügenbau für jedes halbgesunde Auge sein mochte, so diente er doch, den Stromwalterischen Ehegatten gegenüber, als ein fester Grund, auf welchem Thalreuter mit dem glücklichsten Erfolg weiter fortbaute. Das war ihm nicht genug, daß er als verkappter Prinz, wo möglich, mit noch mehr Nachsicht und Ergebenheit behandelt und noch freigebiger in seinen Ausschweifungen unterstützt wurde, denn als Thalreuter. Bald, nachdem er das Herzogsspiel angefangen hatte, welches fast eben so schnell gewonnen als begonnen war, machte er seinen Pflegältern, insbesondere der Mama, geheimnißvoll, und unter dem Siegel tiefster Verschwiegenheit, die Eröffnung: die von Wallerische Familie — ein sehr bekanntes, angesehenes und reiches Haus der Stadt A. — beabsichte eine eheliche Verbindung zwischen Fräulein von Waller und dem Lieutenant von Stromwalter zu D.; die Sache sei schon sehr weit gediehen; das Verlöbniß sei bereits geschlossen; bald werde alles in das Reine kommen. Hr. von Waller, welcher in derselben Stadt lebte, hatte nun zwar eben so wenig gegen Herrn und Frau von Stromwalter, als der Sohn gegen seine Ältern jemals das mindeste geäußert, was auch nur von ferne auf einen Gedanken an ein solches Vorhaben hätte gedeutet werden können. Beide Familien standen von jeher fern von einander, waren sich beinahe völlig fremd, und die von Wallerische Familie hatte, als Thalreuter diese Neuigkeit auskramte, auch nicht den kleinsten Schritt zu irgend einer, wenn auch nur gleichgültigen, Annäherung gethan. Allein Thalreuter versicherte: das sei eben das Seltsame bei diesem Handel, daß derselbe, wenn daraus etwas werden solle, eben so behandelt werden müsse, als wenn nichts daran sei; Papa und Mama sollten — dies sei nun einmal der Plan des Hrn. von Waller — mit dieser Verbindung überrascht werden. — Die einfältigen Alten glaubten an diese handgreiflichen Lügen um so mehr, als, bald der Herzog von B., bald Hr. von Hautbing, bald der General D., in ihren (insgesammt von Thalreuter geschmiedeten) Briefen nicht verfehlten, dem Hrn. von Stromwalter oder seiner Gemahlin zu der überaus vortheilhaften Verbindung zwischen ihrem Sohn und Fräulein von Waller Glück zu wünschen. Nun war Thalreuter an seinem Ziel.

Der Mama wurde bald die Eröffnung gemacht: für ihren Sohn, den Lieutenant, müsse nunmehr die Heuraths-Caution, im Betrag von 10000 fl. bei der Militärkasse baar hinterlegt werden; sein Herr Vater, der Herzog, werde den größten Theil dieser Summe übernehmen, und erwarte von den Ältern nur den kleinen Beitrag von einigen Tausend Gulden; er (Thalreuter) sei beauftragt, die Gelder in Empfang zu nehmen und das Nöthige zu besorgen. Unbedenklich wurden dem Buben von der über die bevorstehende Heurath ihres Sohnes wunderseligen Mama 2700 fl. zum

Zweck der Heuraths-Caution eingehändigt, welche dann auf die oben beschriebene Weise mit vollen Händen verschwendet und verpraßt wurden. — Nicht lange nachher meldete Thalreuter: Lieutenant von Stromwalter habe das Unglück gehabt, wegen demagogischer Umtriebe in Verhaft genommen zu werden; seine Entlassung aus dem Gefängnisse sei nur durch Bestellung einer Caution von 1000 fl. zu erwirken. Und, ohne sich zu besinnen, übergab die betrübte, geängstigte Mama dem Prinzen nochmals 1000 fl., um den Sohn aus der Gefangenschaft zu erlösen. — Bald darauf brachte er die Nachricht: der junge von Stromwalter befinde sich in den drückendsten Geldverlegenheiten; es sei augenblickliche Hülfe nöthig; und die zärtliche Mutter verkaufte eiligst verschiedenen Hausrath, ein Sopha, einen Schreibtisch, mehrere Sessel u.s.w. um die erforderliche Summe dem Thalreuter einzuhändigen. — Ein neues, noch weit ernstlicheres Bedrängniß des Lieutenants, — an welchem, wurde es nicht so schnell als möglich gehoben, das schon nahe zum Ziel vorgerückte Heurathsgeschäft auf einmal scheitern konnte — setzte die Mutter in Angst und ihre Kasse von neuem in Besteuerung. Ein Mädchen, welches, nach Thalreuters Versicherung, sich von dem Lieutenant guter Hoffnung befand, mußte, damit der von Wallerischen Familie nichts davon zu Ohren komme, durch genügende Entschädigung schleunigst zufrieden gestellt werden. Auch diese Erfindung trug unserm Thalreuter mehrere 100 fl. ein. Ein andermal wurde Geld erpreßt, unter dem Vorwand, daß ein Hochzeitsschmuck für des Sohnes Braut angeschafft werden müsse. Des Lieutenants vorgebliche Heurath diente sogar zum Mittel, seinen Pflegältern mancherlei Hausrath, Sessel, Kanapee u.s.w. welche zur Hauseinrichtung der jungen Brautleute bestimmt sein sollten, aus dem Hause zu schaffen, und, wie sich versteht, für eigne Rechnung zu verkaufen.

Man wird fragen: ob denn nicht dem einen oder andern der von Stromwalterischen Eheleute einmal der Gedanke gekommen sei, der von Wallerischen Familie einen Besuch zu machen, um diese wenigstens leise, bezüglich jener Heurath, zu sondiren? Der alte von Stromwalter machte wirklich einmal Miene, als wolle er deshalb den Hrn. von Waller besuchen; allein Thalreuter bot seine ganze Beredsamkeit dagegen auf und wußte die Gefahren, womit ein solcher Schritt den ganzen Heurathsplan bedrohe, so nachdrücklich auszumahlen, daß der schwachsinnige Alte sein Vorhaben wieder aufgab und sich von nun an in das Wort und die weise Vorsicht des 15jährigen Buben mit blindem Vertrauen fügte. Stand denn aber der Sohn so ganz außer allem Verkehr mit seinen Ältern, daß diesen niemals einfiel, jenem über seine Heurath ein Wörtchen zu schreiben oder eine kleine Frage vorzulegen? mußten denn nicht die Ältern dringenden Verdacht schöpfen, wenn der Sohn in seinen Briefen über so viele wichtige Dinge, über seine bevorstehende Heurath, seine zu bestellende oder schon bestellte Heuraths-Caution, seine Gefangenschaft, seine Schwängerungsgeschichte, seine Geldbedrängnisse, über die ihm zugesendete Gelder u. s. w. kein, auch nur andeutendes Wörtchen fallen ließ? Thalreuter sorgte auch dafür. Er unterschlug Briefe der Ältern an den Sohn, des Sohnes an die Ältern, oder schrieb, im Namen und Auftrag der Mutter, seiner Absicht entsprechende Briefe an ihn, deren Inhalt von jener, ohne daß sie dieselben zuvor gelesen hätte, durch Beifügung einiger Zeilen von ihrer Hand bekräftigt wurde. Ein Brief des Lieutenants, — welcher seiner Mutter das bis nach D. verbreitete Gerücht von Thalreuters unerhörten Verschwendungen warnend meldete und sie bat, ihm über die Wahrheit oder Unwahrheit jenes Gerüchts Nachricht zu geben — war, Thalreuters Vorsicht ungeachtet, in seiner Gegenwart der alten von Stromwalter überreicht worden. Kaum erkannte jener des Sohnes Hand, so riß er den Brief der Mutter hinweg, und schrieb ihm nun, in Auftrag der letzten, eine Antwort, welche darin bestand, daß er, unter höhnenden Vorwürfen wegen jener Warnung, das Mährchen seiner hohen Geburt auch dem Sohn eröffnete. Frau von Stromwalter, welche gleichwohl diesen Brief nicht lesen durfte, fügte demselben die Worte bei: »dies sagt Deine dich liebende, staunende Mutter, und freut sich, D. in Gesellschaft von Jacques Vater zu besuchen, wo sie ihren lieben Sohn umarmen kann.« So war nun auch der Sohn mit Hülfe seiner eigenen Mutter betrogen, und Thalreuter verfehlte nicht, denselben durch mehrere, von Zeit zu Zeit an ihn erlassene Briefe in gutem Glauben und in stets gespannter Erwartung zu erhalten. Einer der kürzesten Briefe mag hier als Probe der Denkweise und Schreibart dieses frühreifen Bösewichts dienen:

»Durch ein Schreiben meines Herrn Vaters erhielt ich sogleich den Auftrag an meinen Pflegbruder dem Herrn Lieutenant von Stromwalter zu melden, daß binnen 3 Wochen Ihre Frau Mutter nebst er (ihm, Sr. Durchlaucht nämlich) nach D. kommt um vor Euer Gnaden seine Aufwartung zu machen, mir hinterließ er den Auftrag, zu erforschen, was Sie sich als ein Geschenke wünschen für die vielen Unterstützungen des im Hause habenden elenden Purschen, doch keine Ringe wählen sich Euer Gnaden nicht, da solche so erfolchen werden. Er selbst sagte nicht daß ich schreiben soll, sondern blos erforschen soll. Die Mutter laßt Euer Gnaden grüßen sowie der unterthänigste Pursche bald um Nachricht bittet. Der elende Pursche empfiehlt sich dero Gnade.

Theodor von B . . . sonst
von Rescher.«

Die gewaltigen Ausgaben, welche die Verschwendungen und Betrügereien Thalreuters nothwendig machten, wurden von der Pflegmutter bald durch den Verkauf von Staatspapieren, bald durch aufgenommene Darlehn, bald durch Vertrödlung oder Versatz von Schmuck, Hausrath und dergleichen bestritten. Außerdem übte Thalreuter folgende Methode, sich, gleichsam nur zum Spaß, auf Kosten seiner Pflegältern bedeutende Summen zu verschaffen. Er legte ihnen, nach Umständen, einen Zettel vor, dessen Schrift er mit seiner Hand, oder mit einem Buch verdeckte, und erbat sich von ihnen ihre gefällige Unterschrift nebst Beidrückung ihres Siegels; es sei dieses, fügte er gewöhnlich hinzu, ein kleiner Scherz; er bedürfe der Namensunterschrift unter diesem Papierchen, um der Mama, oder dem Papa, oder beiden eine recht große Freude im Stillen zu bereiten. Und hierauf wurden ohne weiteres die vorgelegten Papiere unterschrieben und besiegelt. Es waren dieses aber, wie erst die gegenwärtige peinliche Untersuchung ergab, kleine Wechselchen über 50 oder 64, oder 200, oder 275 Gulden und dergleichen, deren Auszahlung sich Thalreuter alsbald zu verschaffen wußte. In dem Stromwalterischen Hause gab es überdies von allen nicht niet- und nagelfesten Dingen keines, das nicht, so bald es dem Pflegsohne anstand, entweder heimlich durch Diebstahl, oder offen mittelst Betrugs, auf die Seite geschafft, und entweder verkauft, oder verschenkt worden wäre. Hausrath aller Art, — Sessel und Schreibtische, Silbergeschirr, Kupfersachen, zinnerne Schüsseln und Teller, Glaswaaren, Kleider und Bettstücke, Bilder, Uhren, Dosen, Perspective, Schwankkessel, Wärmflaschen u. s. w. bis auf eine Mäusefalle, werden in dem, von ihm selbst zu den Acten dictirten, langen Verzeichnisse entwendeter, oder betrüglich weggeschaffter Sachen aufgeführt. Wollte er Jemand mit der alten Cremoneser Geige seines Pflegvaters ein Geschenk machen, so war es der Niemand, Obristlieutenant von Hautbing, welcher darauf zu spielen wünschte; hatte er auf eine kupferne Wärmflasche sein Auge geworfen, so litt Fräulein von Waller an heftigen Krämpfen, welcher, als geheimen Braut des Sohns, dieselbe schleunigst verabfolgt wurde. Nachdem er auf solche Weise seine Pflegältern bereits um ihr Geld und um einen großen Theil ihrer Fahrniß gebracht hatte, wurde auch noch ihr weniges unbewegliches Gut von ihm in den Wind geschleudert. Seine Pflegmutter beredete er, ihr kleines Landgut Schwaig zu veräußern, indem er vorgab, der Kauf werde nur zum Schein geschlossen werden; hinter dem Kaufliebhaber sei Herr von Waller, als wahrer Käufer, versteckt, welcher Schwaig seiner Fräulein Tochter als Heurathgut mitzugeben beschlossen habe. Der Verkauf kam wirklich zu Stande; von den wenigen 1000 fl. Kaufgeld, ging das allermeiste für Bezahlung von Schulden auf; und von dem der Verkäuferin übrig bleibenden Restchen nahm Thalreuter 650 fl. für sich, angeblich um dem Lieutenant von Stromwalter abermals aus Verlegenheit zu helfen. Noch besaß die alte Pflegmutter ein Zehentrecht, einige Erbzinsrechte und dergleichen; auch diese wurden bald nachher verkauft, und die wenigen 100 fl., welche, nach

Abzug der Schulden, in die Hände der Verkäuferin kamen, dem Thalreuter ebenfalls überliefert; die oft wiederkehrende Nothwendigkeit, Geld zu borgen, auf Pfänder zu leihen u.s.w. zeigte fühlbar den bereits hülflosen Zustand. Allein Thalreuter, gleich einem Finanzminister, welcher liebe und getreue Landstände durch ein künstliches Budget zu beruhigen hat, versicherte seiner Pflegmama, daß ihr Vermögen nie in schönerer Blüthe gestanden, als eben jetzt. Er lieferte auch dafür den anschaulichsten Beweis dadurch, daß er ihr ein genaues Verzeichniß ihrer Besitzthümer entwarf, in welchem unter andern z.B. das schon verkaufte Gut Schwaig, so wie die von dem Herzog von B. versprochenen 10000 Dukaten, unter den baaren Activen mit vorkamen, und woraus sich am Schlusse klar ergab, daß das Stromwalterische Vermögen noch auf etwas mehr, als 70000 fl. zu berechnen sei: — eine Entdeckung, welche der guten Mama zur größten Beruhigung und Freude gereichte. — Den letzten und wohl den ärgsten Streich spielte der undankbare Bösewicht seinen unglücklichen Pflegältern, indem er ihnen, blos auf sein Wort glauben machte, sein durchlauchtiger Herr Vater habe nunmehr zu A. ein großes Haus, ein Palais, gekauft, welches den von Stromwalterischen für ihre Lebenszeit zu unentgeltlicher Bewohnung eingeräumt sei. Ohne sich nach diesem Palais ein wenig umzusehen, kündigten die kindischen Alten, in der Freude ihres Herzens, sogleich ihre Miethwohnung im Voraus auf, und sahen der bevorstehenden Lichtmesse 1826, wo der Knoten sich auf einmal zu ihrem Glücke lösen werde, mit heiterer Sehnsucht entgegen. Unterdessen besorgte Thalreuter, welcher durch jene Lüge seine Pflegältern sogar um ihr Obdach betrogen hatte, einstweilen einen Theil des Auszugs; unter dem Vorgeben, das Palais vor der Hand mit einigem Hausrath auszustatten, ließ er von den wenigen noch übrigen Möbeln ein mit gelber Seide bezogenes Sopha, 6 dazu gehörige Stühle u.s.w. aus dem Hause forttragen, welche dann alsbald, wie wir dem Leser kaum noch zu sagen brauchen, in der Bude eines Trödlers den Ort ihrer Bestimmung fanden.

Erst einige Tage nach Thalreuters Verhaftung, fiel, wie wir bereits oben gehört, den bethörten Alten die Zauberbinde der Verblendung von den Augen. — Indessen blitzte noch immer, selbst bis zum Schlusse der Untersuchung, von Zeit zu Zeit die Hoffnung in ihnen auf, daß die fühlbare Wirklichkeit am Ende doch vielleicht nur eine Täuschung sein möge, und der Herzog endlich noch als ein *Deus ex machina* unvermuthet erscheinen könne, um sein Söhnchen aus der Gefangenschaft, sie selbst aus ihrer Noth zu erlösen.

Thalreuter gestand mit der gleichmüthigsten Offenheit, aber ohne Reue, wie ohne Theilnahme an dem Schicksal seiner durch ihn in das Verbrechen gestürzten alten Pflegältern, sowohl die Verfertigung des falschen Wechsels auf Dr. Schroll, und eines, jedoch nicht zum Zweck der Auszahlung geschriebenen, falschen Bankscheins über 450 fl., sondern auch die lange Reihe zahlloser Entwendungen, Unterschlagungen, und Betrügereien, welche er an seinen Pflegältern ausgeübt hatte. Der Betrag der zuletzt gedachten Verbrechen konnte nicht genau ausgemittelt werden. Thalreuter, so vortrefflich sich sein Gedächtniß zeigte, hatte begreiflicherweise über seine einzelnen Geschäfte nicht Buch und Rechnung gehalten; der alte Herr von Stromwalter wußte über die Angelegenheiten seines Hausstandes gar keine Auskunft zu geben, und berief sich lediglich auf das bessere Wissen seiner Gemahlin; diese Gemahlin aber, welche ihrem Jacques alles blindlings Preis gegeben hatte, vermochte sich ebenfalls nur auf ihr schwaches Gedächtniß ganz im Allgemeinen zu beziehen. Indessen kann der Betrag dessen, was Thalreuter, ungefähr binnen eines Jahres, durch Diebstahl, Unterschlagung, oder Betrug an sich brachte, auf die Summe zwischen 6000 bis 8000 fl. angeschlagen werden.

Das Gewebe so vieler mannigfaltig zusammengesetzten, so lange Zeit und mit solchem Erfolge durchgeführten Betrügereien, wie sie Thalreuter schon in seinem ersten Verhöre eingestanden hatte, schien für einen 15jährigen Knaben, zwei bejahrten Leuten von Stand und Bildung gegenüber, eine allzu schwere Aufgabe, als daß sie demselben ganz allein zugetraut werden konnten. Alles, namentlich das Herzogsmährchen, die Hochteitsfabel, die vielen Briefe, der falsche Wechsel u.s.w. deutete auf Anstifter, Rathgeber, Gehülfen und andere Theilnehmer. Thalreuter kam denn auch, mit derselben scheinbaren Offenheit, womit er seine eigenen Verbrechen bekannte, in diesem Punkte allen Fragen des Untersuchungsrichters bereitwilligst zuvor. Der Galanteriehändler Stang, versicherte er, sei der Anstifter und Genosse aller seiner Verbrechen. Dieser habe zur Fertigung der falschen Urkunden ihm die Anleitung gegeben; den falschen Bankschein habe Stang dictirt und mit dem Königlichen Siegel versehen. Zu allen Betrügereien an seinen Pflegältern habe Stang den Plan entworfen und zu deren Ausführung mitgewirkt. So sei er z. B. einst, mit Orden geziert, in einer glänzenden Uniform, bei seinen Pflegältern erschienen und habe sich für einen Abgesandten seines angeblichen Vaters ausgegeben. Ein beträchtlicher Theil des durch Betrug gewonnenen Geldes sei diesem Stang zugewendet worden, welcher dafür Waaren gekauft und dadurch sein Handelsgeschäft bedeutend erweitert habe; auch seien demselben viele seinen Pflegältern entwendete oder mit List abgenommene Sachen zu gut gekommen. — Aber mit diesen Beschuldigungen war es noch nicht genug. Stang wurde als ein Betrüger und Fälscher von Handwerk aufgeführt, als ein Mensch, welcher mit der Verfertigung falscher Wechsel, falscher Frankfurter Lotterieloose, Staatspapiere, Tontinenscheine und dergleichen ein förmliches Gewerbe treibe, überdies auch, mit falscher Münzprobe versehene, scheinbare Silberwaaren aus bloßer Komposition verfertigte und für ächt in seinem Laden feil halte. Alles dieses wurde nicht etwa blos im Allgemeinen angegeben, sondern in weitläufigen Erzählungen mit einer Menge bestimmter Thatsachen belegt. So wurde z. B. eine lange Reihe von Stang verfertigter falscher Wechsel aufgeführt, und bei jedem derselben der angebliche Aussteller, das Haus, worauf er ausgestellt, der Ort wo, die Person an welche, und die Zeit wann er ausgestellt oder verhandelt worden, so genau bezeichnet, und alles dieses zum Theil noch mit so manchen Nebenumständen begleitet, daß man eher an dem Leuchten des Sonnenlichts, als an der Wahrheit dieser Angaben hätte zweifeln mögen. In jedem neuen Verhör wurden diese Anklagen, so wie angeblich das Gedächtniß Thalreuters nach und nach immer mehr erwachte, entweder mit neuen Thatsachen verstärkt, oder mit neuen Beschuldigungen vermehrt. Unter andern versicherte sogar Thalreuter: Stang habe, um der allmälig versiegenden Quelle des von Stromwalterischen Geldes einen ergiebigen Zufluß zu verschaffen, den Plan entworfen, den reichen Bruder der Frau von Stromwalter mit Gift aus der Welt zu schaffen; Stang habe schon das Gift hiezu bereitet, er verwahre dasselbe (an einem von Thalreuter bezeichneten Ort) in einer Flasche.

Stang, verheurathet, Vater einiger Kinder, gehörte nicht so eigentlich zu den Personen, deren man sich solcher Thaten wohl versehen kann; er nährte sich ehrlich, wie seine Mitbürger nicht anders wußten, von seinem Geschäft als Galanteriehändler, welches durch Sparsamkeit, Fleiß und Geschicklichkeit einen ansehnlichen Umfang gewonnen hatte, und gar wohl hinreichte, ihm und seiner Familie anständigen Unterhalt zu gewähren. Allein auf seinem früheren Leben — vor Einrichtung des Galanterieladens, der erst seit einigen Jahren bestand — lagen einige bedenkliche Schatten. Anfangs Schneider seines Handwerks, trat er als Bedienter in den Dienst eines Kaufmanns, der ihn nach einiger Zeit wieder entließ und ihm nur ein ziemlich zweideutiges Sittenzeugniß geben konnte, worauf er als sogenannter mechanischer Künstler, d.h. als Taschenspieler im Lande umherreiste. Aktenmäßig und stadtkundig war es, daß Thalreuter mit Stang in täglichem Umgang gelebt, dieser an den Schwelgereien jenes nicht geringen Antheil genommen, und in dem Hause des von Stromwalter ebenfalls gewißermaßen den Herrn gespielt hatte. Da es nun überdies ganz unmöglich schien, daß ein 15jähriger Bube alles oben Erzählte blos aus seinem eigenen Kopfe geschöpft, und ganz auf seine eigene Hand, ohne fremde Mitwirkung, ausgeführt habe: so waren in der Anzeige des, wenn nicht reumüthig, doch offenherzig bekennenden Schuldigen, hinreichende Gründe gegeben, um diesen Stang der Mitschuld in hohem Grade verdächtig zu halten und in Verhaft zu nehmen.

Allein die Beschuldigungen Thalreuters trafen nicht blos diesen. In die ausführliche Erzählung der Verbrechen

Stangs wurden zugleich viele andere Personen als Haupt- oder Neben-Theilnehmer, mit eingeflochten. Ein gewisser, sehr wohlhabender Handelsjude zu F., Wolosiz, wurde als wissentlicher Abnehmer der von Stang verfertigten falschen Wechsel, unter Anführung vieler besondern Umstände, auf höchstglaubwürdige Weise bezeichnet; eben so ein Gastwirth, Brechtal, welcher, in alle verbrecherischen Geheimnisse Stangs innigst eingeweiht, zum Zweck des Umsatzes falscher Wechsel, als Offizier verkleidet, Reisen gemacht habe und dergl. Beide, besonders aber den Brechtal, in dessen übel berufenem Wirthshause Thalreuter oft seine Niederlage hatte, beschuldigte er zugleich der Begünstigung seiner an den Pflegältern begangenen Diebstähle und Betrügereien. Von den verbrecherisch erworbenen Geldern habe er dem zuletzt genannten ein Pferd gekauft, ein Faß Wein in den Keller geschafft u. s. w. Im Innern dieses Weinfasses hänge zugleich ein kleines wasserdichtes Fäßchen, in welchem Brechtal die falschen Wechsel Stangs heimlich aufbewahre. Nächst Stang, wurden daher Wolosiz und Brechtal provisorisch verhaftet; überdies noch vier andere Personen durch Thalreuters Beschuldigungen wenigstens mit Verdacht beschwert.

Theils zur Herstellung des Thatbestandes so mannigfaltiger Verbrechen, theils um diejenigen Sachen, welche als Stromwalterisches Eigenthum von Thalreuter bezeichnet waren, einstweilen in Sicherheit zu bringen, wurde bei den verhafteten Personen, mit Zuziehung des Haupt-Inquisiten, Haussuchungen angestellt, und diese, besonders aber bei Stang, vielmals wiederholt; weil, so oft eine solche Haussuchung beendigt war, dem Denuncianten in seinem Gefängnisse immer noch etwas Neues einfiel, was eine Wiederholung derselben herbeiführen mußte. Bei diesen gerichtlichen Handlungen machte es sich Thalreuter zum Hauptgeschäft, dem Gerichte diejenigen Sachen zu bezeichnen, welche seinen Pflegältern gehören, oder von ihrem Gelde angeschafft, oder Gegenstände, Werkzeuge, Beweise einer Fälschung und derg. sein sollten. Jede Haussuchung führte den Inquisiten immer zur Entdeckung neuer Dinge solcher Art und überlastete endlich das Gericht mit ganzen Ladungen von Effekten, für welche im Depositengewölbe beinahe der Raum zu enge wurde. Aus Stangs Haushalt ließ er silberne Löffel, Zinn, Kupfer, Gläser, Flaschen und Büchsen, Servietten und Tischtücher, Bettstücke, Kinderspielzeug, Kleidungsstücke bis auf Beinkleider und Stiefel u.s.w.; aus dessen Laden alle Sorten Galanteriewaaren, von den angeblich verfälschten Silbersachen und anderen werthvollen Gegenständen, als Uhren, Spitzen, Schnallen, Perspectiven, bis auf Lorgnetten, Damen-Ridicüls, Schminkdöschen, Schönheitswasser, wohlriechende Pomade und Seife, in gerichtliche Verwahrung nehmen. Nicht viel besser erging es dem Gastwirth Brechtal, dem er nicht nur eine Flinte und ein Paar von demselben neu verfertigte Weiherstiefel — denn Brechtal war zugleich Schuhmachermeister — hinwegnehmen, sondern auch sein Pferd aus dem Stalle, allen seinen Wein aus dem Keller wegführen ließ.

Während diese Haussuchungen im Gange waren, entdeckte eines Tages der Gefangenwärter, als Thalreuter sein Gefängniß wechseln sollte, in dessen Strohsack Geld, im Betrag von etwas über 17 fl. — Inquisit hierüber gerichtlich vernommen, bekannte: eine Haussuchung bei Stang habe ihm die Gelegenheit verschafft, dieses Geld aus dessen Schreibpult zu entwenden. Auf die Frage: wie dieses möglich gewesen, da die Gerichtscommission ihn doch stets im Auge behalten habe? erwiederte er: allerdings sei es unter den Augen der Commission, aber mit Hülfe eines Taschenspielerkunststücks geschehen, welches er von Stang selbst gelernt habe.

Bei genauer Erforschung der von Thalreuter gegen Stang und Andere angezeigten Verbrechen, wurden sehr bald einige derselben als ganz falsch befunden. Ein bei Stang in Beschlag genommenes, angeblich verfälschtes Lotterieloos wurde zu Frankfurt am Main als ächt anerkannt. Mehrere der angeblich umgesetzten falschen Wechsel wurden nirgends präsentirt; von andern war ausgemittelt worden, daß die fremden Häuser, auf welche sie ausgestellt sein sollten, der Handelswelt völlig unbekannt waren. Als ihm dieses in seinem XII. ordentlichen Verhöre vorgehalten wurde, nahm er nicht nur einen Theil seiner gegen Stang angebrachten

Beschuldigungen als unwahr zurück, sondern erklärte auch alles was er gegen den verhafteten Juden Wolosiz und gegen noch vier andere, größtentheils achtbare Personen vorgebracht hatte, für baare Verläumdung. Die Beweggründe dieser frechen Verläumdungen waren, seiner Angabe nach, verschieden. Der Eine hatte bei Gelegenheit einer Schlägerei seinen Haß gegen sich erregt; ein Anderer hatte ihn einmal geschimpft; von einem Dritten war ihm, wegen seiner Aufführung, hinter seinem Rücken Böses nachgeredet worden; ein Vierter hatte ihn einst wegen seines schlechten Reitens ausgelacht. — Stang und Brechtal kamen indessen nicht so wohlfeil aus dem Handel. Fast jeder Schritt der weiteren Nachforschung deckte zwar dem Gericht neue Unwahrheiten auf, besonders hinsichtlich des Stang. So wurden z. B. alle angeblich unächte Silberwaaren für ganz ächt befunden; viele angeblich der Frau von Stromwalter gehörende Sachen von dieser entweder als solche nicht anerkannt, oder als altes Besitzthum Stangs und seiner Familie erwiesen. In Brechtals Weinfaß entdeckte sich nichts von dem kleinen geheimen Fäßchen, und die bei Stang gefundenen Fläschchen und Büchschen, welche das dem Bruder der von Stromwalter bereitete Gift verwahren sollten, enthielten unschuldiges Nelken- oder Jasminöl, Schwefelsäure u. derg. — Gleichwohl aber nahm Thalreuter in jedem Verhör immer nur soviel von seinen Beschuldigungen, zumal gegen Stang, zurück, als er in Folge der Beweise, welche ihn der Lüge überführten, zurückzunehmen schlechterdings genöthigt war. Erklärte er auch bald dieses, bald jenes für einen unwahren, von ihm ersonnenen Zusatz: so hielt er doch in einer langen Reihe von Verhören noch immer so viel von seinen Beschuldigungen aufrecht, als hinreichend gewesen wäre, seinen Freudengenossen Stang auf mehrere Jahre in das Zucht- oder Arbeitshaus zu bringen. Erst im XXIten ordentlichen Verhöre erklärte er alle von ihm, auch gegen Stang, erhobene Anklagen für reine Erdichtungen, welche er aus Rache ersonnen habe. Dem Stang nämlich habe er es nicht verzeihen können, daß er seine jugendliche Unerfahrenheit mißbraucht, ihn in seinen Ausschweifungen unterstützt, seine Sinne im beständigen Taumel erhalten, ihm den Umgang mit liederlichen Dirnen verschafft, und ihn so nicht nur um seine Unschuld gebracht, sondern auch eine eckelhafte schmerzliche Krankheit ihm zugezogen habe. Allein diese Entschuldigung seiner Verläumdungen war selbst wieder Verläumdung. Im XXVIten Verhöre sah er sich bewogen, auch diese Beschuldigung zurückzunehmen und zu erklären: er habe keinen andern Beweggrund gehabt, Stang in eine peinliche Untersuchung zu verwikkeln, als — weil ihm derselbe seine Galanteriewaaren allzutheuer aufgerechnet habe. Zu seiner Verläumdung gegen Brechtal führte er ebenfalls keinen andern Beweggrund an, als: es habe ihm derselbe als Wirth zuweilen die Zeche mit doppelter Kreide geschrieben.

Und so war es nun endlich zur vollkommensten Gewißheit gebracht: nicht nur, daß dieser junge Bösewicht bei allem, was ihm über seine alten Pflegältern zu ihrem Verderben gelungen war, keine anderen Helfer gehabt habe, als sein eigenes Genie, nebst der Schwäche und leichtgläubigen Einfalt seiner Pflegältern; sondern auch, daß sogar das peinliche Gericht für ihn nur ein veränderter Übungsplatz seiner unergründlichen Bosheit, so wie seiner instinktartigen Diebs- und Lügennatur gewesen sei.

Die in Folge jener Verläumdungen unschuldig in Untersuchung gezogenen Personen wurden sämmtlich, zum Theil schon ehe der Prozeß gegen Thalreuter selbst beendigt war, von dem Gerichtshofe freigesprochen; er selbst aber am 26ten Septembr. 1826 wegen Fälschung von Privaturkunden, wegen Diebstahls, Unterschlagung und fortgesetzten Betrugs, endlich wegen gerichtlicher Verläumdungen, jedoch nur mit Rücksicht auf sein jugendliches Alter, zu achtjährigem Arbeitshause verurtheilt, zugleich aber diese Strafe dahin geschärft, daß der Verurtheilte am Tage seines Eintritts in die Strafanstalt mit 25 Ruthenstreichen zu züchtigen, ihm auch jährlich 14 Tage hindurch die Kost in der Art, daß ihm warme Speise nur jeden dritten Tag gereicht werde, zu schmälern sei. Zugleich wurde dem Untergericht der Befehl ertheilt, die geeigneten Einleitungen zu treffen, daß diesem noch so jungen Verbrecher in der Strafanstalt fleißig der erforderliche Unterricht ertheilt und für dessen sittlich religiöse Bildung so viel möglich Sorge getragen werde*.

* Der Verf. sah nach geschlossener Untersuchung, diesen merkwürdigen jungen Bösewicht in seinem Gefängnisse, und wurde nicht wenig überrascht, als er in dessen Gesichtszügen die auffallendste Ähnlichkeit mit einem, vor nun beinahe 30 Jahren, zu Ilmenau, wegen boshaften Raubmordes hingerichteten, 14jährigen Knaben erblickte, dessen Physiognomie ihm stets lebhaft gegenwärtig geblieben ist und von welchem er ein, von seinem trefflichen Freunde, Hrn. Prof. Roux zu Heidelberg, damals verfertigtes, Bild noch jetzt aufbewahrt. Thalreuter sollte, zum Glück der bürgerlichen Gesellschaft und zu seinem eignen, das Ende seiner Strafzeit nicht erleben; er starb schon in diesem Jahre (1828) im Strafarbeitshause zu München.

DER RAUBMÖRDER JOHANN WALLISER, ZWEIMAL VON DER INSTANZ ENTBUNDEN, BEKENNT IM BESSERUNGSHAUSE SEIN VERBRECHEN UND WIRD ZUM TODE VERURTHEILT

Am 7ten Dezember 1816 fuhr der Bauer Heinrich Abraham, aus dem Dorfe Winkelheid (Landgerichts Altdorf), ein Mann von 59 Jahren, nachdem er Holz zu Nürnberg verkauft hatte, mit seinem leeren, von Ochsen gezogenen Wagen, um die Mittagszeit wieder nach seinem Wohnorte zurück. In dem 2 Stunden von Nürnberg entfernten Dorfe Fischbach kehrte er im Wirthshause zum Bären ein, fuhr sodann weiter auf dem Wege nach dem Dorfe Birnthan, kam aber hier, rücklings auf seinem Wagen liegend, am Kopfe schwer verwundet, in ganz bewußtlosem Zustande an, und starb noch desselben Tags.

Die von dem Landgerichte Altdorf verfügte Besichtigung des Leichnams ergab, daß Abraham durch einen Schuß von hinten getödtet worden sei. Man fand in dem Kopfe, außer einem halbmondförmigen ganz platten Stückchen Blei, noch ein größeres viereckiges Stück, von der Größe einer Pistolenkugel. Die Hosentasche des Getödteten war auswärts gekehrt; und obgleich er zu Nürnberg für sein Holz Geld gelöst hatte, fand sich doch nicht das mindeste bei ihm.

Dieser That wurde sogleich der Taglöhnerssohn Johann Walliser verdächtig, welcher bereits am folgenden Tage verhaftet und an das Landgericht Altdorf zur Untersuchung abgeliefert wurde.

Walliser aus Zerzabelshof, bei Nürnberg gebürtig, damals 23 Jahre alt, evangelischer Religion, ledigen Standes und ohne Vermögen, war der Sohn des Taglöhners Christoph W. Er wurde fleißig zur Schule geschickt, lernte ziemlich gut rechnen und schreiben, und erhielt von dem Pfarrer den gehörigen Religionsunterricht. In erwachsenem Alter diente er bei verschiedenen Herren als Knecht, gerieth aber im August 1815 wegen Hausdiebstahls und anderer Entwendungen in Untersuchung und wurde durch Erkenntniß vom 15ten November (nach erhobener Berufung, am 5ten Januar 1816 bestätigt) zum Strafarbeitshaus auf 1 Jahr und 22 Tage verurtheilt. Allein lange vor Ablauf seiner Strafzeit, bereits am 20ten Mai desselben Jahrs, wurde er aus Gnade wieder in Freiheit entlassen. Seitdem hielt er sich im väterlichen Hause auf, und arbeitete, weil er, nach seiner Versicherung, als entlassener Sträfling keinen ordentlichen Dienst erhalten konnte, für Taglohn, besonders beim Chausseebau. Die über ihn vernommenen Leumundszeugen, gaben ihm das Lob eines stillen, ruhigen und fleißigen Menschen. Sein eigener Vater hingegen sagte gegen ihn aus: daß er seinen väterlichen Ermahnungen kein Gehör gegeben, ihn schon zweimal thätlich mißhandelt habe, und mehrere Tage vor seiner Verhaftung, ohne das älterliche Haus zu betreten, arbeitslos umher gezogen sei.

Die im Laufe der Untersuchung gegen Walliser erhobenen Anzeigungen, bestanden in folgenden Thatsachen. Es war nämlich

1) ausgemittelt und wurde nachher selbst von ihm gestanden, daß er an demselben Vormittage auf dem Wege zwischen Nürnberg und Fischbach, hinten auf dem Wagen des Getödteten sitzend mit demselben eine Strecke gefahren sei.

2) Nachmittags, kurz zuvor ehe Abraham nach Fischbach hineinfuhr, kam auch Walliser in diesem Dorfe an, kehrte in dem Wirthshause zur Krone ein, setzte sich in der

Wirthsstube so, daß er diejenigen, welche auf der Straße von Nürnberg in den Ort kamen, bequem beobachten konnte, und ging nach einiger Zeit schnell aus der Krone hinweg in das Wirthshaus zum Ochsen, welches dem Bärenwirthshaus gegenüber liegt, in welchem unterdessen der Bauer Abraham mit seinem Wagen eingekehrt war. Als

3) der Unglückliche wieder aus Fischbach hinaus nach Birnthan zufuhr, ging ihm auch Walliser auf demselben Wege nach, und kam

4) wie er anfangs gestand, (jedoch nachher, unter dem Vorwand einer Ortsverwechslung, wieder abänderte) bis in die Gegend der sogenannten Gauchsweiher, wo die Verwundung des Bauern wahrscheinlich erfolgt war, weil sich hier die ersten Blutspuren zeigten, welche von da auf dem Wege nach Birnthan weiter verfolgt werden konnten.

5) Inquisit war im Besitz einer Pistole, welche dessen Vater, der sie lange zuvor nicht gesehen, am Morgen nach der That auf einem Behälter in seiner Kammer gefunden hatte, und welche, nach dem Gutachten sachverständiger Personen, kurz zuvor war abgeschossen worden.

6) Nicht nur fand man Pulver in seiner Weste, die er bei der Verhaftung trug, sondern auch einen nicht unbedeutenden Pulvervorrath in seiner Wohnung, und überdies

7) zwei in einem Salzfaß verwahrte Bleikugeln, welche, nach dem Dafürhalten zweier Sachverständigen, in den Lauf jener Pistole paßten und mit der im Kopfe des Getödteten stecken gebliebenen Kugel gleichen Kalibers waren.

8) Gab Inquisit am Morgen nach der That seiner Schwester einen Geldbeutel mit 17 fl. zum Aufheben. Diesen Geldbeutel hatten zuvor weder seine Schwester noch sein Vater bei ihm gesehen; drei Zeugen versicherten, daß derselbe demjenigen, welchen Abraham besessen, ganz ähnlich sehe; und die Wittwe des Getödteten erkannte ihn mit aller Bestimmtheit für das Eigenthum ihres Mannes. Als auf ein besonderes Kennzeichen machte sie unter anderem darauf aufmerksam, daß sich in diesem Beutel mehrere Brodstückchen fänden, welche ihr verstorbener Mann immer zu seinem Geld gethan habe, damit ihm dieses nicht behext werde.

Aller dieser dringenden Verdachtsgründe ungeachtet, versicherte Inquisit fortwährend seine Unschuld, ohne daß er im Stande gewesen wäre, die wider ihn zeugenden Thatumstände zu widerlegen, oder auf glaubwürdige Art anders zu deuten. Seine Reise von Nürnberg nach Fischbach und seinen Aufenthalt an diesem Ort vermeinte er blos damit zu rechtfertigen, daß ihm von Zahlen geträumt habe, welche in einem Baume in der dortigen Gegend eingeschnitten seien, und welche er damals, zum Behuf des Lottospiels, habe aufsuchen wollen. Seine Pistole wollte er bald bei Gelegenheit der Hochzeit eines Bauern, bald um ein Eichhörnchen zu erlegen, losgeschossen haben, wovon sowohl die eine als die andere Ausrede als unwahr befunden wurde. Den Geldbeutel versicherte er, während seines Aufenthaltes im Strafarbeitshause, von einem, bereits verstorbenen, Sträflinge erhalten zu haben. Ähnlichen Gehalts waren seine Erklärungen in Betreff der übrigen Anzeigungen.

Da indessen Inquisit der That weder geständig, noch durch Zeugen überwiesen war, und an den vorhandenen Anzeigungen noch vieles mangelte, was, gemäß Art. 328 Thl. II. des Strafgesetzbuchs, zu einer vollständigen Überweisung durch zusammentreffende Anzeigungen erfordert wird: so wurde durch Erkenntniß von 25ten April 1817 in der Hauptsache ausgesprochen: daß

»1) in Absicht auf die dem Inquisiten gemachte Beschuldigung des qualificirten Mordes die Untersuchung wegen mangelnden Beweises einzustellen, jedoch

2) Inquisit vor Ablauf von 5 Jahren nur nach geleisteter Sicherheit, rücksichtlich welcher der Betrag der Versicherungssumme der Bestimmung des Untersuchungsgerichts überlassen bleibt, der Haft zu entlassen, daher bis zu dieser Sicherheitsbestellung, und, wenn diese nicht bestellt würde, bis zur Erfüllung von 5 Jahren in einem öffentlichen Arbeitshause zu verwahren, jedenfalls aber nach seiner Entlassung noch der besonderen Polizei-Aufsicht zu unterwerfen sei.«

Am 12ten Mai erfolgte die Verkündung dieses Urtheils, bei welchem Inquisit sich beruhigte. Es wurde ihm das

Zwangsarbeitshaus zu Dinkelsbühl als Aufenthaltsort angewiesen. Ehe er noch dahin abgeliefert war, machte der Gensd'arme-Brigadier Rösch dem Landgerichte Altdorf am 4ten Juni die Anzeige: »Er habe Tags zuvor den wegen Diebstahls in das Strafarbeitshaus verurtheilten Johann Pfälzer nach Schwabach eingeliefert. Unterwegs habe ihm derselbe erzählt, daß er 6 Wochen lang mit Walliser in Einem Gefängniß gesessen, wo ihm dieser Bekenntnisse gemacht habe.«

Johann Pfälzer, 39 Jahre alt, zu einer Arbeitshausstrafe von 4½ Jahr verurtheilt, erklärte sich hierüber zum Gerichtsprotokoll wie folgt:

»Walliser, mit welchem er beiläufig 7 Wochen in Einem Gefängnisse gesessen, sei anfangs gegen ihn sehr zurückhaltend gewesen, endlich aber mehr und mehr mit ihm vertraut geworden, und habe verschiedenes geäußert, was sich auf sein Verbrechen beziehe. Unter anderem habe er, ohne geradezu den Mord einzugestehen, ihm gesagt: es sei gut gewesen, daß es in jener Nacht seine Fußstapfen verschneit habe. — Er hätte gewünscht, zu Hause mit seiner Schwester, welcher er den Geldbeutel des Bauern aufzuheben gegeben, noch einmal sprechen zu können. Doch habe er sich dadurch gehalten, daß er vorgegeben, diesen Geldbeutel von einem im Baireuther Arbeitshause befindlichen Sträfling erhalten zu haben, von dem er jedoch gewußt, daß er bereits gestorben sei. — Das Gericht habe ihn zu dem Hause des Bauern geführt, und ihn glauben machen wollen, der Bauer lebe noch. Da sei er nahe daran gewesen, zu gestehen, weil er bedacht: wenn der Bauer noch lebt, so kennt er dich und dann hilft das Läugnen nicht mehr. Er habe es jedoch für besser gehalten, abzuwarten, ob der Bauer noch lebe.« — Auf die an Walliser gestellte Frage: wie er denn an den Bauer gekommen sei? und ob dieser viel Geld bei sich gehabt? habe jener so wenig, als auf andere ähnliche Fragen mehr eine Antwort gegeben. Ehe er, Zeuge, von ihm getrennt worden, habe ihn jener noch gebeten: ›doch ja Niemand etwas von dem zu sagen, was er ihm entdeckt habe.‹«

Hierauf wurde durch Erkenntniß des Appellationsgerichts von 23ten Juni die Wiederaufnahme der Untersuchung verfügt. Allein diese zweite Untersuchung lieferte im Wesentlichen kein anderes Ergebniß als die erste. Inquisit machte sich zwar durch manche Abänderung seiner früheren Aussagen und durch verschiedene neue Ausflüchte, deren Unwahrheit auf das Vollständigste dargethan wurde, noch mehr verdächtig. Allein standhaft beharrte er bei seinem Läugnen. Auch die Gegenstellung mit Pfälzer hatte keinen Erfolg. Bei dessen Eintreten in die Gerichtsstube erblaßte er zwar und zeigte sich sehr betreten; sammelte aber bald seine Fassung wieder, und erklärte alles, was Pfälzer, unter vielen Betheuerungen, ihm in das Angesicht sagte, für Lügen; mit Pfälzer habe er wohl über die Ursache seiner Verhaftung gesprochen, jedoch demselben stets seine Unschuld versichert. »Man werde doch,« bemerkte er, »diesem Pfälzer keinen Glauben beimessen, welcher seine ganze Lebenszeit ein Spitzbube gewesen sei.« — Bei diesen Umständen mußte die Untersuchung durch Erkenntniß vom 20ten Februar 1818 zum zweitenmal wegen mangelnden Beweises eingestellt, und über den Inquisiten blos die Verwahrung in einem öffentlichen Arbeitshause auf 5 Jahre verfügt werden.

Nunmehr wurde Walliser am 25ten März in das, unterdessen errichtete, Zwangsarbeitshaus zu Plassenburg abgeliefert, wo er bis in die ersten Tage des August in Verwahrung saß. Als er erkrankt mit einem andern Büßer, Namens Kirschner, im dasigen Hospital sich befand, erzählte er demselben, ungefähr in der Art, wie einige Monate vorher dem Pfälzer, von seinem Untersuchungsprozesse und wie er sich glücklich durch alle Gefahren hindurch gelogen habe. Kirschner machte hievon dem Polizei-Commissär die Anzeige, welcher, nach vorgängiger Untersuchung, dem Walliser, weil er sich durch Erzählung seines Lebenswandels gegen die Hausordnung verfehlt habe, 9 Stockstreiche zuerkannte. Als ihn, nach vollzogener Strafe, der Polizei-Commissär ernstlich »zur Besserung und zur Rückkehr zur Wahrheit« ermahnt hatte, bat er um die Erlaubniß, mit demselben allein sprechen zu dürfen, stürzte dann auf die Kniee nieder und rief, am ganzen Körper zitternd: »Vor Gott dem Allmächtigen gestehe ich, den mir angeschuldigten Mord wirklich begangen zu haben, und bitte dieses protokolliren zu lassen. Ich unterwerfe mich der verdienten Strafe, welcher ich bis jetzt entgangen bin; mein Gewissen läßt mir keine Ruhe mehr.« Und dann legte er umständlich das Bekenntniß ab, wie er den Bauer Abraham, in gewinnsüchtiger Absicht, auf dem Wege zwischen Fischbach und Birnthan mit seiner Pistole erschossen und dann seines Geldes beraubt habe. In seinem ersten Verhöre zu Altdorf sagte er: »Zweimal ist mir der Bauer zu Winkelheid, wie ein Geist, im Schlaf erschienen und hat mir zugerufen: ›du wirst schon wissen, was du gethan hast. Mache dein Gewissen rein und nimm deine Strafe nicht mit in die Ewigkeit hinüber, damit du dein Verbrechen nicht vor Gott zu verantworten hast. Denn über einen Sünder, der Buße thut, freuen sich die Engel im Himmel.‹ Darum habe ich denn mein Verbrechen dem Hrn. Polizei-Commissär eingestanden.« In seinen ersten gerichtlichen Verhören machte noch die Liebe zum Leben dem erwachten Gewissen seine Rechte streitig; indem er zwar nicht die Absicht der Tödtung läugnete, jedoch die Zeit, wann jene in ihm entstanden, der That selbst so nahe als möglich zu rücken, und dieselbe mehr auf Rechnung eines plötzlichen Einfalls, als eines vorbedachten überlegten Mordplans zu stellen suchte. Doch kam er zuletzt auch von diesem Nebenwege zurück, indem er erklärte: »er habe bisher seine Strafe zu mildern gedacht, und daher nicht alles eingestanden; aber nun solle ihm sein volles Recht werden, wie er es verdient habe.«

Die näheren Umstände des von ihm verübten Verbrechens, wie er sie in wiederholten Verhören, in allen wesentlichen Punkten übereinstimmend mit anderen erhobenen Thatsachen, eingestanden hat, sind folgende:

»Mit seinem Vater entzweit, dem er nicht mehr habe vor die Augen kommen sollen, der ihm gedroht habe, ihn umzubringen, wenn er noch einmal sein Haus betrete, sei er, — nachdem er von einem Bauern, bei dem er die Woche zuvor gearbeitet, wieder verabschiedet worden, — vom 2ten bis 6ten Dezember arbeitslos umher gezogen. Bei Tag habe er sich in einem Wirthshause zu Nürnberg aufgehalten. Die Nächte vom 2ten und 3ten Dezember habe er bei einem

Mädchen zugebracht. Am 4ten Abends habe er sich in das Köhlerwäldchen begeben, um hier zu übernachten. Aber nach Mitternacht habe ein schreckliches Ungewitter ihn genöthigt, seinem Dorfe wieder zuzueilen, wo er sich vor die Thüre seines älterlichen Hauses gelegt, und bitterlich den Mangel eines Obdachs beweint habe. Die Nachbarin sei hierüber erwacht, und habe seine Mutter geweckt, worauf ihm die Schwester heimlich die Hausthür geöffnet und ihn vor dem Vater versteckt habe. Schon in dieser Nacht, als er nicht gewußt, wo er schlafen solle, habe er Gedanken des Selbstmordes gefaßt. Am folgenden Morgen (Donnerstag den 5ten Dezember) habe er, der mehrere Tage keine warme Speise genossen, seine Schwester um etwas Suppe gebeten, worauf diese ihm geantwortet: der Vater habe bereits die Suppe gegessen, sie könne ihm nur Brod geben. Das sei ihm von neuem schwer auf die Seele gefallen. Von seinem Vater verstoßen, aus der älterlichen Hütte verbannt, ohne Aussicht auf Arbeit und Verdienst, erfüllt vom Entsetzen über sein Unglück, habe er nun seine Pistole (die er früher einem gewissen Lindner zum Behuf des Erdbirnhütens entwendet) mit einer Bleikugel geladen, und sei in der Absicht, sich damit zu entleiben, von Haus hinweg in das Köhlerwäldchen gegangen. Hier habe er schon den Hahn gespannt gehabt, um loszudrücken; da sei ihm auf einmal gewesen, als stehe Jemand neben ihm, und rufe ihm zu: thue es nicht! So habe er denn die That unterlassen, und nun, die geladene Pistole in der Tasche, sich nach Nürnberg begeben, wo er bis zum 7ten sich in Wirthshäusern aufgehalten.«

Ob es mit dieser Erzählung so ganz seine Richtigkeit hat, muß dahin gestellt bleiben. Daß er einst in einer Gewitternacht umherirrend aus dem Köhlerwäldchen in sein Dorf gekommen, daselbst spät an der Thüre des Vaterhauses gestanden und geweint habe, ist durch Zeugen bekundet, die jedoch der Meinung sind, daß sich dieses nicht erst im Dezember, sondern viel früher ereignet haben möge. Auch ist die Selbstmordscene einigermaßen verdächtig, da in dem Wirthshause zu Nürnberg, in welchem er sich täglich vom 2ten bis zum 7ten aufhielt, Niemand irgend eine Verstimmung, am wenigsten Trübsinn und an Verzweiflung grenzende Schwermuth, an ihm wahrgenommen hat, zu welcher auch damals eben keine sehr dringende Veranlassung für ihn vorhanden war, indem er noch über die nicht unbedeutende Summe von 20 fl. zu verfügen hatte. Es ist daher wohl, seiner ernstlichen Reue ungeachtet, die Vermuthung erlaubt, daß jene einleitende Erzählung von seiner Scham möge erfunden, oder verschönert worden sein, um das Gräßliche seiner That wenigstens einigermaßen in ein milderes Licht zu stellen.

In der Nacht vom 6ten auf den 7ten Dezember übernachtete er in dem Wirthshause zum Wölflein, schlief mit Mehreren auf der Streu und gerieth hier mit einer Frauensperson in vertraute Bekanntschaft.

Nach seiner Versicherung wurde er am 7ten Dezember in der Frühe gewahr, daß ihm von seiner Baarschaft, welche aus 20 fl. bestanden, nicht weniger als 10 fl. wahrscheinlich von jener Weibsperson — entwendet worden seien. Die Wahrheit dieser Behauptung konnte nicht ausgemittelt werden; und es ist wohl der Verdacht gerechtfertigt, daß seine Reue sich aus Scham auch diese kleine Lüge erlaubt haben möge, um die Vorsätze, mit deren Ausführung wir ihn wenige Stunden nachher beschäftigt sehen, einigermaßen zu beschönigen. Überhaupt findet sich hinsichtlich der Frage: mit welchen Gedanken und Absichten er an diesem Morgen (den 7ten Dezbr.) die Stadt verließ? ob er gleich anfangs auf Raub und Raubmord ausging, oder ob erst diese Entschlüsse sich auf der Landstraße entwickelt haben? eine bedeutende Lücke in seinem Bekenntnisse.

Aus dem Wölfleins-Wirthshaus, wo er Niemand etwas von dem angeblich erlittenen Diebstahl entdeckte, ging er zum Wirthe Lotter, trank Bier und Brandtwein und begab sich alsdann (noch Vormittags) auf die Landstraße. Kaum hatte er die Stadt hinter sich, als er bei den sogenannten Holzställen einen Metzgersknecht erreichte, welcher aus einer mit Silber beschlagenen Tobackspfeife rauchte, und in einen Mantel von feinem Tuche gekleidet war. Auf der Stelle war der Gedanke gefaßt, diesem Menschen nachzugehen, ihn zu ermorden und seiner Habseligkeiten zu berauben. Er dachte, wie er sich ausdrückt: »gehst du jetzt nach Hause, so läßt dich dein Vater nicht mehr hinein, weil dein Geld hin ist; schaust also lieber, daß du von diesem Metzgersknecht ein Geld kriegst. Vielleicht kannst du es durch Beten dahin bringen, daß dir Gott verzeiht.« Walliser begab sich daher ein wenig auf einen Seitenweg, versah seine Pistole mit einem neuen Feuerstein, und eilte so gerüstet wieder dem Metzgersknechte nach, den er, neben ihm hergehend, bis zum Duzendteich begleitete. Hier aber wurde der Mörder zuerst durch einen Metzger gestört, welcher Ochsen nach Nürnberg trieb und mit welchem jener Knecht ein Gespräch anknüpfte. Walliser ging einstweilen voraus, in der Erwartung, daß jener ihm nachkommen werde. Als er sich aber nach ihm umsah, wurde er zu seinem Verdruß gewahr, daß sich dieser zu mehreren Leuten auf einen Wagen gesetzt hatte, und auf diesem nach Feucht zufuhr.

Während Walliser den Metzgersknecht aufgab, hatte er auch sogleich schon einen Andern auf das Ziel genommen. Er hatte den Bauer Abraham auf der Straße nach Fischbach mit seinem Ochsenwagen vorüberfahren sehen, eilte nunmehr diesem nach, erreichte ihn bald und setzte sich, in derselben Absicht, die er so eben gegen jenen Metzgersknecht hatte aufgeben müssen, hinten auf die Langwied seines Wagens. Er würde schon hier unfehlbar seinen Entschluß ausgeführt haben, wenn nicht mehrere Menschen von Zeit zu Zeit des Wegs vorübergegangen oder vorübergefahren wären. Er stieg daher, blos um für sein Vorhaben eine schicklichere Gelegenheit auszusuchen, vor Fischbach von dem Wagen herab und ging demselben voraus in das Dorf, um hier den Bauer zu erwarten. Zuerst kehrte er bei dem Kronenwirth, dann bei dem Ochsenwirthe ein, wo er am bequemsten beobachten konnte, wann der Bauer, der unterdessen im Bären eingekehrt war, wieder fortfahren werde. Walliser hatte im Ochsen ungefähr 1/4 Stunde gewartet, als Abraham mit seinem Wagen wieder den Ort verließ. Jener ging ihm sogleich nach, eilte ihm dann auf dem Wege nach Birnthan voraus, machte in einem Gebüsche Halt, wo er ihn erwartete, und stieg dann, als dieser an ihm vorüberfuhr, ohne mit ihm ein Wort zu reden, von hinten auf dessen Wagen. Der Bauer saß vorn in dem sogenannten Zaun (Zäune) an diesen gelehnt und den Kopf etwas rückwärts gebogen, als wenn er schlafe. Nun zog Walliser die Pistole aus seiner Tasche, hielt sie ungefähr in der Entfernung eines Schuh's auf den Hinterkopf des Bauern gegen die Mitte des Scheitels, und that, nachdem er zuvor umhergeschaut und alles sicher gefunden hatte, den mörderischen Schuß. Der Bauer, erzählt Inquisit, sei lehnend geblieben und habe blos ein wenig geächzet und geröchelt. Nach vollbrachter That zog er diesem schnell den Beutel aus dessen rechter Hosentasche, sprang, als er andere Wagen aus der Ferne nachfahren hörte, eilends rechter Hand vom Wagen ab, und nahm, Fischbach umgehend, seinen Rückweg nach seiner Heimath Zerzabelshof. Erst unterwegs machte er den geraubten Beutel auf, und fand in demselben nicht mehr als etwas über 7 fl., mithin ungefähr so viel, als der arme Bauer desselben Tags für seine Holzfuhr zu Nürnberg gelöst hatte.

Er übernachtete in dem Hause seiner Eltern, hob die Pistole in der Kammer auf, und gab am folgenden Tag den geraubten Beutel, welchen er noch mit einem Theil seiner eigenen Baarschaft, bis zum Betrag von 17 fl. 19 kr. füllte, seiner Schwester in Verwahrung. Dann ging er — es war eben Sonntag — nach Nürnberg in die Kirche, von hier zum Wirthe Lotter, wo er im Spiel einige Gulden verlor, und von da in ein Wirthshaus der Vorstadt Wöhrd, wo er verhaftet wurde.

Inquisit erkannte die ihm vorgelegte Pistole für dieselbe, womit er den Bauer getödtet, und den Beutel für eben denjenigen, welchen er demselben abgenommen hatte. Auch erklärte er, daß der todte Mann, zu welchem man ihn am 8ten Dezember 1816 geführt habe und welchen er damals nicht habe erkennen wollen, der Bauer Abraham gewesen, welcher von ihm getödtet worden sei.

Walliser bezeugte, zumal gegen das Ende der Untersuchung, die vollkommenste, aus dem Innersten eines zum Guten wieder erweckten Gemüths, hervorgehende Reue über seine That, an welcher die Furcht über die ihm bevorstehende Strafe durchaus keinen Antheil zu haben schien.

Nachdem ihm in dem Schlußtermin die Schutzschrift seines Vertheidigers, welche das Zuchthaus auf unbestimmte Zeit beantragt hatte, zur Genehmigung vorgelesen worden war, erklärte er: »ich habe Blut vergossen, und habe nicht auf Gnade zu rechnen. Würde ich begnadigt, so käme ich nach Lichtenau, wo ich es übel genug haben würde. Man soll mir daher, auch Andern zum abschreckenden Beispiel, mein Recht anthun. Jedoch wünsche ich vor dem Vollzug der Strafe die Frau und Kinder des Ermordeten zu sehen, um sie um Verzeihung zu bitten.«

Am 11. Dezember 1818 wurde Inquisit von dem Criminalgerichtshof des qualificirten Mordes schuldig erkannt und zur Strafe des Schwerts verurtheilt; auch dieses Erkenntniß am 20ten März 1819 in zweiter Instanz bestätigt. Am 22ten April geschah die Hinrichtung des Verurtheilten, den bis zum letzten Augenblick weder die Reue noch der Muth verließ.

Walliser erscheint als ein von Natur gutmüthiger, aber leichtsinniger, und der Ausschweifung ergebener junger Mensch, der, nachdem er durch Diebereien sich das Strafarbeitshaus verdient hatte, erst in dieser Staatsanstalt die hohe Weihe zu größeren Übelthaten erhielt. Auf die Frage des Untersuchungsrichters: warum er so lange sein Verbrechen geläugnet habe? antwortete er: »mehrere Sträflinge im Zuchthause (Strafarbeitshaus) zu Baireuth hatten sich mit einander verabredet, ihr Lebtag nichts mehr einzugestehen, wenn sie wieder ein Verbrechen begehen würden. Man hätte mich nicht in das Zuchthaus thun sollen; da bin ich erst böse geworden.« — Solche Äußerungen an den Stufen eines Schaffots klingen fast wie Anklagen gegen den Staat.

DOSSIER

SELBSTDARSTELLUNG [1795]

Aus: *Anselm Ritter von Feuerbach's Leben und Wirken aus seinen ungedruckten Briefen und Tagebüchern, Vorträgen und Denkschriften* veröffentlicht von seinem Sohne Ludwig Feuerbach. Erster Band. Leipzig: Wigand 1852. S. 12–15.

Ich will mich darstellen, wie ich bin, jede mir merkliche Falte meines Herzens will ich durchforschen und weder in meinen Fehlern, noch in meinen Tugenden mich belügen. — Ich will immer besser werden, ich will mich des hohen Namens: *Mensch* würdig machen, und, um dies ausführen zu können, muß das: *Erkenne Dich selbst* der Führer auf meinem Weg zur Tugend sein.

Von Natur habe ich einen großen Hang zu allen Arten des Lasters; ich besitze nichts von dem, was man ein gutes Herz nennt. Ich würde weder gütig, noch gerecht sein, ich würde Abscheulichkeiten und Niederträchtigkeiten begehen, wenn ich meinem überwiegenden Hang zum Bösen den Zügel ließe; aber mein Wille und meine Vernunft zügelt die Leidenschaften; und seitdem ich die Sinnlichkeit durch mein besseres Selbst bekämpfte, herrscht Ruhe und Friede in meinem Innern. Durch mein Gewissen genieße ich eine Seligkeit, die mir kein äußres Glück gewähren kann. Seitdem ich mich selbst achten gelernt habe, schwinden mir alle die kleinlichen Sorgen um Genuß und Erdenglück. Ich könnte die härtesten Schläge des Schicksals dulden, ohne zu murren — und daß ich es könnte, hat meine eigne Erfahrung mir schon bewiesen. Dies ist mein Gutes — nun meine Fehler.

Ehrgeiz und Ruhmbegierde machen einen hervorstechenden Zug in meinem Charakter aus. Von Welt und Nachwelt gepriesen zu werden, dünkt mir das größte Erdenglück. Oft wünsche ich Gelegenheit zu haben, mein Leebn im Vollbringen großer Thaten selbst unter qualvollen Martern hinzugeben, um nur in den Jahrbüchern der Menschheit als großer Mann zu glänzen. Ich höre nicht gern das Lob großer Männer, ich meine, ich müßte vor Scham vergehen, wenn ich bedenke, daß ich schon 18 Jahre alt und noch der Welt unbekannt bin, da doch Andere schon in den frühsten Jünglingsjahren die öffentliche Laufbahn betreten haben. — Ich trage ein Ideal von Gelehrsamkeit und Verdienst in mir herum, dem ich nahe zu kommen mich bemühe, das ich aber wohl nie erreichen werde. Dieses Ideal, dieses Streben nach ihm und das Bewußtsein meiner großen Entfernung von ihm ist die einzige Quelle meines Unglücks, ist ein Wurm, der quälend an meinem Herzen nagt. Der Gedanke daran stürzt mich häufig in die schwärzeste Melancholie, wo ich mir selbst und Andern zur Last bin. Kein Lob meiner Freunde kann mich aufmuntern oder besänftigen — mein Bewußtsein bezüchtigt sie der Lüge, denn dieses sagt mir immer: Du bist noch unendlich weit von Deinem Ziele entfernt, Du bist noch lange nicht das, was Du sein sollst und was Du sein kannst.

So sehr ich auch ehrgeizig bin, so trachte ich doch nicht nach dem Lobe derer, die mich umgeben, und suche keine Befriedigung meines Ehrgeizes in dem Beifall, den mir engere Zirkel darbringen. Mein Blick ist auf das Ganze, auf die Welt gerichtet. Von daher muß das Lob kommen, wenn meine Ehrbegierde gesättigt werden soll. Im Tempel der Unsterblichkeit will ich prangen, dies ist mein höchster Wunsch, dies ist das einzige Ziel all meines Bestrebens, daher ich auch nicht den Umgang großer Gelehrten und in ihrem Zirkel zu prangen suche.

Ich bin nicht stolz, wie man glaubt. Niemand kann eine geringere Meinung von sich und seinem Werthe haben, als ich von mir. Aber ich habe ein rauhes und starres Wesen, ich gerathe leicht in Hitze und Zorn, wenn mir in Dingen, die ich genau durchdacht habe, widersprochen wird, besonders aber, wenn ich Verachtung in dem Betragen Anderer wahrnehme oder doch wahrzunehmen glaube, und man, ohne genau meine Gründe anzuhören, absprechend über meine Behauptungen urtheilt. Ich gerathe dann so sehr in Hitze, daß ich mich kaum enthalten kann, mit tödtlichen Waffen auf meinen Gegner loszugehen. Dies bestimmt wohl meine Freunde zu diesem Urtheil.

Ich bleibe mir in meinem äußern Betragen nicht gleich, ein Fehler, der nicht mir, sondern meinem Temperament und meiner Melancholie zugerechnet werden kann. Ich habe gewisse Stimmungen, wo alle Menschen, selbst meine Freunde, mir verhaßt sind. Zu einer andern Zeit bin ich der zärtlichste Freund und liebe Jeden, der Menschenantlitz trägt. Bald bin ich übermäßig freudig, so daß ich ausgelassen bin und ein läppisches Kind zu sein scheine, bald übermäßig traurig. Ich kann dann kein Wort vorbringen und auch nicht den leichtesten Gedanken denken. Still vor mich hingebückt sitze ich oft stumm und gedankenlos mitten in dem Freudengetümmel meiner vertrautesten Freunde. Der Übergang von der ausgelassensten Freude zu der schrecklichsten Traurigkeit und von dieser zu jener ist oft so schnell, daß ich in dieser Minute einem Bacchanten und in dieser einem Anachoreten gleiche. Der einzige Grund hievon liegt in meinem Ideal. Kann ich meine Gedanken von diesem losreißen, so bin ich äußerst vergnügt, aber auch nur der flüchtigste Blick, den ich darauf werfe, führt eine so große Menge von unangenehmen Vorstellungen mit sich, daß mich sogleich die größte Traurigkeit überfällt. Blickt aber durch das Dunkel meiner Melancholie auch nur ein kleiner Strahl von Hoffnung, daß ich mein Ideal und durch Erreichung desselben die Unsterblichkeit erlangen kann, so werde ich sogleich wieder aus meinem Schlummer geweckt, die Phantasie malt meine Hoffnung mit den schönsten Farben aus, erhebt den Wunsch zur Wirklichkeit und läßt mich schon im Voraus die Freuden genießen, die ich dereinst in der Zukunft genießen zu können glaube. Die Augenblicke, wo ich mir selbst überlassen bin und dann in den Regionen meiner ehrgeizigen Träume herumschwärme, sind die seligsten Augenblicke, die ich genießen kann. Stundenlang kann ich herumgehn und mich an den Bildern meiner Hoffnung ergötzen. Ich denke mir dann, wie ich von der Welt gerühmt, von der Nachwelt als Beförderer der Wissenschaften gepriesen werde, wie man meine Werke citirt, meinen Namen im Munde führt und mir eine ehrenvolle Stelle unter den Wohlthätern des Menschengeschlechts und den Männern anweist, die den menschlichen Geist auf höhere Stufen geführt haben. O wie selig, wie unaussprechlich glücklich bin ich dann! — Ich finde keine Worte, womit ich mein Glück beschreiben könnte! —

Ich bin eigensinnig im höchsten Grade.

VERSUCH EINER SELBSTDARSTELLUNG [1833]

Nach Herbert Eulenburg, *Die Familie Feuerbach in Bildnissen.* Stuttgart: Engelhorn 1924. S. 7–42.

In den nachfolgenden Zeilen will ich es unternehmen, mir selber mein Leben zu erzählen und mir damit vor meinem Tode, den ich in manchen schmerzhaften Anzeichen herannahen fühle, meinen Spiegel vorzuhalten. Möchte doch jeder reife Mann sich also vor seinem Ende selbst die Beichte abnehmen, daß er vor sich und damit auch vor unserm Herrgott Rechenschaft ablege über das Pfund, so ihm zu Beginn seines Daseins anvertraut worden ist.

Ich, Paul Anselm Ritter von Feuerbach, bin geboren am 14. November des Jahres 1775. Und zwar in dem kleinen Flecken Hainchen bei Jena. Hier, in diesem lieblich gelegenen Dörfchen hielt sich damals meine Mutter bei ihrer Verwandtschaft auf. Sie war eine geborene Jenenserin, die Tochter eines Kommerzienrates und Enkelin des berühmten Juristen Joh. Sal. Brunquell. Ich bin somit von beiden Seiten, von mütterlicher wie von väterlicher, mit dem Hang zur Rechtsgelehrsamkeit belastet. Denn mein Vater war Doktor der Rechte und Advokat zu Frankfurt am Main, allwohin ich auch in meinem ersten oder zweiten Kindheitsjahr gebracht wurde, so daß ich meine eigentliche Jugend in der stolzen alten Römerstadt am Main verbracht habe. Gleichwohl ist Frankfurt nicht mein Geburtsort gewesen, wie dies von etlichen Schriftstellern, die meinen Lebenslauf geschildert haben, fälschlich behauptet worden ist, sondern eben jenes friedliche Dörfchen bei Jena, in das ich auch später wohl zuweilen aus dem Lärm des Lebens zurückgeflüchtet bin. Ganz in der Nähe dieses glückseligen Örtchens, in Dornburg, habe ich auch die Frau, mit der ich mich zur Ehe verbunden habe, gefunden. Doch hiervon später!

Mein Vater, der genannte Advokat in Frankfurt, ist der strengste und zugleich eigentümlichste Mensch gewesen, den ich in meinem Leben kennen gelernt habe. Er übte das Recht der väterlichen Gewalt über mich im härtesten Sinne aus. Ja, er wollte sogar einmal das alte Privilegium der Reichsstadt Frankfurt, das die Strafgewalt des Vaters über den Sohn bis auf eine Zuchthausstrafe ausdehnt, gegen mich geltend machen. Ich entfloh seiner mir unerträglich gewordenen Herrschaft im Alter von siebzehn Jahren. Gott ist mein Zeuge, daß ich diesen wichtigen und für meinen Vater kränkenden Schritt nicht leichtfertig getan habe! Ich trennte mich schon aus selbstischen Gründen schwer von der schönen reichen Mainstadt, weil ich dort ein schwärmerisch von mir verehrtes Mädchen, Mariane genannt, meine erste Geliebte, zurücklassen mußte. Ich trennte mich aber auch darum schwer von meinem elterlichen Hause, weil ich sah, daß es meinem Vater während dieser Revolutionskriegszeit, die Frankfurt ständig bedrohte, recht schlecht erging und er mich kaum auf Akademien schicken und zweckmäßig unterstützen konnte. Indessen, ich wollte lieber draußen in der Fremde allein auf mich gestellt nur von Wasser und Brot in der Hauptsache leben, was ich denn auch über zwei Jahre durchgeführt habe, als länger in schmählicher sklavischer Abhängigkeit von meinem Vater sein. Ich begab mich an die Universität nach Jena, wo ich mich mit glühender voller Seele der Philosophie in die Arme warf. Denn ich empfand zu jener Zeit noch einen so heftigen inneren Widerwillen gegen die Rechtswissenschaften, von dem ich mich offen gestanden noch heute nicht ganz frei gemacht habe, daß es mir undenkbar erschien, wie einer sich gerne mit dieser trockenen, an das Tatsächliche gehefteten Gelehrsamkeit befassen mochte. Sogar meinen Söhnen habe ich samt und sonders stets ein Grauen vor der Juristerei beigebracht, so daß sich nur einer von ihnen, und zwar der am wenigsten begabte dritte Sohn Eduard später zum Rechtsstudium entschließen konnte. Die Jenenser Professores Ulrich, Reichard und Walch führten mich in die Krone aller Wissenschaften, in die Weltweisheit ein, und in der dortigen lateinischen Gesellschaft hielt ich alsbald meine Antrittsrede *de philosophia Ciceronis.* Im Alter von neunzehn Jahren erwarb ich mir alsdann den philosophischen Doktorgrad. Indessen, das natürlichste Ereignis von der Welt zwang mich alsbald, diesem sokratischen Beruf, zu dem man reich oder ein freiwilliger Bettler sein muß, Valet zu sagen. Ich lernte ein ehrsames Mädchen, Wilhelmine Tröster, kennen, mit der ich alsbald, meinem leidenschaftlichen sinnlichen Wesen folgend, in das innigste Verhältnis kam. Nur zu rasch zeigte sich denn auch die Folge unserer zärtlichen Beziehungen. Und ich sah mich Hals über Kopf genötigt, um meiner Wilhelmine und des zu erwartenden Kindes willen ein Fach zu ergreifen, das schneller als die Philosophie Amt und Einnahmen erbringt. Kein Wunder, daß ich auf den mir von Jugend an vertrauten Beruf meines Vaters verfiel! Ich promovierte, nachdem ich mich mit dem Mut der Verzweiflung in das Studium der Pandekten, des Kirchen-, Staats-, Feudal- und Kriminalrechts geworfen hatte, in kürzester Zeit als juristischer Doktor. Die Promotionskosten mußte mir, wie ich mich noch gut entsinne, ein Freund vorstrecken, da ich derowegen nicht meinen Vater anzugehen wagte.

Der Himmel weiß, mit wie viel bereuenden und liebevollen Briefen ich mich an meinen beleidigten und erzürnten Vater wenden mußte, bis ich sein starres Herz wenigstens zu einigen kleineren Unterstützungen, als da waren etliche Bücher juristischen Inhaltes, Kollegiengelder, eine Hose, ein Überrock oder anderes, bewegen konnte. Auch meine Ehe, zu der ich besagter, eine schnelle Entscheidung fordernder Umstände willen, seinen ausdrücklichen Konsens nicht vorher einzuholen vermochte, mußte ich Jahre lang vor meinem Vater scheu verschweigen. Erst als ich nach mehreren Hungerjahren als Dozent der Rechtswissenschaften in Jena eine Berufung als ordentlicher Professor der Rechte, Mitglied des Spruchkollegii und Syndikus der Universität nach Kiel bekam, getraute ich mich gegen meinen inzwischen mehr mit mir ausgesöhnten Vater mit der Sprache herauszurücken. Ich hatte mich mittlerweile in meinem mir nun einmal vom Schicksal bestimmten Fach tüchtig umgeschaut, auch verschiedene kleinere juristische Schriften verfaßt und herausgegeben und mich insbesondere mit der Kriminalgesetzgebung beschäftigt, für die ich allmählich eine gewisse Neigung empfand. Meine erste Arbeit, die ich meinem gefürchteten und verehrten Vater gewidmet hatte, war eine Kritik des natürlichen Rechtes als Propädeutik zu einer Wissenschaft der natürlichen Rechte.

Weit stolzer als auf diesen Erstling war ich jedoch auf meine zweite Abhandlung, der ich den kühnen Titel gab: *Anti-Hobbes oder über die Grenzen der höchsten Gewalt und das Zwangsrecht der Bürger gegen den Oberherrn.* Ich setzte mich in dieser freimütigen Schrift mit der Lehre des englischen Denkers Hobbes von der unbedingten Autorität des Staates und seines Oberhauptes auseinander. Freilich nicht ohne fortan hierdurch in den Augen der Großen in den Verdacht des Demokraten, um nicht gar zu sagen Demagogen zu geraten. Selbst mein eigener gestrenger Vater nahm alsogleich Anstoß an meiner Gesinnung, wie er denn überhaupt an und für sich zur Skepsis und Satire über die menschlichen Torheiten und Eitelkeiten geneigt, insbesondere mir, seinem Sohne, gegenüber fortwährend bis zuletzt den Zweifler und Tadler spielte und in allem meinem Tun und Treiben, mochte es auch noch so erfolgreich sein, Mangel an Klugheit erblickte. Also daß ich trotz der größten und ungeheuchelten Ehrfurcht, die ich zeitlebens für diesen harten Vater gehegt habe, hinterdrein oft annehmen muß, daß er — so wunderlich es klingen mag — häufig genug einen Haß gegen seinen eigenen Sohn verspürt haben muß. Was man nun gar in den nachfolgenden Zeiten einer häßlichen Jakobinerriecherei alles aus meinen Schriften herauslesen wollte, das kann nur derjenige sich ausdenken, der jene grauenvollen Jahrzehnte geistiger Verfinsterung nach dem Wiener Frieden in Deutschland und Österreich lebend überstanden hat. Zunächst, da man mich öffentlich mit Kabalen und Intriguen noch nicht bis auf Blut peinigte, empfand ich eine sehr große Befriedigung an meiner schriftstellerischen Betätigung. Denn ich war und bin es noch, ungemein ehrgeizig, ja ruhmbegierig. Von Welt und Nachwelt gepriesen zu werden, hat mir stets das größte Erdenglück gedünkt.

Und oft habe ich gewünscht, Gelegenheit zu haben, mein Leben im Vollbringen glänzender Taten selbst unter qualvollen Martern hinzugeben, um nur in den Jahrbüchern der Menschheit als großer Mann zu prangen. In meiner Jugend ging dieser Ehrgeiz so weit, daß ich nicht gern das Lob großer Männer hörte. Denn ich meinte, ich müßte vor Scham vergehen, wenn ich bedachte, daß ich schon achtzehn Jahre und mehr zählte und noch der Welt unbekannt geblieben war. In meinen alten Tagebüchern stoße ich häufig auf Stellen, wo ich mir an solchen Tagen der Verzweiflung über meine Niedrigkeit zugerufen habe: »Mut! Armer Anselm! Mut, Feuerbach! Heldenmut!«

In Kiel, wohin man mich von Jena berufen hatte, verblieb ich fast drei Jahre lang,eine Zeit, die ich ohngeachtet des dortigen rohen Studentenpublikums wie des rauhen Klimas jener Wasserstadt, das mir hart zusetzte, als die glücklichste oder doch wenigst unglückliche Periode meines Lebens bezeichnen möchte. Ich befand mich in der ersten Spanne meiner Ehe und war an der Seite eines damals noch mit dem Feuer der Leidenschaft von mir geliebten Weibes in jungen Jahren eine geachtete Persönlichkeit. Mein Name wurde in der Schriftstellerrepublik ehrenvoll genannt. Und ich genoß eines guten Rufes und einer allgemeinen Beliebtheit, die noch nicht durch den Neid, den man später gegen meine Bedeutung empfand, getrübt wurde.

Doch der Drang, eine größere Rolle zu spielen, und eine gewisse Unstetheit, die mir besonders in jungen Jahren im Blute lag, trieben mich alsbald von Kiel wieder fort an die neu errichtete kurfürstlich bayrische Universität zu Landshut, wohin ich eine Vokation als Kurpfalzbayrischer wirklicher Hofrat und Professor erhalten hatte. Aus dem Kreise durchweg biederer und offener akademischer Kollegen sah ich mich nun plötzlich in den Kreis einer Gesellschaft von Teufeln versetzt. Die höllische Bosheit, Abgefeimtheit, Niederträchtigkeit und Gemeinheit der meisten, die in Landshut als Jugendlehrer wirken sollten, ging über alle Grenzen. Es war ein Glück, daß mein Zöpflein, das ich in dem fortschrittlichen Kiel schleunigst abgelegt hatte, von mir hierher mitgebracht worden war. Denn alle Lehrer an der Universität zu Landshut mußten bezeichnenderweise das Zöpflein noch *ex professo* tragen. Wenngleich mich das akademische Treiben in dieser rings umsumpften Festungsstadt von vornherein arg abstieß, beschloß ich dennoch, tapfer dem Übel zu widerstehen und mir durch erhöhten Fleiß, verdoppelte Hingabe meiner Kräfte meine Stellung zu wahren. Indessen der Ränke und Machenschaften gegen mich als einen Ausländer in Bayern waren bald so viele, daß ich mich mehr und mehr aus der Öffentlichkeit zurückzog. Zum Wortführer meiner Gegner hatte sich der Prokanzler der Universität gemacht, ein sittenloser Wollüstling und ausgelassener Tor, der zudem der unfleißigste Lehrer war, der mir jemals begegnet ist. Von Natur ohnedem nicht sehr zur Geselligkeit geschaffen und an wiederkehrenden Anfällen von Melancholie leidend, verbannte mich solches Gemächel wider mich enger und enger in meine Häuslichkeit, so daß ich zuletzt in Landshut meine Vorlesungen nur noch auf meinem Zimmer abhielt und schließlich gar aus diesem Netz von Listen und Schlichen zu meinem selbstherrlichen Vater nach Frankfurt floh. Man mag aus diesem Verzweiflungsschritt auf den Grad meiner damaligen Gemütsverfinsterung schließen. Indessen dem Unglücklichen ist Gott am nächsten, wie die herrliche Elisa von der Recke sagt, die edelste beste Freundin, die ich in meinem späteren Leben gewonnen habe. Mein Lehrbuch des gemeinen, in Deutschland gültigen peinlichen Rechtes, das von mir 1801 veröffentlicht worden war, hatte mir viele Freunde gewonnen. Darunter auch den weit über die Grenzen Deutschlands bekannten gefühlvollen Philosophen Friedrich Heinrich Jacobi, der als derzeitiger Lehrer an der Akademie der Wissenschaften in München wirkte. Nicht zuletzt seiner beständigen wärmsten Fürsprache hatte ich es zu verdanken, daß ich gleich nach meiner nur durch die geschilderten widrigen Umstände hervorgerufenen Flucht aus Landshut erneut von der bayrischen Regierung in Dienst gestellt wurde. Man lud mich in der zuvorkommendsten Weise ein, eine führende Stelle im geheimen Ministerialjustizdepartement des nunmehrigen Königs von Bayern in München einzunehmen. Froh, den vertrocknenden Beruf des akademischen Lehrers und den steten Umgang mit schweinsledernen Bänden, durch den nach und nach unsere Seele selber schweinsledern wird, los zu sein, willigte ich ohne Säumen ein. Es gelang mir binnen kurzem einen großen Einfluß auf die ganze Gesetzgebung des neuen Königreichs Bayern zu gewinnen. Insbesondere auf die kriminalistische, so daß das Strafgesetzbuch Bayerns, das seitdem von vielen deutschen wie außerdeutschen Staaten übernommen oder nachgeahmt worden ist, zum größten Teil mein eigenstes Werk gewesen ist. Ich darf ohne Überhebung behaupten, daß Bayern dank dieses ersten deutschen Strafgesetzbuches Jahrzehnte lang an der Spitze der Gesetzgebungskunst in Deutschland gestanden, ja daß mein Buch selbst den gefeierten Napoleonischen *Code pénal* übertroffen hat. Es kostete mich nicht wenig Mühe, meine Verbesserungen in diesem seit jeher dem Schlendrian ergebenen Lande durchzuführen. Mit der Hydra der Folter habe ich über ein Jahr ringen müssen, eh' es mir gelang, ihre Abschaffung durchzusetzen. Im übrigen stehe ich in diesem meinem Hauptwerk in der Strafgesetzgebung auf dem Standpunkt, daß man Gerechtigkeit mit Milde und Strenge mit Humanität geschickt vereinigen muß. Strafen müssen streng sein, denn sie sollen schrecken. Aber die Strenge wird ungerechte Grausamkeit, sobald sie durch zweckloses Quälen das Maß der Notwendigkeit überschreitet, wird Barbarei, sobald sie nicht bloß der Sinnlichkeit des Verbrechers empfindlich ist, sondern auch seinen besseren Teil, seine höhere moralische Natur verletzt. Keine martervollen Todesarten, keine Verstümmelungen, kein Brandmarken und ähnliche Reste wilder Zeiten sind in mein Strafgesetzbuch aufgenommen. Die Todesstrafe habe ich noch aufrecht erhalten, wenngleich ich mich nunmehr, wo ich mich der Grenze meiner Erdentage nähere, überzeugt habe, daß sie baldmöglichst als ein unrechtmäßiges Strafmittel abzuschaffen sei. Indessen bin ich auch schon vorher stets in mündlichen Vorträgen für ihre möglichst humane Vollstreckung eingetreten. Und zwar nicht mittels des Stranges, für den sich leider wieder die Mehrheit im Geheimen Rat entschieden hat, sondern durch das Fallbeil, das man im Mittelalter in Deutschland, wo es schon häufig gehandhabt wurde, unter dem Namen »Diehle« kannte. Das Fallbeil ist die schnellste, sicherste und darum mildeste Form der Enthauptung. Und man sollte es, schon weil es die Person des Henkers möglichst ausschaltet, auch bei uns einführen, wie es ja auch Napoleon beibehalten hat, und sich nicht an das Gegacker törichter Geheimräte kehren, die nur darum gegen das Fallbeil, die Guillotine, sind, weil es gehässige und grausame Erinnerungen erwecke, als ob ein Instrument etwas dafür könne, daß es eine Weile von Mörderhänden gebraucht worden ist. Richtiges Ebenmaß der Verbrechen und der Strafen ist das zweite Haupterfordernis der Strafgerechtigkeit. Und schließlich darf meiner Ansicht nach eine Gesetzgebung nicht die richterliche Willkür begünstigen oder möglich machen, muß aber dem vernünftigen richterlichen Ermessen innerhalb bestimmter Grenzen die gehörige Freiheit lassen, wie dies alles von mir beobachtet worden ist.

Der Hofränke und Zettelungen wider mich als einen Landfremden und noch dazu Protestanten gab es auch in München als dem Herd jesuitischer Machenschaften seit alters die Hülle und Fülle. Indessen erwehrte ich mich ihrer, von Natur zu Kampf und Streit gemacht, lange Zeit aufs tatkräftigste, zumal mir in den ersten Jahren meiner gesetzgeberischen Tätigkeit in München die Gunst meines allergnädigsten und gütigsten Königs Maximilian Joseph treu zur Seite Stand. Weil er meinen Verstand ungemein achtete, wußte er mich lange Zeit vor den Bübereien seines Geschranzes zu schützen. Wie manches Mal habe ich damals, da ich in jenen Jahren dem Wein als einem Sorgenbrecher und einem Gesundheitselixier maßvoll, aber gern ergeben war, eine halbe Bouteille Burgunder und dazu noch eine Viertelsbouteille 83er Rheinwein, zwei, auch drei Gläser Champagner, ein paar Gläser Eremitage, nebst ein oder zwei Gläschen Malaga oder Madera unter den Ausrufen: »Vivat Max Joseph!« geleert. So bot ich im Bunde mit meinem wohlgemuten und umgänglichen königlichen Herrn allen Trakasserien des Hofgeschmeißes wacker Trotz, bis ich schließlich, seelisch gereizt und erschöpft von dem andauernden Undank, der mir in Bayern für meine aufreibende Arbeit zuteil wurde, den Maulwurfswühlereien meiner persönlichen Gegner unterlag. Nach der Schaffung des Strafgesetzbuches war ich daran gegangen, den *Code Napoléon,* der damals in größter Schnelligkeit dem mit Frankreich verbündeten Bayern angepaßt werden sollte, zu einem allgemeinen bürgerlichen Gesetzbuch umzuarbeiten. Ich hatte dies schwierige Geschäft ganz allein übernommen und beendigte es in weniger als sechs Monaten. Um ein derartiges Werk in so kurzer Frist vollbringen zu können, erhob ich mich zu jener Zeit bei grauendem Morgen aus meinem Bett, schlang um zehn Uhr schnell ein Frühstück herunter, um dann bis zum Mittagessen, das ich gegen sechs Uhr abends einnahm, weiterzuarbeiten. Zu meinem tiefen Schmerz wurde zur Revision meines Entwurfs des *Codex Maximilianus,* wie ich dieses Gesetzbuch zu Ehren meines Königs genannt hatte, eben jener mir widerwärtige charakterlose Prokanzler der Universität Landshut herangezogen, unter dessen Neckereien ich bereits damals bis zur Menschenfeindschaft gelitten hatte. Und zwar geschah dies hinter meinem Rücken und heimlich von seiten eines gegen mich gesinnten Ministers, der mir mit schmählicher echt bayrischer Grobheit das, was er listig eingefädelt hatte, plump an den Kopf schleuderte. Um aber durch ein persönliches Mißverhältnis nicht dem großen Werk der Gesetzgebung hinderlich zu sein, söhnte ich mich förmlich und — anders kann mein Herz nicht — aufrichtig mit meinem Widersacher von Landshut aus. Indessen gelang es mir trotz dieses und vieler anderer persönlicher Opfer nicht, den *Codex Maximilianus* in der von mir verfaßten Form durchzubringen. Selbst mein Strafgesetzbuch, das man in seinen Hauptgrundlagen nicht antasten konnte, wurde im Geheimen Rat, in dem es durchgesprochen wurde, noch stark eingeschränkt. Und meine schönsten, glänzendsten Ideen, wodurch mir die schwere Aufgabe, den finstern Inquisitionsprozeß zu humanisieren und die Vorzüge des öffentlichen Verfahrens mit den Vorzügen des alten Untersuchungsprozesses zu kombinieren, zu lösen geglückt war —

sie stürzten zuletzt wieder im Geheimen Rat in München. Auch mein Versuch, die Prügelstrafe in Bayern abzuschaffen, scheiterte nebst manchem andern Reformvorschlag. Endlich hatte sich auch die Gunst des Königs dank der beständigen Einblasungen seiner Kreaturen von mir abgewandt, so daß ich persönlich nicht mehr vor Seiner Königlichen Majestät erscheinen durfte. Ich versuchte viermal, indem ich mich in das Vorzimmer des Königs drängte, vorgelassen zu werden. Es gelang mir nicht. Und ich sah hierauf, um nicht als zudringlich noch als Katzbuckler zu gelten, davon ab. Für alle meine Arbeiten zum Besten des bayrischen Staates erhielt ich so gut wie gar nichts. Ich hatte das Verdienst, andere suchten und erhielten zum Teil schon den Lohn dafür. Ich hatte die Last, andere die Ehre und den Dank. Während andere mit königlicher Freigebigkeit Belohnungen erhielten, war mir, nach vielfältigen Sollizitationen nicht einmal bezahlt, was ich kraft eines Buchhändlerkontraktes zu fordern hatte. Während andere durch den Staat oder des Königs Gnade in den Stand gesetzt waren, ohne Nahrungssorgen auf eine ihrem Rang gemäße Art zu leben, sah ich mich am Ende meiner außergewöhnlichen legislatorischen Arbeit zu dem Grad des Wohlstandes gekommen, daß ich zu jener Zeit gewohnte mäßige Erholungen und Bequemlichkeiten mir versagen mußte, um nicht unter meinen Schuldenlasten zu erliegen. Meine Menschenfeindseligkeit, mein Hang zur Schwermütigkeit wuchs natürlicherweise durch solche beständige Zurücksetzung, und meine anfängliche begeisterte Liebe zum bayrischen Dienst ging allmählich in Haß über. Ja, zuweilen stieg seherisch in mir die Furcht auf, man werde dereinst den Haß, den man dem Vater derart äußerte, nach seinem Tode auch seinen Kindern angedeihen lassen.

Der große Befreiungskampf, der endlich in ganz Deutschland gegen die Schreckensherrschaft Napoleons einsetzte, fand mich im Gegensatz zu Bayerns Herrscher und Regierung vollkommen auf seiten der gegen Frankreich und seinen anmaßenden Tyrannen gerichteten deutschen Partei. Meine Begeisterung für Deutschlands heilige Sache ging so weit, daß ich trotz meines bereits vorgeschrittenen Alters als Freiwilliger gegen Napoleon Militärdienste annehmen wollte, wenn mir nicht meine Freunde zu Gemüt geführt hätten, daß ich der Welt und dem Vaterlande mit dem Geist nützlicher dienen könne als mit der Faust, und daß ich als Familienvater über noch acht unerzogene Kinder auch dieses Verhältnis nicht ganz vergessen dürfe. Gleichwohl meldete ich mich bei der allgemeinen Landesbewaffnung um eine Stelle zur Erledigung von Kriegsgeschäften, wobei ich ausdrücklich betonte, daß ich meine Dienste ohne Anspruch auf die kleinste Remuneration zur Verfügung stellte. Auch hatte ich durch eine Streitschrift *Über die Unterdrückung und Wiederbefreiung Europens* wie durch eine zweite, des Titels *Was sollen wir?,* deren Erlös zum Besten der Kriegsinvalidenkasse bestimmt war, das bayrische Volk zur Teilnahme an der großen Sache Deutschlands aufgefordert. — Und mein Lohn wiederum für diese offen bezeigte patriotische Gesinnung in Bayern?

Ich werde durch ein Ministerialreskript wegen meiner Schriften des Verbrechens der in der Person des feindlichen Souverains Napoleon beleidigten Majestät beschuldigt. Mein Schreiben wird künftighin unter Zensur gestellt. Trotzdem wage ich es, ermutigt durch die Aufmunterung des deutsch gesinnten Kronprinzen Ludwig, eine dritte Streitschrift, *Die Weltherrschaft das Grab der Menschheit,* erscheinen zu lassen. Die politische Luft um mich wird dadurch nur schwüler, und ich merke, daß sich Gewitter zusammenziehen. Ich werde von der Polizei bewacht und belauert. Man entzieht mir fast alle Geschäfte und sucht mich aus der Gesetzkommission hinauszudrängen. Meine vierte und letzte Streitschrift über *Teutsche Freiheit und Vertretung teutscher Völker durch Landstände* bringt mich um den Rest der Gunst des Königs. Er zeigt sich, aufgehetzt durch seinen ständigen Adlatus, den finstern und steifen Minister Montgelas, höchlichst erzürnt über mich, nennt mich einen deutschen Jakobiner, einen von den preußischen Emissärs und erklärt wütend, all dieses Gesindel von Norddeutschen müsse ihm noch aus den Augen fort. Schon sehe ich mich veranlaßt, meine ferneren Dienste Preußen anzubieten, da gelingt es einem mir gutgesinnten Manne, einem ehrwürdigen Greise, mir vom Ministerium und vom König eine Stelle als Wirklicher Geheimer Rat und zweiter Präsident des Königlichen Appellationsgerichts zu Bamberg zu erwirken.

Meine dermaligen höchsten Wünsche waren damit erfüllt. Und ich vertauschte froh das unruhige, ränkesüchtige und unsichere Hofleben mit einem friedlichen ehrenvollen Wirkungskreis in der schönsten Stadt des Königreichs. Als langjähriger Begutachter der Gnadengesuche, die vor den König kamen, hatte ich Gelegenheit gehabt, verschiedene merkwürdige Kriminalrechtsfälle kennen zu lernen. In meiner neuen Eigenschaft qua Appellationsgerichtspräsident fand ich Muße und Gelegenheit, diese Sammlung fortzusetzen. Hatte ich die ersten merkwürdigen Fälle nach Art der *Causes célèbres et intéressantes* des alten französischen Rechtsgelehrten Pitaval bereits in München herausgegeben, so ließ ich nun von meiner neuen Wirkungsstätte eine Fortsetzung unter dem Titel *Aktenmäßige Darstellung merkwürdiger Verbrechen* in zwei Bänden erscheinen.

Im übrigen lebte ich in dem friedlichen Bamberg ein wahres Klosterleben. In der dortigen Gesellschaft tut alles gegeneinander fremd und kalt und ist steifer als am steifsten Hofe. Ich hatte nicht mit einem einzigen Menschen dort vertrauten Umgang, sondern mußte mich mit der freilich sehr schönen Natur vergnügen und die Toten zu meiner Gesellschaft machen. Leider bescherte mir mein mir gern Widrigkeiten bereitendes Schicksal in der Person meines ersten Präsidenten am Oberappellationsgericht, eines gewissen Freiherrn von Seckendorf, dem ich mich zunächst in vertraulicher Weise als sein neuer Kollege vorstellte, einen ganz unleidlichen Vorgesetzten. Nicht genug, mich von der Teilnahme am Präsidium selbst ausgeschlossen zu haben, betonte er bei jeder möglichen und unmöglichen Gelegenheit mein untergeordnetes Verhältnis ihm gegenüber. Kaum daß er meinen Gruß in Gegenwart von Subalternen erwiderte, er beantwortete sogar häufig meine Anreden nicht oder doch nur mit zugekehrtem Rücken.

Nach einer fast dreijährigen Verbannung in Bamberg winkte mir die Erlösung aus meiner häßlichen subordinierten Stellung. Ich wurde, nachdem man in München eine Weile erwogen hatte, mich als Beamten nach Österreich abzuschieben, zum wirklich ersten Präsidenten des Appellationsgerichts für den Rezatkreis in Ansbach ernannt. Vielleicht hatte ich diese neue Würde einer kleinen Schrift zu verdanken, in der ich für die Notwendigkeit eines zu errichtenden deutschen Fürstenbundes eingetreten war und Bayern an die Spitze eines solchen Fürstenbundes herausforderte. In dem lieblichen, reizend gelegenen Ansbach habe ich nun schon anderthalb Jahrzehnte in steter Pflichterfüllung und strenger Ausübung aller meiner Obliegenheiten zugebracht. Hier ist mir auch der merkwürdigste Kriminalrechtsfall in allernächster Nähe begegnet. Ich spiele dabei auf jenes ungeheuerliche Beispiel eines Verbrechens am Seelenleben eines Menschen an, eines Menschen, der unter dem Namen Kaspar Hauser durch mich zu einer Weltberühmtheit geworden ist. Das Schicksal dieses eigentümlichen sonderbaren Findlings ist von mir in einer besonderen Schrift behandelt worden. Beginnend von seinem rätselhaften Auftauchen am zweiten Pfingsttag, dem 26. Mai 1828 in Nürnberg, da er, höchst sauber gehalten, mit einem Brief an einen Rittmeister bei den »Schwolisches« und mit den dumpfen Worten »ä sechtene möcht' ih wähn, wie mei Vottä wähn is« zum erstenmal uns Menschen erschienen ist. Bis zu dem Mordanschlag gegen ihn im Hause des literarisch durch seine Übersetzungen aus dem Hafis bekannt gewordenen Professors Daumer in Nürnberg, in das man den Findling zur Pflege und Auferziehung gebracht hatte. Auch habe ich in einem Memoire über Kaspar Hauser, das von mir auf ihren Wunsch der Königin Karoline von Bayern übersandt worden ist, meine Mutmaßung über Abstammung und Herkunft des eigenartigen Findlings dahin ausgesprochen, daß er unbedingt eine Person hoher Geburt und fürstlichen Standes sein müsse. Dies habe ich durch lange tägliche Beobachtung Hausers, der eine Zeitlang von mir in Ansbach mit gerichtlichen Schreibarbeiten beschäftigt worden ist, aufs genaueste feststellen können, ja es ist mir zur moralischen Gewißheit geworden. Insbesondere aus den Traumgesichten Kaspars als Rückspiegelungen frühester Kindheitserlebnisse ist dies vollkommen evident geworden. Schließlich habe ich mit ziemlicher Sicherheit den Beweis geführt, daß Kaspar Hauser der zweite Sohn des in Baden regierenden Großherzogs Karl Ludwig Friedrich und seiner Gemahlin Stephanie, einer von Napoleon angenommenen Tochter des Generals Beauharnais, ist. Das Kind ist meiner Meinung nach von der Gräfin von Hochberg entführt und ausgesetzt worden, die in morganatischer Ehe mit dem Vater des Großherzogs von Baden verbunden war und ihren zu großherzoglichen Prinzen erklärten Söhnen nach Erlöschen der Hauptlinie die Erbfolge in Baden sichern wollte, was ihr mit dem Verschwinden des Erbprinzen in der Person des späteren Kaspar Hauser auch geglückt ist. Das Kind, in dessen Person der Mannesstamm seiner Familie erlöschen sollte, wurde heimlich beiseite geschafft, lebt aber noch in Gestalt des armen Kaspars. Um aber den Verdacht eines Verbrechens zu entfernen, wurde diesem Kinde, welches vielleicht, als es beseitigt wurde, gerade krank zu Bette gelegen hatte, ein anderes bereits verstorbenes oder sterbendes Kind untergeschoben und dieses alsdann als tot ausgestellt und begraben und somit angeblich Kaspar in die Totenliste gebracht. Vielleicht ist der Arzt des Kindes, von der Gräfin Hochberg bestochen, mit im Spiele gewesen. Höchstwahrscheinlich hat ihr aber ein katholischer Klostergeistlicher bei der Entführung des Prinzen geholfen, ein sonst unbescholtener Mann, der aber, wie dies in allen solchen Fällen seit dem Altertum, man möchte sagen, üblich ist, hinterher von Reue über seine Tat gepackt wurde und die eigentliche Ermordung des Kindes nicht hat übers Herz bringen können.

Man hat diese meine Behauptungen von beteiligter höherer Seite als Hirngespinste brandmarken wollen. Darum bleiben sie trotzdem als Wahrheit zu Recht bestehen.

Mein häusliches Glück an der Spitze einer Familie von sechs Söhnen, die alle weit über den Durchschnitt menschlicher Begabung gediehen waren, und von zwei schön gebildeten munteren Töchtern, wurde — daß ich alles gestehe! — eine Zeitlang durch ein inniges Freundschaftsverhältnis getrübt, das mich mit einer verwitweten Frau Hofrätin Brunner verband. Meine Leidenschaft zu dieser ebenso geistreichen wie gefühlvollen Frau wurde mit der Zeit so stark, daß ich mich um ihretwegen einige Jahre von meiner Gattin und meinen Kindern trennte. Bis auf die drei jüngsten Söhne, die unter der besonderen Obhut einer älteren Dienerin in dem von mir in Ansbach erworbenen Hause aufwuchsen. Wenn ich mich hinterher nach dem Tode meiner edlen Freundin, der ich noch manches Mal mit reinen Tränen in die Ewigkeit trauernd nachschaue, innerlich befrage, warum ich mich in eine solche Herzensverstrickung eingelassen habe, durch die so mancherlei Betrübnis über die Meinen gekommen ist, so muß ich es ein wenig einem unglücklichen Nachahmungstrieb in mir zuschreiben. Wie es zu gewissen Zeiten bestimmte Moden der Empfindsamkeit gibt, ich erinnere nur an das Wertherfieber, das zur Zeit, da jener Roman erschienen war, alles ergriff, so besteht auch bei den einzelnen Menschen oft eine Neigung, ihm bekannten und liebgewordenen Seelen nachzueifern. Seitdem ich in dem herrlichen Karlsbad im friedebringenden Jahr 1815 die Bekanntschaft der berühmten Gräfin Elisa von der Recke, der Schwester der Herzogin von Kurland, und ihres Seelenfreundes, des Dichters der Urania, Kanonikus Tiedge, gemacht habe, sind mir diese beiden wundervollen Menschen gewissermaßen zum leuchtenden Vorbild geworden. Ihnen und ihrem seltenen Seelenbunde mich anzugleichen, beschloß ich auch jenes Freundschaftsverhältnis mit der Hofrätin Brunner einzugehen, mit der ich anders wie mit meiner nur mehr in ihren häuslichen Sorgen aufgehenden Frau von allen schönen Dingen des Lebens und insbesondere von jenen unvergleichlichen beiden Gestalten schwärmen konnte, von meiner mütterlichen Freundin Elisa, diesem Ideal weiblicher Güte, Hoheit und Demut und von meinem vertrauten Duzfreund Tiedge, diesem offenen, herzlichen und liebenswerten Manne. Ihr, meiner Herzensfreundin Brunner, vermochte ich auch jenen ständigen Briefwechsel anzuvertrauen, der mich durch Jahrzehnte bis heute mit der unvergleichlichen Elisa und dem heitern seelenvollen Tiedge verbunden hat. Erst nach dem Abscheiden meiner himmlischen Freundin aus diesem Leben vereinigte ich mich wieder mit meiner Gattin und den Meinigen, um in Gemeinsamkeit mit ihnen mein durch meinen Beruf geregeltes Dasein in meinem Krähwinkel Ansbach fortzusetzen. Unterbrochen wurde mein Ansbacher Stilleben durch mehrere Reisen, die ich zur Verbesserung meiner leicht anfälligen Gesundheit unternehmen mußte, sowie durch eine längere Studienfahrt zur Beobachtung der Gerichtsverfassung und des gerichtlichen Verfahrens in Frankreich und durch eine kürzere nach Holland.

Damit die dunklen Schicksalswolken auch meinen letzten Jahren nicht fehlten, widerfuhren mir zwei bittere Ereignisse an meinen Söhnen: Mein zweiter, Karl, der Mathematiker, wurde als Professor der Mathematik am Gymnasium zu Erlangen wegen demagogischer Umtriebe plötzlich verhaftet und in den neuen Turm nach München geschleppt. Dort im Kerker öffnete er sich mit einem Federmesser, das man ihm gelassen hatte, obschon der Gerichtsarzt über ihn geurteilt, daß er an den Grenzen des Wahnsinns stehe, die Pulsadern. Achtzehn Unzen Blut hatte er verloren, als der Gefangenwärter ihn auffand. Notdürftig verbunden wurde er hernach ins Krankenhaus gebracht, wo er, in der festen Absicht sich ein zweites Mal den Tod zu geben, vom zweiten Stock, in dem er lag, herunterstürzte und nur durch einen Schneehaufen zu Füßen seines Fensters gerettet wurde. Abgezehrt und totenbleich, die Gesichtszüge entstellt, den Blick noch irr und wild, mit geschwollenen Füßen und lahmer Hüfte erhielt ich ihn endlich wieder, nachdem entschieden worden war, daß nichts gegen ihn noch dazu vorliege, das seine Verhaftung hätte rechtfertigen können. Nebenbei bemerkt, nachdem man ihn volle vierzehn Monate wie einen Mörder und Räuber behandelt und an Gemüt und Leib zum Krüppel gemacht hatte.

Der zweite vielleicht noch schwerere Schicksalsschlag wurde mir durch das Unglück, das meinem ältesten und begabtesten Sohn Anselm auflauerte, bereitet. Ich sage »noch schwerere Schicksalsschlag« darum, weil mir mein Erstgeborener von allen meinen Kindern am nächsten stand, und weil ich mir von ihm stets am meisten erhoffen durfte. Dieser auch dichterisch veranlagte wohlgeratene vornehme Jüngling wurde mitten in seinem Studium von einem heftigen Schwermutsanfall, dergleichen auch mich zuweilen wie ein Faustschlag aus der Hölle niederstrecken kann, derart tückisch ergriffen, daß er Monate lang seine Arbeit aussetzen mußte. Nur ein längerer Aufenthalt auf dem köstlichen Sommerschloß meiner hohen Freundin Dorothea, der verwitweten Herzogin von Kurland und Schwester meiner angebeteten Elisa, zu Löbichau bei Dresden und die Anwesenheit der himmlischen Elisa selber vermochten sein schwarzes Blut wieder zu klären und den ausgezeichneten Jüngling zu heilen.

Nachdem ich so die bestimmenden äußeren Ereignisse meines Lebens geschildert habe, geziemt es sich noch einen kurzen Blick in den Spiegel meiner Seele zu werfen. Ohne alle Eitelkeit und so ehrlich, wie es ein Mensch gegen sich selber zu sein vermag: Ich bin höchst leidenschaftlich und leider sehr leicht gereizt, wie man auch aus manchem Mißgeschick, von dem ich erzählt habe, hat schließen können. Es mag dies mit meiner zärtlichen Körperbeschaffenheit zusammenhängen, verbunden mit äußerster Nervenreizbarkeit, hypochondrischen Beschwerden und häufigen rheumatischen Anfällen. Von meinem Ehrgeiz und meiner Ruhmbegierde auch in jungen Jahren habe ich bereits berichtet. Ich bin nicht stolz, wenn es manchmal auch so wirken mag. Aber ich habe ein rauhes, starres und herrisches Wesen und bleibe mir leider in meinem äußeren Betragen nicht gleich, ein Fehler, der nicht mir, sondern meinem Temperament und meiner Melancholie zugerechnet werden muß. Ich leide an gewissen Stimmungen, wo alle Menschen, selbst meine Freunde, mir verhaßt sind. Zu einer andern Zeit bin ich der zärtlichste Freund und liebe jeden, der ein Menschenantlitz trägt. Bald bin ich übermäßig freudig, so daß ich ausgelassen bin und ein läppisches Kind zu sein scheine, bald über die Maßen traurig. Dann kann ich kein Wort vorbringen und auch nicht den leichtesten Gedanken denken. Der Übergang von der lebhaftesten Freude zu der schrecklichsten Traurigkeit und von dieser zu jener ist oft so schnell, daß ich in dieser Minute einem Bacchanten und in der nächsten einem Anachoreten gleiche. Der einzige Grund hiervon liegt in der Liebe zu meinem Ideal. Blickt durch das Dunkel meiner Melancholie nur ein kleiner Strahl von Hoffnung, daß ich mein Ideal erreichen kann, so werde ich sogleich aus meiner Trauer erweckt. In jungen Jahren gewährte es mir eine unermeßliche Seligkeit, mich von der Welt gerühmt und von der Nachwelt als Beförderer der Wissenschaften und als einen Wohltäter des Menschengeschlechtes gepriesen zu hören. Im späteren Alter kam mir die Eitelkeit des Ruhmes mehr und mehr zum Bewußtsein. Und es erging mir mit ihm wie mit meinen Orden, meinem Adel und dem Titel »Exzellenz«, der mir schließlich von selbst kraft meines Dienstalters und meiner Stellung in den Schoß fiel: Sobald ich des Ruhms teilhaftig geworden war, dünkte er mich kaum noch begehrenswert.

Erwähnen muß ich noch, daß ich eigensinnig im höchsten Grade war und bin, daß ich besonders in dem kleinen Kreise meiner Familie ein scharfes, wenngleich gerechtes Regiment führe. Was meinen Fleiß angeht, so glaube ich genügend Beweise von ihm in meinem durchaus tätigen Leben abgelegt zu haben. Doch bin ich vielfach flüchtig und hege einen leidigen Hang zur Unordnung. Oft habe ich mich gefragt, warum ich nicht meine Fehler, da ich sie doch als solche erkenne, ablegen mag. Indessen es ist mir zur Gewißheit geworden, daß das γνῶθι σεαυόν!, das »Erkenne dich selbst!« der alten Griechen, das von ihrem heiligsten Tempel strahlte, keineswegs mit einem »Ändere und verbessere dich demgemäß selbst!« identisch zu sein pflegt. Denn ob ich gleich meine Schatten, die ich werfe, in ihrer ganzen Schwärze sehe, ist es mir dennoch nicht möglich von ihnen zu lassen. Demgemäß ich nur zuweilen eine gewisse Überlegenheit des Geistes über meine Fehler und Schwächen erreichen kann, mich aber sonst ihnen ohngeachtet meiner innern Gegenwehr wieder leicht verfallen sehe. Erst im steigenden Alter habe ich die heftigen Auswüchse meines Wesens zu bändigen gewußt und mich im Anschauen groß und edel gearteter Menschen wie meines stets zufriedenen Tiedge und seiner fast möcht' ich sagen »heiligen« Urania Elisa selber mehr und mehr zu einem wahren Weisen erzogen. Die letzte Feindseligkeit, die mich noch von einer der Meinigen, von meiner ehedem so zärtlich geliebten Schwester Rebekka in Frankfurt trennte, habe ich soeben ausgetilgt. Ich habe sie im Gefühl meiner seit zwei Jahren täglich abnehmenden Kräfte, in einem herzvollen Brief, den ich mit schwacher zitternder Hand geschrieben habe, um Versöhnung gebeten. Und schon ist mir ihre liebevolle Antwort, in der sie mir meine leidenschaftlichen Irrtümer gegen sie verzeiht, zuteil geworden. Ich eile mich in diesem Frühling mit ihr in meiner schönen Vaterstadt Frankfurt zu vereinen und von dort eines der Taunusbäder, vielleicht das angenehme Wiesbad, zur gemeinsamen Kur (denn auch sie, meine arme Schwester ist bettlägerig) aufzusuchen. Seit zwei Jahren habe ich, wie gesagt, nicht eine gesunde Stunde gehabt. Und seit ich im Juni des verwichenen Jahres vom Schlage gerührt wurde, der mir den rechten Arm und die Zunge lähmte, bin ich, obschon sich diese Übel beide etwas gemindert haben, doch nur mehr ein halb toter Mann. Neuerlich hat mich ein ähnlicher Schlaganfall betroffen, also daß ich im Gerichtshof bei voller Versammlung von meinem Präsidentenstuhl herabsank. Und nun sieche ich, ein doppelt Gebrochener, dem Ende entgegen.

Mein Gedächtnis — und das ist das entsetzlichste für mich — hat gänzlich abgenommen. Wissenschaftliches kann ich nicht mehr treiben, vermag keinen abstrakten Satz mehr zu denken und nur noch über die Dinge hinzustreifen. Ich will mich schleunigst aufmachen und dieses gegen mich so undankbare Bayernland verlassen. Arm bin ich hereingezogen, arm ziehe ich nun wieder hinaus.. Meine Schwächen, meine Mißgriffe und Sünden glaube ich auf diesen Blättern offen und ehrlich gestanden zu haben. Möge Gott in seiner Gnade dieses böse Register zerreißen und mich um der Schöpfung jenes Strafgesetzbuches willen, an dem sogar meine ingrimmigsten Feinde viel Gutes lassen mußten, absolvieren.

Wenn aber sich meine Vorstellung noch angesichts des Todes in das Reich der Antike begeben darf, in jenes Lieblingsgebiet meines Sohnes Anselm, dessen Ruhm bald den

Namen des Vaters überstrahlen wird, und wenn ich mir von dorther eine Idealgestalt aussuchen müßte, mit deren postumem Schicksal ich tauschen möchte, so würden es die ehrwürdigen Bilder des Minos oder Rhadamanthys sein. Gleich jenen hoheitvollen beiden Brüdern und toten Königen möchte ich wohl noch als Richter in der Unterwelt die Taten der Schatten, die täglich dort nahen, zu richten haben. Um der Milde willen, die ich in jenen grausamen Gerichtsjahrzehnten Deutschlands, da man die Freiheit verfolgte und kerkerte, stets beobachtet habe, sei mir eine solche Machtstellung nach dem Tode gegönnt!

ZEITTAFEL

1775 Paul Johann Anselm Feuerbach als Sohn eines angehenden Juristen am 14. November in Hainichen bei Jena geboren

1777 Heirat der Eltern

1778 Niederlassung des Vaters als Advokat in Frankfurt am Main

1792 Flucht Anselms vor seinem Vater. Immatrikulation an der Universität Jena. Studium der Philosophie, der klassischen Philologie und der Rechte

1795 Erste Buchpublikation: *Über die einzig möglichen Beweisgründe gegen das Dasein und die Gültigkeit der natürlichen Rechte*. Promotion

1796 *Kritik des natürlichen Rechts als Propädeutik zu einer Wissenschaft des natürlichen Rechts.*
Feuerbachs erster Sohn Ernst Wilhelm geboren

1798 *Anti-Hobbes oder Über die Grenzen der höchsten Gewalt und das Zwangsrecht der Bürger gegen den Oberherrn; Philosophisch-juridische Untersuchung über das Verbrechen des Hochverraths.*
Heirat mit Wilhelmine Tröster. Geburt des zweiten Sohns, Joseph Anselm, des späteren Archäologen

1799 Juristische Promotion. Aufnahme der Lehrtätigkeit an der Universität Jena.

1799/1800 *Revision der Grundsätze und Grundbegriffe des positiven Peinlichen Rechts; Über die Strafe als Sicherungsmittel vor künftigen Beleidigungen des Verbrechers.*
Geburt des dritten Sohnes, Karl Wilhelm, eines künftigen Mathematikers

1801 *Lehrbuch des gemeinen in Deutschland geltenden Peinlichen Rechts.* Berufung nach Kiel; Lehrstuhl für Strafrecht

1803 Geburt eines vierten Sohnes, des späteren Juristen Eduard August. Berufung an die Universität Landshut.
Civilistische Versuche

1804 *Kritik des Kleinschrodischen Entwurfs zu einem peinlichen Gesetzbuche für die Chur-Pfalz-Bayerischen Staaten.* Vertrauliche Denkschrift *Über die Notwendigkeit der Aufhebung der Tortur in Bayern* an den Kurfüsten Max Joseph.

Aufnahme der Lehrtätigkeit in Landshut. Auftrag zur Ausarbeitung eines bayerischen Strafgesetzbuches.

Geburt des fünften Sohnes Ludwig, aus dem ein berühmter Philosoph werden sollte

1805 Streit mit dem Rektor der Universität. Flucht aus Landshut. Ernennung zum außerordentlichen Geheimen Referandär im Ministerial-, Justiz- und Polizei-Departement in München

1806 Korrespondierendes Mitglied der russischen Gesetzes-Kommission. Abschaffung der Tortur im bayerischen Strafprozeß auf Initiative Feuerbachs. Abschaffung der Todesstrafe für Wilderer.

Geburt eines sechsten Sohnes, Friedrich Heinrich, der später Linguist wurde

1807 Fertigstellung des materiellen Teils von Feuerbachs Entwurf zu einem neuen Strafgesetzbuch

1808 Königlicher Auftrag zur Ausarbeitung eines Zivilgesetzbuches auf der Grundlage des Code Napoléon. Ernennung zum Mitglied des Geheimen Rates. *Merkwürdige Criminal-Rechtsfälle* Band I

1809 Geburt der Tochter Rosina Leonore

1810 *Der merkwürdigste Tag meines Lebens.* Höhepunkt der Hetze gegen die norddeutschen Gelehrten in Bayern

1811 Ablehnung von Feuerbachs Entwurf zum Zivilgesetzbuch. Attentat auf Friedrich Thiersch, einen Freund Feuerbachs, durch katholische Klerikale. *Merkwürdige Criminal-Rechtsfälle* Band II

1812 *Themis, oder Beiträge zur Gesetzgebung*

1813 Nobilitierung zum Ritter von Feuerbach. Inkrafttreten von Feuerbachs Strafgesetzbuch nach jahrelangen Beratungen. *Betrachtungen über das Geschworenen-Gericht; Über die Unterdrückung und Wiederbefreiung Europens; Was sollen wir? Worte eines Bayern an das bayerische Volk.* Amtliche Rüge wegen dieser Flugschriften. Geburt einer zweiten Tochter, Elisa

Wilhelmine Therese. Beginn von Feuerbachs Beziehung zu seiner langjährigen Freundin Nannette Brunner

1814 Strafversetzung als stellvertretender Präsident des Appellationsgerichts nach Bamberg. Reise in die Schweiz.
Die Weltherrschaft das Grab der Menschheit; Über teutsche Freiheit und Vertretung teutscher Völker durch Landstände

1815 Reise nach Karlsbad. Beginn der Freundschaft mit Elisa von der Recke. Geburt eines unehelichen Sohnes, Anselm Brunner

1816 Trennung Feuerbachs von seiner Frau. Übersiedelung nach München

1817 Entlassung des Ministerpräsidenten Graf Maxim von Montgelas, eines Gegners von Feuerbach. Ernennung zum Präsidenten des Appellationsgerichts in Ansbach

1818 Öffentliches Auftreten Feuerbachs gegen das Konkordat

1821 Ernennung zum Wirklichen Staatsrat. Reise nach Frankreich und Belgien. Tod der Freundin Nannette Brunner.
Betrachtungen über die Öffentlichkeit und Mündlichkeit der Gerechtigkeitspflege. Religionsbeschwerden der protestantischen Kirche des Königreichs, nebst Bitten um Herstellung und Sicherung ihres verfassungsmäßigen Rechtszustandes.
Raubdruck der *Merkwürdigen Criminal-Rechtsfälle*

1822 Rückkehr Feuerbachs zu seiner Frau Wilhelmine, geb. Tröster

1824 Verhaftung von Feuerbachs Sohn Karl wegen »demagogischer Umtriebe«. Selbstmordversuch im Gefängnis. Auftrag zur Revision des Strafgesetzbuches

1825 Einstellung des Verfahrens gegen Karl Wilhelm Feuerbach.
Über die Gerichtsverfassung und das gerichtliche Verfahren Frankreichs

1827 Psychotische Erkrankung Karl Wilhelms als Folge der Untersuchungshaft

1828 Rheinreise. Erster Kontakt zu Kaspar Hauser nach dessen Auftauchen in Nürnberg. Attentat auf den Findling.

Aktenmäßige Darstellung merkwürdiger Verbrechen Band I

1829 Erster Schlaganfall Feuerbachs. Reise in die Niederlande. Geburt des Enkels Anselm, des späteren Malers.

Aktenmäßige Darstellung merkwürdiger Verbrechen Band II

1830 *Kann die Gerichtsverfassung eines contitutionellen Staates durch bloße Verordnung rechtsgültig geändert werden?*

1831 Reise nach Dresden. Kaspar Hauser wird nach Ansbach gebracht, wo sich Feuerbach eingehend mit dem Fall befaßt.

Einige wichtige Aktenstücke den unglücklichen Findling Kaspar Hauser betreffend (in Hitzigs *Annalen*); elfte Auflage von Feuerbachs *Lehrbuch des gemeinen in Deutschland geltenden Peinlichen Rechts*

1832 Neuer Schlaganfall mit zeitweiliger Sprachlähmung. Feuerbach beschäftigt Kaspar Hauser als Schreiber beim Appellationsgericht in Ansbach.

Kaspar Hauser. Beispiel eines Verbrechens am Seelenleben des Menschen. Vertrauliches Memoire über Kaspar Hauser an die Königin Karoline von Bayern

1833 27. Mai. Auf einem Ausflug nach Königstein im Taunus dritter Schlaganfall, möglicherweise als Folge einer Vergiftung. 29. Mai. Tod Feuerbachs in Frankfurt am Main. 17. Dezember. Kaspar Hauser stirbt an den Folgen eines Mordanschlages.

Kleine Schriften vermischten Inhalts

Anselm von Feuerbachs Sammlung MERKWÜRDIGE VERBRECHEN ist im Februar 1993 als achtundneunzigster Band der ANDEREN BIBLIOTHEK im Eichborn Verlag, Frankfurt am Main, erschienen.

Die Erstausgabe des Buches trug den Titel *Aktenmäßige Darstellung merkwürdiger Verbrechen;* sie wurde in den Jahren 1828/29 in Gießen publiziert.

Der Text der vorliegenden Auswahl folgt der dritten, unveränderten Auflage, die 1849 im Verlag von Georg Friedrich Heyer in Frankfurt am Main erschienen ist.

Dieses Buch wurde in der Buchdruckerei Greno in Nördlingen aus der Borgis Garamond Monotype gesetzt und auf einer Condor-Schnellpresse gedruckt. Das holz- und säurefreie mattgeglättete 100g/qm Bücherpapier stammt aus der Papierfabrik Niefern. Den Einband besorgte die Buchbinderei G. Lachenmaier in Reutlingen.

1. bis 8. Tausend, Februar 1993. Einmalige, limitierte Ausgabe im Buchdruck vom Bleisatz.

ISBN 3-8218-4098-6. Printed in Germany.

Von jedem Band der ANDEREN BIBLIOTHEK gibt es eine Vorzugsausgabe mit den Nummern 1–999.